[세존]

"벗이여, 나는 참으로

머무르지 않고 애쓰지도 않고

거센 흐름을 건넜습니다.

벗이여, 내가 머무를 때에는 가라앉았으며

내가 애쓸 때에는 휩쓸려 들었습니다.

그래서 나는 이처럼 머무르지 않고

애쓰지도 않으면서

거센 흐름을 건넜던 것입니다."

쌍윳따니까야

Saṃyuttanikāya

시와 함께

Sagāthavagga

ॐ सत्यमेव जयते ॐ

譯註 退玄 全在星

철학박사. 서울대학교를 졸업했고,
한국대학생불교연합회 13년차 회장을 역임했다.
동국대학교 인도철학과 석·박사과정을 수료했고,
독일 본대학에서 인도학 및 티베트학을 연구했으며,
독일 본대학과 쾰른 동아시아 박물관 강사,
동국대 강사, 중앙승가대학 교수,
경전연구소 상임연구원,
한국불교대학(스리랑카 빠알리불교대학 분교)교수,
충남대 강사, 가산불교문화원 객원교수를 역임했고,
현재 한국빠알리성전협회 회장을 역임하고 있다.
저서에는 ‹거지성자›(선재, 안그라픽스), ‹빠알리어사전›
‹티베트어사전› ‹범어문법학› ‹초기불교의 연기사상›
‹천수다라니와 붓다의 가르침›이 있고,
역주서로는 ‹금강경-번개처럼 자르는 지혜의 완성›
‹붓다의 가르침과 팔정도›
‹쌍윳따니까야 전집› ‹오늘 부처님께 묻는다면›
‹맛지마니까야› ‹명상수행의 바다›
‹디가니까야 전집› ‹신들과 인간의 스승›
‹앙굿따라니까야 전집› ‹생활 속의 명상수행›
‹법구경-담마파다› ‹숫타니파타› ‹우다나-감흥어린 싯구›
‹이띠붓따까-여시어경› ‹예경지송-쿳다까빠타›
‹마하 박가-율장대품› ‹쭐라박가-율장 소품›
‹빅쿠비방가- 율장비구계›
‹빅쿠니비방가-율장비구니계›(이상, 한국빠알리 성전협회)
그리고 역서로 ‹인도사회와 신불교›(일역, 한길사)가 있다.
주요논문으로 ‹初期佛教의 緣起性 研究› ‹中論歸敬偈無畏疏研究›
‹學問梵語의 研究› ‹梵巴藏音聲論› 등 다수가 있다.

우리말빠알리대장경

쌍윳따니까야의 시편

시와 함께 – 붓다의 대화

सगाथवग्ग

퇴현 전 재 성 역주

한국빠알리성전협회
Korea Pāli Text Society

시와 함께 - 붓다의 대화

값 26,000 원
발행일 2018년 10월 15일 초판발행
발행인 도 법
역주자 전재성
편집위원 김광하 최훈동 수지행
발행처 한국빠알리성전협회
1999년5월31일
(신고번호:제318-1999-000052호)
서울 서대문구 모래내로430 #102-102
전화 02-2631-1381
팩스 02-2219-3748
홈페이지 www.kptsoc.org
Korea Pali Text Society
Moraenaero 430 #Seongwon 102-102
Seoul 120-090 Korea
TEL 82-2-2631-1381
FAX 82-2-2219-3748
전자우편 kptsoc@kptsoc.org
홈페이지 www.kptsoc.org

ISBN 978-89-89966-81-4 04220

싸가타박가 - 시와 함께

이 책은 『쌍윳따니까야』의 일부로
상세한 주석은
본회 발행의

양장가죽 『쌍윳따니까야』에 실려 있습니다.

ॐ सत्यमेव जयते ॐ

सगाथवग्गा

translated by **Jae-Seong Cheon**
Published and Distributed by

발 간 사

수천 년 명상 전통을 가진 인도에서 사제 그룹인 바라문들이 명상의 본 뜻을 저버리고 종교적 의례 – 불의 제사, 물의 정화, 희생제 등 –로 외향화된 기도나 제사로 일관하자, 이천육백년 전 부처님은 그것을 바로잡기 위해 내면의 마음공부를 강조하는 가르침으로 45년 설법을 시작했습니다.

부처님 입멸후 제자들에 의해서 정통적인 가르침이 암송 구전되어 왔으나, 세월이 흐르면서 20개 부파가 난립하게 되었고, 불교는 출가 수행승과 불교 학자의 전유물이 되어 대중과 괴리됩니다. 그러자 대중들이 받아들이기 쉬운 대승불전들이 하나씩 출현하는데, 이 때에 출현하는 대승불전들은 모두 ≪니까야≫에 바탕을 두고 있습니다. 부처님 이후 천여 년 동안 팔만대장경이라는 방대한 불전이 성립되면서 불교의 오의와 핵심이 무엇인지 쉽게 접하기 어려운 결과가 초래되었습니다. 더구나 중국에서 한문대장경으로 역경되어 한국과 일본에 전래되면서 원전의 내용은 더욱 이해하기 어렵게 변했습니다. 그럴수록 ≪니까야≫로 돌아가 다시 불교를 바르고 깊게 읽을 필요성이 대두되기 시작하였습니다.

특히 ≪쌍윳따니까야≫는 4부 니까야의 토대이고 불교의 핵심 교리가 망라된 중요한 경전입니다. 『시와 함께』는 <쌍윳따니까야>의 가장 머릿 부분에 해당하는 고층의 경전입니다. 천신들과의 대화로 시작하여, 하느님이 직접 나서는 설법의 권청, 왕과 바라문 성직자들과의 대론, 악마나 야차와의 대화를 통해 부처님의 깨달음 전후 상황과 부처님의 추구한 바와 깨달은 내용을 분명하게 알 수 있게 합니다. 그리고 신들의 제왕인 제석천이 재가신자나 아수라에게도 예경을 올리는 부분에 이르면, 세상에서 만날 수 있는 모든 부류의 사람들이 선지식이 될 수 있다는 <화엄경>의 토대와 모티브를 만나게 됩니다.

시간이 흐르면서 불교도 종교화 작업이 강화되어 가장 내면적인 불교가 외향화의 두꺼운 옷을 껴입게 되었고, 한문 경전들이 한글로 번역되었지만 내용이 이해하기 어려워 젊은이들은 영문 경전을 오히려 선호하고 있는 실정입니다. 이제 퇴현 전재성 박사의 각고면려의 수승한 번역 덕분에 이렇게 ≪니까야≫와 대승경전이 만나는 고리를 파악하게 되고 ≪니까야≫에 입각한 삶과 바른 명상법까지 접하게 되어 너무 기쁘고 감사합니다. 명상 모임이 시작된 지 15년, 니까야 읽고 명상하는 모임으로 바꾼 지 3년, 전박사와 명상 회원들과 함께 하면서 불교의 오의를 깨닫게 되어 기쁨과 감사를 표하기 위해 <시와 함께>를 따로 발간하자는 뜻을 내었습니다.

모쪼록 이 경전을 읽는 모든 이들이 발심하여 선한 공덕을 짓고 마음을 잘 닦아 마침내 궁극의 깨달음을 얻기를 기원합니다. 아울러 일체 중생이 행복을 실현하고 바른 깨달음을 얻도록, 이러한 부처님의 전법정신을, 삶을 떠나지 않고 삶 가운데에서 실현할 수 있기를 발원합니다.

불기2562(2018)년 10월 15일,

심경재에서

운강 **최훈동** 합장

머 리 말

이『시와 함께』는 ≪쌍윳따니까야≫의 제1권의 별칭입니다. 빠알리니까야 가운데 그 성립시기가 가장 고층에 속하며 그 가운데서도 특히 그 성립 시기는『숫타니파타』만큼이나 오래된 것입니다.

특히 이 책은「하늘사람의 쌍윳따」와「하늘아들의 쌍윳따」와 그리고「하느님의 쌍윳따」로 시작합니다. 하늘사람들은 하느님들을 포함해서 우주적 전개에서 창조적 역할을 하는 불사의 신이 아니라, 실상은 단지 이전에 인간의 세계에 살다가 착하고 건전한 행위의 결과로 천상에 태어나 사는 승화된, 지복의 빛나는 존재를 인간이 단지 그렇게 착각하는 것입니다. 그들도 정도의 차이가 있기는 하지만, 인간과 마찬가지로 탐욕·성냄·어리석음에 묶여있습니다. 단지 하느님들은 하느님의 삶, 즉, 자애·연민·기쁨·평정에 상응하는 확장적이고도 고귀한 삶의 세계를 견지하는 존재로 다시 규정됩니다.

그 밖에「악마의 쌍윳따」에서 악마는 주로 감각적 쾌락에 대한 욕망의 세계에서 유혹자이자 그 주인으로서 수행자를 해탈의 길에서 벗어나게 하고 거듭되는 생사의 수레바퀴에 짓밟히게 하는 장본인으로 등장합니다, 「꼬쌀라 쌍윳따」에서는 역사적인 꼬쌀라 국의 빠쎄나디 왕과 부처님의 대화, 죽음의 불가피성과 선악의 문제, 전쟁과 평화 등의 다양한 주제의 대화가 흥미진진하게 펼쳐집니다.「수행녀 쌍윳따」에서는 여성 수행자로서의 악마의 도전에 대한 대처뿐만 아니라 여성출가생활의 정신과 명상수행에서의 통찰 등의 길을 열어줍니다. 「바라문의 쌍윳따」는 당시의 지배적 종교의 사제였던 바라문들과 오만과 독선을 부처님께서 어떻게 고갈되지 않는 위트와 유머로 누그러뜨리고 논파하였는가를 보여주고, 「방기싸의 쌍윳따」는 명상수행 도중에 마주치는 시련과 유혹을 어떻게 극복하여 불퇴전의 삶을 이룰 것인가를 노래하고, 「야차의 쌍윳따」는 화를 잘 내는 성격을 갖고 있지만, 존경을 표시하면, 자비로워져서 사람을 해치기보다는 오히려 보호하는 야차에 관하여 다루고, 그 밖에 「숲의 쌍윳따」는 방일해 지기 쉬운 숲속의 수행자의 삶에 대한 경종과 할 일 해 마친 거룩한 님의 삶에 대한 오해를 다루고 있습니다. 그리고 「제석천의 쌍윳따」는 삼보의 수호자로 등장한 신들의 제왕 제석천을 소개하고 있습니다.

이번에 이 책은 『법구경-진리의 말씀』과 『숫타니파타-붓다의 말씀』에 이어서 『싸가타- 시와 함께』라는 소책자, 항상 휴대할 수 있는 손안의 작은 책으로 출간하는 것은 스님들의 요청과 청신사·청신녀들의 서원으로 이루어진 것입니다.

이번 간행에 출판비를 후원하시고 발간사를 써주신 최훈동 원장님과 그동안 성전협회를 후원하신, 혜능 스님, 유필화 교수님, 이준용 상무님, 김현수 상무님, 이진홍 님, 벽안 보살님, 강신자 보살님, 이상길 거사님께 깊은 감사를 드립니다.

불기2562년(2018)년 10월 15일

퇴현 전재성 합장

해 제

I. '시와 함께'의 형식과 내용

『시와 함께』의 정식 명칭은 『시와 함께 모아엮음』(Sagāthā-vaggasaṁyutta : 有偈聚)』이다. ≪쌍윳따니까야≫ 전서의 제1권의 명칭으로 11 쌍윳따, 28 품, 271경으로 구성되었다.

이 제1권의 이름은 모든 경전이 시를 포함하기 때문에 그렇게 불린 것이다. 모든 쌍윳따는 제목에 모음이 붙어 있으며, 각각 대략 열 개의 경을 포함하는 여러 품으로 구성되어 있다. 네 개의 「쌍윳따」(3, 4, 6, 11)에서 마지막 품들은 10개조의 절반인 5개조라고 불리는 5개의 경전으로 구성되어 있다. 네 개의 「쌍윳따」(5, 8, 9, 10)는 원래 별도로 품을 두지 않고 있는데 이번에는 미얀마본에 따라 「쌍윳따」 자체를 하나의 품으로 취급하였고 품의 이름은 「쌍윳따」의 이름과 동일하게 정했다. 역자는 각 「쌍윳따」에서 경의 번호는 「쌍윳따」 전체에서의 경 나열 순서로 일차적으로 매기고 괄호 안에는 품별 경 나열순서를 번호로 매겼다.

이 『시와 함께 모아엮음』에서 시의 숫자는 시행의 분류방식이나 연시의 구성에 따라 각 나라의 판본마다 다르다. 12개의 시행이 6행의 2연시로 취급되기도 하고 4행의 3연시로 취급되기도 한다. 최근의 PTS본의 『시와 함께 모아엮음』의 시의 숫자가 945개이다. 역자는 이 가운데 최근 PTS본의 3개의 시(시번호 70, 138, 815)는 포함시키지 않고 복원본의 시번호를 새로 번호를 매겼으며, 따라서 복원된 시의 중첩되었기 때문에 시의 숫자는 모두 944개이다. ≪쌍윳따니까야≫ 안에서 많은 시들은 때로는 ≪쌍윳따니까야≫ 안에서도 중첩되고 때로는 ≪쌍윳따니까야≫ 밖에서도 중첩된다. 이것에 대해서는 ≪쌍윳따니까야≫ 전체의 해제를 보라.

이 모아엮음의 11개 쌍윳따 가운데 8개가 부처님(혹은 그 제자)과 다른 윤회하는 존재와의 만남을 묘사하고 있다. 그 존재의 세계에 대해서 상세한 것은 이 책의 부록 「불교의 세계관」을 보라. 초기경전에서는 우주를 3가지 세계와 다수의 영역으로 구분하여 설정하고 있다. 가장 낮은 세계가 감각적 쾌락의 욕망계(kāmadhātu : 欲界)이다. 이 세계에서 추진력은 감각적 욕망이다. 이 세계는 다섯 개의 영역으로 나눠진다. 극단적인 고통을 겪는 지옥계, 어리석은 축생계, 비참한 아귀계, 해탈에 적합한 인간계, 복락과 아름다움과 권력과 영광을 누리는 천상계가 있다가 나중에 아수라계가 추가되었다. 아수라는 신들의 적대자로 서른셋 신들의 하늘나라[忉利天]의 근처에 있다가 자주 신들에게 전쟁을 일으키는 무리를 말한다. 그 다음의 높은 세계가 미세한 물질계(rūpadhātu : 色界)이다. 여기서는 감각적 쾌락의 욕망계의 거친 물질계는 사라지고 미세한 물질만이 존재하는 세계이다. 그 보다 높은 세계는 비물질계(arūpadhātu : 無色界)이다. 이 미세한 물질계와 비물질계는 하느님들이 사는 세계, 즉 하느님 세계 또는 범천계(梵天界)이다. 이 존재의 세계를 다섯 가지 삶의 존재, 즉 지옥, 축생, 아귀, 인간, 천신으로 단순화할 수 있다. 물론, 이때 천신은 삼계의 모든 천

상세계에 사는 신들을 의미한다. 지옥, 축생, 아귀는 괴로운 곳, 타락한 곳, 나쁜 곳(apāya, vinipāta, duggati : 苦處, 墮處, 惡處)이라고 불리고, 인간과 천신은 좋은 곳(sugati : 善趣)이라고 한다. 괴로운 곳, 타락한 곳, 나쁜 곳으로 윤회하는 이유는 악하고 불건전한 행위의 과보 때문이고 좋은 곳으로 윤회하는 이유는 착하고 건전한 행위의 과보 때문이다. 이러한 조건지어진 존재의 모든 영역을 뛰어넘은 것이 열반이다.

이 「시와 함께 모아엮음」에서 특히 하늘사람들과 악마들이 한밤중에 부처님을 방문하여 대화를 나눈다고 되어 있는데 이를 이해하기 위해서는 부처님의 하루 일과를 알아둘 필요가 있다. 나라따 대장로(Narata Mahāthera)의 『붓다와 그의 가르침(Buddha and his Teachings)』에 의하면, 부처님께서는 오전 6시에서 12시까지는 하늘눈으로 세상을 관찰하여 뭇삶을 도와주고 탁발하고 대중들에게 설법을 하셨다. 그리고 12시에서 오후 6시까지는 대자비삼매(大慈非三昧 : mahākaruṇā samāpatti)에 들어 수행승이나 뭇삶들의 괴로움을 살피고 그들을 돕거나 오른쪽 옆구리를 바닥에 대고 오후의 수면에 들기도 하고 일반 사람을 제도하거나 신도에게 가르침을 설하셨다. 초저녁인 오후 6시에서 밤10시까지는 수행승들이 방문하면 친견을 허락하고 그들과 대화를 나누셨다. 그리고 한밤중인 밤 10시에서 새벽 2시까지는 하늘사람이나 악마들과 대화를 나누고 그들을 제도했다. 새벽 2시에서 3시 사이에 경행(經行)을 하였으며 새벽 3시에서 4시 사이에는 새김을 확립하여 취침했다. 새벽 4시에서 5시 사이에는 열반에 들어 아라한의 경지에 들었다. 그리고 새벽 5시에서 6시 사이에는 대자비삼매(大慈悲三昧)에 들어 뭇삶들의 괴로움을 살펴보았다. 그러나 나라따 대장로가 고안한 이러한 부처님의 하루 일과는 대충 초기경전을 보다 잘 이해하기 위해 특수한 사건조차 일과표에 집어넣어 산정하여 만들어진 것이지 결코 '이것이 부처님의 하루 일과이다.'라고 정형화화 될 수 있는 것은 아니다.

제1장 하늘사람의 쌍윳따(Devatāsaṁyutta)

이 「하늘사람의 쌍윳따(1)」는 하늘사람들에 대해 다루는 8품 81경으로 이루어졌다. 하늘사람은 일반적인 신이라고 번역할 수 있지만, 그때의 신, 즉 데바(deva)라는 말은 √div, dīv의 명사형으로 각각 '유희한다(kīḷanti)' 또는 '빛난다(jotenti)'라는 뜻을 지니고 있다. 그리고 신들은 세 가지 종류가 있다(Pps. I. 33) : ① 세간적 신(sammutideva) : 왕, 왕비, 왕자 ② 태생적 신(upapattideva) : 사천왕이상의 하늘사람이나 하느님들 ③ 청정한 신(visuddhideva) : 번뇌를 부순 거룩한 님(阿羅漢). 그런데 이 「쌍윳따」에서 신은 데바따(devatā)이다. 데바따는 하늘사람(devatā)이라고 번역할 수 있다. 하늘사람은 데바따(devatā)라고 하는데, 데바 즉 신이나 천인(天人)의 추상명사로서 신성(神性)이라는 뜻이지만 '천상의 존재'를 의미하며, 유일신교에서의 신이나 다신교에서의 신이나 여신을 지시할 때 사용한다. 이 단어는 여성이지만 추상명사로서의 여성으로 성은 의미가 없다. 그런데 하늘사람은 경들에서 실체로는 천상계의 여러 신들 뿐만 아니라 나무나 샘의 님프, 숲과 밭과 들과 가축과 가옥의 수호신들을 말한다. 이 「하늘사람의 쌍윳따(1)」은 그러한 신들과 부처님 또는 부처님 제자들과의 대화를 기록한 것이다. 불교에서 신들은 우주적 전개에서 창조적 역할을 하는 불사의 신들이 아니다. 그들은 단지 이전에 인간의 세계에 살다가 착하고 건전한 행위의 결과로 천상에 태어나 사는 승화된, 지복의 빛나는 존재이다. 그들은 정도의 차이가 있기는 하지만 인간과 마찬가지로 탐욕, 성냄, 어리석음에 묶여 깨달은 님의 가르침을 받아야 하는 존재들이다. 부처님은 '신들과 인간의 스승(satthā devamanussānaṁ : 天人師)'이며, 인간계에 있으면서 그의 궁극의 앎과 완전한 청정으로 천상계의 최상의 신들을 뛰어넘었다.

하늘사람들은 모든 세상이 잠든 고요한 밤중에 부처님을 찾아뵙는다. 「하늘사람의 쌍윳따」는 그러한 만남의 대화를 기록한 것이다. 그들은 때로는 부처님을 찬양하고 때로는 부처님에게 질문을 하고, 때로는 가르침을 요청하고, 때로는 자신들의 견해에 승인을 구하고, 때로는 부처님에게 도전하거나 비웃기도 한다. 그러나 모든 경우에 부처님이 정신적으로 도덕적으로 자신들보다 탁월하다는 것을 깨닫고 부처님에게 귀의한다. 그러나 어떤 하늘사람들이 부처님에게 귀의하지 않고 존경을 표하길 거부한 것(SN. 1 : 35)은 도발적인 것이다.

사부의 ≪니까야≫가 모두 깊은 의미를 담은 경으로 시작하듯이, 이 ≪쌍윳따니까야≫의 「하늘사람의 쌍윳따」의 첫 번째 경도 심오한 의미를 갖는 중도의 가르침으로 시작한다. 하늘사람이 거센 흐름을 건너는 방법을 묻자 부처님은 '머무르지도 애쓰지도 않으면서 건넜다.'라는 중도의 철학을 가르친다. 부처님의 가르침의 핵심은 견해나 태도나 행위에서의 모든 극단을 피하는 중도에 있다. 주석서는 일곱 가지의 철학적이거나 수행적인 극단을 피하는 부처님의 가르침을 서술하고 있다.

이 「쌍윳따」에서 경들은 그러한 순서로 배열되어야할 특별한 이유를 갖고 있는 것이 아니라 임의로 배열되었고 광범위한 주제의 스펙트럼을 보여주고 있다. 거기에는 단순한 것이 있는가 하면, 심오한 것이 있고 일반적인 것이 있는가 하면 특수한 것이 있고, 해학적인 것이 있는가하면, 엄정한 것이 있다. 그 주요한 내용은 보시와 배려, 비폭력, 집착을 놓아버림, 명상수행의 어려움. 정진의 추구, 인간의 괴로움과 해탈의 필요성, 아라한의 지복과 평정에 이른 자가 적다는 사실 등에 관한 것이다.

대부분의 경에서 산문부분은 핵심이 되는 내용을 담고 있는 시로 이루어진 대화를 연결하는 틀로서의 구실을 한다. 그러나 산문에는 간혹 짧은 내용을 지닌 이야기가 들어 있기도 한데, 하늘사람이 수행승 싸밋디를 유혹하는 장면(SN. 1 : 20)이나 하늘사람이 부처님에 대해 위선적이라고 비난하는 장면(SN. 1 : 35)이나 부처님께서 돌조각 때문에 발에 상처를 입는 장면(SN. 1 : 38)이 포함되어 있다.

이 「쌍윳따」에서 하늘사람의 개인적인 정체는 밝혀져 있지 않다. 그러나 예외적인 것이 두 개가 있다: 비구름 신의 딸인 꼬까나다(Kokanadā) 자매가 부처님을 방문하여 가르침을 청한다.(SN. 1 : 39-40) 가끔은 익명의 하늘사람이 말한 시들이 다른 곳에서 특수한 정체성을 가지고 나타나는데, 예를 들어 시 *Sgv.* 22는 악마에게 가탁되어 시 Sgv. 459에 다시 등장하고 시 시 *Sgv.* 154-157은 위대한 보시자였기 때문에 하늘나라에 태어난 아나타삔디까(Anāthapiṇḍika)에 가탁되어 시 *Sgv.* 310-313에서 다시 나온다. 그리고 이 「쌍윳따」에서 하늘사람이 어떠한 하늘나라[天界]나 하느님의 세계[梵天界]에 속하는지는 전혀 나타나 있지 않다. 그러나 예외가 있다면, 싸뚤라빠 무리의 하늘사람들은 청정한 삶을 사는 하늘나라의 신들(Suddhāvāsakāyikā devā : 淨居天)로 묘사되어 있다.

하늘사람들이 질문을 하지 않고 견해를 말할 때의 경에서는 특히 관점의 한계를 드러내는 하늘사람과 그들의 한계를 훨씬 뛰어넘는 부처님이 극명하게 대조된다. 때로는 하늘사람들이 집단적으로 자신들의 견해를 제시하거나 내세우더라도, 부처님은 더욱 심오한 관점으로 그들의 한계를 뛰어넘는다.(*Sgv.* 77-83. 94-100) 몇 몇 경에서는 시들은 대화의 문맥 속에서 진술되지 않고 부처님이 암묵적으로 지시하는 하늘사람의 개인적인 견해만을 언급하고 있다.(*Sgv.* 135-138) 그리고 두 개의 시들(*Sgv.* 145-146)은 세존을 찬양하는 찬가에 불과하다. 어떤 시(*Sgv.* 181)로 시작하는 경들은 수수께끼를 제시하는 하늘사람과 부처님의 답변으로 이루어지는 전형을 갖고 있다. 예를 들어 부처님이 찬성하는 '죽임'에 대해 그 답변은 '분노를 죽이는 것'이다.(*Sgv.* 221-222) 한 경전에서는 해학적인 내용을 발견할 수 있는데, 하늘사람이 부처님에게 세속적인 질문을 하는데, 부처님이 대답하기 전에 다른 하늘사람들이 끼어들어 자신들의 세속적인 수준으로 대답하자, 부처님이 그들의 대답을 출세간적인 수준으로 끌어올려 응답한다.(*Sgv.* 227-229) 이 「하늘사람의 쌍윳따」에 등장하는 경들은 그 다양하고도 통쾌한 내용 때문에 테라바다 불교에서 아주 대중적인 설법의 주제가 되고 있다.

제2장 하늘아들의 쌍윳따(Devaputtasaṁyutta)

이 「하늘아들의 쌍윳따(2)」는 하늘 아들들에 대해 다루는 3

품 30경으로 이루어졌다. 하늘아들은 신의 아들인데 한역에서는 천자(天子)라고 한다. 하늘아들이 있다고 하면 하늘 딸 또는 신의 딸(devaduhitā)도 있을 것이다. 그러나 주석서에서만 신의 딸이 언급되어 있을 뿐 이 모음에서는 등장하지 않는다. 주석서에 의하면, 하늘아들은 하늘사람의 품에서 화생한다. 앞의 「하늘사람의 쌍윳따」에 등장하는 하늘사람은 대부분 익명인데 비해 이 「쌍윳따」의 하늘아들은 언제나 특정한 이름을 갖고 있다. 그런데 놀랍게도 이 가운데 몇몇은 「하늘사람의 쌍윳따」(SN. 2 : 3, 4, 16, 19, 20, 21, 24, 27)에도 나온다. 그러한 사실은 마치 어른과 청년의 구분이 명확하지 않듯, 하늘사람과 하늘아들의 구분이 분명하지 않다는 것을 보여준다.

「하늘사람의 쌍윳따」와는 상대적으로 이 「쌍윳따」의 대부분의 시들은 승원에서의 수행과 관련된 것들이다. 몇 몇 경들은 교의적인 관점에서 흥미를 불러일으킨다. 하늘아들 다말리(Dāmali)는 부처님에게 아라한이라도 '아직 피곤을 모르고 노력해야 하는가?'라고 묻는다. 부처님은 아라한은 자신의 목표에 도달하였으므로 '더 이상 노력하지 않는다.'라고 대답한다.(SN. 2 : 25) 이것에 대해 주석서는 부처님이 '노력'을 찬양하여 말하지 않았다고 기술하고 있다. 그러나 하늘아들 따야나(Tāyana)가 지은 '노력'에 대한 시는 부처님으로부터 찬양을 받았고 수행승에게 커다란 교훈으로 전해졌다.(SN. 2 : 8) 그리고 두 개의 경들(SN. 2 : 9, 10)은 달의 신 짠디마(Candimā)와 해의 신 쑤리야(Suriya)와 관련된 것으로 각각 월식과 일식을 다루고 있다. 스리랑카에서는 이 두 경들이 심리적인 위안을 독송하는 『위대한 수호의 책(Maha Pirit Pota)』에 포함되어 있다. 그리고 우리는 인간조건 가운데 고뇌를 다룬 세계적인 문학가운데서도 가장 함축적인 표현을 지닌 한편의 시를 지은 쑤브라흐만(Subrahman)과 마주친다.(SN. 2 : 17) 또한 걸어서 세계의 끝에 도달하고자 한 로히땃싸(Rohitassa)의 이야기를 만나는데, 그는 세계의 끝에 대한 부처님의 즉각적인 대답을 유도해낸다.(SN. 2 : 26) 그리고 인도의 힌두교 절대신으로 나중에 정립된 비슈누(sk. Viṣṇu) 신과 시바(sk. Śiva) 신의 원형이라고 생각되는 벤후(Veṇhu)와 씨바(Siva)가 나온다.(SN. 2 : 12; 2 : 21) 이 「쌍윳따」의 마지막 경(SN. 2 : 30)에서 부처님의 동시대의 사상가였던 뿌라나 깟싸빠(Pūraṇa Kassapa), 막칼리 고쌀라(Makkhali Gosāla), 니간타 나타뿟따(Nigaṇṭha Nātha-putta)와 그들의 제자들이 등장한다. 그러나 부처님은 그들과 그들의 제자들의 견해를 사견이라고 판단하여 명료하게 부정한다. 그런데 여기서 그러한 이교도의 제자들이 하늘아들로 태어나 다시 도덕부정론을 주장하는 것은 너무 당혹스러운 감이 없지 않다.

제3장 꼬쌀라의 쌍윳따(Kosalasaṁyutta)

이 「꼬쌀랑의 쌍윳따(3)」는 꼬쌀라(Kosala) 국의 왕 빠쎄나디(Pasenadi)와 관계된 3품 25경으로 이루어졌다. 여기 포함된 경들에 따르면, 빠쎄나디는 부처님에게 깊이 귀의하였고 자주 부처님과 담론하였다. 그러나 그가 어떠한 깨달음의 단계에 도달하였는가는 여기에 기록되어 있지 않다. 그러나 중세 스리랑카의 문헌에 따르면, 그는 완전한 깨달음을 얻지 않고 중생을 이롭게 하기 위해 힘쓰는 보살(Bodhisattva)의 지평에 있었다.

이 빠쎄나디 왕은 처음에 부인 말리까(Mallikā)가 권유해서 부처님의 가르침을 접하게 되었다. 어떻게 말리까가 빠쎄나디 왕에게 부처님의 지혜를 믿게 만들었는가(MN. 87)와 빠쎄나디 왕과 부처님이 80세가 되었을 때의 최후의 만남(MN. 89)이 ≪맛지마니까야≫에 나온다. 이 「꼬쌀라 모음」의 첫 경은 말리까의 권유 이후 빠쎄나디 왕과 부처님의 첫 만남을 기술한 것이다. 여기서 부처님은 청년으로 묘사된다. 왕은 이렇게 젊은 수행자가 바르고 원만한 깨달음에 도달했다는 사실에 의문을 제기한다. 이에 대해 부처님은 왕의 의심을 몰아낼 수 있도록 시로 대답한다. 첫 번째 두 「쌍윳따」와는 달리 이 「쌍윳따」에서 산문은 시들의 실제 역사적 배경이 될 뿐만 아니라 내용 있는 법문을 담고 있다. 논의되고 있는 주제들은 비록 심오한 것은 아니더라도 일반 재가의 신도들이 세 세상에서 마주치는 세상의 유혹 속에서 어떻게 청정한 삶을 유지할 것인가라는 상대적인 문제점들을 다루고 있다. 몇 몇 경들(SN. 3 : 4, 5)은 부처님 정도의 나이에서 역설적으로 얼마나 쉽게 부와 지위와 권력을 추구하며 올바른 이정표를 잃어버릴 수 있는지를 보여준다. 세속적인 유혹에 대한 대치는 새김을 확립하는 것 곧, 방일하지 않은 것(appamāda)을 통해서만 이루어진다. 부처님이 왕에게 방일하지 않는 것을 찬양했을 때에 수행승과 관련된 명상에서 방일하지 않음을 가르친 것이 아니라 착하고 건전한 것을 실천하는데, 방일하지 말 것을 가르친 것이다. 빠쎄나디 왕과 같은 사람에게는 열반보다는 행복한 천상세계에 태어나는 것이 보다 선호되었기 때문이다.

빠쎄나디 왕과 말리까 비 사이의 대화에서 그들은 '사람은 자신을 누구보다 사랑한다.(SN. 3 : 8)'는 말을 부처님으로부터 이끌어낸다. 이 말은 남편과 아내사이의 대화에서 '모든 것 가운데 자아가 가장 귀중하다.'는 『브리하드아라니야까 우파니샤드(Bṛhadāraṇyaka Upaniṣad)』의 명제를 형이상학적인 논제로 키우는데, 윤리적 근거를 부여한다. 이 둘 사이의 일치가 단순한 우연인지 아니면, ≪우파니샤드≫에 대한 부처님의 고의적인 변형인지 알 수 없으나 그것은 흥미로운 의문을 제기한다. 다른 경우에 왕은 감각적 쾌락에 몰두하는 생활을 하기 때문에 지혜가 결여되어 수행자들에 대한 평가가 불가능하기 때문에 오랜 세월 관찰해서 평가해야 한다는 부처님의 가르침이 전개된다.(SN. 3 : 11) 그리고 이 모음에서 부처님의 금구(金口)가 비만을 감소시키는 역할을 한다고 밝히고 있다.(SN. 3 : 12) 다른 두 경들은 꼬쌀라 국과 마가다(Magadha) 국 사이의 전쟁에 대한 역사적 관점과 전쟁과 평화에 대한 성찰을 제공한다. 때때로 부처님의 시들은 여인이 남자보다 탁월할 수 있다는 관점을 설하고 있다.(SN. 3 : 16) 어떤 곳에서는 바라문으로의 출생이 정신적 가치의 표준이 된다고 하는 관점을 부인하고 정신적 고귀함은 윤리적인 청정과 지혜에서 오는 것임을 강조한다.(SN. 3 : 24) 이 모음을 통해 나타나는 또 다른 주제는 죽음의 불가피성과 선악의 행위가 가져오는 업의 냉혹한 과보이다. 밝은 상태에서 어두운 상태로 가거나 어두운 상태에서 밝은 상태로 가는 존재에 관한 언급이 있다.(SN. 3 : 21) 사람과 함께하는 것은 그의 선악의 행위이므로 우리는 선업을 쌓아야 한다. 선업은 우리의 내적인 의지처이기 때문이다.(SN. 3 : 4, 20, 22) 죽음의 불가피성에 대한 설법 가운데 가장 기억할 만한 것이 이 「쌍윳따」의 마지막 경(SN. 3 : 5)인데, 거기서 죽음이란 모든 것을 부수어버리며 사방에서 몰려오는 산들과 같다.

제4장 악마의 쌍윳따(Marāsaṁyutta)

이 「악마의 쌍윳따(4)」는 여기서 악마와 관계된 3품 25경으로 이루어졌다. 악마는 빠알리어 마라(Māra)를 지칭하는데, 불교적 의미의 악마를 말한다. 그는 감각적 쾌락에 대한 욕망의 세계에서 유혹자이자 그 주인인 자로서 수행자를 해탈의 길에서 벗어나게 하고 거듭되는 생사의 수레바퀴에 짓밟히게 하는 장본인이다. 때로는 경에서 악마가 내적으로는 갈애나 탐욕과 같은 윤회의 심리적 원인을 상징하기도 하고(SN. 22 : 63-65) 외적으로는 뭇삶이 묶여있는 존재의 다발 자체를 의미하는 은유로써 사용되기도 한다.(SN. 23 : 11-12) 그러나 경의 사유체계에서 악마는 단지 인간의 도덕적인 취약성만을 인격화한 것이 아니라 궁극적인 목표를 성취하려는 인간의 노력을 좌절시키는 악한 신으로 묘사된다. 악마가 단순히 심리적인 투사로 여겨졌다면 부처님이나 아라한의 깨달음 이후에 악마가 그들을 추적한다는 것은 있을 수 없을 것이다. 그러나 「악마의 쌍윳따」는 부처님이 위없는 깨달음에 도달한 이후에 보리수 아래서 전개된다. 악마는 부처님이 최종적인 목표를 성취했다는 선언에 도전한다. 그는 부처님이 고행을 포기한 것을 비웃고(SN. 4 : 1), 무서운 형상으로 화현하여 부처님을 놀라게 하고(SN. 4 : 2), 아름답거나 추악한 형상을 연출하여 부처님의 평정을 깨뜨린다.(SN. 4 : 3) 이러한 시험에서 부처님이 승리하기 위해서는 부처님은 악마의 허세를 노출시킬 필요가 있었다. 그래서 자신의 앞에 있는 적을 악마라고 안다고 선언하기만하면,

악마는 그것을 알아채고 좌절하고 신음하며 부처님 앞에서 사라졌다.

악마는 또한 인간이 완전한 청정을 얻을 수 있다는 사실을 부정하는 냉소자로서 나온다.(SN. 4 : 4, 15) 곳곳에서 악마는 수행승들이 부처님의 설법을 들을 때에 그들을 혼란시키지만, 그때마다 부처님은 그의 정체를 알아채고 그를 사라지게 만든다.(SN. 4 : 16, 17, 19) 다른 경우에, 악마는 부처님에게 전륜왕으로서의 세속적인 권력을 잡으라고 유혹을 시도하지만 부처님은 그것을 철저히 분쇄한다.(SN. 4 : 20) 특별히 인상적인 것은 고디까(Godhika)에 대한 이야기(SN. 4 : 23)이다. 거기서 수행승 고디까는 중병에 들어 명상수행이 잘 이루어지지 않자 자결하기로 결심한다. 악마는 부처님 앞에 나타나 고디까가 어리석은 행동을 하는 것을 그만두게 해달라고 청하지만, 부처님은 목숨을 이미 버려서 최종적인 목표에 헌신한 고디까를 찬탄한다. 악마는 고디까가 자결한 후에 그가 의식이 성립하지 않는 열반에 든 것을 모르고 고디까의 재생을 헛되이 찾아 나선다. 이 「쌍윳따」의 마지막 경은 탐진치를 떠난 궁극적인 깨달음을 환기시킨다. 탐진치를 상징하는 악마의 세 딸들, 즉 땅하(Taṇhā), 아라띠(Aratī), 라가(Ragā)가 나온다. 그녀들은 부처님이 완전한 깨달음을 얻은 지 얼마 되지 않아 부처님을 유혹하기 위해 나섰지만, 그녀들의 유혹은 실패하고 마침내 좌절하고 신음하며 그 자리를 떠난다.(SN. 4 : 24, 25)

제5장 수행녀의 쌍윳따(Bhikkhunīsaṁyutta)

이 「수행녀의 쌍윳따(5)」는 산문과 시가 뒤섞인 1품 10 개의 경으로 구성되어 있다. 주인공들은 모두 수행녀들이다. 그 가운데 많은 시들이 ≪테리가타(Therīgāthā : 長老尼偈)≫의 시들과 병행적이다. 적어도 「수행녀의 쌍윳따」의 한 수행녀 바지라(Vajirā)는 테리가타에는 등장하지 않고 다른 수행녀 쎌라(Selā)도 문제가 있다. 두 모음집을 비교하면, 시의 저작자에 대한 가탁에서 차이를 발견할 수 있다. ≪쌍윳따니까야≫와 테리가타는 분명히 서로 다른 송출자에 의해서 구전되어 왔기 때문에 원형적인 이야기의 배경이 깨어지고 그것들이 다른 배경 이야기와 접합되면서 상이한 저작자와 연결시키기 쉬웠을 것이다. 이 「쌍윳따」의 모든 경들은 악마와 개별적인 수행녀 사이의 직접적인 대화로 이루어지는 동일한 유형을 취하고 있다. 이것이 「악마의 쌍윳따(4)」 직후에 「수행녀의 쌍윳따(5)」를 배치한 이유일 것이다.

이 「쌍윳따」의 각 경은 수행녀가 홀로 고요히 명상하며 대낮을 보내고 있는 장면에서 시작한다. 그러면, 악마가 접근해서 자극적인 질문이나 비웃음으로 도전하면서 수행녀의 명상수행을 방해한다. 그러나 그녀들은 모두 진리를 깊이 통찰하고 있는 아라한이어서 악마의 간계에 넘어가지 않는다. 수행녀들은 악마의 도전에 좌절하지 않고 자신의 앞에 있는 적의 정체성을 알아채고 그 도전에 날카롭게 응대한다. 감각적 쾌락에 대한 욕망의 왕인 악마와 고독한 수행녀의 대화에서, 악마의 제안이 성적인 유혹을 포함하고 있다는 것을 알 수 있다, 그러나 그러한 대화가 나오는 것은 몇 몇 경전에 불과하다. 실제로는 대화의 주제가 매우 넓어 출가생활의 정신과 명상수행에서의 통찰에 대한 광범위한 관점을 열어준다. 예를 들어 감각적 쾌락에 대한 욕망의 유혹과 위험(SN. 5 : 1, 4, 5)에 관한 주제가 있다.

이 경우에 수행녀는 악마를 날카롭게 꾸짖고 홀로 떨어져 닦는 명상수행에서의 완전한 평정을 웅변으로 증명한다. 수행녀 쏘마(Somā)에 대한 악마의 대론(SN. 5 : 2)에는 '여자는 단지 두 손가락 마디의 지혜를 갖고 있다.'라는 내용이 있다. 그것에 대한 쏘마의 답변에는 깨달음은 성에 달려있는 것이 아니라 집중과 지혜를 얻어 진리를 꿰뚫는 인간의 능력에 달려있다는 강한 암시가 들어 있다. 그리고 겨자씨의 우화로 잘 알려진 수행녀 끼싸 고따미(Kīsā Gotamī)에 관한 경(SN. 5 : 3)이 있는데, 거기서 악마가 그녀에게 접근하여 어린 아이를 잃었다는 것을 상기시켜 어린 아이를 낳으라는 모성적 본능을 일깨우는데, 그것은 감각적 쾌락에 대한 유혹을 간접적으로 제기하는 동시에 어린 아이에 대한 여성적 욕망을 겨냥한 것이다. 마지막 두 경은 굉장한 깊이와 넓이를 갖고 있는 것으로 거기에 나타난 시들은 철학적으로 걸작에 속한다. 거기서 악마는 수행녀 쎌라(Selā)에게 인간 존재의 근원에 대한 질문을 갖고 도전한다. 그러자 그녀는 연기의 전체적 가르침을 함축하고 있는 4행의 3연시로 구성된 걸작시로 답변한다.(SN. 5 : 9) 악마는 유사한 문제를 수행녀 바지라(Vajirā)에게도 제기하자, 그녀는 수레바퀴의 비유를 들어 개인의 정체성의 구성적 본질을 설명하면서 무아의 가르침에 대한 멋진 설명함으로써 악마에게 답변한다.(SN. 5 : 10) 이러한 경들은 습관이나 관습이 오늘날과는 너무나 동떨어진 고대세계의 신화적 배경 속에서 구성된 것이지만, 거기에 인용된 수행녀들의 시들은 그 명징적인 간결성과 비타협적인 성실성을 대변한다. 수행녀들은 자신의 메시지를 전하는데 장식이나 치장이 필요가 없었다. 왜냐하면 그녀들은 장식 없는 진리의 명징성으로 우리를 놀라게 하기에 충분했기 때문이다.

제6장 하느님의 쌍윳따(Brahmasaṁyutta)

이 「하느님의 쌍윳따(6)」는 여기서 하느님[梵天]과 관계된 2품 15경으로 이루어졌다. 하느님은 브라흐마[梵天]라고 하는데, 바라문교에서 우주의 창조자이자 제의의 대상으로 숭배되는 최고신을 지칭하는 것이다. 그러나 불경에서 의미하는 하느님에 대한 개념은 신앙의 대상이라기보다는 비판과 풍자의 대상이다. 부처님은 하느님을 재해석해서 미세한 물질적 세계와 비물질적 세계에 사는 신들의 부류에 강력한 바라문교의 신들을 집어넣었다. 그들이 사는 곳은 신들의 하느님의 세계[梵天界]라고 한다. 이 신들의 하느님의 세계에는 여러 가지 차원이 존재하는데 그 각각의 차원에 그에 상응하는 정신계가 있다. 이 책의 부록 「불교의 세계관」을 보라. 하느님들은 그들의 동료와 함께 그들의 차원의 세계에 살며 위대한 하느님(Mahābrahmā)이 그들의 지배자이다. 이 「하느님의 쌍윳따」에서 하느님은 자기 자신을 알지 못하고 스스로 영원한 자라고 생각하지만, 다른 모든 뭇삶들과 마찬가지로 윤회의 사슬에 묶여있는 존재이다. 하느님들의 세계에 태어나는 길은 미세한 물질계나 비물질계의 특수한 차원과 일치하는 선정에 도달함으로써 이루어질 수 있다. 때로는 청정한 삶이라고 번역되는 하느님의 삶[梵住]이 있는데, 그것은 자애(mettā)와 연민(karuṇā)과 기쁨(muditā)과 평정(upekkhā)의 삶을 말한다.

≪빠알리니까야≫는 이 「쌍윳따」에서 볼 수 있는 것처럼 하느님들에 대한 양가적인 평가를 제공한다. 한편으로는 어떤 하

느님들은 부처님이나 부처님의 추종자들에 대한 수호자로서, 다른 한편으로는 어떤 하느님들은 우주적인 수명과 고양된 위치 때문에 자신이 전능한 창조자이고 지배자라고 생각하는 자만과 망상에 사로잡힌 존재들이다. 아마도 이러한 이중적 잣대는 부처님이 바라보는 바라문교에 대한 양가적 태도를 반영하는 것이다. 고대 바라문의 생활의 정신적 이상에 대한 부처님의 찬양은 '청정한 행위[梵行 : brahmacariya]'나 '청정한 삶[梵住 : brahmavihāra]'이란 단어에서 — 그것들은 원래 '하느님의 행위'나 '하느님의 삶'을 의미한다 — 극명하게 나타나는 반면, 하느님들에 대한 부처님의 부정은 태생과 가문에 입각한 바라문의 우월성에 바탕을 둔 동시대 바라문들의 교만성을 지적한데서 드러난다.

부처님에게 헌신한 가장 유명한 하느님은 ≪쌍윳따니까야≫에서 자주 등장하는 싸함빠띠(Sahampati)이다. 부처님이 바르고 원만한 깨달음을 얻은 이후에 그는 범천계에서 내려와 부처님 앞에 나타나 가르침을 펼 것을 청원한다.(SN. 6 : 1) 그는 부처님의 진리에 대한 존중에 대해 찬양한다.(SN. 6 : 2) 그는 또한 아라한인 수행승을 찬양하기도 하고 사악한 데바닷따(Devadatta)에게 비난하기도 한다.(SN. 6 : 12) 그리고 부처님이 완전한 열반에 들 때에 나타나 찬탄의 시를 읊는다.(SN. 6 : 15) 그는 다른 쌍윳따에도 나온다.(SN. 11 : 17; 22 : 88; 47 : 18; 48 : 57)

망상적 유형의 하느님으로는 바까(Baka)가 그 전형이라고 볼 수 있다. 그는 자신이 영원한 존재라고 착각하고 있었는데 부처님은 그의 환상을 제거시켜주었다.(SN. 6 : 4) 또 다른 경우

이름을 알 수 없는 하느님이 자신이 거룩한 님인 아라한 보다 월등하다고 생각하고 있었는데, 부처님과 네 위대한 제자들이 그를 방문하여 그의 견해를 바꾸어놓는다.(SN. 6 : 5) 또한 자만으로 가득 찬 하느님과 부처님을 믿는 동료인 두 하느님 사이의 논쟁을 목격할 수 있는데, 거기서 동료인 두 하느님이 자만에 찬 하느님의 망상을 제거시킨다.(SN. 6 : 6) 끝에서 두 번째 경은 과거불인 씨킨(Sikhin)의 제자가 등장하는데, 그는 신통력으로 자만으로 가득 찬 하느님의 무리들에게 두려운 마음이 일게 만든다.(SN. 6 : 14) 또한 이 ≪쌍윳따니까야≫에는 데바닷따의 동료인 꼬깔리까(Kokālika)가 싸리뿟따와 목갈라나를 비방한 죄로 업이 성숙하여 지옥에 태어났다는 슬픈 사연을 전하고 있다.(SN. 6 : 9-10) 이 「쌍윳따」의 마지막 경에는 부처님의 최후의 열반과 하느님 싸함빠띠가 지은 한편의 시가 포함되어 있는데, ≪디가니까야≫의 '대반열반경'에 등장하는 열반의 장면과 일치한다.

제7장 바라문의 쌍윳따(Brahmāṇasaṁyutta)

이 「바라문의 쌍윳따」(7)는 사제계급인 바라문과 관련된 2품 22경으로 이루어졌다. 「하느님의 쌍윳따」가 부처님 당시의 보다 지배적인 종교와의 관념적인 관계를 드러내는 데 비해, 이 「바라문의 쌍윳따」는 당시의 지배적인 종교의 사제였던 바라문들과 신흥종교인 불교와의 실제적인 관계를 나타낸다. 부처님과 사제인 바라문들의 대화가 가득 들어 있는 이 「쌍윳따」는 각각 상이한 주제를 갖는 두 개의 품으로 이루어져있다.

첫 번째 품에서 모든 바라문들은 부처님에게 와서 자주 화를 내거나(SN. 7 : 1-4) 오만방자하게 굴었으나(SN. 7 : 7-9) 결국 부처님의 말씀에 감명을 받아 승단에 출가하는 것을 허락해 주기를 요청한다. 그들은 출가하지 오래지 않아 모두 아라한의 경지에 도달한다. 이 경들은 모두 부처님을 관용과 평화의 화신으로 다루고 있으며, 부처님은 자신을 공격한 사람들에게 부동의 평정과 나무랄 데 없는 지혜를 보여주어서 그들을 변화시키는 놀라운 능력을 보여주고 있다. 이 품에서 부처님은 바라문에 대하여 출생에 기초하여 우월한 지위를 요구하는 자이기보다는 바라문이란 그 근원적 의미에서 거룩한 님이라고 해석하고 그러한 의미에서 진정한 바라문은 아라한이라고 다시 정의하고 있다. 부처님은 바라문이 숭배하는 세 가지 베다[天啓書]를 아라한이 추구하는 지혜인 세 가지 명지(tevijjā[三明] : 宿命通, 天眼通, 漏盡通)로 대체한다. 마지막 경은 다소 해학적인데 재가의 가장의 삶의 억압적인 요소와 출가자의 자유로운 삶 사이의 대조를 묘사하고 있다.(SN. 7 : 10) 두 번째 품에서 바라문은 아주 상이한 방식으로 부처님에게 도전하는데, 여기서 부처님은 고갈되지 않는 위트와 유머로 가득 찬 지혜를 보여준다. 특히 유명한 까씨 바라드와자와 부처님과의 대화는 숫타니파타(Stn. 76-82)에서도 등장하는데 역자의 생각으로는 이 경은 후세 선불교(禪佛敎)의 심우도(心牛圖)의 원형이라고 볼 수 있다.(SN. 7 : 11) 부처님은 바라문들에게 영감을 불어넣어 새로운 신념을 갖게 만들었다. 그들 바라문 전향자들은 비록 승단에 출가하지 않았지만, 부처님의 재가신도가 되었다.

제8장 방기싸의 쌍윳따(Vaṅgīsasaṁyutta)

이 「방기싸의 쌍윳따(8)」는 존자 방기싸와 관계된 것으로 1품 12경으로 이루어졌다. 수행승 방기싸(Vaṅgīsa)에 대해 부처님은 변재의 제일(paṭibhānavatānaṁ aggo : 辯才第一)이라고 불렀다. 이러한 칭호는 그가 즉흥시를 잘 짓는데서 유래한 것이다. 그의 시들은 『장로게』(Thag. 1209-1279)에서 가장 크게 자리를 차지한다. 일흔 한 개의 그 연시들은 이 「방기싸의 쌍윳따」와 일치한다. 그러나 산문의 틀은 다르다. 방기싸가 지은 다른 시(SN. 12 : 12)는 현재의 편집에는 발견되지 않지만 장로게에서 일치하는 부분을 갖고 있다. 방기싸의 시들은 ≪쌍윳따니까야≫의 다른 시들처럼 단지 운율적인 경구만을 갖고 있는 것이 아니라 초기 인도의 시들 가운데 영예로운 자리를 차지할 수 있는 훌륭한 작시법에 따라 써진 것이다. 내용적으로 수행승으로서 명상수행 도중에 마주치는 시련과 유혹에 관한 것들이다. 미적인 것을 추구하는 성격과 감각적 아름다움에 대한 심미안을 가진 방기싸는 초기의 어려운 수행과정을 통해 수행승으로서 필요한 엄한 계율에 감각적 쾌락에 대한 욕망의 제거와 새김의 확립을 통한 통제를 통해서 적응해가는 과정을 보여준다. 이 「쌍윳따」의 앞부분(SN. 8 : 1-4)은 감각적 쾌락에 대한 욕망과의 싸움, 성적 매력에 감염되기 쉬운 성격, 불퇴전으로 길을 가고자 하는 확고한 결정을 보여준다. 또한 이 경들은 의심할 바 없이 천부적 시인으로서의 자연적 기질에서 생겨난 자만의 경향과 그것을 극복하고자 하는 노력에 대해서도 언급하고 있다. 마침내 방기싸가 자기를 정복했을 때, 이 「쌍윳따」의 후반부에서 자주 시로 부처님을 찬탄하는데, 부처님은 그에게 즉흥시를 부탁하기도 한다.(SN. 8 : 8) 그는 부처님뿐만 아니라 위대한 제자 싸리뿟따, 목갈라나, 꼰당냐(Koṇḍañña)를 찬탄하기도 한다.(SN. 8 : 6, 9, 10) 이 「쌍윳따」의 마지막 시는 부분적으로 자전적인 내용을 담고 있어, 방기싸가 세 가지 명지와 다른 정신적 힘을 갖춘 아라한이 되었다는 것을 알려준다.(SN. 8 : 12)

제9장 숲의 쌍윳따(Vanasaṁyutta)

이 「숲의 쌍윳따(9)」는 홀로 수행하는 수행승과 관계된 전형적인 경의 모음으로 1품 14개의 경전으로 이루어졌다. 한 수행승이 숲속에서 열심히 수행하며 홀로 지내는데, 인간적인 약점이 그를 이기고 종교적인 의무를 게을리 하면, 숲속의 하늘사람이 나타나 그에게 자비를 베풀어 그를 꾸짖어 정신을 차리게 만든다는 형태를 취하고 있다. 여기서 등장하는 하늘사람은 「하늘사람의 쌍윳따(1)」에 등장하는 하늘사람과는 달리 여성으로 보이는 숲이나 나무의 요정들을 말한다. 드물긴 하지만, 하늘사람들은 수행승의 행동거지에 대해 잘못 평가하는 경우도 있다. 한 수행승이 이미 아라한의 경지에 이르렀는데 그것을 알지 못하고, 낮잠을 잔다고 꾸짖거나(SN. 9 : 2), 수행승이 여자와 너무 가까이 교제한다고 나무란다.(SN. 9 : 8) 그리고 서른셋 신들의 하늘나라에서 내려온 하늘여인이 아누룻다를 설득해서 자신의 하늘나라에 다시 태어나기를 설득하지만, 아누룻다는 윤회를 끝냈으므로 다른 세계를 취하지 않는다고 말한다.(SN. 9 : 6) 마지막 경(SN. 9 : 14)은 ≪자따까≫에 등장하지만, 이 경에서 수행승이 행한 역할을 ≪자따까≫에서는 보살이 행한다.

제10장 야차의 쌍윳따(Yakkhasaṁyutta)

이 「야차의 쌍윳따(10)」는 야차와 관계된 것으로 1품 12경으로 이루어졌다. 야차(野叉)는 한역에서 약카(yakkha)를 음사한 것이다. 원어 약카는 √yakṣ(빠르게 움직이다)에서 파생된 명사형이다. 주석서에서는 √yaj(헌공하다)에서 파생된 것이라고 주장하기도 한다. 야차들은 숲이나 산록에나 버려진 동굴과 같은 멀리 떨어진 장소에서 사는 비인간(非人間)으로 아귀보다는 약간 높은 단계의 귀신으로 인간과 건달바(Gandhabba) 사이에 존재하는 무서운 귀신들을 말한다. 유령, 도깨비, 요정, 괴물이 여기에 속한다. 그들은 소름끼치는 얼굴을 하고 있으며, 화를 잘 내는 성격을 갖고 있지만, 제물을 그들에게 바치고 존경을 표시하면, 자비로워져서 사람을 해치기보다는 오히려 보호한다. 북인도의 지방에서는 사람들이 안녕을 보장받기 위해 그러한 야차를 기리고 숭배하며 탑묘를 세우기도 한다. 비록 그들은 비참하게 살지만, 깨달음의 잠재적 가능성을 갖고 있고 길을 추구하여 정신적인 삶의 경지를 향유할 수 있다. 그러나 경에서 실제로는 초인적이고 신적인 또는 악마적 존재를 의미한다. 신들이나 제석천 또는 사천왕도 모두 야차로 불릴 수 있다.(MN. 37).부처님조차도 때로는 야차라고 불리기도 한다(MN. 56). 이 모음에 있는 경들은 광범위한 주제를 갖고 있다. 이 주제들을 묶는 것은 시들의 내용이 아니라 쑤찔로마(Sucīloma; SN. 10 : 3)나 알라바까(Āḷavaka; SN. 10 : 12)와 같은 야만적이고 무시무시한 귀신을 훈련시키고 길들이는 무적의 성자로서 부처님이 보여주는 전법적 능력이다. 또한 이 모음은 여성 야차의 매력적인 이야기를 담고 있다. 제타 숲에 출몰하는 배고픈 야차가 부처님의 설법에 감동하여 경건한 신도가 된다.(SN. 10 : 6, 7) 또한 자애로운 야차의 친절한 충고를 들은 아나타삔디까가 최초로 부처님을 만나 설법을 듣는 장면의 이야기가 묘사되어 있다.(SN. 10 : 8) 그리고 마지막 경들에서는 야차들이 수행녀들의 모든 속박에 벗어난 삶을 찬탄한다.(SN. 10 : 9-11)

제11장 제석천의 쌍윳따(Sakkasaṁyutta)

이 「제석천의 쌍윳따(11)」는 제석천(帝釋天)과 관계된 것으로 3품 25경으로 이루어졌다. 초기불교의 신들 가운데 제석천은 서른셋 신들의 하늘나라[忉利天]에서 신들의 제왕이고 또한 부처님의 추종자이다. 부처님과 제석천의 긴 대화는 그가 흐름에 든 님이 됨으로써 절정에 이르는데, 이 내용은 '제석천의 질문에 대한 경(Sakkapañhasuttanta; DN. 20)'에 잘 묘사되어 있다. 이 제석천의 쌍윳따에는 부처님 자신의 제석천과의 만남은 기술되어 있지 않고 제석천의 언행에 대한 부처님의 묘사 속에서만 나온다. 따라서 이 「쌍윳따」의 경들은 도덕적 교훈을 주는 우화라고 할 수 있다. 부처님은 수행승들에게 두려움에 대한 해독제로서 부처님과 가르침과 참모임의 삼보(三寶)를 회상할 것을 가르치고 있다.(SN. 11 : 3) 서른셋 신들의 하늘나라는 아수라들이 부단히 공격하는 천상계이다. 아수라들은 신들의 적대자로 인간계와 아귀계 사이에 존재하지만, 서른셋 신들의 하늘나라의 근처에 있다가 자주 신들에게 전쟁을 일으키는 무리를 말한다. 아수라들은 굉장한 무기를 갖추고 상대방을 정복하고 정복한 영토를 지배하려는 존재들이다. 제석천의 쌍윳따는 제석천을 아수라의 지도자인 베빠찟띠(Vepacitti)와 베로짜나(Verocana)에 대항하도록 싸움을 붙인다. 이 두 진영은 길항적인 정치철학을 대변하는 두 집단이다. 아수라들은 힘에 의한 지배와 적에 대한 복수를 선호하고 침략을 정당화하고 '힘이 곧 정의이다.'는 윤리를 찬양한다. 그와는 대조적으로 제석천은 정의롭게 지배하고 적에 대해 인내하고 잘못한 자에 대해 관대하다.(SN. 11 : 4, 5, 8) 제석천과 신들은 성자들과 고귀한 사람들을 존경하는 반면, 아수라들은 그들을 비웃고 꾸짖기 때문에 성자들은 제석천과 신들을 돕고 아수라들을 저주한다.(SN. 11 : 9, 10) 그리고 이 모음에서 제석천은 이상적인 평신도로서 나온다. 그는 신으로서 지배자의 위치를 갖지만 아직 인간적인 존재로 유덕한 가장의 표준이 되는 일곱 가지 덕목을 지닌다.(SN. 11 : 11) 제석천이 부처님의 탁월성을 이해하는 것은 하느님 싸함빠띠에게는 뒤지지만(SN. 11 : 17), 제석천은 자신이 삼보와 경건한 재가신자를 공경하는 이유를 웅변적으로 말한다.(SN. 11 : 18-20) 이 모음에 등장하는 가장 흥미로운 사상은 추악하고 왜소한 야차와 훌륭하고 단정한 제석천의 변증법적인 관계가 있다는 것이다. 야차는 비난받고 질책을 당할수록, 보다 아름답고 장대해져서 제석천처럼 빛나게 되고, 칭찬받고 찬양받을수록 점점 왜소하고 추악해져 볼품없이 꾀죄죄한 야차로 돌아간다.(SN. 11 : 22) 마지막으로 부처님이 수행승들에게 제석천의 관용과 용서를 배울 것을 권유한다.(SN. 11 : 23-25)

II. 중요한 번역술어에 대한 해명

1. 담마(dhamma)와 가르침, 사실, 현상, 원리

다양한 의미를 지닌 빠알리어를 거기에 일대일 대응되는 하나의 한글로 옮긴다는 것은 불가능하다. 한역에서는 가능했지만 초기의 한역경전들을 보면, 동일한 빠알리어 경전들도 다양하게 역자에 따라 달리 번역되었음을 알 수가 있다. 그러나 한역에서는 모든 담마(dhamma)를 법(法)이라고 번역하는 등의 번역에서의 경직성이 강했다. 이러한 경직성은 한역 장경을 이해하기 어렵게 만드는 중요한 요인이 된다.

담마(dhamma; *sk.* dharma)는 적어도 부처님의 가르침이라는 의미로 가장 많이 쓰이기는 하지만, 담마는 부처님에게서 기원하는 것이 아니라 일반적인 무시이래로 과거, 현재, 미래의 모든 부처님께서 가르치는 진리, 선행, 해탈의 기본적인 '원리'를 말하는 것이다. 이것은 담마가 단지 인간역사의 특수한 시기에 나타나는 종교적인 가르침을 넘어서는 시공간적으로 보편적인 원리인 것을 의미한다. 그것은 실재, 진리, 정의가 하나로 통일되어 최종목표인 열반으로 이끄는 정신적이고 윤리적인 실재를 말한다. 그 정신적이고 윤리적인 실재 속에서 부처님께서는 과학적 인과관계를 배제하지는 않았고, 우주 자체를 전적으로 인간의 입김을 배제하는 무도덕적인 것으로 보지는 않았기 때문에, 그에게 도덕적이고 종교적인 현상을 의미하는 담마는 신비적인 것이 아니라 원인과 결과의 법칙이 작용하는 '윤리적 우주 자체'를 말한다.

담마가 담마라자(法王 dhammarāja)가 될 경우에는 그 의미가 '정의로운 왕'이라는 뜻이 된다. 그리고 담마가 복수로 나올 경우에는 가르침이나 사실을 의미하는데 사실에는 단지 물리적인 사실만이 아니라 정신적인 사실까지 포괄한다. 거기에는 십이연기의 고리, 다섯 가지 존재의 다발, 여섯 가지 감역, 깨달음으로 이끄는 다양한 수행방법도 포함된다. 그리고 두 경전(12 : 33; 42 : 11)에서 발견되는 '이미나 담메나(imina dhammena)'는 '이러한 원리에 의해서'라고 번역될 수 있다. 그리고 어떤 경전(7 : 9, 11)에서 발견되는 '담마싸띠(dhammasati)'는 '원리가 있다면'이라고 번역이 가능하다. 또한 복수의 담마는 '현상'이나 '사실' 또는 '원리'로 번역할 수 있다. 그러나 빠띳짜쌈웃빤나 담마(paṭiccasamuppannā dhammā : 緣生法; 12 : 20)는 연기법과 대칭되는 의미에서 '조건적으로 발생된 법'이라는 의미에서 '연생의 법'이라고 번역한다. 그러나 다섯 가지 존재의 다발을 두고 로께 로까담마(loke lokadhammā; 22 : 94)라고 할 때 그것을 '세상속의 세상의 사실'이라고 번역할 수 있다. 그리고 심리적인 측면에서 해석될 때에는 담마는 '상태'라고 번역될 수 있다. 담마비짜야삼보장가(dhammavicayasambojjhaṅga : 擇法覺分)의 경우에는 담마(dhamma)를 생략하여 '탐구의 깨달음 고리'라고 번역했다. 담마야따나(dhammāyatana : 法處)의 경우에는 마나야따나(manāyatana)에 대응되는 말인데 정신의 감역에 대한 정신적 대상으로서의 사실을 의미하지만 역자는 '사실의 감역'으로 번역한다. 따라서 담마싸띠빳타나(dhammasatipaṭṭhāna : 法念處)도 사실에 대한 새김의 토대라고 번역했다. 여기서 필자가 사용한 사실이란 광의의 의미로 곧 유위법(有爲法)은 물론이고 정신의 대상으로서의 무위법인 열반까지 포함하는 전체를 지시한다. 비구 보디(Cdb. 1777)는 '현상(phenomena)'이라는 말을 사용했는데 이렇게 되면 불교를 단순히 현상론으로 해석할 소지가 많고 열반도 단지 현상으로 전락함으로 이 말은 단지 정신적인 현상을 명확히 지칭할 때를 제외하고는 되도록 피했다. 담마다뚜(dhammadhātu : 法界)도 역시 '사실의 세계'라고 번역하고 거기에 대응하는 마노빈냐나다뚜(manoviññānadhātu : 意識界)는 '정신의식의 세계'라고 번역했다. 그리고 복합어의 뒷부분을 구성하는 담마는 문법적으로 독특한 성질을 지닌다. 예를 들어 카야담마(khayadhamma), 바야담마(vayadhamma), 니로다담마(nirodhadhamma)에서 담마는 단순히 '것'이라고 하거나 '해야만 하는 것'이란 문법적 의미를 지니므로 그것들은 '파괴되고야마는 것, 괴멸되고야마는 것이고 소멸되고야마는 것' 또는 '파괴되는 것, 괴멸되는 것이고 소멸되는 것'이라고 번역되어야 한다. 그리고 아닛짜담마(aniccadhamma), 둑카담마(dukkhadhamma), 아낫따담마(anattadhamma)는 '무상한 것, 괴로운 것, 실체가 없는 것'이라고 번역할 수 있다.

2. 쌍카라(saṅkhārā)와 형성

빠알리어 쌍카라는 한역에서 행(行)이라고 하는 것인데, 그것은 불교술어 가운데 번역하기 가장 힘들고 난해한 용어이다. 이 용어에 대한 현대적 번역에는 '결정, 구성, 결합, 형성, 의도'가 있는데 그 가운데 가장 보편적인 것이 형성이다. 원래 쌍카라(saṅkhārā)는 '함께 만들다(saṁkaroti)'의 명사형으로 '함께 만드는 것, 조건 짓는 것' 뿐만 아니라 '함께 만들어진 것, 조건 지어진 것'을 의미한다. 단어의 철학적인 특성상 주로 복수로 쓰인다. ≪쌍윳따니까야≫에는 이와 관련하여 7가지의 교리적인 문맥이 발견된다.

① 십이연기에서의 형성은 무지나 갈애와 관련하여 윤회를 지속시키는 능동적이고 의도적인 형성이다. 여기서 형성은 업(kamma : 業)과 동의어이고 세 가지가 있다. 즉 신체적 형성, 언어적 형성, 정신적 형성(12 : 2) 또는 공덕을 갖춘 형성, 공덕을 갖추지 못한 형성, 중성적인 형성(12 : 51)이다. 신체적 형성에는 호흡이 포함된다.

② 다섯 가지 존재의 다발[五蘊]에서 형성은 여섯 가지 감각대상에 대한 의도(22 : 56)로 분류된다. 이때의 형성은 의도로서 느낌과 지각 이외의 의식의 정신적 동반자는 모두 형성이라고 한다. 따라서 착하고 건전하거나 악하고 불건전한 다양한 모든 정신적인 요소들이 모두 형성에 속한다.

③ 형성은 가장 넓은 의미로 모든 조건지어진 것(22 : 90)을 뜻한다. 모든 것들은 조건의 결합에 의해서 생겨난다. 형성이라는 말은 우주전체가 조건지어진 것이라는 철학적인 조망을 할 수 있는 주춧돌이 된다. 제행무상(諸行無常)과 일체개고(一切皆苦)의 제행과 일체는 바로 이 형성을 말하는 것이다.

④ 형성의 삼개조 — 신체적 형성, 언어적 형성, 정신적 형성 —가 지각과 느낌의 소멸(想受滅)과 관련해서 언급된다.(41 : 6) 신체적 형성은 호흡을 뜻하고 언어적 형성은 사유와 숙고를 뜻하고, 정신적 형성은 지각과 느낌을 뜻하는데, 그 지각과 느낌이 소멸한 자에 도달하려면, 그 소멸의 순서는 언어적 형성, 신체적 형성, 정신적 형성이다.

⑤ 네 가지 신통의 기초[四神足]와 관련하여 정신적인 힘의 기초로서 '노력의 형성(padhānasaṅkhāra)'이 있다.

⑥ 그 밖에 수명의 형성(āyusaṅkhāra; 20 : 6; 51 : 10), 생명

의 형성(jīvitasaṅkhāra; 47 : 9), 존재의 형성(bhavasaṅkhāra; 51 : 10)이란 개념이 있는데, 그것들에 대해서는 각각 생명력의 상이한 양상으로 이해할 수 있다.

⑦ 그 밖에 이 쌍카라(saṅkhārā)와 연관된 수동태의 쌍카따(saṅkhata)란 단어가 있다. 쌍카라가 조건짓는 것이라면 쌍카따는 조건지어진 것을 의미한다. 쌍카라는 의도에 의해서 활성화되는 능동적인 조건짓는 힘으로 조건지어진 현상인 쌍카따를 만들어낸다. 이에 비해서 쌍카따는 수동적인 의미로 쌍카라에 의해서 만들어진 것으로 존재의 다발이나 여섯 가지 감역이나 조건지어진 현상세계를 의미한다. 쌍카따에 대해서 한역에 유위(有爲)라는 번역이 있는데 역자는 때로는 유위 때로는 '조건지어진 것'이라고 번역했다. 그 반대의 용어 아쌍카따는 '조건지어지지 않은 것', 즉 무위(無爲)를 뜻하는데 바로 열반을 지칭한 것이다.

3. 나마루빠(nāmarūpa)와 명색(名色) 및 정신·신체적 과정

명색이라는 말은 불교 이전의 우파니샤드 철학에서 유래한 것이다. 유일자인 하느님[梵天]이 세상에 현현할 때의 그 다양한 세계의 현현에 대해 사용된 말이다. 세계는 다양한 이름과 다양한 형상으로 구성되어 있다. 그런데 흥미로운 것은 이 ≪쌍윳따니까야≫에 명색의 우파니샤드적 의미를 나타내는 '외부에 명색(bahiddhā nāmarūpam)'이라는 단어가 나온다.(12 : 19) 명색(名色)은 유일자인 신이 이름과 형상으로 현현한 것을 말하는데, 그것들이 세계를 구성하는 개체의 인식적인 측면과 재료적인 측면을 구성한다고 볼 수 있다. 불교에 와서는 이러한 인식적인 측면이 명(名), 즉 정신이 되었고 재료적 측면이 색(色), 즉 물질이 되었다. 그래서 정신적 요소에 속하는 느낌, 지각, 의도, 접촉, 정신활동(vedanā, saññā, cetanā, phassa, mansikāra; 12 : 2)은 명(名)이고 물질적 요소인 지수화풍(地·水·火·風)과 거기에서 파생된 물질(upādāya rūpaṁ : 所造色)은 색(色)으로서 모두 합해서 명색이라고 한다. 따라서 명색은 '정신·신체적 과정'이라고 말할 수 있다. 니까야에서 정신적인 요소를 의미하는 명(名)에 의식이 포함되지 않은 것은 의식은 물질적인 신체(色)에 접촉하나 정신과 관계된 느낌, 지각, 의도, 접촉, 정신활동에 연결되어 작동하기 때문이다. 그리고 명색의 조건으로서의 의식의 전개(viññāṇassa avakkanti; 12 : 59)라는 말이 등장하는데, 그것은 과거세로부터 새로운 유기체의 시작의 조건이 됨으로써 현존재에로 의식이 흐르는 것을 말하는 것이다. 명색의 전개(nāmarūpassa avakkanti; 12 : 39, 58, 64)라는 말은 새로운 유기체의 시작을 뜻한다. 역자는 문맥에 따라 특히 시에서 쓰일 때에는 그 이해를 쉽게 하기 위해 '정신·신체적 과정'이라고 번역한다.

4. 칸다(khandha)와 다발 및 존재의 다발

불교의 가장 중요한 술어 가운데 하나가 오온(五蘊 : pañcakkhandha)이라는 것이다. 이것은 앞의 명색을 구성하는 요소들이기도 하다. 역자는 오온이라고 하는 것을 다섯 가지 존재의 다발이라고 번역한다. 이 다섯 가지에는 물질[色 : rūpa], 느낌[受 : vedanā], 지각[想 : saññā], 형성[行 : saṅkhārā], 의식[識 : viññāṇa]이 있다. 여기서 온(蘊), 즉 칸다(khandha)라는 용어는 PTS사전에 의하면 다음과 같은 의미를 지니고 있다.

① 천연적 의미 : 크기가 큰 것, 육중한 것, 거친 물체, 예를 들어 코끼리의 엉덩이, 사람의 어깨, 나무등걸 등으로 하나의 단위를 지니며 크기가 큰 것을 의미한다. 물, 불, 덕성, 부 등도 포함된다.
② 응용적 의미 : 집합적인 의미의 모든 것, 다발, 덩어리, 부분품들, 구성요소 등이다.

붓다고싸는 칸다를 '더미(rāsi)'로 보았다. 그러나 칸다는 어깨의 근육처럼 다발로 뭉쳐있는 상태를 의미한다. 단순히 더미라는 말은 긴밀한 연기적인 의존관계를 반영하기에는 통일성이 없는 개별적인 부품처럼 인식될 수가 있다. 역자는 그래서 다발이라는 말을 쓴다. 물질은 물질의 다발이고 정신은 인식의 다발이다. 그들은 상호 연관적으로 작용한다. 정신· 신체적 복합체를 표현하는 칸다에 대한 가장 적절한 표현은 '존재의 다발'일 것이다. 이 책에서는 칸다를 '존재의 다발'이라고 표현한다. 그 원리는 아마도 비트겐슈타인의 섬유론으로 가장 적절하게 설명될 수 있을 것이다.

노끈의 강도는 처음에 끈으로 달리는 단 하나의 가닥에만 전적으로 의존하는 것이 아니라, 아무런 가닥도 노끈의 전부를 달리지 않으며 때때로 겹쳐지고 엇갈리는 섬유 사이의 관계에 의존한다.(Wittgenstein, L.「Philosophische Untersuchungen」『Ludwig Wittgenstein Werkausgabe』Band 1.(Frankfurt am Main, 1984) S. 278 Die Stärke des Fadens liegt nicht darin, dass irgend eine Faser durch seine ganze Länge lauft, sondern darin, dass viele Fasern einander übergreifen.)

초기불교에서 윤회는 바로 존재의 다발(五蘊)의 지속적 연결이고 그것은 바로 이 노끈의 연결과 유사하다. 거기에는 처음부터 끝까지 영원히 지속되는 한 가닥의 정신적 섬유로서의 자아(atta, *sk.* ātman)는 없지만 그럼에도 불구하고, 즉 주이적(住異的)으로 무상하지만 겹쳐지고 꼬이면서 상호의존하며 수반되는 섬유들로서의 오온에 의해 확증되는 지속성은 있다. 이것은 언제나 변화하면서 지속되는 불꽃의 비유와 같은 것이다. 윤회하는 것은 이러한 존재의 다발인 것이다.

이러한 존재의 다발 가운데 물질[色 : rūpa], 느낌[受 : vedanā], 지각[想 : saññā], 형성[行 : saṅkhārā], 의식[識 : viññāṇa]이 있다. 이 가운데 물질은 지수화풍을 의미하므로 물질이고, 특수하게 명상의 대상세계인 색계(色界)일 때에는 미세한 물질계라고 번역을 하고 단순히 시각의 대상일 때는 형상이라고 번역한다. 느낌은 감수(感受)라고 번역하는 것이 포괄적이긴 하지만 일상용어가 아니므로 피하고 주로 경전에서는 고락과 관계된 것이므로 느낌이라고 번역한다. 이 가운데 지각은 사물을 '이를테면 파란 색을 파란 색으로 인식하는 것'을 말한다. 형성은 위의 쌍카라 항목 ①, ②에서 설명했음으로 생략한다. 의식은 대상을 인식하는 것이 아니라는 것을 명백히 이해해야한다. 그것은 일종의 알아차림이다. 대상의 존재를 단지 알아채는 것이다. 예를 들어 눈이 파란 색의 물체를 보았을 때에, 안식은 빛깔의 존재를 알아챌 뿐이고, 그것이 파란 색이라는 것을 깨닫지 못한다. 이 단계에서는 아무런 인식이 없다. 그것이 파란 색이라는 것을 아는 단계는, 지각(想)의 단계이다. 그래서 시각의식이라는 말은 곧 '본다'와 같은 뜻을 지닌 것이다. 이러한 이유로 존재의 다발을 역자는 위와 같이 번역했다.

그 밖에 칸다라는 말이 단순히 '여러 가지'란 뜻으로 쓰이지만 상호의존하는 연결관계를 나타내므로 그때는 그냥 '다발'로 번역한다. 계행의 다발(戒蘊 : sīlakkhandha), 삼매의 다발(定蘊 : samādhikkhandha), 지혜의 다발(慧蘊 : paññakkhandha) 등이 있다.

5. 쌉뿌리싸(sappurisa)와 참사람

빠알리어 쌉뿌리싸(sappurisa)라고 지칭하는 말은 한역에서 다양한 번역용어를 사용하기 때문에 우리말 번역도 그 적절성을 찾기가 힘들다. 빠알리성전협회의 빠알리-영어사전(PED)에서 어원을 추적하면 쌉뿌리싸는 두 단어 싸뜨(sat=sant)와 뿌리싸(purisa)로 구성되어 있다. 어원적으로 싸뜨(sat)는 어근 √as '있다'의 현재분사의 약변화의 어간이다. 이 싸뜨(sat)는 빠알리성전협회의 사전에 의하면, 세 가지의 의미를 지닌다. ① 존재하는(existing:有) ② 진실한(true:眞) ③ 착한(good:善) 따라서 싸뜨에는 어원적으로 착하다는 의미 이전에 실재한다는 의미에서의 진실 즉 참을 뜻한다는 사실을 알 수 있다. 그리고 뿌리싸(purisa)는 원래 단순히 '사람' — 시민적인 의미에서 — 을 지칭하지만 쌉뿌리싸를 지칭하기도 한다. 그래서 한역 중아함경 37에서 이 쌉뿌리싸(sappurisa)는 선남자(善男子)라고 번역한다. '싸뜨' 또는 '쌉'은 선(善)으로 '뿌리싸'는 남자(男子)로 번역되고 있는 것이다. 북전에서 선(善)이라고 번역한 것은 송나라의 구나발다라(求那跋陀羅)가 이렇게 번역한 데는 원인이 있겠지만, 아마도 북방불교권의 번역에서 많이 사용되는 특징을 반영한 것이다. 그러나 붓다고싸는 쌉뿌리싸를 '진리(dhamma)를 따르는 진실한 사람(saccapuri- sa), 즉 선한 사람(kalyāṇapurisa)'으로 정의하고 있다.(Pps. VI. 7 9) 이러한 고찰을 참고한다면 쌉뿌리싸는 단순히 선남자라고 번역하기 보다는 외연 보다 넓고 깊은 참사람으로 번역하는 것이 타당하다. 실제로 한역에서도 북전의 『법구경』에서는 덕인(德人), 북전 아함경에서 정사(正士), 선사(善士), 정인(正人)이라고 번역하고 있는 것을 볼 수 있다. 따라서 한역의 정인, 정사라는 표현은 참사람과 근접한다고 볼 수 있다. 그리고 참고로 Pps. IV. 79에서는 쌉뿌리싸(sappurisa)를 '가르침(法 : dhamma)을 다루는 진실한 사람(saccapurisa), 또는 선한 사람(kalyāṇapurisa)'으로 정의한다. 이것을 영역에서 호너(I. B. Horner)는 '착한 사람(a good man)' 우드워드(F. L. Woodward)는 '가치 있는 사람(a worthy man)', 리스 데이비즈는 '고귀한 마음을 지닌 사람(the noble minded person)'이라고 번역하고, 가이거는 '완전한 사람(der vollkommenen Menschen)'으로, 비구 보디는 '훌륭한 사람(a superior person)'으로 번역했다. 경전에서는 참사람은 오계(五戒)를 지키는 차원의 윤리적 인간에 대해서만 언급한 것이 아니다. 부처님의 혈통에 든 님(種姓者 : gotrabhū)이라는 말은 '네 쌍으로 여덟이 되는 참사람[四雙八輩]이 되기 직전의 참사람의 반열에 입문한 자(種姓者)'의 단계를 말하는데, 그는 선정이나 출세간적인 길에 들기 전의 감각적 쾌락에 대한 욕망의 세계의 마지막 의식단계를 지니고 있는데, 그 사람도 참사람에 속한다고 볼 수 있으며, 삼매에 들어 상수멸정(想受滅定)을 성취하고 해탈한 아라한과 붓다 자신을 지칭하기도 한다.

그러므로 참사람에는 고귀한 제자들이 모두 포함되며, 협의로는 네 쌍으로 여덟이 되는 참사람의 무리[四雙八輩 : cattāri purisayugāni aṭṭha purisapuggalā]를 지칭한다. 이 중에서 흐름에 드는 길을 가는 님[預流向 : sotāpattimagga], 흐름에 든 경지에 도달한 님[預流果 : sotāpattiphala] = 흐름에 든 님[預流者 : sotāpattipanna]이 있다. 흐름에 든 님은 열 가지 결박[十結 : dasa saṁyojjanāni] 가운데 ① 개체가 있다는 견해[有身見 : sakkāyadiṭṭhi] ② 회의적 의심[疑 : vicikicchā] ③ 규범과 금기에 대한 집착[戒禁取 : sīlabbataparāmāsa]에서 벗어나야 한다. 둘째, 이 세상에 다시 한번 돌아와 해탈하는 한 번 돌아오는 길을 가는 님[一來向 : sakadāgāmīmagga], 한 번 돌아오는 경지에 도달한 님[一來果 : sakadāgāmīphala] = 한 번 돌아오는 님[一來者 : sakadāgāmin]이 있다. 한 번 돌아오는 님은 열 가지 결박 가운데 위 세 가지와 더불어 ④ 감각적 쾌락에 대한 탐욕[欲貪 : kāmarāga] ⑤ 분노[有對 : paṭigha]를 거의 끊어야 한다. 셋째, 천상에 가서 거기서 해탈하므로 이 세상으로 돌아오지 않는 길을 가는 님[不還向 : anāgamīmagga], 돌아오지 않는 경지에 도달한 님[不還果 : anāgamīphala] = 돌아오지 않는 님[不還者 : anāgamin]이 있다. 돌아오지 않는 님은 위의 다섯 가지 낮은 단계의 결박을 완전히 끊은 자이다. 넷째, 거룩한 길을 가는 님[阿羅漢向 : arahattamagga], 거룩한 경지에 도달한 님[阿羅漢果 : arahattaphala] = 거룩한 님[阿羅漢 : arahat]이 있다. 거룩한 님은 위의 다섯 가지 낮은 단계의 결박은 물론 ⑥ 미세한 물질계에 대한 탐욕[色貪 : rūparāga] ⑦ 비물질계에 대한 탐욕[無色貪 : arūparāga] ⑧ 자만[慢 : māna] ⑨ 흥분[掉擧 : uddhacca], ⑩ 무명[無明 : avijjā]의 다섯 가지 높은 단계의 결박에서 완전히 벗어난 자를 말한다. 이 가운데 거룩한 님을 제외하면 일곱 가지 학인의 단계에 있는 학인[有

學 : sekha]이라고 부르고 거룩한 님은 학인의 단계를 초월한 무학[無學 : asekha]이라고 부른다. 그런데 『법구의석』에서는 다른 주석과는 달리 거룩한 님에게 거룩한 경지의 성취는 네 가지 분석적인 앎[四無碍解 : catuppaṭisambhidā]과 더불어 생겨난다. 네 가지 분석적인 앎이란 ① 대상의 분석(義無碍解 : atthadhammapaṭisambhidā) ② 조건의 분석(法無碍解 : dhammapaṭisambhidā) ③ 언어의 분석(詞無碍解 : niruttipaṭisambhidā) ④ 맥락의 분석(辨無碍解 : paṭibhānapaṭisambhidā)을 말한다.

6. 승가(僧伽 : saṅgha)와 참모임

초기불교에서 교단을 의미하는 승가(僧伽; saṅgha)에 관하여 비구승가(比丘僧伽; bhikkhusaṅgha), 비구니승가(比丘尼僧伽; bhikkhunīsaṅgha), 사방승가(四方僧伽; cattudisasaṅgha), 현전승가(現前僧伽; sammukhīsaṅgha), 승보(僧寶; saṅgharatana), 성문승가(聲聞僧伽 ; sāvakasaṅgha)등의 용어를 찾아볼 수 있다. 여기서 구체적으로 재가신도인 재가의 남자 신도[優婆塞; upāsika], 재가여신도[優婆夷; upāsikā]의 승가란 말은 나타나지 않는다. 재가신도를 포함시킬 때는 승가라는 말 대신에 사부대중(四部大衆 : catasso parisā)이라는 표현을 쓴다. 그러나 승가 안에 재가신도가 포함되지 않는다고 명시적으로 규정할 수는 없다. 사방승가는 시간적으로 삼세에 걸쳐 확대되고 공간적으로는 우주적으로 확대되는 보편적 승가를 지칭한다. 그렇다면 이 사방승가 안에는 재가신도가 당연히 포함되어야 할 것이다. 그러나 이 사방승가도 재가신도에 관한 언급이 없이 비구, 비구니 승가의 확장으로 규정되고 있다. 그리고 현전승가는 시간, 공간적으로 제한된 사방승가의 지역승가로서의 생활공동체이다. 이 현전승가 역시 비구 또는 비구니 승가이다. 그러나 경전에서는 재가신도인 재가의 남자 신도나 재가여신도가 없이는 사방승가와 현전승가의 이념이 성립할 수 없음을 경전은 분명히 하고 있다. 왜냐하면 출가자는 생활의 물자를 얻기 위해 노동할 수 없음으로, 재가의 남자 신도와 재가여신도로부터 의식주를 위한 생필품과 필수약품(四資具)을 공급받아야 생활공동체로서의 현전승가가 유지되며, 재가의 남자 신도와 재가여신도로부터 승가람(僧伽藍), 승가람물(僧伽藍物), 방(房), 방물(房物)등을 기증받아서 부처님의 가르침을 유지시켜야 '부처님을 비롯한 승가' 즉 사방승가가 성립할 수 있다. 한편 승보라고 하는 것은 불교도의 귀의처로 종교적 신앙의 대상 가운데 삼귀의(三歸依)의 하나가 된다. 초기불교의 경전에서는 그 구체적인 범주가 언급되어 있지가 않다. 그러나 구사론(俱舍論)이나 대지도론(大智道論)에서는 그 범주를 구체적으로 정하고 있다. 승보(僧寶)에는 비구·비구니 승가가 모두 포함되는 것이 아니라 진리의 흐름에 들기 시작한 님인 예류향(預流向)에서부터 열반에 도달한 아라한에 이르기까지의 네 쌍으로 여덟이 되는 참사람[四雙八輩]을 의미한다고 규정하고 있다. 이 승보의 개념은 ≪쌍윳따니까야≫(SN. 12 : 41)에서 규정하는 '세존의 제자들의 모임은 네 쌍으로 여덟이 되는 참사람으로 이루어졌으니 공양받을 만하고 대접받을 만하며 보시받을 만하고 존경받을 만하며 세상의 위없는 복밭이다.(yadidaṃ cattāri purisayugāni aṭṭha purisapuggalā esa bhagavato sāvakasaṅgho, āhuneyyo, pāhuṇeyyo, dakkhiṇeyyo, añjalikaraṇīyo, anuttaraṃ puññakkhettaṃ lokassa)'라는 개념과 일치한다. 제자들의 모임은 성문승가의 개념이므로 참사람의 모임인 승가를 역자는 참모임이라고 번역한다. 그리고 그 구성원을 수행승, 수행녀, 재가신도, 재가여신도라고 번역한다. 비구승가는 비구승가 또는 수행승의 참모임, 수행승의 무리로, 비구니승가는 비구니 승가 또는 수행녀의 참모임, 수행녀의 무리로 문맥에 따라 번역한다. 성문승가는 제자들의 참모임 또는 제자들의 모임으로 번역한다. 재가신도는 재가의 남자 신자 또는 재가의 남자 신도로, 재가의 여자 신자 또는 재가여신도로 번역한다.

7. 싸띠(sati : 念)와 새김

우선 역자의 번역과 다른 초기경전의 역자들 사이에서 가장 두드러진 번역의 차이를 보이는 것은 싸띠(sati)에 대한 것이다. 최근에 위빳싸나 수행자들 사이에 이 싸띠를 두고 마음챙김이라고 번역하는 것이 대세가 되었다. 일부에서는 마음지킴이라고 번역하기도 한다. 싸띠는 내용적으로, 마음이 지금 여기에 현존하는 것이며, 분별적인 사유나 숙고에 휩싸이지 않고 대상을 알아채고 관찰하는 것을 말한다. 이러한 것을 단순히 고려한다면, 싸띠를 '마음챙김'이나 '마음지킴'으로 번역하는 것이 어느 정도는 타당성을 지니는 것처럼 보인다. 그러나 이러한 번역은 몇 가지 모순을 갖는다. 첫째, 모든 가르침의 요소들이 마음과 관계되는 것인데 유독 싸띠에만 별도로 원래는 없는 마음이란 단어가 부가될 이유가 없다. 둘째, 올바른 '마음챙김'이나 '마음지킴'이라는 말은 착하고 건전한 것들을 지향하는 올바른 정진과 특히 내용상 구분이 어려워질 수 있다. 셋째, 네 가지 새김의 토대[四念處]에서 토대가 되는 명상주제의 하나에 마음이 포함되어 있어 그것을 두고 마음에 대한 마음의 '마음챙김'이나 마음에 대한 마음의 '마음지킴'이라고 삼중적으로 번역하는 잘못이 발생할 수 있다. 넷째 '싸띠'라는 빠알리어 자체에는 '마음'은 커녕 '챙김'이나 '지킴'이라는 뜻도 어원적으로 없다. 이 싸띠에 대해서는 부처님께서 직접 ≪쌍윳따니까야≫에서 정의 내린 부분 — '수행승들이여, 이와 같이 수행승이 멀리 떠나 그 가르침을 기억하고 사유하면(anussarati anuvitakketi.), 그때 새김의 깨달음 고리가 시작한다.(SN. 45 : 3)' — 을 참고하여 번역하는 것이 제일 타당하다. 여기서는 분명히 기억과 사유가 새김의 전제조건으로 확실한 싸띠에 대한 해석학적 설명, 즉 기억과 사유의 일치점을 지시하고 있음을 알 수 있다. 실제로 싸띠라는 말은 범어의 스므리띠(*sk.* smṛti)의 빠알리어 형태로 원천적으로 '기억'이란 뜻을 갖고 있으나, 기억과 사유가 일치하는 '지금 여기에서의 분명한 앎'이란 의미도 갖고 있으므로 그 둘 다의 의미를 지닌 우리말을 찾던 역자는 '새김'이란 가장 적당한 번역어라고 생각했다. 새김은 과거에 대한 '기억' 뿐만 아니라 지금 여기에서의 '조각(彫刻)' — 물론 사유를 은유적으로 이해할 때에 — 이라는 의미를 모두 함축하기 때문이다. 기억이 없이는 사물에 대한 지각을 올바로 알아차린다는 것은 불가능한 것이다.

8. 요니쏘 마나씨까라(yoniso manasikāra)와 이치에 맞는 정신활동

그 다음에 번역하기 난해한 것은 요니쏘 마나씨까라(yoniso manasikāra : 如理作意)와 아요니쏘 마나씨까라(ayoniso manasikāra : 非如理作意)라는 단어이다. 우선 요니쏘(yoniso)라는 말은 어원적으로 '모태(母胎)적으로'라는 말인데, '철저하게, 근본적으로, 이치에 맞게'라는 뜻으로 쓰이는데, 한역의 여리(如理)라는 말은 그 가운데 '이치에 맞게'라는 뜻을 취했음을 알 수 있다. 물론 이때에 '이치에 맞게'라는 뜻은 '연기(緣起)의 원리에 맞게'라는 뜻이다. 따라서 '아요니쏘(ayoniso)'는 그 반대의 뜻을 지닌 것임을 알 수 있다. 더욱 번역하기 어려운 것이 마나씨까라(manasikāra : 作意)라는 말인데, 이 말을 '주의를 기울임'이라고 번역하면, 새김의 특성과 중복됨으로 적당하지 않고, 한역에서처럼 작의(作意)라고 하기에는 일상용어가 아니라 그 의미가 애매해진다. 마나씨까라는 마나쓰(manas)와 까라(kāra)의 복합어이므로 그것은 각각 역자의 번역에서는 정신과 활동을 의미함으로 '정신활동'이라고 번역한다. 그래서 요니쏘 마나씨까라는 주석서(Srp. II. 21)에 따르면, '방편에 의한 정신활동으로, 교리에 의한 정신활동에 의해서(upāyamanasikārena pāthamanasikārena)'의 두 가지 뜻으로 해석하고 있다. 리스 데이비드 부인(Mrs. Rhys Davids)은 이것을 '체계적으로 주의를 기울임'이라고 해석했고 비구 보디(Bhikkhu Bodhi)는 ≪쌍윳따니까야≫의 번역에서 '주의깊게 주의를 기울임'이라고 해석했다.(Cdb. 1584) 니야나띨로까(Nyanatiloka)의 『불교사전(Buddhistisches Wörterbuch)』에서는 '철저한 또는 현명한 숙고'이고, 한역에서는 여리작의(如理作意)라고 한다. 역자는 피상적이 아닌 연기법에 따른 심오하고 근본적 정신활동을 뜻한다고 보고 한역에도 부합하도록, '이치에 맞게 정신활동을 일으킴' 또는 '이치에 맞게 정신활동을 기울임'이라고 번역한다. 아요니쏘 마나씨까라는 '이치에 맞지 않게 정신활동을 일으킴' 또는 '이치에 맞지 않게 정신활동을 기울임'이라고 번역한다. 단, '요니쏘(yoniso)'가 단독으로 등장할 경우에는 '근본적으로' '철저하게' 또는 '이치에 맞게'라고 번역하고, '아요니쏘(ayoniso)'가 단독으로 등장할 경우에는 '피상적으로' '철저하지 않게' 또는 '이치에 맞지 않게'라고 번역한다.

9. 비딱까(vitakka)·비짜라(vicāra)와 사유·숙고

그 다음으로는 비딱까(vitakka)와 비짜라(vicāra)가 있다. 아비달마적인 전통에 의하면 '적용된 생각'과 '유지된 생각'이라는 뜻이지만, 역자는 '사유'와 '숙고'라고 번역했다. 까마비딱까(kāmavitakka)는 감각적 사유를 뜻하고, 그 반대인 넥캄마비딱까(nekkhammavitakka)는 여읨의 사유를 말한다. 이것이 첫 번째 선정에 응용되었을 때에는 비딱까는 일반적 의식의 사변적 특징이 아니라 마음을 대상에 적용하는 기능을 말하고 비짜라는 마음을 대상에 안착시키기 위해 대상을 조사하는 기능을 말한다. 그러나 이러한 해석은 아비달마적인 것이고 어떻게 보면 새김(sati)의 작용 — 새김이 없는 마음은 호박에 비유되고 새김을 수반하는 마음은 돌에 비유된다. 호박은 수면 위를 떠다니지만 돌은 물 밑바닥에 이를 때까지 가라앉는다 — 과 혼동을 일으킨 것이다. 경전상의 첫 번째 선정에 대한 정의 — 수행승들이여, 나는 내가 원하는 대로 감각적 쾌락에 대한 욕망을 떠나고 악하고 불건전한 것들을 떠나 사유와 숙고를 갖추고 멀리 여읨에서 생겨나는 희열과 행복을 갖춘 첫 번째 선정에 도달한다.(SN. 16 : 9) — 를 살펴보면 감각적 쾌락에 대한 욕

망이 사라지면 나타나는 사유와 숙고는 앞에서 이야기하는 감각적 사유를 뜻하는 것이 아니고 여읨의 사유를 뜻한다는 것을 알 수 있고, 착하고 건전한 즉 윤리적이고, 이성적인 사유를 뜻한다는 것을 알 수 있다. 이러한 사유가 정밀하게 지속되는 상태는 곧 숙고라고 볼 수 있다.

10. 싹까야딧티(sakkāyadiṭṭhi)와 개체가 있다는 견해

그리고 학자들 사이에서 쟁점이 되고 있는 것은 싹까야(sakkāya)와 싹까야딧티(sakkāyadiṭṭhi; SN. 1 : 21)라는 말이다. 한역에서는 각각 유신(有身)과 유신견(有身見)이라 한다. 싹까야(sakkāya)는 싸뜨(sat : 有)와 까야(kāya : 身)를 합해서 만들어진 복합어이다. 그러나 해석 방식은 두 가지가 있다. 하나는 '존재의 몸' 즉 '존재체(存在體)'라고 번역하는 것이고, 다른 하나는 '존재의 무리'라고 번역하는 것이다. 까야라는 말은 '신체'를 의미하기도 하지만 '무리'를 뜻하기도 한다. 가이거는 싹까야를 '신체적 현존재(Das körperliche Dasein : Ggs. I. 313)'라고 번역했고, 냐나몰리는 '체현(embodyment)', 대부분의 학자들은 '개성(personal- ity)', 비구 보디는 '정체성(identity)'이라는 단어를 번역으로 취했다. 그러나 싸뜨(sat)라는 단어는 원래 이교의 철학의 '영원한 존재"에서 유래하는 실체적 존재를 의미하는 것이다. 그러나 불교철학적으로 보면 무상한 존재에 대한 전도된 인식하에서 성립한 것이다. 이러한 철학적인 배경하에서만 싹까야딧티(sakkāyadiṭṭhi)가 '개체가 있다는 견해'라는 번역이 가능해진다. 물론 그것을 '개성적 견해', '정체성의 견해'라고 번역할 수 있겠지만, 그렇게 번역하면, 우리말 자체에서 현대 심리학과 관련해서 난해한 해석학적 문제에 봉착하게 된다. 유신과 관련해서 가이거는 하늘소녀가 '신체적 현존재[sakkāya : 有身] 가운데 살기 때문에 불행하다.(SN. 9 : 6)'고 번역한 문구에 각각의 번역 '개성'이나 '정체성'이나 '체현'이나 '개체' 등을 대입해보면, '개체'가 가장 무난함을 발견할 수 있다. 역자는 ≪쌍윳따니까야≫의 초판본에서 유신과 관련해서 '존재의 무리'라고 번역했고, 유신견과 관련해서 '존재의 무리에 실체가 있다는 견해'라고 번역했는데 이를 '개체'와 '개체가 있다는 견해'로 수정한다. 그러나 이 개체라는 말은 단순히 개인이나 개체를 의미하는 것이 아니라 개체와 연관된 정신·신체적인 과정을 의미한다는 것은 의심할 여지가 없다.

11. 봇싹가빠리나마(vossaggapariṇāma)와 열반으로 회향

그리고 한글로 번역이 어려웠던 단어 가운데 하나가 봇싹가빠리나마(vossaggapariṇāma; 쌍 3 : 18)라는 단어가 있다. 한역에는 사견회향(捨遣廻向) 또는 향어사(向於捨)라고 되어 있는데, 이것은 '버림 가운데 향하는'이라는 의미인데 그 향하는 목표가 어딘지 불분명하다. '자아-극복으로 끝나는(Krs. V. 27)' 또는 '해탈에서 성숙하는(Cdb. 1524)'등의 번역도 있으나 만족스럽지 못하다. 빠리나마는 '성숙하는, 끝나는, 회향하는, 돌아가는'의 뜻을 지니고 있기 때문에 그러한 해석이 불가능한 것은 아니다. 붓다고싸(Srp. I. 159)에 따르면, 봇싹가는 버림(paricāga)의 뜻을 갖고 있고 빠리나마는 뛰어듦(pakkhanda)의 뜻을 갖고 있어 '포기하여 뛰어듦'을 뜻한다. '번뇌(kilesa)의 버림으로써 열반(nibbāna)으로 회향하는'을 의미한다. 그런데 대

승불교권에서는 회향이라는 단어가 '방향을 튼다'는 의미보다는 '공덕을 돌린다'는 의미가 강해서 오해의 소지가 없지는 않지만, 그렇다고 '열반으로 방향을 트는' 또는 '열반으로 돌아가는'이라고 하면, 전자는 어감상 안 좋고 후자는 모든 것이 열반에서 왔다가 다시 돌아간다는 의미가 강해짐으로 또한 오해의 소지가 있다. 여기서 회향은 번뇌에서 돌이켜 열반으로 향한다는 의미로 보아야 한다. 역자는 이 봇싹가빠리나마(vossagga-pariṇāma)를 '완전히 버림으로써 열반으로 회향하는'이라고 번역한다.

12. 닙바나(nibbāna)·빠리닙바나(parinibbāna)와 열반·완전한 열반

열반(*pāli.* nibbāna; *sk.* nirvana)은 잘 알려져 있듯, 글자 그대로 '불이 꺼짐'을 의미한다. 그런데 대중적 불교문헌에서 열반은 이 생에서의 열반[nibbāna : 涅槃]을 의미하고, 완전한 열반[pari- nibbāna : 般涅槃]은 임종시에 도달하는 열반이라고 알려져 있다. 그러나 이러한 열반에 대한 적용은 잘못된 것이다. 토마스(E. J. Thomas)에 의하면, 빠알리어에서 '완전한'을 의미하는 빠리(pari)라는 말은 단어가 상태표현에서 상태획득으로 변화할 때에 덧붙여진다. 그렇다면, 열반은 해탈의 상태이고 완전한 열반은 해탈상태의 획득을 의미한다. 따라서 실제도 이 양자는 구별되지 않는다. 동사인 '열반에 든다(nibbāyati)'와 '완전한 열반에 든다(parinibbāyati)'도 실제로 의미상 구별이 없이 해탈의 획득행위에 쓰인다. 명사인 열반과 완전한 열반도 모두 완전한 깨달음을 통한 궁극적 해탈이라는 의미로 사용되는데, 동시에 모두가 육체적인 몸의 파괴를 통한 조건지어진 존재로

부터의 궁극적 해탈에도 사용된다. 예를 들어 '완전한 열반에 든다.'는 말이 수행승이 살아 있는 동안의 해탈에 분명히 적용될(SN. 12 : 51; 22 : 54; 35 : 31) 뿐만 아니라, 부처님과 아라한의 죽음에도 적용된다.(SN. 6 : 15; 47 : 13)

완료수동분사형인 닙부따(nibbuta)와 빠리닙부따(parinibbuta)는 명사들 닙바나(nibbāna)와 빠리닙바나(parinibbāna)와는 다른 어원을 가진다. 전자는 니르-브리(nir-√vṛ '덮다')에서 후자는 니르-바(nir-√vā '불다')에서 유래했다. 전자의 분사에 고유한 명사형은 닙부띠(nibbuti)이다. 이 닙부띠는 때때로 닙바나와 동의어로 쓰이지만, 완전한 고요, 적멸이라는 뜻으로 쓰인다. 그러나 빠리닙부띠(parinibbuti)는 니까야에서 발견되지 않는다. 초기에 이미 두 동사가 융합되어 빠리닙부따가 완전한 열반에 든 자를 지시하는데 사용하는 형용사로 쓰였다. 동사처럼 분사형은 살아 있는 부처님과 아라한(SN. 8 : 2) 뿐만 아니라 사멸한 부처님이나 아라한(SN. 4 : 24)의 수식어로 사용되었다, 그럼에도 불구하고 완료수동분사형인 빠리닙부따는 시에서는 유독 살아 있는 아라한과 관련해서 쓰이고, 산문에서는 사멸한 아라한에 한정된다. 경전상에서 사용법으로 보면, 명사형인 빠리닙바나는 아라한과 부처님의 사멸을 뜻한다고 할지라도 "죽음 후의 열반"을 의미하는 것은 결코 아니고 이미 살아서 열반을 얻은 자가 사멸하는 사건을 말한다.

경전상에는 두 가지 열반, 즉 '잔여가 있는 열반(有餘依涅槃 : saupādisesanibbāna)'과 '잔여가 없는 열반(無餘依涅槃 : anupādisesanibbāna)'이 있다. 여기서 잔여란 갈애와 업에 의해서 생겨난 다섯 가지 존재의 다발의 복합체를 말한다.(It.

38-39) 전자는 살아 있는 동안 아라한이 획득한 탐욕과 성냄과 어리석음의 소멸을 뜻하고, 후자는 아라한의 죽음과 더불어 모든 조건지어진 것들의 남김없는 소멸을 뜻한다. 그러나 양자는 이미 자아에 취착된 유위법적인 세속적 죽음을 완전히 초월해서 불사(不死 : amata)라고 불리며, 아라한은 이미 자아에 취착된 다섯 가지 존재의 집착다발(五取蘊)의 짐을 모두 내려 놓은 상태(ohitabhāro)에 있기 때문이다. 아라한에게 죽음은 애초에 적용되지 않는다. 동일한 완전한 소멸임에도 차이가 나는 것은 잔여가 있는 열반의 경우에는 '마치 도자기 만드는 사람이 돌리고 있던 물레에서 손을 떼어버려도 얼마간은 계속 회전하는 것처럼 열반을 얻은 성인도 과거에 지은 업에 의해 결정된 얼마 동안은 삶을 계속하면서 업에 대한 고락을 받는다.'는 것이다. 과거의 업에 의해서 결정된 삶이 바로 경전에 나와 있는 아직 남아 있는 다섯 가지 감관에 의한 고락의 체험이다. 그리고 육체적인 삶의 죽음과 더불어 업의 잔여물인 다섯 가지 감관마저 사라져버릴 때 잔여가 없는 열반에 이른다. 이러한 두 가지 열반의 세계를 주석서는 각각 아라한의 경지를 얻을 때의 '번뇌의 완전한 소멸(kilesaparinibbāna)'과 아라한이 목숨을 내려 놓을 때의 존재의 다발의 활동의 소멸을 의미하는 '존재의 다발의 완전한 소멸(khandhaparinibbāna)'로 구별하면서, 열반인 닙바나(nibbāna)와 '완전한 소멸' 또는 '완전한 열반'을 의미하는 빠리닙바나(parinibbāna)를 상호교환 가능하고 동의어로서 본다. 그러나 경전상에서 사용방식은 위 두 종류의 빠리닙바나는 닙바나의 세계에 접근하는 사건으로 보는 것을 선호하기 때문에 빠리닙바나는 소멸하는 행위이고 닙바나는 소

멸된 상태를 의미한다.

 닙바나는 한역을 통해 열반으로 잘 알려진 우리말이므로 그리고 해석학적 관점에서 많은 다양성을 지닌 고유한 언어임으로 역자는 열반 이외에 다른 번역을 취하지 않는다. 빠리닙바나에 대해서는 이제까지의 논의를 바탕으로 하면 비구 보디가 번역한 것처럼 '궁극적 열반'이라고 번역하는 것도 가능하지만, 우리말의 어감 상 어려운 느낌을 주기 때문에 역자는 빠리닙바나를 그냥 '완전한 열반'이라고 번역한다. 그리고 동사인 빠리닙바야띠(parinibbāyati)는 '완전한 열반에 든다.'라고 번역한다. 그 행위자 명사인 빠리닙바인(parinibbāyin)은 '완전한 열반에 든 자'라고 번역하고, 완료수동분사인 닙부따(nibbuta)는 열반과 관계되기도 하고 관계되지 않기도 — 빠리닙바야띠와 빠리닙부따가 ≪맛지마니까야≫(MN. I. 446)에서는 단지 말의 훈련과 관련하여 사용되고 있다 — 하기 때문에 '열반에 든'이나 '적멸에 든'으로, 빠리닙부따(parinibbuta)는 '완전한 열반에 든'이나 '완전히 적멸에 든'이라고 번역한다.

목 차

제1장 하늘사람의 쌍윳따

제2장 하늘아들의 쌍윳따

제3장 꼬쌀라의 쌍윳따

제4장 악마의 쌍윳따

제5장 수행녀의 쌍윳따

제6장 하느님의 쌍윳따

제7장 바라문의 쌍윳따

제8장 방기싸의 쌍윳따

제9장 숲의 쌍윳따

제10장 야차의 쌍윳따

제11장 제석천의 쌍윳따

제1장
하늘사람의 쌍윳따
(Devatāsaṁyutta)

1. 갈대의 품

(Naḷavagga)

1 : 1(1-1) 거센 흐름을 건넘의 경
[Oghataraṇasutta]

이와 같이 [1] 나는 들었다. 한때 세존께서 싸밧티 시의 제따바나 숲에 있는 아나타삔디까 승원에 계셨다.

그때 어떤 하늘사람이 깊은 밤중에 아름다운 빛으로 제따바나 숲을 두루 밝히며 세존께서 계신 곳으로 찾아왔다. 가까이 다가와서 세존께 인사를 드리고 한쪽으로 물러나 섰다. 한쪽으로 물러나 서서 그 하늘사람은 세존께 이와 같이 여쭈어 보았다.

[하늘사람] "스승이시여, 당신은 어떻게 거센 흐름을 건너셨습니까?"

[세존] "벗이여, 나는 참으로 머무르지 않고 애쓰지도 않고 거센 흐름을 건넜습니다. 벗이여, 내가 머무를 때에는 가라앉았으며 내가 애쓸 때에는 휩쓸려 들었습니다. 그래서 나는 이처럼 머무르지 않고 애쓰지도 않으면서 거센 흐름을 건넜던 것입니다."

Sgv. 1. [하늘사람]

"머물지도 않고 애쓰지도 않으면서
세상의 집착을 뛰어넘어
참 열반을 성취한 거룩한 님을
참으로 오랜만에 친견합니다."[1)]

이와 같이 하늘사람이 말했다. 스승께서는 가상히 여기셨다. 그때 그 하늘사람은 '나의 스승이 가상히 여기신다.'라고 알고 세존께 인사를 드리고 오른쪽으로 돌고 나서

---

1) Sgv. 1. cirassaṁ vata passāmi / brāhmaṇaṁ parinibbutaṁ / appatiṭṭhaṁ anāyūhaṁ / tiṇṇaṁ loke visattikan ti // 윤회의 거센 흐름을 머물지도 애쓰지도 않으면서 건넌 것을 뜻하는 시이다. ① 번뇌 때문에 머무르고 가라앉게 되고, 조건적인 발생과 의도적 형성 때문에 애쓰게 되고 휩쓸리게 된다. ② 갈애 때문에 머무르고 가라앉게 되고, 견해 때문에 애쓰게 되고 휩쓸리게 된다. ③ 영원주의 때문에 머무르고 가라앉게 되고, 허무주의 때문에 애쓰게 되고 휩쓸리게 된다. ④ 존재주의 때문에 머무르고 가라앉게 되고, 비존재주의 때문에 애쓰게 되고 휩쓸리게 된다. ⑤ 해태 때문에 머무르고 가라앉게 되고, 흥분 때문에 애쓰게 되고 휩쓸리게 된다. ⑥ 감각적 쾌락에 대한 몰두 때문에 머무르고 가라앉게 되고, 자기학대에 대한 몰두 때문에 애쓰게 되고 휩쓸리게 된다. ⑦ 모든 악하고 불건전한 의도적 형성 때문에 머무르고 가라앉게 되고, 모든 세속적인 착하고 건전한 의도적 형성 때문에 애쓰게 되고 휩쓸리게 된다.

바로 그곳에서 사라졌다.

1 : 2(1-2) 해탈의 경
[Nimokkhasutta]

한때 [2] 세존께서 싸밧티 시에 계셨다.

어떤 하늘사람이 깊은 밤중에 아름다운 빛으로 제따바나 숲을 두루 밝히며 세존께서 계신 곳으로 찾아왔다. 가까이 다가와서 세존께 인사를 드리고 한쪽으로 물러나 섰다.

한쪽으로 물러나 서서 그 하늘사람은 세존께 이와 같이 여쭈어 보았다.

[하늘사람] "스승이시여, 당신은 뭇삶의 해탈과 자유와 멀리 여읨을 알고 계십니까?"

[세존] "벗이여, 참으로 나는 뭇삶의 해탈과 자유와 멀리 여읨에 관해 알고 있습니다."

[하늘사람] "스승이시여, 당신은 어떻게 해서 뭇삶의 해탈과 자유와 멀리 여읨에 관해 알고 있습니까?"

Sgv. 2. [세존]

"존재의 환희를 부수고
지각과 의식을 부수고

느낌을 소멸하고 그침으로써
벗이여, 마침내 뭇삶들의 해탈과 자유와
멀리 여읨에 관해 나는 안다."[2)]

1 : 3(1-3) 덧없음의 경
[Upanīyatisutta]

한때 [3] 세존께서 싸밧티 시에 계셨다.

어떤 하늘사람이 한쪽에 서서 세존의 앞에서 이처럼 시를 읊었다.

Sgv. 3. [하늘사람]

"삶은 덧없고 목숨은 짧으니
늙음을 피하지 못하는 자에게 쉴 곳이 없다.
죽음의 두려움을 꿰뚫어 본다면
행복을 가져오는 공덕을 쌓아야 하리."[3)]

---

2) Sgv. 2. nandībhavaparikkhayā / saññāviññāṇasaṅkhayā / vedanānaṁ nirodhā upasamā / evaṁ khvāhaṁ āvuso jānāmi / sattānaṁ nimokkhaṁ / pamokkhaṁ vivekan ti //

3) Sgv. 3. upanīyati jīvitam appam āyu / jarūpanītassa na santi tāṇā / etaṁ bhayaṁ maraṇe pekkhamāno / puññāni

Sgv. 4. [세존]

"삶은 덧없고 목숨은 짧으니,
늙음을 피하지 못하는 자 쉴 곳이 없다.
죽음의 두려움을 꿰뚫어 본다면
세속의 자양을 버리고 적멸을 원해야 하리."4)

1 : 4(1-4) 스쳐감의 경
[Accentisutta]

한때 세존께서 싸밧티 시에 계셨다.

어떤 하늘사람이 한쪽에 서서 세존의 앞에서 이처럼 시를 읊었다.

Sgv. 5. [하늘사람]

"세월은 스쳐가고 밤낮은 지나가니
청춘은 차츰 우리를 버린다.

---

kayirātha sukhāvahānī ti //

4) *Sgv. 4. upanīyati jīvitam appam āyu / jarūpanītassa na santi tāṇā / etaṁ bhayaṁ maraṇe pekkhamāno / lokāmisaṁ pajahe santipekkho ti //*

죽음의 두려움을 꿰뚫어 본다면
행복을 가져오는 공덕을 쌓아야 하리."[5]

Sgv. 6. [세존]

"세월은 스쳐가고 밤낮은
지나가니 청춘은 차츰 우리를 버린다.
죽음의 두려움을 꿰뚫어 본다면
세속의 자양을 버리고 적멸을 원해야 하리."[6]

1 : 5(1-5) 어떤 것을 끊으랴의 경
[Katichindasutta]

한때 세존께서 싸밧티 시에 계셨다.

어떤 하늘사람이 한쪽에 서서 세존의 앞에서 이처럼 시를 읊었다.

---

5) Sgv. 5. accenti kālā tarayanti rattiyo / vayoguṇā anupubbaṁ jahanti / etaṁ bhayaṁ maraṇe pekkhamāno / puññāni kayirātha sukhāvahānī ti //

6) Sgv. 6. accenti kālā tarayanti rattiyo / vayoguṇā anupubbaṁ jahanti / etaṁ bhayaṁ maraṇe pekkhamāno / lokāmisaṁ pajahe santipekkho ti //

Sgv. 7. [하늘사람]

"어떤 것을 끊고 어떤 것을 버리랴?
그 위에 어떤 것을 더 닦고
어떤 집착을 극복해야
거센 흐름을 건넌 수행승이라 부르랴?"7)

Sgv. 8. [세존]

"다섯을 끊고 다섯을 버린 뒤
그 위에 다섯을 더 닦고
다섯 가지 집착을 마침내 극복하면
거센 흐름을 건넌 수행승이라고 부르리."8)

---

7) *Sgv. 7. kati chinde kati jahe / kati cuttari bhāvaye / kati saṅgātigo bhikkhu / oghatiṇṇo'ti vuccatī ti //*

8) *Sgv. 8. pañca chinde pañca jahe / pañca vuttari bhāvaye / pañca saṅgātigo bhikkhu / oghatiṇṇo'ti vuccatī ti //* *다섯 가지 끊어야 할 것과 다섯 가지 버려야 할 것은 다섯 가지 낮은 단계의 결박, 즉 ① 개체가 있다는 견해 ② 회의적 의심 ③ 규범과 금기에 대한 집착 ④ 감각적 쾌락에 대한 탐욕 ⑤ 분노와 다섯 가지 높은 단계의 결박, 즉 ⑥ 미세한 물질계에 대한 탐욕 ⑦ 비물질계에 대한 탐욕 ⑧ 자만 ⑨ 흥분 ⑩ 무명을 각각 말하는 것이다. 전자는 하계, 즉 감각적 쾌*

1 : 6(1-6) 깨어있음의 경
[Jāgarasutta]

한때 세존께서 싸밧티 시에 계셨다.

어떤 하늘사람이 한쪽에 서서 세존의 앞에서 이처럼 시를 읊었다.

Sgv. 9. [하늘사람]

"깨어 있을 때 어떤 것이 잠자고
잠잘 때 어떤 것이 깨어 있는가?
어떤 것으로 티끌에 물들며
어떤 것으로 맑고 깨끗해지는가?"[9]

락에 대한 욕망의 세계에 속하는 것이고 후자는 상계, 즉 미세한 물질계 이상에 속하는 것이다. 다섯 가지 닦아야 할 것은 다섯 가지 능력 즉, ① 믿음 ② 정진 ③ 새김 ④ 집중 ⑤ 지혜를 말한다. 다섯 가지 극복해야 될 집착은 ① 욕망 ② 성냄 ③ 어리석음 ④ 교만 ⑤ 견해이다.

9) Sgv. 9. kati jāgaratam̉ suttā / kati suttesu jāgarā / katīhi rajam ādeti / katīhi parisujjhatī ti //

Sgv. 10. [세존]

"깨어 있을 때 다섯이 잠자고
잠잘 때 다섯이 깨어 있으며
다섯으로 티끌에 물들고
다섯으로 맑고 깨끗해진다."10)

1 : 7(1-7) 잘 알지 못함의 경
[Appaṭividitasutta]

한때 [4] 세존께서 싸밧티 시에 계셨다.

어떤 하늘사람이 한쪽에 서서 세존의 앞에서 이처럼 시를 읊었다.

---

10) Sgv. 10. pañca jāgaratam̀ suttā / pañcasuttesu jāgarā / pañcahi rajam ādeti / pañcahi parisujjhatī ti // 깨어 있을 때에 잠자는 것과 티끌에 물드는 것은 다섯 가지 장애, 즉 ① 감각적 쾌락의 욕망 ② 분노 ③ 해태와 혼침 ④ 흥분과 회한 ⑤ 회의적 의심을 말한다. 잠잘 때 깨어 있는 것과 맑고 깨끗하게 만드는 것은 다섯 가지 능력 즉, ① 믿음 ② 정진 ③ 새김 ④ 집중 ⑤ 지혜이다.

Sgv. 11. [하늘사람]

"성스러운 가르침을
잘 알지 못해 다른 가르침으로 기운다.
그들은 잠들어 깨어나지 못하지만
이제는 깨어나게 할 때이다."[11]

Sgv. 12. [세존]

"성스러운 가르침을 잘 알아서
다른 가르침으로 기울지 않으면
그들은 올바로 깨닫고 온전히 알아
험난한 길을 평탄하게 걷는다."[12]

---

11) Sgv. 11. yesaṁ dhammā appaṭividitā / paravādesu nīyare / suttā te nappabujjhanti / kālo tesaṁ pabujjhitun ti // 성스러운 가르침은 네 가지 거룩한 진리 즉, ① 괴로움의 거룩한 진리 ② 괴로움의 발생의 거룩한 진리 ③ 괴로움의 소멸의 거룩한 진리 ④ 괴로움의 소멸로 이끄는 길의 거룩한 진리이다.

12) Sgv. 12. yesaṁ dhammā suppaṭividitā, paravādesu na nīyare / sambuddhā sammadaññāya, caranti visame saman ti //

1 : 8(1-8) 아주 혼미함의 경
[Susammuṭṭhasutta]

한때 세존께서 싸밧티 시에 계셨다.

어떤 하늘사람이 한쪽에 서서 세존의 앞에서 이처럼 시를 읊었다.

Sgv. 13. [하늘사람]

"성스러운 가르침에 아주 혼미하면,
다른 가르침으로 기운다.
그들은 잠들어 깨어나지 못하지만,
지금은 그들을 깨어나게 할 때이다."[13]

Sgv. 14. [세존]

"성스러운 가르침에 전혀 혼미하지 않아
다른 가르침으로 기울지 않으면,
그들은 올바로 깨닫고 온전히 알아
험난한 길을 평탄하게 걷는다."[14]

---

13) *Sgv. 13. yesaṁ dhammā susammuṭṭhā / paravādesu nīyare / suttā te nappabujjhanti / kālo tesaṁ pabujjhitun ti //*

1 : 9(1-9) 망상을 좋아함의 경 [Mānakāmasutta]

한때 세존께서 싸밧티 시에 계셨다.

어떤 하늘사람이 한쪽에 서서 세존의 앞에서 이처럼 시를 읊었다.

Sgv. 15. [하늘사람]

"세상에 망상을 좋아하면 제어가 없고,
삼매에 들지 못하면 지혜가 없고,
숲에 홀로 살면서 방일하면,
죽음의 세계에서 피안으로 건너지 못하리."[15]

Sgv. 16. [세존]

"망상을 없애고 잘 삼매에 들어

---

14) Sgv. 14. yesaṁ dhammā asammuṭṭhā / paravādesu na nīyare / sambuddhā sammadaññāya / caranti visame saman ti //

15) Sgv. 15. na mānakāmassa damo idh'atthi / na monam atthi asamāhitassa / eko araññe viharaṁ pamatto / na maccudheyyassa tareyya pāran ti //

훌륭한 마음으로 완전히 해탈하여,
숲에 홀로 살더라도 방일하지 않으면,
죽음의 세계에서 피안으로 건너가리."[16]

1 : 10(1-10) 숲속의 경
[Araññasutta]

한때 [5] 세존께서 싸밧티 시에 계셨다.

어떤 하늘사람이 한쪽에 서서 세존의 앞에서 이처럼 시를 읊었다.

Sgv. 17. [하늘사람]

"한적한 숲속에서 살면서
고요하고 청정한 수행자는

---

16) *Sgv. 16. mānaṁ pahāya susamāhitatto / sucetaso sabbadhi vippamutto / eko araññe viharaṁ appamatto / sa maccudheyyassa tareyya pāran ti //* *계정혜의 세 가지 배움의 단계를 의미한다. '망상을 없애는 것'은 윤리적 배움, 즉 보다 높은 계행의 배움을 통해서이고, '마음이 집중되는 것'은 심리적 배움, 즉 보다 높은 마음의 배움을 통해서이며, '훌륭한 마음'은 예지적 배움, 즉 보다 높은 지혜의 배움을 통해서이다.*

하루 한 끼만 들면서도
어떻게 얼굴빛이 맑고 깨끗한가?"[17]

Sgv. 18. [세존]

"지나간 일을 슬퍼하지 않고
오지 않은 일에 애태우지 않으며
현재의 삶을 지켜 나가면
얼굴빛은 맑고 깨끗하리.[18]

Sgv. 19. [세존]

지나간 일을 슬퍼하고
오지 않은 일에 애태우는 어리석은 사람들,
그 때문에 그들은 시든다.
낫에 잘린 푸른 갈대처럼."[19]

---

17) Sgv. 17. araññe viharantānaṁ / santānaṁ brahma- cārinaṁ / ekabhattaṁ bhuñjamānānaṁ / kena vaṇṇo pasīdatī ti //
18) Sgv. 18. atītaṁ nānusocanti / nappajappanti nāgataṁ / paccuppannena yāpenti / tena vaṇṇo pasīdati //
19) Sgv. 19. anāgatappajappāya / atītassānusocanā / etena

첫 번째 품, 「갈대의 품」이 끝났다. 그 목차는 차례로 '1) 거센 흐름을 건넘의 경 2) 해탈의 경 3) 덧없음의 경 4) 스쳐감의 경 5) 어떤 것을 끊으랴의 경 6) 깨어있음의 경 7) 잘 알지 못함의 경 8) 아주 혼미함의 경 9) 망상을 좋아함의 경, 10) 숲속의 경'으로 이루어졌다.

2. 환희의 품

(Nandanavagga)

1 : 11(2-1) 환희의 경
[Nandanasutta]

이와 같이 나는 들었다. 한때 세존께서 싸밧티 시의 제따바나 숲에 있는 아나타삔디까 승원에 계셨다.

세존께서는 '수행승들이여'라고 수행승들을 부르셨다. 수행승들은 '세존이시여'라고 대답했다.

그때 세존께서는 이와 같이 말씀하셨다.

[세존] "수행승들이여, 옛날 서른셋 신들의 하늘나라에 사는 한 하늘사람이 환희의 동산에서 요정들의 시중을 받으며 하늘의 다섯 가지 감각적 쾌락의 종류를 소유하여 갖가지를 구족하고 즐기면서 이와 같은 시를 읊었다.

---

bālā sussanti / naḷo va harito luto ti //

Sgv. 20. [하늘사람]

'영예로운 서른셋 신들의
하늘나라의 하늘사람이 살고 있는
환희의 동산을 보지 못한 사람은
행복을 알지 못한다.'20)

수행승들이여, [6] 이와 같이 말하자, 다른 하늘사람이 그 하늘사람에게 이와 같은 시로 대답했다.

Sgv. 21. [다른 하늘사람]

'어리석은 자여, 그대는 알지 못하니
거룩한 님께서 말씀하셨으니.
모든 형성된 것들은 무상하여
생겨나고 사라지는 것이니,
생겨나고 사라지는 것,
그것들의 지멸이야말로 지복이다.'"21)

---

20) Sgv. 20. na te sukhaṁ pajānanti / ye na passanti nandanaṁ / āvāsaṁ naradevānaṁ / tidasānaṁ yasassinan ti // 다섯 가지 감각적 쾌락의 종류, 즉 ① 형상 ② 소리 ③ 냄새 ④ 맛 ⑤ 감촉의 오욕락을 뜻한다.

1 : 12(2-2) 기뻐함의 경
[Nandatisutta]

한때 세존께서 싸밧티 시에 계셨다.

어떤 하늘사람이 한쪽에 서서 세존 앞에서 이와 같은 시를 읊었다.

Sgv. 22. [하늘사람]

"아들이 있는 사람은 아들로 기뻐하고,
외양간 주인은 소 때문에 기뻐하듯,
사람의 기쁨은 취착에서 생겨나니
취착이 없으면 기뻐할 것도 없으리."[22)]

---

21) Sgv. 21. na tvaṁ bāle vijānāsi / yathā arahataṁ vaco / aniccā sabbe saṅkhārā / uppādavayadhammino / uppajjitvā nirujjhanti / tesaṁ vūpasamo sukho ti // 이 시의 c-f는 경전에 자주 등장하며 인구에 회자되는 유명한 시이다. 한역에서는 제행무상·시생멸법·생멸멸이·적멸위락(諸行無常·是生滅法·生滅滅已·寂滅爲樂)이라고 한다.

22) Sgv. 22. nandati puttehi puttimā / gomiko gohi tath'eva nandati / upadhīhi narassa nandanā / na hi so nandati yo nirupadhī ti // 거기에서는 모두 첫 번째 시는 악마가 읊은 것이고 두 번째는 부처님께서 읊은 것으로 되어 있다. 부처님은 상대방의 잘못된 견해를 간파하고 반대의 결론으로

Sgv. 23. [세존]

"아들이 있는 사람은 아들로 슬퍼하고
외양간 주인은 소 때문에 슬퍼하듯,
사람의 슬픔은 취착에서 생겨나니
취착이 없으면 슬퍼할 것도 없으리."[23]

1 : 13(2-3) 아들과 같은 것은 없음의 경 [Natthiputtasamasutta]

한때 세존께서 싸밧티 시에 계셨다.

어떤 하늘사람이 한쪽에 서서 세존의 앞에서 이처럼 시를 읊었다.

Sgv. 24. [하늘사람]

"아들과 같이 사랑스러운 것이 없고
소와 같은 재산이 없으며

그의 주장을 반박하고 있다. 취착은 집착의 대상을 말한다.

23) Sgv. 23. socati puttehi puttimā / gomiko gohi tatheva socati / upadhīhi narassa socanā / na hi so socati yo nirūpadhī ti //

태양과 같은 밝음이 없고,
바다는 흐름 가운데 으뜸이다."[24]

Sgv. 25. [세존]

"자기와 같이 사랑스러운 것이 없고
곡식과 같은 재산이 없으며
지혜와 같은 밝음이 없고
비야말로 흐름 가운데 으뜸이다."[25]

1 : 14(2-4) 왕족의 경
[Khattiyasutta]

Sgv. 26. [하늘사람]

"두 발 가진 자 가운데는 왕족이,
네 발 가진 것 가운데는 황소가,

---

24) Sgv. 24. n'atthi puttasamaṁ pemaṁ / n'atthi gosamitaṁ dhanaṁ / n'atthi suriyasamā ābhā / samuddaparamā sarāti //

25) Sgv. 25. n'atthi attasamaṁ pemaṁ / n'atthi dhaññasamaṁ dhanaṁ / n'atthi paññāsamā ābhā / vuṭṭhi ve paramā sarā ti //

아내 가운데는 젊은 부인이,
아들 가운데는 맏아들이 가장 낫다."26)

Sgv. 27. [세존]

"두 발 가진 자 가운데는
올바로 깨달은 님이,
네 발 가진 것 가운데는 잘 길들여진 것이,
아내 가운데는 유순한 부인이,
아들 가운데는 효자가 가장 낫다."27)

1 : 15(2-5) 숲 소리의 경 [Saṇamānasutta]

Sgv. 28. [하늘사람]

"한낮 [7] 정오의 시간에

---

26) Sgv. 26. khattiyo dvipadaṁ seṭṭho / balivaddo catuppadaṁ / komārī seṭṭhā bhariyānaṁ / yo ca puttā- naṁ pubbajo ti //

27) Sgv. 27 sambuddho dvipadaṁ seṭṭho / ājānīyo catuppadaṁ / sussūsā seṭṭhā bhariyānaṁ / yo ca puttā- nam assavo ti //

새는 조용히 앉아 있는데,
바람이 불어 큰 숲이 울리니
나에게 두려움이 생겨난다."[28)]

Sgv. 29. [세존]

"한낮 정오의 시간에
새는 조용히 앉아 있는데,
바람이 불어 큰 숲이 울리니
나에게 즐거움이 생겨난다."[29)]

1 : 16(2–6) 졸림과 게으름의 경
[Niddātandisutta]

Sgv. 30. [하늘사람]

"졸고 게으르고 하품하고,
불만스럽고 포식 후에 나른한 것,

---

28) Sgv. 28. ṭhite majjhantike kāle / sannisinnesu pakkhisu / saṇate va mahāraññaṁ / taṁ bhayaṁ paṭibhāti man'ti //
29) Sgv. 29. ṭhite majjhantike kāle / sannisinnesu pakkhisu / saṇate va mahāraññaṁ / sā ratī paṭibhāti man ti //

그것들 때문에 여기 뭇삶들에게
고귀한 길은 나타나지 않는다."30)

Sgv. 31. [세존]

"졸고 게으르고 하품하고
불만스럽고 포식 후에 나른한 것,
정진으로 그것을 쫓아내면,
고귀한 길은 맑고 청정하게 드러난다."31)

1 : 17(2-7) 이루기 어려움의 경 [Dukkarasutta]

Sgv. 32. [하늘사람]

"지혜가 없는 자에게
수행자의 삶은

---

30) *Sgv. 30. niddā tandī vijambhikā / aratī bhattasammado / etena nappakāsati / ariyamaggo idha pāṇinan ti //*
31) *Sgv. 31. niddaṁ tandiṁ vijambhikaṁ / aratiṁ bhatta-sammadaṁ / viriyena naṁ paṇāmetvā / ariyamaggo vi-sujjhatī ti //*

이루기 어렵고 지키기 어렵다.
어리석어 타락하면 그곳에
참으로 장애가 많으리.[32]

Sgv. 33. [하늘사람]

마음을 길들이지 않는다면,
얼마나 많은 날을 수행자로 살 수 있을까?
생각의 노예가 되어,
걸음마다 타락에 빠져들리."[33]

Sgv. 34. [세존]

"거북이가 자기의 등껍질에
팔다리를 당겨 넣듯,
수행승은 정신의 사유를 거둬들이고
집착을 여의어 남을 해치지 않고,

---

32) *Sgv. 32. dukkaraṁ duttitikkhañ ca / avyattena hi sāmaññaṁ / bahū ti tattha sambādhā / yattha bālo visīdatī ti //*
33) *Sgv. 33. kati'haṁ careyya sāmaññaṁ / cittaṁ ce na nivāreyya / pade pade visīdeyya / saṅkappānaṁ vasānugo //*

완전히 소멸하여
누구도 비난하지 않아야 하리."[34]

1 : 18(2-8) 부끄러움의 경
[Hirisutta]

Sgv. 35. [하늘사람]

"이 세상에 어떠한 자라도
부끄러움을 알아 악을 억제한다면,
준마가 채찍의 그림자만 보고도 달리듯,
비난받을 필요조차 없으리."[35]

Sgv. 36. [세존]

"부끄러움을 알아 악을 억제하고

34) *Sgv. 34. kummo va aṅgāni sake kapāle / samodahaṁ bhikkhu manovitakke / anissito aññam aheṭhayāno / parinibbuto na upavadeyya kañcī ti //*

35) *Sgv. 35. hirīnisedho puriso / koci lokasmiṁ vijjati / yo nindaṁ appabodhati / asso bhadro kasām ivā ti //* *잘 달리는 말은 채찍의 그림자만 보아도 달리므로 실제로 채찍질이 필요가 없듯이 부끄러워할 줄 알아서 악을 억제하는 사람은 비난받을 필요조차 없다는 뜻이다.*

언제나 올바로 걷는 사람은
괴로움의 종극에 이르러
험난한 길을 평탄하게 걸어가리."36)

1 : 19(2-9) 오두막의 경
[Kuṭikāsutta]

Sgv. 37. [하늘사람]

"그대에겐[8] 오두막도 없고
아무런 보금자리도 없으며
어떠한 매듭도 없으니
얽매임에서 벗어났는가?"37)

---

36) Sgv. 36. hirīnisedhā tanuyā / ye caranti sadā satā / antaṁ dukkhassa pappuyya / caranti visame saman ti //

37) Sgv. 37. kacci te kuṭikā n'atthi / kacci n'atthi kulāvakā / kacci santānakā n'atthi / kacci mutto'si bandhanā ti // Srp. I. 37-38에 따르면, 열 달 동안 자궁에서 자라기 때문에 어머니를 오두막이라고 비유하고 아내를 작은 보금자리라고 말한 것이다. 남자들이 열심히 일해서 아내에게 가져다주는 것은 새들이 대낮에 음식을 찾아서 보금자리에 가져가는 것과 같기 때문이다. 그리고 아들은 매듭처럼 가계를 이어가기 때문에 갈애는 얽매임으로 비유한 것이다.

Sgv. 38. [세존]

"참으로 내게는 오두막도 없고
참으로 아무런 보금자리도 없다.
참으로 나에게는 매듭도 물론 없고
참으로 나는 얽매임에서 벗어났다."[38)]

Sgv. 39. [하늘사람]

"무엇을 오두막이라 부르고
무엇을 보금자리라고 부르랴?
무엇을 매듭이라고 부르고
무엇을 얽매임이라고 부르랴?"[39)]

---

38) Sgv. 38. taggha me kuṭikā n'atthi / taggha n'atthi kulāvakā / taggha santānakā n'atthi / taggha mutto'mhi bandhanā ti // 부처님은 어머니의 자궁에 들지도 않을 것이고 아내도 자식도 갈애도 없을 것이기 때문에 이와 같이 표현한 것이다.

39) Sgv. 39. kintāhaṁ kuṭikaṁ brūmi / kinte brūmi kulāvakaṁ / kinte santānakaṁ brūmi / kintāhaṁ brūmi bandhanan ti //

Sgv. 40. [세존]

"어머니를 오두막이라 부르고
아내를 보금자리라 부르고
자식을 매듭이라고 부르고,
갈애를 얽매임이라고 부른다."40)

Sgv. 41. [하늘사람]

"훌륭하다, 그대에게 오두막이 없으니.
훌륭하다, 아무런 보금자리도 없으니.
훌륭하다, 매듭도 물론 없으니.
훌륭하다, 얽매임에서 모두 벗어났으니."41)

1 : 20(2-10) 싸밋디의 경
[Samiddhisutta]

---

40) Sgv. 40. mātaraṁ kuṭikaṁ brūsi / bhariyaṁ brūsi kulāvakaṁ / putte santānake brūsi / taṇhaṁ me brūsi bandhanan ti //

41) Sgv. 41. sāhu te kuṭikā n'atthi / sāhu n'atthi kulāvakā / sāhu santānakā n'atthi / sāhu mutto si bandhanā' ti //

이와 같이 나는 들었다.

한때 세존께서 라자가하 시의 따뽀다 온천 승원에 계셨다. 그때 존자 싸밋디가 아직 어두운 첫 새벽에 일어나 몸을 씻으러 따뽀다 온천으로 갔다. 따뽀다 온천에 몸을 씻고 나와서 가사를 걸치고 몸을 말리기 위해 서 있었다.

그런데, 그 밤이 지날 무렵 하늘사람이 아름다운 빛으로 온천 숲을 두루 밝히며 존자 싸밋디가 있는 곳으로 찾아왔다. 가까이 다가와서 공중에 서서 존자 싸밋디에게 시로 말했다.

Sgv. 42. [하늘사람]

"수행승이여, 향락 없이 걸식하니.
그대는 향락을 누리고 걸식하지 않는다.
수행승이여, 시절이 지나치지 않도록
그대는 향락을 누리고 걸식하시오."[42)]

---

42) *Sgv. 42. abhutvā bhikkhasi bhikkhu / na hi bhutvāna bhikkhasi / bhutvāna bhikkhu bhikkhassu / mā taṁ kālo upaccagā ti //*

Sgv. 43. [싸밋디]

"그대가 [9] 말하는 시절을 나는 모른다.
그 시간은 감춰져 있고 볼 수도 없으니,
시절이 나를 지나치지 않도록,
나는 향락을 여의고 걸식하며 지낸다."43)

그러자 그 하늘사람은 땅으로 내려와서 존자 싸밋디에게 이와 같이 말했다.

[하늘사람] "수행승이여, 그대는 젊고 머리카락이 아주 검고 행복한 청춘을 부여받았으나 인생의 꽃다운 시절에 감각적 쾌락을 즐기지 않고 출가했습니다. 수행승이여, 인간의 감각적 쾌락의 욕망을 즐기시오. 시간에 매인 것을 좇기 위해 현재를 버리지 마십시오."

[싸밋디] "벗이여, 나는 시간에 매인 것을 좇기 위해 현재를 버리지 않습니다. 벗이여, 세존께서는 '감각적 쾌락의 욕망은 시간에 매이는 것이고, 괴로움으로 가득 찬 것이고, 아픔으로 가득 찬 것이고, 그 안에 도사린 위험은 훨씬 더 크다. 그러나 이 가르침은 현세의 삶에서 유익한 가르

43) *Sgv. 43. kālaṁ vo'haṁ na jānāmi / channo kālo na dissati / tasmā abhutvā bhikkhāmi / mā maṁ kālo upaccagā ti //*

침이며, 시간을 초월하는 가르침이며, 와서 보라고 할 만한 가르침이며, 최상의 목표로 이끄는 가르침이며, 슬기로운 자라면 누구나 알 수 있는 가르침이다.'라고 세존께서 말씀하셨습니다."

[하늘사람] "수행승이여, 세존께서 '감각적 쾌락의 욕망은 시간에 매이는 것이고, 괴로움으로 가득 찬 것이고, 아픔으로 가득 찬 것이고, 그 안에 도사린 위험은 훨씬 더 크다.'라고 한 것은 어떠한 것입니까? '이 가르침은 현세의 삶에서 유익한 가르침이며, 시간을 초월하는 가르침이며, 와서 보라고 할 만한 가르침이며, 최상의 목표로 이끄는 가르침이며, 슬기로운 자라면 누구나 알 수 있는 가르침이다.'라고 한 것은 어떠한 것입니까?"

[싸밋디] "벗이여, 나는 출가한 지 얼마 되지 않은 새내기입니다. 참으로 그 가르침과 계율에 대해 상세히 말씀드릴 수가 없습니다. 세상의 존귀한 님, 거룩한 님, 올바로 원만히 깨달은 님께서는 따뽀다 온천 승원에 계십니다. 세존께 그 뜻을 여쭈어 보십시오. 당신은 세존께서 말씀하신 대로 받아 지니십시오."

[하늘사람] "수행승이여, 세존께서는 큰 능력이 있는 다른 하늘사람들에 둘러싸여 우리들이 접근하기 쉽지 않습니다. 수행승이여, 만약 당신이 세존께 그 뜻을 물으면 우리들도 그 가르침을 들으러 가겠습니다."

[싸밋디] "벗이여, 그렇게 하지요."

존자 싸밋디는 그 하늘사람에게 대답하고서 세존께서 계신 곳으로 찾아갔다. 가까이 다가가서 세존께 인사를 드리고 한쪽으로 물러나 앉았다. 한쪽으로 [10] 물러나 앉아서 존자 싸밋디는 세존께 이와 같이 여쭈었다.

[싸밋디] "세존이시여, 저는 아직 어두운 첫 새벽에 일어나 몸을 씻기 위해 따뽀다 온천으로 가까이 갔습니다. 따뽀다 온천에 몸을 씻고 나와서 옷 한 벌을 걸치고 몸을 말리기 위해 서 있었습니다. 세존이시여, 그런데 그 밤이 지날 무렵 어떤 하늘사람이 아름다운 빛으로 온천의 숲을 두루 밝히며 저에게 다가와서 공중에 서서 이와 같은 시로 말했습니다.

Sgv. 44. [하늘사람]

"수행승이여, 향락 없이 걸식하니.
그대는 향락을 누리고 걸식하지 않는다.
수행승이여, 시절이 지나치지 않도록
그대는 향락을 누리고 걸식하시오."44)

---

44) *Sgv. 44 = Sgv. 42*

세존이시여, 이렇게 들었을 때 저는 그 하늘사람에게 시로 대답했습니다.

Sgv. 45. [싸밋디]

'그대가 말하는 시절을 나는 모른다.
그 시간은 감춰져 있고 볼 수도 없으니,
시절이 나를 지나치지 않도록,
나는 향락을 여의고 걸식하며 지낸다.'45)

세존이시여, 그때 하늘사람이 땅으로 내려와서 저에게 이와 같이 말했습니다.

[하늘사람] '수행승이여, 그대는 젊고 머리카락이 아주 검고 행복한 청춘을 부여받았으나 인생의 꽃다운 시절에 감각적 쾌락을 즐기지 않고 출가했습니다. 수행승이여, 인간의 감각적 쾌락의 욕망을 즐기시오. 시간에 매인 것을 좇기 위해 현재를 버리지 마십시오.'

세존이시여, 저는 이 말을 듣고 그 하늘사람에게 말했습니다.

[싸밋디] '벗이여, 나는 시간에 매인 것을 좇기 위해 현재

45) *Sgv. 45 = Sgv. 43*

를 버리지 않습니다. 벗이여, 세존께서는 '감각적 쾌락의 욕망은 시간에 매이는 것이고, 괴로움으로 가득 찬 것이고, 아픔으로 가득 찬 것이고, 그 안에 도사린 위험은 훨씬 더 크다. 그러나 이 가르침은 현세의 삶에서 유익한 가르침이며, 시간을 초월하는 가르침이며, 와서 보라고 할 만한 가르침이며, 최상의 목표로 이끄는 가르침이며, 슬기로운 자라면 누구나 알 수 있는 가르침이다.'라고 세존께서 말씀하셨습니다.'

세존이시여, 이 말을 듣고 그 하늘사람은 저에게 이와 같이 물었습니다.

[하늘사람] '수행승이여, 세존께서 '감각적 쾌락의 욕망은 시간에 매이는 것이고, 괴로움으로 가득 찬 것이고, 아픔으로 가득 찬 것이고, 그 안에 도사린 위험은 훨씬 더 크다.'라고 한 것은 어떠한 것입니까? '이 가르침은 현세의 삶에서 [11] 유익한 가르침이며, 시간을 초월하는 가르침이며, 와서 보라고 할 만한 가르침이며, 최상의 목표로 이끄는 가르침이며, 슬기로운 자라면 누구나 알 수 있는 가르침이다.'라고 한 것은 어떠한 것입니까?'

세존이시여, 이 말을 듣고 저는 그 하늘사람에게 이와 같이 대답했습니다.

[싸밋디] '벗이여, 나는 출가한 지 얼마 되지 않은 새내기입니다. 참으로 그 가르침과 계율에 대해 상세히 말씀드릴

수가 없습니다. 세상의 존귀한 님, 거룩한 님, 올바로 원만히 깨달은 님께서는 따뽀다 온천 승원에 계십니다. 세존께 그 뜻을 여쭈어 보십시오. 당신은 세존께서 말씀하신 대로 받아 지니십시오.'

세존이시여, 이 말을 듣고 그 하늘사람은 나에게 이와 같이 말했습니다.

[하늘사람] '수행승이여, 세존께서는 큰 능력이 있는 다른 하늘사람들에 둘러싸여 우리들이 접근하기 쉽지 않습니다. 수행승이여, 만약 당신이 세존께 그 뜻을 물으면 우리들도 그 가르침을 들으러 가겠습니다.' 세존이시여, 그 하늘사람의 말대로라면 바로 그 하늘사람은 여기서 멀지 않은 곳에 있을 것입니다."

이와 같이 말하자, 그 하늘사람은 존자 싸밋디에게 이와 같이 말했다.

[하늘사람] "수행승이여, 들으시오. 수행승이여, 들으시오. 제가 왔습니다."

그때 세존께서는 그 하늘사람에게 시로 말씀하셨다.

Sgv. 46. [세존]

"말해질 수 있는 것을 지각한 존재들은
말해질 수 있는 것 가운데 확립되지만,

말해질 수 있는 것을 올바로 알지 못하면,
죽음의 멍에에 종속된다.[46]

Sgv. 47. [세존]

말해질 수 있는 것을 완전히 아는 사람은
말하는 자에 관해 망상을 짓지 않는다.
그를 묘사할 수 있는 것이
그에게 존재하지 않기 때문이다."[47]

[세존] "만약 야차여, 당신이 안다면 말해 보시오."

[하늘사람] "아닙니다. 세존이시여, 참으로 저는 세존께서 간략하게 가르쳐 주신 말씀의 뜻을 상세히 알지 못합니다. 세존이시여, 세존께서 간략하게 가르쳐 주신 말씀의 뜻을 제가 상세히 알 수 있도록 가르쳐 주시면 좋겠습니다."

---

46) *Sgv. 46 akkheyyasaññino sattā / akkheyyasmiṁ patiṭṭhitā / akkheyyam apariññāya / yogam āyanti maccuno //*

47) *Sgv. 47 akkheyyañ ca pariññāya / akkhātāraṁ na maññati / tañ hi tassa na hotī ti / yena naṁ vajjā na tassa atthi //*

Sgv. 48. [세존]

"'같다,[12] 낫다, 또는 못하다',
이같이 생각하는 자 그 때문에 싸운다.
이 세 가지에 마음이 흔들리지 않는 님
그에게는 같거나 나은 것이 없다."48)

"만약 야차여, 당신이 안다면 말해 보시오."

[하늘사람] "아닙니다. 세존이시여, 참으로 저는 세존께서 간략하게 가르쳐 주신 말씀의 뜻을 상세히 알지 못합니다. 세존이시여, 세존께서 간략하게 가르쳐 주신 말씀의 뜻을 제가 상세히 알 수 있도록 가르쳐 주시면 좋겠습니다."

Sgv. 49. [세존]

"헤아림을 버리고
망상을 부리지 않고

---

48) Sgv. 48 samo visesī athavā nihīno / yo maññati so vivadetha tena / tīsu vidhāsu avikampamāno / samo visesī ti na tassa hoti // 세 가지 교만 즉, 나는 우월하다는 교만, 나는 동등하다는 교만, 나는 열등하다는 교만이 있다.

세상의 명색에 대한 탐착을 버렸으니,
하늘 사람들과 사람들이
이 세상과 저 세상,
하늘나라와 모든 처소에서 그를 찾아도
속박을 끊고, 동요하지 않고,
소망을 여읜 그를 찾을 수 없으리."49)

"만약 야차여, 당신이 안다면 말해 보시오."
[하늘사람] "세존이시여, 세존께서 간략하게 가르쳐 주신 말씀의 뜻을 제가 상세히 알게 되었습니다."

Sgv. 50. [하늘사람]

"온 누리 어떠한 세계에서도
언어와 정신과 신체로 악을 짓지 말지니,
감각적 쾌락의 욕망을 떠나

---

49) *Sgv. 49 pahāsi saṅkhaṁ na vimānam ajjhagā / acchecchi taṇhaṁ idha nāmarūpe / taṁ chinnagandham anighaṁ nirāsaṁ / pariyesamānā nājjhagamuṁ / devā manussā idha vā huraṁ vā / saggesu vā sabbanivesanesu //*

새김을 확립하고 올바로 알아차려
괴롭고 유해한 길을 좇지 말아야 하리."50)

두 번째 품, 「환희의 품」이 끝났다. 그 목차는 차례로 '1) 환희의 경 2) 기뻐함의 경 3) 아들과 같은 것은 없음의 경 4) 왕족의 경 5) 숲 소리의 경 6) 졸림과 게으름의 경 7) 이루기 어려움의 경(또는 거북이의 경) 8) 부끄러움의 경 9) 오두막의 경 10) 싸밋디의 경'으로 이루어졌다.

3. 칼의 품
(Sattivagga)

1 : 21(3-1) 칼의 경
[Sattisutta]

한때 [13] 세존께서 싸밧티 시에 계셨다.

어떤 하늘사람이 한쪽에 서서 세존의 앞에서 이처럼 시를 읊었다.

---

50) Sgv. 50 pāpaṁ na kayirā vacasā manasā / kāyena vā kiñcana sabbaloke / kāme pahāya satimā sampajāno / dukkhaṁ na sevetha anatthasaṁhitan ti // 감각적 쾌락의 욕망을 떠나는 것과 무익한 괴로움을 좇지 않는 것은 쾌락주의와 고행주의의 두 극단을 버리고 중도를 선택하는 것이며, 신체와 언어와 정신으로 악을 짓지 않는 것은 여덟 가지 고귀한 길을 닦는 것을 뜻한다. 이 부처님의 법문이 끝나자 하늘사람은 흐름에 든 님이 되었다.

Sgv. 51. [하늘사람]

"칼날이 몸에 와 닿는 것처럼,
머리카락에 불이 붙은 것처럼,
감각적 탐욕을 버리기 위해 수행승은
새김을 확립하고 유행해야 하리."[51]

Sgv. 52. [세존]

"칼날이 몸에 와 닿는 것처럼
머리카락에 불이 붙은 것처럼,
개체가 있다는 견해를 버리기 위해
수행승은 새김을 확립하고 유행해야 하리."[52]

---

51) Sgv. 51 sattiyā viya omaṭṭho / ḍayhamānova matthake / kāmarāgappahānāya / sato bhikkhu paribbaje ti //

52) Sgv. 52 sattiyā viya omaṭṭho / ḍayhamānova matthake / sakkāyadiṭṭhippahānāya / sato bhikkhu paribbaje ti //'개체가 있다는 견해' 또는 '존재의 무리에 실체가 있다는 견해'는 한역에서는 유신견이라고 한다.

1 : 22(3-2) 접촉의 경
[Phusatisutta]

Sgv. 53. [하늘사람]

"접촉하지 않는 자에게 접촉하지 않지만
접촉하는 자에게 접촉하리.
그러므로 순수한 자에게 해를 끼친,
접촉하는 그 사람에게 접촉하리."53)

Sgv. 54. [세존]

"죄악이 없고 참으로 허물이 없어
청정한 님에게 해를 끼치면,
티끌이 바람 앞에 던져진 것처럼,
악의 과보가 어리석은 그에게 돌아간다."54)

---

53) Sgv. 53 nāphusantaṁ phusati ca / phusantaṁ ca tato phuse / tasmā phusantaṁ phusati / appaduṭṭhappadosinan ti // 허물없는 자에게 잘못을 범하는 특수한 업을 행하는 것과 그것이 성숙한 뒤에 오는 과보를 거두어들이는 것이다.

54) Sgv. 54 yo appaduṭṭhassa narassa dussati / suddhassa posassa anaṅgaṇassa / tam eva bālaṁ pacceti pāpaṁ / sukhumo rajo paṭivātaṁva khitto ti //

1 : 23(3-3) 매듭의 경
[Jaṭāsutta]

Sgv. 55. [하늘사람]

"안으로 묶이고 밖으로 묶였다.
세상 사람들은 매듭에 묶여 있다.
고따마께 이것을 여쭈니
이 매듭을 풀 사람 누구인가?"[55)]

Sgv. 56. [세존]

"지혜로운 사람이 계행에 정초하여
선정과 지혜를 닦는다.
열심히 노력하고 슬기로운 수행승이라면,
이 얽힌 매듭을 풀 수 있으리.[56)]

---

55) Sgv. 55 anto jaṭā bahi jaṭā / jaṭāya jaṭitā pajā / taṁ taṁ gotama pucchāmi / ko imaṁ vijaṭaye jaṭan ti //

56) Sgv. 56 sīle patiṭṭhāya naro sapañño / cittaṁ paññañca bhāvayaṁ / ātāpi nipako bhikkhu / so imaṁ vijaṭaye jaṭan ti // 사람이 땅 위에 서서 잘 드는 날카로운 칼로 대나무가 엉킨 것을 잘라내듯, 수행승은 계행 위에 서서 집중의 돌로 잘 갈아진 통찰적 지혜라는 칼을 잡고, 정진의 힘에 의해

Sgv. 57. [세존]

탐욕과 성냄과 어리석음에
물들지 않고
번뇌가 다한 거룩한 님에게
그 얽매인 매듭은 풀리리.[57]

Sgv. 58. [세존]

명색(정신·신체적 과정)과 감각적 저촉과
미세한 물질계에 대한 지각마저
남김없이 부서지는 곳에서
그 얽매인 매듭은 풀리리."[58]

발휘된 실천적 지혜의 손으로, 갈애의 얽힘을 자르고 부수어 버린다.

57) Sgv. 57 yesaṁ rāgo ca doso ca / avijjā ca virājitā / khīṇāsavā arahanto / tesaṁ vijaṭitā jaṭā // 앞의 시는 학인에게, 이 시는 배움을 뛰어넘은 성자인 거룩한 님에게 주어진 것이다.

58) Sgv. 58 yattha nāmañ ca rūpañ ca / asesaṁ uparujjhati / paṭighaṁ rūpasaññā ca / ettha sā chijjate jaṭā ti //

1 : 24(3-4) 정신에 대한 제어의 경
[Manonivāraṇasutta]

Sgv. 59. [하늘사람]

"정신을[14] 길들이고 제어하여
괴로움의 길을 가지 않네.
모든 경우에 대해 정신을 제어해야
모든 괴로움에서 벗어난다."[59]

Sgv. 60. [세존]

"정신이 제어되었으면
일일이 정신을 제어할 필요가 없으리.
악한 것이 일어날 때마다
그때그때 마음을 제어하여야 하리."[60]

---

59) *Sgv. 59 yato yato mano nivāraye / na dukkham eti naṁ tato tato / sa sabbato mano nivāraye / sa sabbato dukkhā pamuccatī ti //*

60) *Sgv. 60 na sabbato mano nivāraye / na mano saṁyatattam āgataṁ / yato yato ca pāpakaṁ / tato tato mano nivāraye ti //*

1 : 25(3-5) 거룩한 님의 경
[Arahantasutta]

Sgv. 61. [하늘사람]

"해야 할 것을 다 마치고 번뇌를 떠나
궁극의 몸을 이룬 거룩한 수행승이
'나는 말한다.'고 하든가
'사람들이 나에 관해 말한다.'고 할 수 있으리?"61)

Sgv. 62. [세존]

"해야 할 것을 다 마치고 번뇌를 떠나
궁극의 몸을 이룬 거룩한 수행승이
'나는 말한다.'고 하든가
'사람들이 나에 관해 말한다.'고 하여도
세상에서 불리는 명칭을 잘 알아서
오직 관례에 따라 부르는 것이다."62)

---

61) Sgv. 61 yo hoti bhikkhu arahaṁ katāvī / khīṇāsavo antimadehadhārī / ahaṁ vadāmī ti pi so vadeyya / mamaṁ vadantī ti pi so vadeyyā ti //

62) Sgv. 62 yo hoti bhikkhu arahaṁ katāvī / khīṇāsavo anti-

Sgv. 63. [하늘사람]

"해야 할 것을 다 마치고 번뇌를 떠나
궁극의 몸을 이룬 거룩한 수행승이
실로 망상에 사로잡혀 '나는 말한다.'든가
'사람들이 나에 관해 말한다.'고 할 수 있으리?"[63)]

Sgv. 64. [세존]

"망상을 [15] 버린 자에게
속박이 없으니
망상의 모든 계박은 남김없이 부서졌다.
개념지어진 것을 넘어서는 현자는,
'나는 말한다.'든가
'사람들이 나에 관해 말한다.'해도,

---

madehadhārī / ahaṁ vadāmī ti pi so vadeyya / mamaṁ vadantī ti pi so vadeyya / loke samaññaṁ kusalo viditvā / vohāramattena so vohareyyā ti //

63) *Sgv. 63 yo hoti bhikkhu arahaṁ katāvī / khīṇāsavo antimadehadhārī / mānaṁ nu kho so upagamma bhikkhu / ahaṁ vadāmītipi so vadeyya / mamaṁ vadantī ti pi so vadeyyāti //* 여기서 망상은 자만을 뜻하기도 한다.

세상에서 불리는 명칭을 잘 알아서
오로지 관례에 따라 부르는 것이다."[64]

1 : 26(3-6) 불빛의 경
[Pajjotasutta]

Sgv. 65. [하늘사람]
"세상에는 몇 종류의 불빛이 있어
그것으로 세상을 비추나?
세존께 여쭈러 왔네.
어떻게 우리가 그것을 알 수 있으리?"[65]

---

64) Sgv. 64 pahīṇamānassa na santi ganthā / vidhūpitā mānaganthassa sabbe / so vītivatto maññanaṁ sumedho / ahaṁ vadāmī ti pi so vadeyya / mamaṁ vadantī ti pi so vadeyya / loke samaññaṁ kusalo viditvā / vohāramattena so vohareyyā'ti // 계박은 정신의 몸에 의한 계박과 신체의 몸에 의한 계박이 있다.

65) Sgv. 65 kati lokasmiṁ pajjotā / yehi loko pakāsati / bhagavantaṁ puṭṭhum āgamma / kathaṁ jānemu taṁ mayan ti //

Sgv. 66. [세존]

"세상에는 네 불빛이 있으니
그 밖에 다섯째 불빛은 없다.
낮에는 태양이 빛나고
밤으로는 달이 비춘다.[66]

Sgv. 67. [세존]

타오르는 불빛은 밤낮으로
여기저기 두루 비춘다.
깨달은 님은 불빛 가운데 으뜸이니
그야말로 위없는 불빛이다."[67]

---

66) Sgv. 66 cattāro loke pajjotā / pañcam ettha na vijjati / divā tapati ādicco / rattiṁ ābhāti candimā // 네 가지 불빛은 이 시와 다음 시에 나타난 태양, 달, 불, 깨달은 님을 말한다.

67) Sgv. 67 atha aggi divārattiṁ / tattha tattha pakāsati / sambuddho tapataṁ seṭṭho / esā ābhā anuttarā'ti // 흐름은 윤회의 흐름, 소용돌이는 윤회의 소용돌이이다.

1 : 27(3-7) 흐름의 경
[Sarasutta]

Sgv. 68. [하늘사람]

"흐름은 어디에서 사라지고
소용돌이는 어디에서 멈추는가?
어디에서 정신·신체적 과정이
남김없이 부서지는 것인가?"[68)]

Sgv. 69. [세존]

"땅과 물과 불과 바람이
기반을 마련하지 않으면,
거기에서 흐름은 사라지고
거기에서 소용돌이는 멈추니
그곳에서 명색이 남김없이 부서진다."[69)]

---

68) Sgv. 68 kuto sarā nivattanti / kattha vaṭṭaṁ na vaṭṭati / kattha nāmañ ca rūpañ ca / asesaṁ uparujjhatī'ti // 지수화풍은 우리의 육신을 구성하는 기본요소다

69) Sgv. 69 yattha āpo ca paṭhavī / tejo vāyo na gādhati / ato sarā nivattanti / ettha vaṭṭaṁ na vattati / ettha nāmañ ca rūpañ ca / asesaṁ uparujjhatī'ti //

1 : 28(3-8) 큰 부자의 경
[Mahaddhanasutta]

Sgv. 70. [하늘사람]
"큰 부자로 많은 재산을 가지고
나라를 다스리는 왕족도
감각적 쾌락의 욕망에 만족하지 못해
서로가 서로를 탐한다.[70]

Sgv. 71. [하늘사람]
존재의 흐름을 따라 흐르는
모든 욕심을 부리는 존재들 가운데
누가 세상에 욕심을 부리지 않고
탐욕과 갈애를 버릴까?"[71]

---

70) Sgv. 70 mahaddhanā mahābhogā / raṭṭhavanto'pi khattiyā / aññamaññābhigijjhanti / kāmesu analaṅkatā //

71) Sgv. 71 tesu ussukkajātesu / bhavasotānusārisu / gedhataṇhaṁ pajahiṁsu / ke lokasmiṁ anussukāti //

Sgv. 72. [세존]

"집을 떠나서 출가하여 자식과 가축,
사랑스러운 것을 버리고
탐욕과 성냄을 버리고
또한 어리석음을 떠나서,
모든 번뇌를 버린 거룩한 님들이
세상에 욕심을 부리지 않는 자이다."72)

1 : 29(3-9) 네 수레바퀴의 경
[Catucakkasutta]

Sgv. 73. [하늘사람]

"네 개의 [16] 수레바퀴와
아홉 문이 엮이고 탐욕으로 채워져
진흙에서 태어났네, 위대한 영웅이여,
어떻게 여기서 벗어날 수 있을까?"73)

---

72) Sgv. 72 hitvā agāraṁ pabbajitvā / hitvā puttaṁ pasuṁ piyaṁ / hitvā rāgañ ca dosañ ca / avijjañ ca virājiya / khīṇāsavā arahanto / te lokasmiṁ anussukā ti //

73) Sgv. 73 catucakkaṁ navadvāraṁ / puṇṇaṁ lobhena

Sgv. 74. [세존]

"밧줄과 가죽끈을 자르고
사악한 욕망과 탐욕을 부수고
갈애를 뿌리째 뽑으면,
여기서 벗어날 수 있으리."74)

1 : 30(3-10) 사슴과 같은 다리의 경
[Eṇijaṅghasutta]

Sgv. 75. [하늘사람]

"다리는 사슴처럼 야위었지만 강건하고
소식을 하고 맛을 탐하지 않네.
사자와 코끼리처럼 홀로 걸으며

---

saṁyutaṁ / paṅkajātaṁ mahāvīra / kathaṁ yātrā bhavissatī ti // 네 수레바퀴는 행주좌와를 의미한다. 그리고 아홉 문은 사람의 몸에 난 입, 콧구멍 등의 아홉 가지 구멍을 의미한다.

74) *Sgv. 74 chetvā naddhiṁ varattañ ca / icchālobhañ ca pāpakaṁ / samūlaṁ taṇhaṁ abbuyha / evaṁ yātrā bhavissatī'ti // 밧줄은 과거의 분노나 미래의 원한을, 가죽끈은 남아 있는 번뇌를 말한다.*

감각적 쾌락의 욕망을 떠난 님,
그 분께 다가가 우리가 여쭈오니,
어떻게 괴로움에서 벗어나리?"[75)]

Sgv. 76. [세존]

"세상에 다섯 감각적 쾌락이 있고
정신은 여섯 번째라 알려져 있으니,
이것들에 대한 욕망을 떠나면,
참으로 모든 괴로움에서 벗어나리."[76)]

세 번째 품, 「칼의 품」이 끝났다. 그 목차는 차례로 '1) 칼의 경 2) 접촉의 경 3) 매듭의 경 4) 정신에 대한 제어의 경 5) 거룩한 님의 경 6) 불빛의 경 7) 흐름의 경 8) 큰 부자의 경 9) 네 수레바퀴의 경 10) 사슴과 같은 다리의 경'으로 이루어졌다.

---

75) Sgv. 75 eṇijaṅghaṁ kisaṁ vīraṁ / appāhāraṁ alolupaṁ / sīhaṁ vekacaraṁ nāgaṁ / kāmesu anapekkhinaṁ / upasaṅkamma pucchāma / kathaṁ dukkhā pamuccatīti // 사슴과 같은 다리는 부처님의 삼십이상(三十二相) 가운데 하나이다.

76) Sgv. 76 pañcakāmaguṇā loke / mano chaṭṭhā paveditā / ettha chandaṁ virājetvā / evaṁ dukkhā pamuccatī ti // 다섯 가지 감각적 쾌락의 종류, 즉 형상, 소리, 향기, 맛, 감촉의 오욕락(五欲樂)을 뜻한다. 정신적 대상은 여섯 번째이다.

4. 싸뚤라빠 무리의 품
(Satullapakāyikavagga)

1 : 31(4-1) 참사람과 함께의 경
[Sabbhisutta]

이와 같이 나는 들었다. 한때 세존께서 싸밧티 시의 제따바나 숲에 있는 아나타삔디까 승원에 계셨다.

그때 많은 싸뚤라빠 무리의 하늘사람들이 깊은 밤중에 아름다운 빛으로 제따바나 숲을 두루 밝히며 세존께서 계신 곳으로 찾아왔다. 가까이 다가와서 세존께 인사를 드리고 한쪽으로 물러나 섰다.

한쪽으로 [17] 물러나 서서 한 하늘사람이 세존 앞에서 이와 같은 시를 읊었다.

Sgv. 77. [하늘사람]

"참사람과 함께 지내며
참사람과 함께 사귀어라.
참사람의 참다운 가르침을 알면,
보다 착해지고 악함이 없어지리."[77]

---

77) Sgv. 77 sabbhir eva samāsetha / sabbhi kubbetha santha-

그때 다른 하늘사람이 세존 앞에서 이와 같은 시를 읊었다.

Sgv. 78. [다른 하늘사람]

"참사람과 함께 지내며
참사람과 함께 사귀어라.
참사람의 참다운 가르침을 알면,
남에게 얻을 수 없는 지혜를 얻으리."[78)]

---

vaṁ / sataṁ saddhammam aññāya / seyyo hoti na pāpiyo ti // 하늘사람들인데, Srp. I. 54에 인연담이 나온다. 상인들이 바다를 건너는데, 폭풍우가 몰아쳐서 배가 가라앉게 되었다. 그러자 그들은 각각 자신의 수호신을 외쳐대며 도움을 청했다. 싸뚤라빠는 '백 명의 외치는 자'라는 뜻이다. 그런데 오직 한 사람만이 결가부좌한 채 동요하지 않고 앉아 있었다. 한 동승자가 그에게 태연자약한 이유를 묻자 그는 여행을 떠나기 전 승단에 공양을 드리고 귀의했으므로 어떤 두려움도 없다고 했다. 그는 부처님의 가르침을 알려달라는 동승자의 부탁을 받고, 그들을 백 명씩 일곱 그룹으로 나누어 차례로 부처님의 오계를 가르치고 오계의 가르침을 마음에 새겨 확실히 귀의하도록 했다. 배는 점점 깊이 가라앉아 모두 죽게 되었고 그들은 서른셋 신들의 하늘나라에 다시 태어나 제석천궁에서 살게 되었다. 싸뚤라빠 무리들은 이들이며, 지금 그들은 위대한 스승인 부처님을 찬양하기 위해 부처님을 방문한 것이다.

그때 다른 하늘사람이 세존 앞에서 이와 같은 시를 읊었다.

Sgv. 79. [다른 하늘사람]

"참사람과 함께 지내며,
참사람과 함께 사귀어라.
참사람의 참다운 가르침을 알면,
슬픔 가운데 슬퍼하지 않으리."79)

그때 다른 하늘사람이 세존 앞에서 이와 같은 시를 읊었다.

Sgv. 80. [다른 하늘사람]

"참사람과 함께 지내며

---

78) *Sgv. 78 sabbhir eva samāsetha / sabbhi kubbetha santhavaṁ / sataṁ saddhammam aññāya / paññā labbhati nāññato ti //*

79) *Sgv. 79 sabbhir eva samāsetha / sabbhi kubbetha santhavaṁ / sataṁ saddhammam aññāya / sokamajjhe na socatī ti //*

참사람과 함께 사귀어라.
참사람의 참다운 가르침을 알면,
친지들 가운데 빛나리."[80]

그때 다른 하늘사람이 세존 앞에서 이와 같은 시를 읊었다.

Sgv. 81. [다른 하늘사람]

"참사람과 함께 지내며
참사람과 함께 사귀어라.
참사람의 참다운 가르침을 알면,
뭇삶들은 좋은 곳으로 가리라."[81]

그때 다른 하늘사람이 세존 앞에서 이와 같은 시를 읊었다.

---

80) *Sgv. 80 sabbhir eva samāsetha / sabbhi kubbetha santhavaṁ / sataṁ saddhammam aññāya / ñātimajjhe virocatī ti //*

81) *Sgv. 81 sabbhireva samāsetha / sabbhi kubbetha santhavaṁ / satam saddhammam aññāya / sattā gacchanti suggatin ti //* 좋은 곳(善趣)은 육도윤회 세계에서 천상과 인간의 세계를 말한다. 때로 아수라의 세계가 포함되기도 한다.

Sgv. 82. [다른 하늘사람]

"참사람과 함께 지내며
참사람과 함께 사귀어라.
참사람의 참다운 가르침을 알면,
뭇삶들은 불사의 행복 속에 살리라."[82)]

그러자 다른 하늘사람이 세존께 이와 같이 말씀드렸다.

[다른 하늘사람] "세존이시여, 누구의 것이 잘 말한 것입니까?"

[세존] "차례로 모두 잘 읊었는데, 내 것도 들어보라."

Sgv. 83. [세존]

'참사람과[18] 함께 지내며
참사람과 함께 사귀어라.

---

82) Sgv. 82 sabbhireva samāsetha / sabbhi kubbetha santhavaṁ / sataṁ saddhammam aññāya / sattā tiṭṭhanti sātatan ti // 영원한 행복이지만 영원하다는 것은 영원주의적 망상을 일으키므로 역자는 죽음을 여읜 것 즉, 불사의 행복이라고 표현한다.

참사람의 참다운 가르침을 알면,
모든 괴로움에서 벗어나리.'"83)

1 : 32(4-2) 간탐이 있는 자의 경
[Maccharisutta]

한때 세존께서 싸밧티 시의 제따바나 숲에 있는 아나타삔디까 승원에 계셨다.

그때 많은 싸뚤라빠 무리의 하늘사람들이 깊은 밤중에 아름다운 빛으로 제따바나 숲을 두루 밝히며 세존께서 계신 곳으로 찾아왔다. 가까이 다가와서 세존께 인사를 드리고 한쪽으로 물러나 섰다.

한쪽으로 물러나 서서 한 하늘사람이 세존 앞에서 이와 같은 시를 읊었다.

Sgv. 84. [하늘사람]

"간탐이 있고 또한 게을러서
이와 같은 보시를 행하지 않는다.

---

83) Sgv. 83 sabbhireva samāsetha / sabbhi kubbetha santhavaṁ / sataṁ saddhammam aññāya / sabbadukkhā pamuccatī ti //

공덕을 바라고 공덕을 아는 자는
반드시 보시를 행해야 하리."84)

그때 다른 하늘사람이 세존 앞에서 이와 같은 시를 읊었다.

Sgv. 85. [다른 하늘사람]

"간탐이 있는 자는 두려워
베풀지 않으니,
베풀지 못하는 자에게 두려운 것은

---

84) Sgv. 84 maccherā ca pamādā ca / evaṁ dānaṁ na dīyati / puññam ākaṅkhamānena / deyyaṁ hoti vijānatā ti // ① 명예를 주는 보시 ② 성취를 주는 보시 ③ 행복을 주는 보시가 있다. 이 시는 한 간탐이 있는 수전노에 대한 이야기와 관계된다. 그의 조상들은 보시를 많이 해서 이미 하늘사람으로 태어났지만 그 수전노는 조상들의 행위를 무가치하게 보았다. 하늘사람들이 그를 교화하기 위해 바라문의 형상을 하고 하강해서 동일한 시들을 인용하면서 수전노에게 구걸하였으나 수전노는 가축의 사료를 대접했다. 바라문들이 공양을 받고 죽은 체하자 수전노는 바라문을 살해했다는 공포로 두려워했다. 그때 하늘사람들이 본래의 모습을 드러내 절망에 빠진 수전노를 감화시켰다.

간탐이 있는 자가 무서워하는
굶주림과 목마름,
이 세상과 저 세상에서
어리석은 사람이 만나는 것이다.[85]

Sgv. 86.

간탐을 반드시 이겨서
마음의 티끌을 극복하고 보시해야 하리.
이러한 공덕은 저 세상에서
뭇삶들에게 의지처가 되리."[86]

그때 다른 하늘사람이 세존 앞에서 이와 같은 시를 읊었다.

---

85) Sgv. 85 yass'eva bhīto na dadāti maccharī / tad evādadato bhayaṁ / jighacchā ca pipāsā ca / yassa bhāyati maccharī / tam eva bālaṁ phusati / asmiṁ loke paramhi ca //

86) Sgv. 86 tasmā vineyya maccheraṁ / dajjā dāna malābhibhū / puññāni paralokasmiṁ / patiṭṭhā honti pāṇinan ti //

Sgv. 87. [다른 하늘사람]

"험한 길을 함께 가는 좋은 벗처럼,
조금 있어도 나누어 주는 사람은
죽은 자 가운데서 죽지 않는다.
이것은 영원한 가르침이다.[87)]

Sgv. 88.

어떤 사람은 조금 있어도 베풀고
어떤 사람은 많아도 베풀지 않으니
조금 있어도 주는 보시는
천 배의 보시와 동일하게 헤아려진다."[88)]

그때 [19] 다른 하늘사람이 세존 앞에서 이와 같은 시를 읊었다.

---

87) Sgv. 87 te matesu na mīyanti / panthānaṁ va sahāvajjaṁ / appasmiṁ ye pavecchanti / esa dhammo sanantano // 죽은 자는 간탐이 있는 자를 뜻한다. 간탐이 있는 자가 소유한 것은 아무에게도 나누어 주지 않기 때문에 죽은 자의 것과 같다.

88) Sgv. 88 appasmeke pavecchanti / bahun'eke na dicchare / appasmā dakkhiṇā dinnā / sahassena samaṁ mitā'ti //

Sgv. 89. [다른 하늘사람]

"참사람의 가르침은 따르기 어렵다.
주기 어려운 것을 베풀고
하기 어려운 것을 하는 참사람을
참답지 않은 사람은 흉내 내기도 어렵다.[89)]

Sgv. 90. [다른 하늘사람]

그러므로 참사람과 참답지 않은 사람은
사후의 운명이 다르니
참답지 않은 사람은 지옥으로 가고
참사람은 하늘나라로 간다."[90)]

그때 다른 하늘사람이 세존께 이와 같이 여쭈어 보았다.

[다른 하늘사람] "세존이시여, 누가 시를 참으로 잘 읊었습니까?"

---

89) Sgv. 89 duddadaṁ dadamānānaṁ / dukkaraṁ kamma kubbataṁ / asanto nānukubbanti / sataṁ dhammo durannayo //

90) Sgv. 90 tasmā satañ ca asatañ ca / nānā hoti ito gati / asanto nirayaṁ yanti / santo saggaparāyaṇā ti //

[세존] "차례로 모두 잘 읊었는데, 내 것도 들어 보시오."

Sgv. 91. [세존]

"가르침을 실천한다면,
벼이삭 모아 아내를 부양하면서
조금 있어도 보시한다.
천 사람의 십만의 제물조차도
그러한 보시에 비해
십육 분의 일의 가치도 없다."[91)]

그때 다른 하늘사람이 세존께 시로 여쭈어 보았다.

Sgv. 92. [다른 하늘사람]

"왜 그 굉장히 거대한 큰 제사가

---

91) Sgv. 91 dhammaṁ care yopi samucchakaṁ care / dārañ ca posaṁ dadam appakasmiṁ / sataṁ sahassānaṁ sahassayāginaṁ / kalam pi nāgghanti tathāvidhassa te ti // 십육분지 일은 원래 베다시대의 제사장에게 딸린 십육 제관이 있었는데, 그 하나의 제관과 관계가 있다. 그러나 후대에 와서 '조금'이라는 뜻으로 쓰이게 되었다.

올바른 보시로서 가치가 없는가?
천 사람이 바치는 십만의 제물조차도
그러한 보시에 비해 가치가 없는가?"[92)]

그때 세존께서는 그 하늘사람에게 시로 대답했다.

Sgv. 93. [세존]
"어떤 사람은 부정하게 살면서 보시하니
상처내고 죽이고 또한 괴롭힌다.
그 보시는 눈물과 상처로 얼룩진 것이니
올바른 보시로서 가치가 없고,
천 사람이 바치는 십만의 제물조차도
올바른 보시에 비해
십육 분의 일의 가치도 없다."[93)]

---

92) Sgv. 92 kenesa yañño vipulo mahaggato / samena dinnassa na agghameti / kathaṁ sataṁ sahassānaṁ sahassayāginaṁ / kalampi nāgghanti tathāvidhassa teti //
93) Sgv. 93 dadanti eke visame niviṭṭhā / chetvā vadhitvā atha socayitvā / sā dakkhiṇā assumukhā sadaṇḍā / samena dinnassa na aggham eti / evaṁ sahassānaṁ sahassayāg-

1 : 33(4-3) 좋은 것의 경
[Sādhusutta]

한때 [20] 세존께서 싸밧티 시에 계셨다.

그때 많은 싸뚤라빠 무리의 하늘사람들이 깊은 밤중에 아름다운 빛으로 제따바나 숲을 두루 밝히며 세존께서 계신 곳으로 찾아왔다. 가까이 다가와서 세존께 인사를 드리고 한쪽으로 물러나 섰다.

한 하늘사람이 한쪽에 서서 세존 앞에서 이와 같이 기쁨의 시를 읊었다.

Sgv. 94. [하늘사람]

"세존이시여, 베푸는 것은
좋은 것입니다.
그러나 간탐이 있고
또한 게을러서
이와 같은 보시를 행하지 않습니다.
공덕을 바라고 공덕을 아는 자는
반드시 보시를 행해야 할 것입니다."94)

---

inaṁ / kalam pi nāgghanti tathāvidhassa te ti //

그때 다른 하늘사람이 세존 앞에서 이와 같이 기쁨의 시를 읊었다.

Sgv. 95. [다른 하늘사람]

"세존이시여, 베푸는 것은
좋은 것입니다.
나아가서 조금 있어도
베푸는 것은 좋은 것입니다.
어떤 사람은 조금 있어도 베풀고,
어떤 사람은 많이 있어도 베풀지 않지만,
조금 있어도 보시를 행하면,
천 배의 선물처럼 헤아려지리."[95)]

그때 다른 하늘사람이 세존 앞에서 이와 같이 기쁨의 시를 읊었다.

---

94) *Sgv. 94 = sādhu kho mārisa dānaṃ + Sgv. 84*

95) *Sgv. 95 sādhu kho mārisa dānaṃ / api ca appasmimpi sādhu dānaṃ / appasmeke pavecchanti / bahun'eke na decchare / appasmā dakkhiṇā dinnā / sahassena samaṁ mitā ti //*

Sgv. 96. [다른 하늘사람]

"세존이시여, 베푸는 것은
좋은 것입니다.
조금 있어도
베푸는 것은 좋은 것입니다.
나아가서 믿음으로
베푸는 것도 좋은 것입니다.
'보시와 싸움은 같은 것이라 불리니,
조금 있어도 베풀면
다른 많은 사람을 이기리.
조금 있어도 믿음으로 보시하면,
참으로 저 세상에서 안락하게 되리.'"[96)]

그때 다른 하늘사람이 세존 앞에서 이와 같이 기쁨의 시를 읊었다.

[다른 하늘사람] "세존이시여, 베푸는 것은 좋은 것입니

---

96) *Sgv. 96 dānañ ca yuddhañ ca samānamāhu / appāpi santā bahuke jinanti / appam pi ce saddahāno dadāti / tene'va so hoti sukhī paratthā ti //*

다. 조금 있어도 베푸는 것은 좋은 것입니다. [21] 믿음으로 베푸는 것도 좋은 것입니다. 나아가서 바르게 얻은 것을 베푸는 것도 좋은 것입니다.

Sgv. 97. [다른 하늘사람]

'바르게 얻거나 힘써 노력하여 얻은
재산과 물건을 베푸는 사람은
지옥의 베따라니 강을 뛰어넘어,
죽을 때 하늘나라로 간다.'"97)

그때 다른 하늘사람이 세존 앞에서 이와 같은 기쁨의 시를 읊었다.

[다른 하늘사람] "세존이시여, 베푸는 것도 좋은 것입니다. 조금 있어도 베푸는 것은 좋은 것입니다. 믿음으로 베푸는 것도 좋은 것입니다. 바르게 얻은 것을 베푸는 것도 또한 좋은 것입니다. 나아가서 잘 살펴 보시하는 것도 좋은 것입니다.

---

97) Sgv. 97 yo dhammaladdhassa dadāti dānaṁ / uṭṭhānaviriyādhigatassa jantu / atikkamma so vetaraṇiṁ yamassa / dibbāni ṭhānāni upeti macco ti // 베따라니 강은 잿물이 흐르는 강인데, 지옥에 있는 강이다.

Sgv. 98. [다른 하늘사람]

'잘 살펴 보시하는 것은
올바른 길로 잘 가신 님이 칭찬하는 일.
이 생명의 세계에서 보시 받아야 할 님에게
보시하는 것이야말로
좋은 밭에 뿌려진 씨앗처럼,
커다란 공덕을 가져오리.'"[98]

그때 다른 하늘사람이 세존 앞에서 이와 같은 기쁨의 시를 읊었다.

[다른 하늘사람] "세존이시여, 베푸는 것은 좋은 것입니다. 조금 있어도 베푸는 것은 좋은 것입니다. 믿음으로 베푸는 것도 좋은 것입니다. 바르게 얻은 것을 베푸는 것도 좋은 것입니다. 잘 살펴 보시하는 것도 좋은 것입니다. 나아가서 뭇삶에 대한 자제도 좋은 것입니다.

---

98) *Sgv. 98 viceyya dānaṁ sugatappasatthaṁ / ye dakkhiṇeyyā idha jīvaloke / etesu dinnāni mahapphalāni / bījāni vuttāni yathā sukhette ti //*

Sgv. 99. [다른 하늘사람]

'참사람은 존재하는 뭇삶을 해치지 않고,
다른 사람 헐뜯지 않고 나쁜 짓 하지 않는다.
만용하는 자가 아닌 삼가는 사람을 기리며
스스로도 삼가며 나쁜 짓을 하지 않는다.'"99)

그때 다른 하늘사람이 세존께 이와 같이 여쭈어 보았다.

[다른 하늘사람] "세존이시여, [22] 누가 참으로 잘 읊었습니까?"

[세존] "차례로 모두 잘 읊었는데, 내 것도 들어 보시오.

Sgv. 100. [세존]

'믿음으로 베풀면 갖가지 칭찬받지만
진리의 말씀을 따르는 것이
보시보다 더 훌륭하다.
예전에도 그 이전에도 그러한 참사람,
지혜로운 자는 모두 열반에 들었다.'"100)

---

99) Sgv. 99 yo pāṇabhūtesu aheṭhayaṁ caraṁ / parūpavādā na karoti pāpaṁ / bhīruṁ pasaṁsanti na hi tattha sūraṁ / bhayā hi santo na karonti pāpan ti //

1 : 34(4-4) 없음의 경
[Nasantisutta]

한때 세존께서 싸밧티 시의 제따바나 숲에 있는 아나타삔디까 승원에 계셨다.

그때 많은 싸뚤라빠 무리의 하늘사람들이 깊은 밤중에 아름다운 빛으로 제따바나 숲을 두루 밝히며 세존께서 계신 곳으로 찾아왔다. 가까이 다가와서 세존께 인사를 드리고 한쪽으로 물러나 섰다.

한쪽으로 물러나 서서 한 하늘사람이 세존 앞에서 이와 같은 시를 읊었다.

Sgv. 101. [하늘사람]

"사람들은, 감각적 쾌락이 덧없음에도,
세상에 즐길 만한 것들에 묶여

---

100) Sgv. 100 saddhāhi dānaṁ bahudhā pasatthaṁ / dānā ca kho dhammapadaṁ va seyyo / pubbeva hi pubbatare va santo / nibbānam ev'ajjhagamuṁ sapaññā'ti // 담마빠다는 '진리의 말씀'이나, 주석서에서는 이것을 열반으로 해석했으나, 그렇게 되면 그 다음 구절의 '지혜로운'이란 말을 이해하는 데 크게 도움이 되지 않는다. 법의 요소로서의 서른 일곱 가지 깨달음에 도움이 되는 원리를 의미한다.

그 가운데 방일하여 죽음의 영토에서
돌아오지 못하는 곳으로 돌아오지 못한다."[101)]

[다른 하늘사람] "불행은 욕망에서 생기고 괴로움도 욕망에서 생겨납니다. 욕망을 소멸하여 불행을 극복하고 욕망을 제거하여 괴로움을 극복하여야 합니다."

Sgv. 102. [세존]

"세상 만물이 감각적 욕망이 아니라
의도된 탐욕이 감각적 욕망이다.
세상에 실로 그렇듯 갖가지가 있지만,
바로 슬기로운 님이 욕망을 이겨낸다.[102)]

---

101) Sgv. 101 na santi kāmā manujesu niccā / santīdha kamanīyāni yesu baddho / yesu pamatto apunāgamanaṁ / anāgantā puriso maccudheyyā ti // '다시 돌아오지 못하는 곳'은 열반의 다른 이름이다. 하늘사람들은 열반을 '돌아오지 못하는 곳' 즉, 부정적·절대적인 영역으로 생각했다.

102) Sgv. 102 na te kāmā yāni citrāni loke / saṅkapparāgo purisassa kāmo / tiṭṭhanti citrāni tath'eva loke / ath'ettha dhīrā vinayanti chandaṁ // 의도된 탐욕은 다섯 가지 감각적 쾌락의 대상에 토대를 둔, 물질적 욕망과 정신적인 대상에 기초한 정신적 욕망을 뜻한다.

Sgv. 103. [세존]

분노를 [23] 떠나 망상을 버리고
일체의 결박을 뛰어넘어야 하리.
명색에 집착하지 않아,
아무것도 없는 님에게는
괴로움이 따르지 않는다.103)

Sgv. 104. [세존]

"헤아림을 버리고
망상을 부리지 않고
세상의 명색에 대한 탐착을 버렸으니,
하늘 사람들과 사람들이
이 세상과 저 세상,
하늘나라와 모든 처소에서 그를 찾아도

---

103) Sgv. 103 kodhaṁ jahe vippajaheyya mānaṁ / saṁyojanaṁ sabbam atikkameyya / taṁ nāmarūpasmiṁ asajjamānaṁ / akiñcanaṁ nānupatanti dukkhā // 아무것도 없는 님은 탐욕 등의 번뇌를 떠난 자 즉, 탐진치가 없는 거룩한 님을 말한다.

속박을 끊고, 동요하지 않고,
소망을 여읜 그를 찾을 수 없으리."[104]

존자 모가라자가 여쭈었다.

Sgv. 105. [모가라자]

"신들과 인간들이
이 세상과 저 세상에서
이렇게 해탈한 님을 보지 못했다면,
인간 가운데 위없는 님,
유익한 삶을 사는 님을 섬기는 분들이
찬양받아야 하는가?"[105]

세존께서 '모가라자여'라고 말씀하셨다.

---

104) Sgv. 104 = Sgv. 49
105) Sgv. 105 tañce hi nāddakkhuṁ tathā vimuttaṁ / devā manussā idha vā huraṁ vā / naruttamaṁ atthavaraṁ narānaṁ / ye taṁ namassanti pasaṁsiyā te ti //

Sgv. 106. [세존]

"해탈한 님, 그를 섬기는 수행승들
또한 찬양받아야 하지만,
진리를 알고 의심을 떠나면
그 수행승들 마침내 결박마저 뛰어넘으리."106)

1 : 35(4-5) 웃자나쌍니까의 경
[Ujjhānasaññikasutta]

한때 세존께서 싸밧티 시의 제따바나 숲에 있는 아나타뻰디까 승원에 계셨다.

그때 많은 웃자나쌍니까 무리의 하늘사람들이 깊은 밤중에 아름다운 빛으로 제따바나 숲을 두루 밝히며 세존께서 계신 곳으로 찾아왔다. 가까이 다가와서 공중에 섰다.

공중에 [24] 서서 어떤 하늘사람이 세존 앞에서 이처럼 시를 읊었다.

---

106) Sgv. 106 pasaṁsiyā te pi bhavanti bhikkhū / ye taṁ namassanti tathā vimuttaṁ / aññāya dhammaṁ vicikicchaṁ pahāya / saṅgātigā te pi bhavanti bhikkhū'ti // 진리는 네 가지 거룩한 진리 즉 사성제를 말한다.

Sgv. 107. [어떤 하늘사람]

"자신을 있는 그대로가 아니라
다르게 나타내는 사람은
도박사가 사기를 치는 것처럼,
그가 향유하는 것은 도둑질이다."[107)]

Sgv. 108. [다른 하늘사람]

"할 수 있는 것을 말하고
할 수 없는 것을 말하지 말라.
하지 못할 것을 말한다면,
슬기로운 자는 곧 알아차린다."[108)]

---

107) Sgv. 107 aññathā santamattānaṁ / aññathā yo pavedaye / nikacca kitavass'eva / bhūttaṁ theyyena tassa taṁ // 웃자나쌍니까 무리의 신들이 불만을 부처님에게 토로하는 내용이다. 그들은 어떤 특정한 하늘에 소속된 신들이 아니다. 그들은 부처님이 제자들과 학인들에게 요구하는 것과 부처님 스스로 행하는 것 사이에 어떤 모순이 있다고 생각하여 거기에 반대하는 신들이다.

108) Sgv. 108 yaṁ hi kayirā taṁ hi vade / yaṁ na kayirā na taṁ vade / akarontaṁ bhāsamānānaṁ / parijānanti paṇḍitā ti //

Sgv. 109. [세존]

"단지 말하는 것이나
오직 듣는 것만으로
견고한 이 길을 좇아갈 수 없지만,
슬기로운 사람이 선정을 닦으면
악마의 속박에서 해탈한다.109)

Sgv. 110. [세존]

슬기로운 님은 세상이 방편임을 알아
참으로 흔들리지 않으니,
지혜로써 열반에 들어
세간에서의 집착을 건넌 자이다."110)

그러자 그 하늘사람들은 땅 위에 내려서서 세존의 발에

---

109) Sgv. 109 nayidaṁ bhāsitamattena ekantasavaṇena vā / anukkamituṁ ve sakkā yāyaṁ paṭipadā daḷhā / yāya dhīrā pamuccanti / jhāyino mārabandhanā //

110) Sgv. 110 na ve dhīrā pakubbanti / viditvā lokapariyāyaṁ / aññāya nibbutā dhīrā / tiṇṇā loke visattikan ti //

머리 숙여 절하고 이와 같이 말했다.

[하늘사람들] "세존이시여, 우리들의 잘못이며 허물입니다. 우리들은 어리석고 미혹하고 신중하지 못해서 세존을 비난하려 하지 않았나 생각됩니다. 세존이시여, 앞으로 우리가 자제할 수 있도록 세존께서는 잘못을 잘못으로 받아 주십시오."

그러자 세존께서는 미소를 지었다. 그러나 더욱 더 화가 난 하늘사람들이 공중으로 올라갔다. 그때 어떤 하늘사람이 세존 앞에서 이와 같은 시를 읊었다.

Sgv. 111. [어떤 하늘사람]

"진정으로 참회할 때
참회를 받아들이지 않고,
울화를 품고 분노가 무거운 자는
참으로 원한에 묶인다."111)

111) *Sgv. 111 accayaṁ desayantīnaṁ / yo ce na paṭiganhati / kopantaro dosagaru / sa veraṁ paṭimuccati //*

Sgv. 112. [세존]

"이 세상에 잘못도 없고
허물도 없다면,
그리고 원한을 쉰다면,
세상에서 착하고 건전한 자일 것이다."112)

Sgv. 113. [어떤 하늘사람]

"누가 잘못이 없습니까?
누가 허물이 없습니까?
누가 어리석음에 떨어지지 않습니까?
누가 항상 슬기롭고 새김이 깊습니까?"113)

---

112) Sgv. 112 accayo ce na vijjetha / no cidhāpagataṁ siyā / verāni ca sammeyyuṁ / tenīdha kusalo siyā ti //

113) Sgv. 113 kassaccayā na vijjanti / kassa natthi apāgataṁ / ko sammoham āpādi / ko vā dhīro sadā sato ti //

Sgv. 114. [세존]

"모든 [25] 존재를 가엾게 여기는 여래에게는
어떠한 잘못도 없고 아무런 허물도 없다.
여래는 어리석음에 떨어지지 않아,
슬기롭고 항상 새김을 확립한다.[114)]

Sgv. 115. [세존]

진정으로 참회할 때 참회를 받지 않고
울화 품고 분노 무거운 자는 원한에 묶인다.
나는 원한을 즐기지 않기에
그대들의 참회를 받아들인다."[115)]

1 : 36(4-6) 믿음의 경
[Saddhāsutta]

---

114) Sgv. 114 tathāgatassa budhassa / sabbabhūtānukampino / tass'accayā na vijjanti / tassa natthi apagataṁ / so na sammoham āpādi / so ca dhīro sadā sato ti //

115) Sgv. 115 accayaṁ desayantīnaṁ / yo ce na patigaṇhati / kopantaro dosagaru / yaṁ veraṁ paṭimuccati / taṁ veraṁ nābhinandāmi vo'ccayan ti //

한때 세존께서 싸밧티 시의 제따바나 숲에 있는 아나타삔디까 승원에 계셨다.

그때 많은 싸뚤라빠 무리의 하늘사람들이 깊은 밤중에 아름다운 빛으로 제따바나 숲을 두루 밝히며 세존께서 계신 곳으로 찾아왔다. 가까이 다가와서 세존께 인사를 드리고 한쪽으로 물러나 섰다.

한쪽으로 물러나 서서 한 하늘사람이 세존 앞에서 이와 같은 시를 읊었다.

Sgv. 116. [하늘사람]

"믿음은 인간의 참다운 벗,
불신에 사로잡히지 않으면,
명예와 칭찬이 생겨나고,
몸을 버리면 하늘나라에 이른다."[116)]

다른 하늘사람이 세존 앞에서 이와 같은 시를 읊었다.

---

*116) Sgv. 116 saddhā dutiyā purisassa hoti / no ce assaddhiyaṁ avatiṭṭhati / yaso ca kittī ca tatvassa hoti / saggañ ca so gacchati sarīraṁ pahāyā ti // P-Dhp. 332*에도 나온다.

Sgv. 117. [다른 하늘사람]

"분노를 떠나 망상을 버리고
일체의 결박을 뛰어넘어야 하리.
명색에 집착하지 않아
아무 것도 없는 님에게는
애착은 따르지 않는다."117)

Sgv. 118. [세존]

"어리석고 지혜가 없는 자는
방일에 탐닉하고,
슬기로운 님은 값비싼 재물을 보호하듯,
방일하지 않음을 수호한다.118)

---

117) Sgv. 117 ≡ Sgv. 103
118) Sgv. 118 pamādam anuyuñjanti / bālā dummedhino janā / appamādañ ca medhāvī / dhanaṁ seṭṭhaṁ va rakkhati //

Sgv. 119. [세존]

감각적 쾌락의 욕망을 즐기거나
방일에 탐닉하지 말라.
방일하지 않고 선정을 닦으면,
최상의 행복을 성취하리."119)

1 : 37(4-7) 모임의 경
[Samayasutta]

이와 같이 [26] 나는 들었다. 한때 세존께서 싸끼야 족의 까삘라밧투 시의 마하바나 숲에서 모두 아라한인 약 오백 명의 수행승들의 참모임과 함께 계셨다.

그때 시방세계에서도 또한 하늘사람들이 세존과 수행승들을 보기 위해서 수없이 모여 들었다.

마침 청정한 신들의 하느님의 세계의 하늘사람들에게 이와 같은 생각이 일어났다.

[하늘사람들] '지금 세존께서 싸끼야 족의 까삘라밧투 시에 있는 마하바나 숲에서 모두 아라한인 약 오백 명의 수

---

119) Sgv. 119 mā pamādam anuyuñjetha / mā kāmar-atisanthavaṁ / appamatto hi jhāyanto / pappoti paramaṁ sukhan ti //

행승들의 참모임과 함께 계신다. 시방세계에서도 또한 하늘사람들이 세존과 수행승들의 참모임을 보기 위해서 수없이 모여 있다. 우리들도 세존께서 계신 곳으로 찾아가자. 가까이 가서 세존 앞에서 각각 시를 읊어 보자.'

그래서 그 하늘사람들은 마치 힘센 사람이 굽혀진 팔을 펴고 펴진 팔을 굽히는 듯한 사이에, 청정한 신들의 하느님의 세계에서 모습을 감추고 세존 앞에 나타났다.

그리고 그 하늘사람들은 세존께 인사를 드리고 한쪽으로 물러나 섰다. 한쪽으로 물러나 서서 한 하늘사람이 세존 앞에서 이와 같은 시를 읊었다.

Sgv. 120. [하늘사람들]

"숲 가운데 큰 모임에
하늘사람 무리가 함께 모였다.
무패의 승리자를 보고자
우리도 역시 고귀한 참모임에 왔다."[120)]

또 다른 하늘사람이 세존 앞에서 이와 같은 시를 읊었다.

---

120) Sgv. 120 mahāsamayo pavanasmiṁ / devakāyā samāgatā / āgatamha imaṁ dhammasamayaṁ / dakkhitāye aparājitasaṅghan ti //

Sgv. 121. [다른 하늘사람]

"여기 수행승들은 삼매에 들어
스스로의 마음을 오롯이 했다.
마치 마부가 채찍으로 말을 다스리듯,
슬기로운 이들은 모든 감관을 수호한다."121)

또 다른 [27] 하늘사람이 세존 앞에서 이와 같은 시를 읊었다.

Sgv. 122. [다른 하늘사람]

"대들보를 자르고 서까래를 부수고
기둥을 제거하여 동요가 없는
눈을 갖춘 님은 잘 길든 코끼리처럼,
더러움을 떠나 청정하게 노닌다."122)

---

121) *Sgv. 121 tatra bhikkhavo samādahaṁsu / cittaṁ attano ujukam akaṁsu / sārathī va nettāni gahetvā / indriyāni rakkhanti paṇḍitā ti* //

122) *Sgv. 122 chetvā khilaṁ chetvā palighaṁ / indakhīlaṁ ūhacca-manejā / te caranti suddhā vimalā / cakkhumatā sudantā susunāgā ti* // *대들보, 서까래, 기둥은 탐욕, 분노, 어리석음의 삼*

또 다른 하늘사람이 이와 같은 시를 읊었다.

Sgv. 123. [다른 하늘사람]

"누구라도 깨달은 님께 귀의하면,
비천한 존재로 떨어지지 않는다.
죽어서 사람의 몸을 버리면,
하늘사람의 몸을 성취하리라."123)

1 : 38(4-8) 돌조각의 경 [Sakalikasutta]

이와 같이 나는 들었다. 한때 세존께서 라자가하 시의 맛다꿋치 숲에 있는 미가다야 공원에 계셨다.

그런데 세존께서 돌조각 때문에 발에 상처를 입으셨다. 세존께서는 몸이 몹시 아프고 무겁고 쑤시고 아리고 불쾌하고 언짢은 것을 심하게 느끼셨다. 그러나 세존께서는 새김을 확립하고 올바로 알아차리며 마음을 가다듬어 상처

독을 의미한다. 동요는 갈애에 의한 동요를 의미한다.

123) Sgv. 123 ye keci buddhaṁ saraṇaṁ gatāse / na te gamissanti apāyaṁ / pahāya mānusaṁ dehaṁ / devakāyaṁ paripūressantī ti //

받지 않으면서 참아내셨다.

그리고 세존께서는 큰 옷을 네 겹으로 깔고 오른쪽 옆구리를 밑으로 하여 사자의 형상을 취한 채, 한 발을 다른 발에 포개고 새김을 확립하고 올바로 알아차리며 다시 일어남에 주의를 기울이며 누우셨다.

그때 칠백 명의 싸뚤라빠 무리의 하늘사람들이 깊은 밤중에 아름다운 빛으로 맛다꿋치 숲을 두루 밝히며 세존께서 계신 곳으로 찾아왔다. 가까이 다가와서 세존께 인사를 드리고 한쪽으로 물러나 섰다.

한쪽으로 물러나 서서 한 하늘사람이 세존 앞에서 이와 같은 감동어린 말을 했다.

[하늘사람] "세존이시여, [28] 수행자 고따마는 참으로 코끼리입니다. 무겁고 쑤시고 아리고 불쾌하고 언짢은, 이미 생겨난 몸의 고통을 새김을 확립하고 올바로 알아차리며 코끼리처럼 상처받지 않으며 참아냅니다."

또 다른 하늘사람이 세존 앞에서 이와 같은 감동어린 말을 했다.

[다른 하늘사람] "세존이시여, 수행자 고따마는 참으로 사자입니다. 무겁고 쑤시고 아리고 불쾌하고 언짢은, 이미 생겨난 몸의 고통을 새김을 확립하고 올바로 알아차리며 사자처럼 상처받지 않으며 참아냅니다."

또 다른 하늘사람이 세존 앞에서 이와 같은 감동어린 말을 했다.

[다른 하늘사람] "세존이시여, 수행자 고따마는 참으로 준마입니다. 무겁고 쑤시고 아리고 불쾌하고 언짢은, 이미 생겨난 몸의 고통을 새김을 확립하고 올바로 알아차리며 준마처럼 상처받지 않으며 참아냅니다."

또 다른 하늘사람이 세존 앞에서 이와 같은 감동어린 말을 했다.

[다른 하늘사람] "세존이시여, 수행자 고따마는 참으로 큰 소입니다. 무겁고 쑤시고 아리고 불쾌하고 언짢은, 이미 생겨난 몸의 고통을 새김을 확립하고 올바로 알아차리며 큰 소처럼 상처받지 않으며 참아냅니다."

또 다른 하늘사람이 세존 앞에서 이와 같은 감동어린 말을 했다.

[다른 하늘사람] "세존이시여, 수행자 고따마는 참으로 황소입니다. 무겁고 쑤시고 아리고 불쾌하고 언짢은, 이미 생겨난 몸의 고통을 새김을 확립하고 올바로 알아차리며 황소처럼 상처받지 않으며 참아냅니다."

또 다른 하늘사람이 세존 앞에서 이와 같은 감동어린 말을 했다.

[다른 하늘사람] "세존이시여, 수행자 고따마는 참으로

길들여진 자입니다. 무겁고 쑤시고 아리고 불쾌하고 언짢은, 이미 생겨난 몸의 고통을 새김을 확립하고 올바로 알아차리며 길들여진 자처럼 상처받지 않으며 참아냅니다."

또 다른 하늘사람이 세존 앞에서 이와 같이 말하며 감동어린 말을 했다.

[다른 하늘사람] "잘 수행된 삼매와 잘 해탈된 마음을 보시오. 앞으로 기울거나 뒤로 기울지 않고 마음의 움직임을 제어하고 계행을 지키는 데 주저하지 않는 잘 수행된 삼매와 잘 해탈된 마음을 보시오. 이와 같이 사람 가운데 코끼리, 사람 가운데 사자, 사람 가운데 준마, [29] 사람 가운데 큰 소, 사람 가운데 황소, 사람 가운데 길들여진 자를 존경하지 않으면, 그는 눈먼 자가 아니고 무엇이랴?

Sgv. 124. [세존]

"다섯 가지 베다에 정통한 백 명의 사람이
한결같이 바라문의 고행을 닦았지만
마음을 올바로 해탈하지 못하고,
목표가 저열해서 피안에 이르지 못했다.124)

---

124) Sgv. 124 pañcavedā sataṁ samaṁ / tapassībrāhmaṇācaraṁ / cittañ ca nesaṁ na sammā vimuttaṁ / hīnat-

Sgv. 125. [세존]

갈애에 뒤덮이고 관습에 얽매여
백 년을 거세게 고행을 닦았지만
마음을 올바로 해탈하지 못하고,
성품이 저열해서 피안에 이르지 못했다.[125)]

Sgv. 126. [세존]

세상에 망상을 좋아하면 제어가 없고,
삼매에 들지 못하면 지혜가 없고,
숲에 홀로 살면서 방일하다면,
죽음의 세계에서 피안으로 건너가지 못하리.'"[126)]

---

tarūpā na pāraṅgamā te // 네 가지 베다 이외에 다섯 번째 베다는 'Itihāsa'를 의미한다.

125) *Sgv. 125 taṇhādhipannā vata sīlabaddhā / lūkhaṁ tapaṁ vassasataṁ carantā / cittañ ca nesaṁ na sammā vimuttaṁ / hīnattarūpā na pāraṅgamā te //*

126) *Sgv. 126 = Sgv. 15*

Sgv. 127. [세존]

"망상을 없애고 잘 삼매에 들어,
훌륭한 마음으로 완전히 해탈하여,
숲에 홀로 살더라도 방일하지 않다면,
죽음의 세계에서 피안으로 건너가리."127)

1 : 39(4-9) 비구름 신의 딸의 경 ①
[Paṭhamapajjunnadhītusutta]

이와 같이 나는 들었다. 한때 세존께서 베쌀리 시의 마하바나 숲에 있는 꾸따가라 강당에 계셨다.

그때 비구름 신의 딸 꼬까나다가 깊은 밤중에 아름다운 빛으로 마하바나 숲을 두루 밝히며 세존께서 계신 곳으로 찾아왔다. 가까이 다가와서 세존께 인사를 드리고 한쪽으로 물러나 섰다.

한쪽으로 물러나 선 하늘사람 비구름의 딸 꼬까나다는 세존 앞에서 이와 같은 시를 읊었다.

---

127) Sgv. 127 = Sgv. 16

Sgv. 128. [꼬까나다]

"뭇삶 가운데 위없는 님,
올바로 깨달은 님께서 베쌀리 시의 숲에 계시니,
꼬까나다가 [30] 인사드리고,
비구름 신의 딸 꼬까나다가 예배드린다.[128)]

Sgv. 129. [꼬까나다]

지혜로운 님께서 진리를 깨달았다고
전에 내가 듣기만 했지만
깨달은 님, 해탈한 님의 가르침을
지금 나는 눈으로 확인한다.[129)]

---

128) Sgv. 128 vesāliyaṁ vane viharantaṁ / aggaṁ sattassa sambuddhaṁ / kokanadā-h-amasmiṁ abhivande / kokanadā pajjunnassa dhītā //

129) Sgv. 129 sutam eva me pure āsi dhammo / cakkhumatānubuddho / sā'haṁ dāni sakkhī jānāmi / munino desayato sugatassa //

Sgv. 130. [꼬까나다]

누구라도 고귀한 가르침을 헐뜯고
어리석어 방황하는 사람은
공포의 규환지옥에 이르러
오랫동안 괴로움을 받으리라.130)

Sgv. 131. [꼬까나다]

누구라도 참으로 고귀한 가르침을
수용하여 평화로운 사람은
죽어서 사람의 몸을 버리면,
하늘사람의 몸을 성취하리라."131)

---

130) Sgv. 130 ye keci ariyadhammaṁ / vigarahantā caranti dummedhā / upenti roruvaṁ ghoraṁ / cirarattaṁ dukkhamanubhavanti // 팔열지옥(八熱地獄)의 네 번째 지옥이다. 열탕의 큰 솥에 던져지거나 작열하는 철판 위에 던져진 상태의 지옥을 말한다.

131) Sgv. 131 ye ca kho ariyadhamme / khantiyā upasamena upetā / pahāya mānusaṁ dehaṁ / devakāyaṁ paripūressantī ti //

1 : 40(4-10) 비구름 신의 딸의 경 ②
[Dutiyapajjunnadhītusutta]

이와 같이 나는 들었다. 한때 세존께서 베쌀리 시의 마하바나 숲에 있는 꾸따가라 강당에 계셨다.

그때 비구름 신의 딸 쭐라 꼬까나다가 깊은 밤중에 아름다운 빛으로 마하바나 숲을 두루 밝히며 세존께서 계신 곳으로 찾아왔다. 가까이 다가와서 세존께 인사를 드리고 한쪽으로 물러나 섰다.

한쪽으로 물러나 서서 비구름 신의 딸 쭐라 꼬까나다는 세존 앞에서 이와 같은 시를 읊었다.

Sgv. 132. [쭐라 꼬까나다]

"번개의 불빛 같은 미모를 지닌
비구름 신의 딸 꼬까나다가 여기에 와서
깨달은 님과 그 가르침에 귀의하고,
이익을 가져오는 이 시를 읊는다. 132)

---

132) Sgv. 132 idhāgamā vijjupabhāsavaṇṇā / kokanadā pajjunnassa dhītā / buddhañca dhammañca namassamānā / gāthā cimā atthavatī abhāsi //

Sgv. 133. [꼬까나다]

참으로 [31] 사람들이 이와 같은
진리를 많은 방편으로 설명하지만,
제가 마음으로 파악한
그대로 간략히 그 뜻을 말하옵니다.133)

Sgv. 134. [꼬까나다]

온 누리 어떠한 세계에서도
언어와 정신과 신체로 악을 짓지 말지니,
감각적 쾌락의 욕망을 떠나
새김을 확립하고 올바로 알아차려
괴롭고 유해한 길을 좇지 말아야 하리."134)

네 번째 품, 「싸뚤라빠 무리의 품」이 끝났다. 그 목차는 차례로 '1) 참사람과 함께의 경 2) 간탐이 있는 자의 경 3) 좋은 것의 경 4) 없음의 경 5) 웃자나쌍니까의 경 6) 믿음의 경 7) 모임의 경 8) 돌조각의 경 9) 비구름 신의 딸의 경 ① 10) 비구름 신의 딸의 경 ②'으로 이루어졌다.

---

133) *Sgv. 133 bahunāpi kho naṁ vibhajeyyaṁ / pariyāyena tādiso dhammo / saṁkhittam atthaṁ lapayissāmi / yāvatā me manasā pariyattaṁ //*

134) *Sgv. 134 = Sgv. 50*

5. 불타오름의 품
(Ādittavagga)

1 : 41(5-1) 불타오름의 경
[Ādittasutta]

이와 같이 나는 들었다.

한때 세존께서 싸밧티 시의 제따바나 숲에 있는 아나타삔디까 승원에 계셨다.

그때 한 하늘사람이 깊은 밤중에 아름다운 빛으로 제따바나 숲을 두루 밝히며 세존께서 계신 곳으로 찾아왔다. 가까이 다가와서 세존께 인사를 드리고 한쪽으로 물러나 섰다. 한쪽으로 물러나 서서 그 하늘사람은 세존 앞에서 이와 같은 시를 읊었다.

Sgv. 135. [하늘사람]

"집이 불타오를 때는
가구를 꺼내서
태우지 않는 것이
유익한 것이다.[135)]

---

135) Sgv. 135 ādittasmiṁ agārasmiṁ / yaṁ nīharati bhāja-

Sgv. 136. [하늘사람]

이처럼 세상이
늙음과 죽음으로 불탈 때에는
보시로써 구원해야 하니
보시만이 잘 구원하는 것이다.136)

Sgv. 137. [하늘사람]

보시하면 [32] 좋은 공덕을 얻지만
보시하지 않으면 좋은 공덕이 없다.
도둑이나 왕들에게
약탈당하거나 불타서 사라진다.137)

Sgv. 138. [하늘사람]

모든 재산과 함께

---

naṁ / taṁ tassa hoti atthāya / no ca yaṁ tattha ḍayhatī ti //

136) *Sgv. 136 evam ādipito loko / jarāya maraṇena ca / nīhareth'eva dānena / dinnaṁ hoti sunīhataṁ //*

137) *Sgv. 137 dinnaṁ sukhaphalaṁ hoti / nādinnaṁ hoti taṁ tathā / corā haranti rājāno / aggi ḍahati nassati //*

이 몸은 끝내는 버려야 하니,
슬기로운 님이여, 잘 알아 즐기며
또한 보시하세.
능력에 따라 보시하고 또한 즐기면
비난받지 않고
하늘나라를 성취하리."138)

1 : 42(5-2) 무엇을 베풂의 경
[Kiṁdadasutta]

Sgv. 139. [하늘사람]

"무엇을 베풀어 힘을 줍니까?
무엇을 베풀어 아름다움을 줍니까?
무엇을 베풀어 안락을 줍니까?
무엇을 베풀어 밝은 눈을 줍니까?
무엇을 베풀어 모든 것을 줍니까?
제 질문에 대답해 주십시오."139)

---

138) Sgv. 138 atha antena jahati / sarīraṁ sapariggahaṁ / etad aññāya medhāvī / bhuñjetha ca dadetha ca / datvā ca bhutvā ca yathānubhāvaṁ / anindito saggam upeti ṭhānan ti //

Sgv. 140. [세존]

"먹을 것을 베풀어 힘을 주고
옷을 베풀어 아름다움을 주고
탈 것을 베풀어 안락을 주고
등불을 베풀어 밝은 눈을 준다.140)

Sgv. 141. [세존]

살 집을 베푸는 자는
모든 것을 주는 자이지만,
가르침을 베푸는 사람이야말로
불사의 삶을 주는 님이다."141)

---

139) *Sgv. 139 kiṁdado balado hoti / kiṁdado hoti vaṇṇado / kiṁdado sukhado hoti / kiṁdado hoti cakkhudo / ko ca sabbadado hoti / taṁ me akkhāhi pucchito ti //*

140) *Sgv. 140 annado balado hoti / vatthado hoti vaṇṇado / yānado sukhado hoti / dīpado hoti cakkhudo //*

141) *Sgv. 141 so ca sabbadado hoti / yo dadāti upasayaṁ / amataṁdado ca so hoti / yo dhammam anusāsatī ti //*

1 : 43(5-3) 먹을 것의 경
[Annasutta]

Sgv. 142. [하늘사람]
"모든 하늘사람과 사람들은
먹을 것을 즐기지만
먹을 것을 즐기지 않는 야차는
참으로 누구입니까?"142)

Sgv. 143. [세존]
"믿음과 즐거운 마음으로
음식을 베푸는 사람은
이 세상과 저 세상에서
먹을 것이 따른다. 143)

---

142) *Sgv. 142 annam evābhinandanti / ubhayo devamānusā / atha ko nāma so yakkho / yaṁ annaṁ nābhinandatī ti //* 야차는 여기서 다소간 낯선 사람의 이미지로 쓰였다.
143) *Sgv. 143 ye naṁ dadanti saddhāya / vippasannena cetasā / tameva annaṁ bhajati / asmiṁ loke paramhi ca //*

Sgv. 144. [세존]

간탐을 반드시 이겨서
마음의 티끌을 극복하고 보시해야 하리.
이러한 공덕은 저 세상에서
뭇삶들에게 의지처가 되리."144)

1 : 44(5-4) 한 뿌리의 경
[Ekamūlasutta]

Sgv. 145. [하늘사람]

"한 뿌리, 두 회오리,
세 티끌, 다섯 돌멩이,
열두 소용돌이의 크나큰 바다,
선인은 그 지옥을 건넜다."145)

---

144) Sgv. 144 = Sgv. 86

145) Sgv. 145 ekamūlaṁ dvirāvaṭṭaṁ / timalaṁ pañcapattharaṁ / samuddaṁ dvādasāvaṭṭaṁ / pātālaṁ atarī isī ti // '한 뿌리'는 무명, '두 회오리'는 영원한 자아에 기초를 둔 영원주의와 죽으면 그만이라는 허무주의의 극단적 견해, '세 티끌'은 탐진치의 삼독을 의미하고, '다섯 돌멩이'는 다섯 감각적 쾌락의 종류를, '열두 소용돌이'는 내적인 여섯

1 : 45(5-5) 위없는 님의 경
[Anomasutta]

Sgv. 146. [하늘사람]

"위없는 [33] 이름을 갖고
미묘한 이치를 보며,
감각적 쾌락의 경향에 물들지 않아
지혜를 베풀고 모든 것을 아는 자,
슬기로운 자를 보라.
고귀한 길을 걷는 위대한 선인을 보라."146)

1 : 46(5-6) 요정의 경
[Accharāsutta]

Sgv. 147. [하늘사람]

"요정들의 노래가 메아리치고

가지 감각능력과 외적인 여섯 가지 감각대상의 열두 가지 감역, 즉 십이처를 말한다.

146) Sgv. 146 anomanāmaṁ nipuṇatthadassiṁ / paññādadaṁ kāmālaye asattaṁ / taṁ passatha sabbaviduṁ sumedhaṁ / ariye pathe kamamānaṁ mahesinti // 고귀한 길은 여덟 가지 고귀한 길을 말한다.

유령들이 출몰하는 숲은
무명의 숲이라 불리는데
어떻게 그곳에서 벗어나랴?"147)

Sgv. 148. [세존]

"길은 올바름이라 불리고
방향은 두려움 없음이라고 불리며
진리의 수레바퀴로 이루어진
수레는 고요함이라고 불린다. 148)

---

147) Sgv. 147 accharāgaṇasaṅghuṭṭaṁ / pisācagaṇasevitaṁ / vanan taṁ mohanaṁ nāma / kathaṁ yātrā bhavissatī ti // 살아 있을 때 수행승이었던 한 하늘사람의 아들에게 첫 번째 시가 귀속된다. 그는 잠자는 것이나 음식을 먹는 것을 무시하고 고행을 닦다가 풍병을 만나 갑자기 죽게 되어 서른셋 하늘나라에 태어나 새로운 거처가 될 천궁의 문 앞에서 깨어났다. 하늘나라의 정원에 사는 요정들이 음악으로 그를 환영했다. 그러나 그는 전생의 승려생활을 기억하며 천상의 즐거움에 실망하고 무시한다. 요정들에 둘러싸여 그는 부처님께 이 윤회하는 존재의 숲인 무지의 숲에서 벗어나는 길을 묻는 것이다.

148) Sgv. 148 ujuko nāma so maggo / abhayā nāma sā disā / ratho akūjano nāma / dhammacakkehi saṁyuto // 여기서 길은 팔정도를 말하고 곧바르다는 것은 신체적으로나 언

Sgv. 149. [세존]

부끄러움은 제어장치이고
새김의 확립은 휘장이며
올바른 견해가 앞서 가는
가르침을 나는 마부라 부른다.149)

Sgv. 150. [세존]

여자나 또는 남자나
이와 같은 수레에 탄 모든 사람은
그 수레에 의지해서
마침내 열반에 이른다."150)

어적으로나 정신적으로 굽은 것이 없다는 것을 뜻한다. 그 방향은 두려움 없음이라는 것은 '이러한 팔정도를 닦으면 두려워할 것이 없다.'는 뜻이다.

149) *Sgv. 149 hirī tassa apālambo / satassa parivāraṇaṁ / dhammāhaṁ sārathiṁ brūmi / sammādiṭṭhipurejavaṁ //* *올바른 견해는 진리를 뜻하는 팔정도에서 가장 앞서는 가르침이다.*

150) *Sgv. 150 yassa etādisaṁ yānaṁ / itthiyā purisassa vā / sa ve etena yānena / nibbāṇass'eva santike ti //*

1 : 47(5-7) 나무심기의 경
[Vanaropasutta]

Sgv. 151. [하늘사람]

"어떠한 사람들에게 밤낮으로
공덕이 항상 늘어납니까?
진리에 의지하고 계행을 갖추어
어떤 사람이 하늘나라로 갑니까?"151)

Sgv. 152. [세존]

"동산과 숲에 나무를 심고
다리를 놓아 사람들을 건네주며,
우물을 파 목마른 이를 적셔주고
우물가에 정자를 세우는 사람이 있다.152)

---

151) Sgv. 151 kesaṁ divā ca ratto ca / sadā puññaṁ pavaḍḍhati / dhammaṭṭhā sīlasampannā / ke janā saggagāmino ti //

152) Sgv. 152 ārāmaropā vanaropā / ye janā setukārakā / papañ ca udapānañ ca / ye dadanti upassayaṁ //

Sgv. 153. [세존]

그들에게 밤으로나 낮으로나
공덕이 항상 늘어난다.
진리에 의지하고 계행을 갖추는
그러한 사람들은 하늘나라로 간다."[153]

1 : 48(5-8) 제따바나 숲의 경
[Jetavanasutta]

Sgv. 154. [하늘사람]

"여기 과연 제따바나 숲은
거룩한 님들의 모임이 있으며,
가르침의 제왕이 살고
나에게 기쁨이 생겨나는 곳이다.[154]

---

153) Sgv. 153 tesaṁ divā ca ratto ca / sadā puññaṁ pavaḍḍhati / dhammaṭṭhā sīlasampannā / te janā saggagāminoti //

154) Sgv. 154 idaṁ hi taṁ jetavanaṁ / isisaṅghanisevitaṁ / āvutthaṁ dhammarājena / pītisañjananaṁ mama // 이 시는 아나타삔디까가 죽은 후에 천신으로 태어나 읊은 시이고 내용으로 보아 살아 생전에 싸리뿟따에게 헌신했음을 알 수 있다.

Sgv. 155. [하늘사람]

바른 행위, [34] 밝은 지혜,
가르침, 계행과 올바른 생활로
사람은 청정해진다.
가문이나 재산 때문이 아니다. 155)

Sgv. 156. [하늘사람]

슬기롭고 지혜로운 님은
자신의 참다운 이익을 생각하여
이치에 맞게 가르침을 사유하여
그곳에서 청정한 삶을 찾으리. 156)

---

155) *Sgv. 155 kammaṁ vijjā ca dhammo ca / sīlaṁ jīvitamu-ttamaṁ / etena maccā sujjhanti / na gottena dhanena vā //*

156) *Sgv. 156 tasmā hi paṇḍito poso / sampassaṁ attham attano / yoniso vicine dhammaṁ / evaṁ tattha visujjhati //*

Sgv. 157. [하늘사람]

지혜와 계행과 적정에서
싸리뿟따가 최상인 것처럼
저 언덕에 도달한 수행승이야말로
참으로 가장 수승하리라."157)

1 : 49(5-9) 간탐이 있는 자의 경
[Maccharisutta]

Sgv. 158. [하늘사람]

"이 세상에 인색하여 재물을 아끼고
걸식자를 꾸짖으며
베풀고자 하는 다른 이를 베풀지 못하게
방해하는 사람이 있다.158)

---

157) Sgv. 157 sāriputto va paññāya / sīlena upasamena ca / yo pi pāragato bhikkhu / etāva paramo siyā ti //
158) Sgv. 158 ye'dha maccharino loke / kadariyā paribhās-akā / aññesaṁ dadamānānaṁ / antarāyakarā narā //

Sgv. 159. [하늘사람]

그 과보가 어떠하며
저 세상에서 어떠한지를
세존께 여쭙고자 왔으니.
우리가 어떻게 알 수 있으리?"159)

Sgv. 160. [세존]

"이 세상에 인색하여
재물을 아끼고 걸식자를 꾸짖으며,
베풀고자 하는 다른 이를
베풀지 못하게 방해하는 사람160)

---

159) Sgv. 159 kīdiso tesaṁ vipāko / samparāyo ca kīdiso / bhagavantaṁ puṭṭhum āgamma / kathaṁ jānemu taṁ mayan ti //

160) Sgv. 160 ye' dha maccharino loke / kadariyā paribhāsakā / aññesaṁ dadamānānaṁ / antarāyakarā narā //

Sgv. 161. [세존]

지옥과 그리고 축생과
염라의 세계에 떨어지며
인간의 세계에 이르더라도
가난한 집에 태어난다.161)

Sgv. 162. [세존]

먹고 입고 즐기고 노는
그와 같은 것은 구하기 어렵고,
그 어리석은 사람들이 바라는 것은
그들에게 얻어지지 않는다.
현세에도 그 과보를 받으며
내생에는 나쁜 곳으로 간다."162)

---

161) Sgv. 161 nirayaṁ tiracchānayoniṁ /yamalokam upapajjare /sace enti manussattaṁ daḷidde jāyare kule /coḷaṁ piṇḍo ratī khiḍḍā /yattha kicchena labbhati // 염라 왕 또는 야마왕 의 세계는 원래 사신의 세계, 유령이 떠도는 영계로, 여기서 의미상 아귀의 세계를 말하는 것이다.

162) Sgv. 162 parato āsiṁsare bālā /tam pi tesaṁ nalabbhati /diṭṭhe dhamme savipāko /samparāye ca duggatī ti //

Sgv. 163. [하늘사람]

"저희들도 그와 같이 아오니
고따마여, 달리 여쭈어 봅니다.
이 세상에서 사람의 몸을 얻어
자비심이 깊고 간탐을 떠나
부처님을 믿어 기뻐하고
가르침과 참모임을
깊이 존중하는 사람들.[163)]

Sgv. 164. [하늘사람]

그 과보가 어떠하며
저 세상에서 어떠한지를
세존께 여쭙고자 왔으니.
우리가 어떻게 알 수 있으리?"[164)]

---

163) *Sgv. 163 iti h'etaṁ vijānāma / aññaṁ pucchāma gotama / ye'dha laddā manussattaṁ / vadaññū vītamaccharā / buddhe pasannā dhamme ca / saṅghe ca tibbagāravā //*

164) *Sgv. 164 kīdiso tesaṁ vipāko / samparāyo ca kīdiso / bhagavantaṁ puṭṭhumāgamma / kataṁ jānemu taṁ mayan ti //*

Sgv. 165. [세존]

"이 세상에서 사람의 몸을 얻어
자비심이 깊고 간탐을 떠나
부처님을 믿어 기뻐하고
가르침과 참모임을
깊이 존중하는 사람들은
하늘나라를 밝히며 거기에 태어난다. 165)

Sgv. 166. [세존]

인간의[35] 세계에 이르더라도
부유한 집안에 태어나서,
먹고 입고 즐기고 노는
그와 같은 것을 얻기 쉽다. 166)

---

165) Sgv. 165 ye'dha laddhā manussattaṁ / vadaññū vītamaccharā / buddhe pasannā dhamme ca / saṅghe ca tibbagāravā / ete sagge pakāsenti / yattha te upapajjare //
166) Sgv. 166 sace enti manussattaṁ / aḍḍhe ajāyare kule / coḷaṁ piṇḍo ratī khiḍḍā / yatthākicchena labbhati //

Sgv. 167. [세존]

다른 사람이 모아놓은 재물을
자유로운 하늘사람처럼 즐기며
바로 현세에서 그 공덕을 받고
내생에는 좋은 곳으로 간다."167)

1 : 50(5-10) 가띠까라의 경
[Ghaṭīkarasutta]

Sgv. 168. [가띠까라]

"일곱 수행승이 해탈하여,
성공으로 타락하지 않는
하느님의 세계에 태어났다.
탐욕과 성냄을 완전히 없애고
세상에 대한 애착을 건너갔다."168)

---

167) Sgv. 167 parasambhatesu bhogesu / vasavattīva modare / diṭṭhe dhamme savipāko / samparāye va suggatī ti // 자유로운 하늘사람이란 자재천인으로 '다른 신들이 만든 것을 누리는 하늘나라의 신들'을 말한다.

168) Sgv. 168 avihaṁ upapannāse / vimuttā satta bhikkhavo / rāgadosaparikkhīṇā / tiṇṇā loke visattikan ti // 가띠까라

Sgv. 169. [세존]

"건너기 어려운 죽음의 땅인
진흙의 늪을 건넌 사람은 누구이며
사람의 몸을 버리고 하늘의 멍에마저
내려놓은 자는 누구인가?"169)

Sgv. 170. [가띠까라]

"우빠까와 팔라간다와 세 번째로
뿍꾸싸띠와 밧디야와 칸다데바와
바후랏기와 삥기야는 사람의 몸을 버리고
하늘의 멍에마저 내려놓았다."170)

는 과거불인 깟싸빠의 시대에 살았던 도기장이였고 그의 열렬한 신도였다. 그는 친구인 젊은 바라문 자띠빨라에게 깟싸빠의 설법을 듣도록 했다. 자띠빨라는 그 법문에 감동해서 세상을 버리고 부처님의 제자가 되었다.

169) Sgv. 169 ke ca te atarurṁ paṅkaṁ / maccudheyyaṁ suduttaraṁ / ke hitvā mānusaṁ dehaṁ / dibbaṁ yogaṁ upaccagun ti // 하늘의 멍에는 다섯 가지 높은 단계의 결박을 의미한다.

170) Sgv. 170 upako palagaṇaḍo ca / pukkusāti ca te tayo / bhaddiyo khaṇḍadevo ca / bāhuraggi ca piṅgiyo / te hitvā

---

mānusaṁ dehaṁ / dibbaṁ yogaṁ upaccagun ti // 우빠까는 사명외도였는데, 부처님이 초전법륜을 설하기 위해 가야로 가는 도중에 만난 사람이다. 그때 우빠까는 부처님이 무한승자인가를 물었다. 부처님이 그렇다고 대답하자 '그럴지도 모르지' 하고 다른 길을 갔다. 그 후 우빠까는 사냥꾼의 딸 짜빠와 결혼해서 사냥꾼이 잡아오는 고기를 팔면서 가정에 시달리며 살다가 '무한승자'가 생각나서 출가하여 돌아오지 않는 님의 경지에 도달하였다. 뿍꾸싸띠는 부처님이 라자가하 시의 옹기장이 박가바의 집에서 만난 수행자였다. 그는 부처님을 알어보지 못했으나 부처님이 세계의 분별에 대한 경을 설하자, 알아보고 미리 예의를 갖추지 못한 것을 사과했다. 그러나 그는 구족계를 받으려고 발우와 가사를 구하려고 나갔다가 미친 소에 받쳐 죽었다. 이 소식을 듣고 부처님은 그가 '돌아오지 않는 님'의 경지에 이르렀으므로 다시는 이 세상에 태어나지 않는다고 말했다. 뼁기야는 바바린의 조카이자 학생이었다. 그가 부처님을 찾아 나섰을 때 백이십 살이 다 되어 대단히 노쇠했다. 부처님이 그에게 가르침을 설한 경전이 숫타니파타의 뼁기야의 경이다. 그러나 그는 너무 늙어 깨달음을 성취할 수 없었다. 나중에 더욱 정진하고 더 많은 가르침을 듣고 마침내 '돌아오지 않는 님'의 경지에 도달했다. 그 후 그는 바바린을 찾아가 부처님의 광명에 관해 이야기했다. 그들의 마음을 알아차린 부처님은 싸밧티에 있으면서 광명을 놓아 그들 앞에 나타나 가르침을 설했다. 그러자 바바린은 '돌아오지 않는 님'의 경지에 올랐고 뼁기야는 '거룩한 님'이 되었다. 나머지 팔라간다와 밧디야, 바후락기는 이 경에서만 나온다. 다른 경에 동일한 이름이 있을지라도 그들은 동명이인이다.

Sgv. 171. [세존]

"악마의 속박을 끊어 버린
그들의 미묘함을 그대는 말하니
그들은 누구의 가르침을 배워서
존재의 속박을 끊었는가?"171)

Sgv. 172. [가띠까라]

"세존 이외에는 없고
세존의 가르침 밖에는 없으니.
그 가르침을 배워서
존재의 속박을 끊어 버렸다. 172)

---

171) Sgv. 171 kusalī bhāsasi tesaṁ / mārapāsappahāyinaṁ / kassa te dhammam aññāya / acchiduṁ bhavabandhanan ti //

172) Sgv. 172 na aññatra bhagavatā / nāññatra tava sāsanā / yassa te dhammam aññāya / acchiduṁ bhavabandhanaṁ //

Sgv. 173. [가띠까라]

거기에는 명색(정신·신체적 과정)이
참으로 남김없이 사라지니
세상에서 그 진리를 알아서
존재의 속박을 끊었다."[173)]

Sgv. 174. [세존]

"알기 어렵고 깨닫기 매우 어려운
심오한 말을 그대는 말하니
누구의 가르침을 배워서
그와 같은 말을 하는가?"[174)]

---

173) *Sgv. 173 yattha nāmañ ca rūpañ ca / asesaṁ uparujjhati / taṁ te dhammaṁ idha ñāya / acchiduṁ bhavabandhanan ti //*

174) *Sgv. 174 gambhīraṁ bhāsasi vācaṁ / dubbijānaṁ sudubbudhaṁ / kassa tvaṁ dhammamaññāya / vācaṁ bhāsasi īdisan ti //*

Sgv. 175. [가띠까라]

"전생에 나는 도공으로
베하링가 마을에서 도기를 만들었고,
아버지와 어머니를 부양하며
깟싸빠를 따르는 신도였다. 175)

Sgv. 176. [가띠까라]

성적 교섭의 습관을[36] 멀리하고
세속의 자양을 여의고 청정히 수행했고,
나는 당신의 고향사람
그 옛날 당신의 벗이었다. 176)

---

175) *Sgv. 177 kumbhakāro pure āsiṁ / vehaliṅge ghaṭīkaro / mātāpettibharo āsiṁ / kassapassa upāsako // 깟싸바는 과거불인 깟싸빠 부처님을 말한다.*

176) *Sgv. 176 virato methunā dhammā / brahmacārī nirāmiso / ahuvā te sagāmeyyo / ahuvā te pure sakhā //*

Sgv. 177. [가띠까라]

그래서 나는 참으로 알고 있으니,
일곱 수행승이 해탈해서
탐욕과 성냄을 완전히 없애고
세상의 애착을 건너갔다."[177)]

Sgv. 178. [세존]

"도공이여, 그대가 말한 대로
진실로 당시에 그러했으니,
그대는 전생에 도공이었고
베하링가 마을의 도기를 만들었고,
아버지와 어머니를 부양하며
그대는 깟싸빠의 신도였다.[178)]

---

177) Sgv. 177 so'haṁ ete pajānāmi / vimutte satta bhikkhavo / rāgadosaparikkhīṇe / tiṇṇe loke visattikan ti //
178) Sgv. 178 evam etaṁ tadā āsi / yathā bhāsasi bhaggava / kumbhakāro pure āsi / vehaliṅge ghaṭīkaro / mātāpettibharo āsi / kassapassa upāsako //

Sgv. 179. [세존]

성적 교섭의 습관을 멀리하고
세속의 자양을 여의고 청청히 수행했으니
그대는 나의 고향사람
그 옛날 나의 벗이었다."179)

Sgv. 180. [송출자]

스스로 수행을 쌓아
궁극의 몸을 얻은
두 분 옛 벗의 만남은
이와 같은 것이었다. 180)

다섯 번째 품, 「불타는 집의 품」이 끝났다. 그 목차는 차례로 '1) 불타오름의 경 2) 무엇을 베풂의 경 3) 먹을 것의 경 4) 한 뿌리의 경 5) 위없는 님의 경 6) 요정의 경 7) 나무 심기의 경 8) 제따바나 숲의 경 9) 간탐이 있는 자의 경 10) 가띠까라의 경'으로 이루어졌다.

---

179) Sgv. 179 virato methunā dhammā / brahmacārī nirāmiso / ahuvā me sagāmeyyo / ahuvā me pure sakhā ti //

180) Sgv. 180 evam etaṁ purāṇānaṁ / sahāyānam ahu saṅgamo / ubhinnaṁ bhāvitattānaṁ / sarīrantimadhārinan ti //

6. 늙음의 품
(Jarāvagga)

1 : 51(6-1) 늙음의 경
[Jarāsutta]

Sgv. 181. [하늘사람]

"무엇이 늙을 때까지 좋고
무엇이 좋은 의지처이며
무엇이 인간의 보물이고
무엇이 도둑이 빼앗기 어려운 것인가?"181)

Sgv. 182. [세존]

"계율이 늙을 때까지 좋은 것이고
믿음이 좋은 의지처이며,
지혜가 인간의 보물이고
공덕이 도둑이 빼앗기 어려운 것이다."182)

---

181) Sgv. 181 kiṁ su yāva jarā sādhu / kiṁ su sādhu patiṭṭhitaṁ / kiṁ su narānaṁ ratanaṁ / kiṁ su corehi dūharan ti //

1 : 52(6-2) 늙지 않아서의 경
[Ajarasāsutta]

Sgv. 183. [하늘사람]

"무엇이 늙지 않아서 좋고
무엇이 좋은 의지처이며
무엇이 인간의 보물이고
무엇이 도둑이 빼앗지 못하는 것인가?"183)

Sgv. 184. [세존]

"계행은 [37] 늙지 않아서 좋고
믿음이 좋은 의지처이며
지혜가 인간의 보물이고
도둑이 빼앗기 어려운 것은 공덕이리."184)

---

182) Sgv. 182 sīlaṁ yāva jarā sādhu / saddhā sādhu patiṭṭhitā / paññā narānaṁ ratanaṁ / puññaṁ corehi duharan ti //

183) Sgv. 183 kiṁ su ajarasā sādhu / kiṁ su sādhu adhiṭṭhitaṁ / kiṁ su narānaṁ ratanaṁ / kiṁ su corehi hāriyan ti //

184) Sgv. 184 sīlaṁ ajarasā sādhu / saddhā sādhu adhiṭṭhitā / paññā narānaṁ ratanaṁ / puññaṁ corehi hāriyan ti //

1 : 53(6-3) 벗의 경
[Mittasutta]

Sgv. 185. [하늘사람]

"무엇이 나그네의 벗이고,
무엇이 자기 집의 벗인가?
무엇이 일이 생겼을 때의 벗이고,
도대체 무엇이 앞날의 벗인가?"185)

Sgv. 186. [세존]

"카라반이 나그네의 벗이며,
어머니가 자기 집의 벗이고,
친구가 일이 생겼을 때
언제라도 자신의 벗이지만,
스스로 지은 공덕이야말로
다가올 앞날의 벗이다."186)

---

185) *Sgv. 185 kiṁ su pavasato mittaṁ / kiṁ su mittaṁ sake ghare / kiṁ mittaṁ atthajātassa / kiṁ mittaṁ samparāyikan ti //*

186) *Sgv. 186 sattho pavasato mittaṁ / mātā mittaṁ sake*

1 : 54(6-4) 의지처의 경
[Vatthusutta]

Sgv. 187. [하늘사람]

"무엇이 인간의 의지처이고
세상에서 최상의 벗은 누구인가?
땅에 의존하는 뭇삶들은
도대체 어떤 존재가 키우랴?"187)

Sgv. 188. [세존]

"아들이 인간의 의지처이고
최상의 벗은 아내이고,
땅에 의존하는 뭇삶들은
비[雨]라는 존재가 그들을 키운다."188)

---

ghare / sahāyo atthajātassa hoti / mittaṁ punappunaṁ / sayaṁ katāni puññāni / taṁ mittaṁ samparāyikan ti //

187) *Sgv. 187 kiṁ su vatthu manussānaṁ / kiṁsūdha paramo sakhā / kiṁ su bhūtūpajīvanti / ye pāṇā paṭhaviṁ sitā ti //*

188) *Sgv. 188 puttā vatthu manussānaṁ / bhariyā ca paramā sakhā / vuṭṭhibhūtā upajīvanti / ye pāṇā paṭhaviṁ*

1 : 55(6-5) 태어남의 경 ①
[Paṭhamajanasutta]

Sgv. 189. [하늘사람]

"무엇이 사람을 태어나게 하고
무엇이 사람을 방황하게 하며
무엇이 윤회에 떨어지고
무엇이 사람의 큰 두려움인가?"[189)]

Sgv. 190. [세존]

"갈애가 사람을 태어나게 하고
마음이 사람을 방황하게 하며
뭇삶이 윤회에 떨어지고
괴로움이 사람의 큰 두려움이다."[190)]

---

sitā ti //

189) Sgv. 189 kiṁsu janeti purisaṁ / kiṁ su tassa vidhāvati / kiṁsu saṁsāram āpādi / kiṁsu tassa mahabbhayan ti //

190) Sgv. 190 taṇhā janeti purisaṁ / cittamassa vidhāvati / satto saṁsāram āpādi / dukkham assa mahabbhayan ti //

1 : 56(6-6) 태어남의 경 ②
[Dutiyajanasutta]

Sgv. 191. [하늘사람]

"무엇이 사람을 태어나게 하고
무엇이 사람에게서 방황하며,
무엇이 윤회에 떨어지고
무엇에서 해탈하지 못하는가?"191)

Sgv. 192. [세존]

"갈애가 사람을 태어나게 하고
마음이 사람에게서 방황하며,
뭇삶이 윤회에 떨어지고
괴로움에서 해탈하지 못한다."192)

---

191) Sgv. 191 kiṁsu janeti purisaṁ / kiṁsu tassa vidhāvati / kiṁsu saṁsāram āpādi / kismā na parimuccatī ti //

192) Sgv. 192 taṇhā janeti purisaṁ / cittam assa vidhāvati / satto saṁsāram āpādi / dukkhā na parimuccatī ti //

1 : 57(6-7) 태어남의 경 ③
[Tatiyajanasutta]

Sgv. 193. [하늘사람]

"무엇이[38] 사람을 태어나게 하고
무엇이 사람에게서 방황하며,
무엇이 윤회에 떨어지고
무엇이 사람의 운명인가?"193)

Sgv. 194. [세존]

"갈애가 사람을 태어나게 하고
마음이 사람에게서 방황하며,
뭇삶이 윤회에 떨어지고
업이야말로 그의 운명이다."194)

---

193) Sgv. 193 kiṁsu janeti purisaṁ / kiṁsu tassa vidhāvati / kiṁsu saṁsāram āpādi / kiṁsu tassa parāyanan ti //
194) Sgv. 194 taṇhā janeti purisaṁ / cittam assa vidhāvati / satto saṁsāram āpādi / kammaṁ tassa parāyanan ti //

1 : 58(6–8) 잘못된 길의 경
[Uppathasutta]

Sgv. 195. [하늘사람]

"무엇이 잘못된 길이라 불리고
무엇이 밤낮으로 사라지며,
무엇이 순결한 삶의 티끌이고
무엇이 물이 필요 없는 목욕인가?"[195)]

Sgv. 196. [세존]

"탐욕이 잘못된 길이라 불리고
젊음은 밤낮으로 사라진다.
사람들이 애착하는 이성(異性)은
순결한 삶의 티끌이고,
바른 고행과 청정한 삶은
물이 필요 없는 목욕이다."[196)]

---

195) Sgv. 195 kiṁsu uppatho akkhāti / kiṁsu rattindivakkhayo / kiṁ malaṁ brahmacariyassa / kiṁ sinānam anodakan ti //

196) Sgv. 196 rāgo uppatho akkhāti / vayo rattindivakkhayo

1 : 59(6-9) 반려의 경
[Dutiyāsutta]

Sgv. 197. [하늘사람]

"무엇이 사람의 반려이고
무엇이 사람을 가르치는 것이며
무엇을 기뻐하여 사람은
모든 괴로움에서 벗어나는가?"197)

/ itthimalaṁ brahmacariyassa / etthāyaṁ sajjate pajā / tapo brahmacariyañ ca / taṁ sinānam anodakan ti // 바라문의 네 가지 수행시기에서 ① 학생으로서 공부하는 시기 ② 가정에서 결혼하여 생활하는 시기 ③ 숲에서 수행하는 시기 ④ 유행하며 돌아다니는 시기가 있는데, 순결한 삶은 학생으로서 공부하는 시기에 해당한다. 고행의 어원은 따빠쓰인데, 이 말은 우파니샤드에 따르면, 정려(靜慮)의 찬수행위(鑽燧行爲)라고 규정되어 있다. 자신의 육신을 밑 땔나무로 성스러운 소리인 옴을 윗 땔나무로 삼아 정려의 찬수행위를 수행함으로서 숨어 있는 불을 볼 수 있듯이 신을 볼 수 있다.

197) Sgv. 197 kiṁsu dutiyā purisassa hoti / kiṁsu c'enaṁ pasāsati / kissa cābhirato macco / sabbadukkhā pamuccatī ti //

Sgv. 198. [세존]

"믿음이 사람의 반려이고
지혜가 사람을 가르치며
열반을 기뻐하여 사람은
모든 괴로움에서 벗어난다."[198]

1 : 60(6-10) 시인의 경
[Kavisutta]

Sgv. 199. [하늘사람]

"무엇이 시의 뼈대이고
무엇이 시의 구절이며
시는 무엇에 의존하고
무엇이 시의 터전인가?"[199]

---

198) Sgv. 198 saddhā dutiyā purisassa hoti / paññā c'enaṁ pasāsati / nibbānābhirato macco / sabbadukkhā pamuccatī ti //

199) Sgv. 199 kiṁsu nidānaṁ gāthānaṁ / kiṁ su tāsaṁ viyañjanaṁ / kiṁsu sannissitā gāthā / kiṁsu gāthānam āsayo ti //

Sgv. 200. [세존]

"운율이 시의 뼈대이고
음절들이 시의 구절이며
시는 명칭에 의존하고
시인이 시의 터전이다."200)

여섯 번째 품, 「늙음의 품」이 끝났다. 그 목차는 차례로 '1) 늙음의 경 2) 늙지 않아서의 경 3) 벗의 경 4) 의지처의 경 5) 태어남의 경 ① 6) 태어남의 경 ② 7) 태어남의 경 ③ 8) 잘못된 길의 경 9) 반려의 경 10) 시인의 경'으로 이루어졌다.

7. 이김의 품

(Addhavagga)

1 : 61(7-1) 명칭의 경
[Nāmasutta]

Sgv. 201. [하늘사람]

"무엇이 [39] 모든 것을 이기고
무엇이 그보다 나은 것이 없는가?

---

200) Sgv. 200 chando nidānaṁ gāthānaṁ / akkharā tāsaṁ viyañjanaṁ / nāmasannissitā gāthā / kavi gāthānam āsayo //

어떠한 하나의 원리가
참으로 모든 것을 지배하는가?"[201]

Sgv. 202. [세존]

"명칭이 모든 것을 이기고
명칭보다 나은 것이 없으며,
명칭이란 하나의 원리가
참으로 모든 것을 지배한다."[202]

1 : 62(7-2) 마음의 경
[Cittasutta]

201) Sgv. 201 kiṁsu sabbaṁ addhabhavi / kismā bhiyyo na vijjati / kissassa ekadhammassa / sabbeva vasam anvagū ti //

202) Sgv. 202 nāmaṁ sabbaṁ addhabhavi / nāmā bhiyyo na vijjati / nāmassa ekadhammassa / sabbeva vasam anvagū ti // 모든 존재는 이름이 자연스러운 것이든 지어진 것이든 알려진 이름이 없는 것이든 이름에서 벗어날 수 없다. 이름 없는 나무나 돌조차도 '이름 없는 것'이라고 이름 지어졌기 때문이다.

Sgv. 203. [하늘사람]

"무엇이 세상을 이끌고
무엇에 의해 끌려 다니는가?
어떠한 하나의 원리가
참으로 모든 것을 지배하는가?"[203)]

Sgv. 204. [세존]

"세상은 마음이 이끌고
마음에 의해서 끌려 다니며,
마음이라는 하나의 원리가
참으로 모든 것을 지배한다."[204)]

---

203) Sgv. 203 kenassu nīyati loko / kenassu parikissati / kissassa ekadhammassa / sabbeva vasam anvagū ti //

204) Sgv. 204 cittena nīyati loko / cittena parikissati / cittassa ekadhammassa / sabbeva vasam anvagū ti // 존재의 다발을 완전히 알아서 그 오염을 버린 자들은 마음에 지배당하지 않는다. 오히려 그들의 지배아래 놓이는 것이 마음이다.

1 : 63(7-3) 갈애의 경
[Taṇhāsutta]

Sgv. 205. [하늘사람]

"무엇이 세상을 이끌고
무엇에 의해 끌려 다니는가?
어떠한 하나의 원리가
참으로 모든 것을 지배하는가?"[205)]

Sgv. 206. [세존]

"갈애가 세상을 이끌고
갈애에 의해서 끌려 다니며,
갈애란 하나의 원리가
참으로 모든 것을 지배한다."[206)]

---

205) Sgv. 205 kenassu nīyati loko / kenassu parikassati / kissassa ekadhammassa / sabbeva vasam anvagū ti //

206) Sgv. 206 taṇhāya nīyati loko / taṇhāya parikissati / taṇhāya ekadhammassa / sabbeva vasam anvagū ti // '갈애'는 모든 괴로움의 직접적인 원인이다. 이 갈애에는 감각적 쾌락의 욕망에 대한 갈애, 존재에 대한 갈애, 비존재에 대한 갈애의 세 가지가 있다

1 : 64(7-4) 결박의 경
[Saṁyojanasutta]

Sgv. 207. [하늘사람]

"무엇이 세상을 결박하고
무엇이 그 여행의 수단이고
무엇을 여의면
그것을 열반이라고 부르는가?"207)

Sgv. 208. [세존]

"쾌락이 세상을 결박하고
사유가 그 여행의 수단이고
갈애를 여의면,
그것을 열반이라고 부른다."208)

---

207) Sgv. 207 kiṁsu saṁyojano loko / kiṁsu tassa vicāraṇaṁ / kissassa vippahānena / nibbānam iti vuccatī ti //
208) Sgv. 208 nandī saṁyojano loko / vitakka'ssa vicāraṇaṁ / taṇhāya vippahāṇena / nibbāṇam iti vuccatī ti //

1 : 65(7-5) 속박의 경
[Bandhanasutta]

Sgv. 209. [하늘사람]

"무엇이 세상을 속박하고
무엇이 그 걸음걸이이고
무엇을 떠남으로써
모든 속박을 끊는가?"[209)]

Sgv. 210. [세존]

"쾌락이[40] 세상을 속박하고
사유가 그 걸음걸이고,
갈애를 떠남으로써
모든 속박을 끊어 버린다."[210)]

---

209) Sgv. 209 kiṁsu sambandhano loko / kiṁsu tassa vicāraṇaṁ / kissassa vippahānena / sabbaṁ chindati bandhanan ti //

210) Sgv. 210 nandī sambandhano loko / vitakkassa vicāraṇaṁ / taṇhāya vippahāṇena / sabbaṁ chindati bandhanan ti //

1 : 66(7-6) 핍박의 경
[Abbhāhatasutta]

Sgv. 211. [하늘사람]

"무엇이 세상을 핍박하고
무엇이 세상을 포위하고
어떤 화살이 세상을 꿰뚫으며
어떤 연기가 항상 휩싸는가?"211)

Sgv. 212. [세존]

"죽음이 세상을 핍박하고
늙음이 세상을 포위하고
갈애의 화살이 세상을 꿰뚫으며
욕망의 연기가 항상 휩싼다."212)

---

211) Sgv. 211 kenassu'bbhāhato loko / kenassu parivārito / kena sallena otiṇṇo / kissa dhūmāyito sadā ti //
212) Sgv. 212 maccunā'bbhāhato loko / jarāya parivārito / taṇhāsallena otiṇṇo / icchādhūpāyito sadā ti //

1 : 67(7-7) 걸려듦의 경
[Uḍḍitasutta]

Sgv. 213. [하늘사람]

"무엇으로 세상이 걸려들고
무엇 때문에 포위되고
무엇에 의해서 세상이 갇히며
무엇 위에 세상이 서 있는가?"213)

Sgv. 214. [세존]

"갈애로 세상이 걸려들고
늙음 때문에 포위되며
죽음에 의해서 세상이 갇히고
괴로움 위에 세상이 서 있다."214)

---

213) Sgv. 213 kenassu uḍḍito loko / kenassu parivārito / kenassu pihito loko / kismiṁ loko patiṭṭhito ti //

214) Sgv. 214 taṇhāya uḍḍito loko / jarāya parivārito / maccunā pihito loko / dukkhe loko patiṭṭhito ti // 시각은 갈애의 밧줄에 묶이어 형상의 쐐기에 걸려들고, 청각은 갈애의 밧줄에 묶이어 소리의 쐐기에 걸려들고, 후각은 갈애의 밧줄에 묶이어 냄새의 쐐기에 걸려들고, 미각은 갈애의 밧줄에

1 : 68(7-8) 갇힘의 경
[Pihitasutta]

Sgv. 215. [하늘사람]

"무엇 때문에 세상이 갇히고
무엇 위에 세상이 서 있고
무엇으로 세상이 묶여지며
무엇에 의해서 포위되는가?"215)

Sgv. 216. [세존]

"죽음 때문에 세상이 갇히고
괴로움 위에 세상이 서 있고
갈애로 세상이 묶여지며
늙음에 의해서 포위된다."216)

묶이어 맛의 쐐기에 걸려들고, 촉각은 갈애의 밧줄에 묶이어 감촉의 쐐기에 걸려들고, 정신은 갈애의 밧줄에 묶이어 사실의 쐐기에 걸려든다. 그리고 전생의 업이 마음의 한 순간 지속되더라도 죽는 순간의 강력한 고통 때문에, 산들에 갇히면 아무 전망도 볼 수 없듯이, 중생은 그것을 깨닫지 못한다.

215) *Sgv. 215 kenassu pihito loko / kismiṁ loko patiṭṭhito / kenassu uḍḍito loko / kenassu parivārito ti //*

1 : 69(7-9) 욕망의 경
[Icchāsutta]

Sgv. 217. [하늘사람]

"무엇으로 세상이 속박되고
무엇을 극복하여 해탈하며,
무엇을 떠남으로써
모든 속박을 끊는가?"217)

Sgv. 218. [세존]

"욕망으로 세상이 묶여지고
욕망을 극복하여 해탈하며
욕망을 떠남으로써
모든 속박을 끊는다."218)

---

216) Sgv. 216 maccunā pihito loko / dukkhe loko patiṭṭhito / taṇhāya uḍḍito loko / jarāya parivārito ti //

217) Sgv. 217 kenassu bajjhati loko / kissa vinayāya muccati / kissassa vippahāṇena / sabbaṁ chindati bandhanan ti //

218) Sgv. 218 icchāya bajjhati loko / icchāvinayāya muccati / icchāya vippahānena / sabbaṁ chindati bandhanan ti //

1 : 70(7-10) 세상의 경
[Lokasutta]

Sgv. 219. [하늘사람]

"무엇으로 [41] 세상이 생겨났고
무엇으로 사귐이 이루어지고
무엇 때문에 세상이 집착하며
무엇으로 세상이 괴로워하는가?"219)

Sgv. 220. [세존]

"여섯으로 세상이 생겨났고
여섯으로 사귐이 이루어지며,
여섯 때문에 세상이 집착하고
여섯으로 세상이 괴로워한다."220)

---

219) *Sgv. 219 kismiṁ loko samuppanno / kismiṁ kubbati santhavaṁ / kissa loko upādāya / kismiṁ loko vihaññatī ti //*

220) *Sgv. 220 chassu loko samuppanno / chassu kubbati santhavaṁ / channam eva upādāya / chassu loko vihaññatī ti //* 여섯은 여섯 감역을 말한다.

일곱 번째 품, 「이김의 품」이 끝났다. 그 목차는 차례로 '1) 명칭의 경 2) 마음의 경 3) 갈애의 경 4) 결박의 경 5) 속박의 경 6) 핍박의 경 7) 걸려듦의 경 8) 갇힘의 경 9) 욕망의 경 10) 세상의 경'으로 이루어졌다.

8. 끊어서의 품
(Chetvāvagga)

1 : 71(8-1) 끊어서의 경
[Chetvāsutta]

한때 세존께서 싸밧티 시에 계셨다. 어떤 하늘사람이 한 쪽에 서서 세존 앞에서 이와 같이 시를 읊었다.

Sgv. 221. [하늘사람]
"무엇을 끊어서 편안히 잠자고
무엇을 끊어서 슬프지 않는가?
어떤 하나의 성향을 죽이는 것을
고따마여, 당신은 가상히 여기는가?"221)

---

221) *Sgv. 221 kiṁsu chetvā sukhaṁ seti / kiṁsu chetvā na socati / kissassa ekadhammassa / vadhaṁ rocesi gotamā ti //*

Sgv. 222. [세존]

"분노를 끊어 편안히 잠자고
분노를 끊어 슬프지 않다.
참으로 하늘사람들이여,
뿌리엔 독이 있지만 꼭지에 꿀이 있는
분노를 죽이면 고귀한 님들은 가상히 여기니,
그것을 끊으면 슬픔을 여의기 때문이다."[222)]

1 : 72(8-2) 수레의 경
[Rathasutta]

Sgv. 223. [하늘사람]

"무엇이 수레의 표시이고
무엇이 불의 표시이며
무엇이 왕국의 표시이고
무엇이 아내의 표시인가?"[223)]

---

222) Sgv. 222 kodhaṁ chetvā sukhaṁ seti / kodhaṁ chetvā na socati / kodhassa visamūlassa / madhuraggassa devate / vadhaṁ ariyā pasaṁsanti / taṁ hi chetvā na socatī ti //
223) Sgv. 223 kiṁsu rathassa paññāṇaṁ / kiṁsu paññāṇam

Sgv. 224. [세존]

"깃발이[42] 수레의 표시이고
연기가 불의 표시이며
임금이 왕국의 표시이고
지아비가 아내의 표시이다."224)

1 : 73(8–3) 부유함의 경
[Vittasutta]

Sgv. 225. [하늘사람]

"무엇이 세상에서 으뜸가는 재산이고
무엇을 잘 닦아 안락을 얻고
무엇이 참으로 가장 감미로운 맛이며
어떠한 삶이 최상의 삶이라 일컬어지는가?"225)

---

aggino / kiṁsu raṭṭhassa paññāṇaṁ / kiṁsu paññāṇam itthiyā ti //

224) *Sgv. 224 dhajo rathassa paññāṇaṁ / dhūmo paññāṇam aggino / rājā raṭṭhassa paññāṇaṁ / bhattā paññāṇam itthiyā ti //*

225) *Sgv. 225 kiṁsūdha vittaṁ purisassa seṭṭhaṁ / kiṁsu suciṇṇo sukham āvahāti / kiṁsu have sādutaraṁ rasānaṁ /*

Sgv. 226. [세존]

"믿음이 세상에서 으뜸가는 재산이고
가르침을 잘 닦아 안락을 얻으며
진리가 참으로 가장 감미로운 맛이고
지혜로운 삶이 최상의 삶이라 일컬어진다."226)

1 : 74(8-4) 비의 경
[Vuṭṭhisutta]

Sgv. 227. [하늘사람]

"무엇이 위로 솟는 것 가운데 최상이고,
무엇이 떨어지는 것 가운데 최상이며,
무엇이 걸어 돌아다니는 것 가운데 최상이고,
무엇이 말하는 것 가운데 최상인가?"227)

---

katham jīvim jīvitam āhu seṭṭhan ti //

226) Sgv. 226 saddhidha vittaṁ purisassa seṭṭham / dhammo suciṇṇo sukham āvahāti / saccaṁ have sādutaraṁ rasānaṁ / paññājīviṁ jīvitam āhu seṭṭhan ti // 여기서 가르침이란 열 가지 착하고 건전한 행위의 길을 의미한다. ① 불살생 ② 불투도 ③ 불사음 ④ 불망어 ⑤ 불양설 ⑥ 불기어 ⑦ 불악구 ⑨ 불탐욕 ⑨ 불진에 ⑩ 불사견이다.

Sgv. 228. [다른 하늘사람]

"종자가 위로 솟는 것 가운데 최상이고,
비가 떨어지는 것 가운데 최상이며,
소가 걸어 돌아다니는 것 가운데 최상이고,
아들이 말하는 것 가운데 최상이다."[228)]

Sgv. 229. [세존]

"명지가 위로 솟는 것 가운데 최상이고,
무명이 떨어지는 것 가운데 최상이며,
수행승은 걸어 다니는 것 가운데 최상이고,
깨달은 님이 말하는 자 가운데 최상이다."[229)]

---

227) Sgv. 227 kiṁsu uppatataṁ seṭṭhaṁ / kiṁsu nipatataṁ varaṁ / kiṁsu pavajamānānaṁ / kiṁsu pavadataṁ varan ti //

228) Sgv. 228 bījaṁ uppatataṁ seṭṭhaṁ / vuṭṭhi nipatataṁ varā / gāvo pavajamānānaṁ / putto pavadataṁ varo ti // 일곱 가지 종류의 곡식의 씨앗을 말한다. 씨앗이 자라서 열매를 맺으면 음식이 풍부해지고 나라가 안정된다.

229) Sgv. 229 vijjā uppatataṁ seṭṭhā / avijjā nipatataṁ varā / saṅgho pavajamānānaṁ / buddho pavadataṁ varo ti //

1 : 75(8-5) 두려움의 경
[Bhītāsutta]

Sgv. 230. [하늘사람]

"길은 참으로 여러 가지로 가르쳐지는데,
여기 왜 많은 사람은 두려워하는가?
광대한 지혜를 지닌 고따마여, 묻나니
어떻게 사람이 저 세상을 두려워하지 않을까?"230)

Sgv. 231. [세존]

"언어와 정신을 올바로 방향지우고,
신체로 죄를 짓지 않으며,
부유한 집에 살면서도 믿음이 있고,
부드러우며 [43] 잘 베풀고 상냥하면,
그 네 가지 성품을 기반으로
저 세상을 두려워하지 않으리."231)

---

230) Sgv. 230 kiṁ sūdha bhītā janatā anekā / maggo ca nekāyatanaṁ pavutto / pucchāmi taṁ gotama bhūripañña / kismiṁ ṭhito paralokaṁ na bhāye ti // 여러 가지란 다양한 명상주제를 말한다.

1 : 76(8-6) 늙지 않음의 경
[Najīratisutta]

Sgv. 232. [하늘사람]

"무엇이 늙고 무엇이 늙지 않으며
무엇이 잘못된 길이라 하는 것인가?
무엇이 성품의 장애이고
무엇이 밤낮으로 부서지는 것이며
무엇이 청정한 삶의 티끌인가?
무엇이 물이 필요 없는 목욕인가?[232)]

---

231) Sgv. 231 vācaṁ manañca paṇidhāya sammā / kāyena pāpāni akubbamāno / bahvannapānaṁ gharamāvasanto / saddho mudū saṁvibhāgī vadaññū / etesu dhammesu ṭhito catūsu / dhamme ṭhito paralokaṁ na bhāye ti // 네 가지 성품은 ① 언어적으로 죄를 짓지 않는 것 ② 정신적으로 죄를 짓지 않는 것 ③ 신체적으로 죄를 짓지 않는 것 ④ 믿음 있고 부드러우며 잘 베풀고 상냥한 것이다.

232) Sgv. 232 kiṁsu jīrati kiṁ na jīrati / kiṁsu uppatho ti vuccati / kiṁsu dhammānaṁ paripantho / kiṁsu rattindivakkhayo / kiṁ malaṁ brahmacariyassa / kiṁ sinānam anodakaṁ //

Sgv. 233. [하늘사람]

어떠한 틈새가 있어서
마음이 거기서 멈추지 못하는가?
세존께 여쭈어 보려고 우리는 왔으니
우리가 그것을 어떻게 아는가?"[233)]

Sgv. 234. [세존]

"사람의 성씨는 늙지 않지만,
사람의 몸은 늙어간다.
탐욕은 잘못된 길이라 하는 것이고,
탐착은 성품의 장애이다.[234)]

---

233) Sgv. 233 kati lokasmiṁ chiddāni / yattha cittaṁ na tiṭṭhati / bhagavantaṁ puṭṭhum āgamma / kathaṁ jānemu taṁ mayan ti //

234) Sgv. 234 rūpaṁ jīrati maccānaṁ / nāmagottaṁ na jīrati / rāgo uppatho ti vuccati / lobho dhammānaṁ paripantho //

Sgv. 235. [세존]

사람들이 애착하는 이성(異性)은
순결한 삶의 티끌이고,
바른 고행과 청정한 삶은
물이 필요 없는 목욕이다.[235)]

Sgv. 236. [세존]

여섯 가지 틈새가 세상에 있어
그 때문에 마음이 바로 서지 못하니
게으른 것, 방일한 것,
나태한 것, 방종한 것, 둔감한 것, 혼미한 것,
이러한 여섯 가지 틈새를
모두 완전히 없애버려야 하리."[236)]

---

235) Sgv. 235 vayo rattindivakkhayo / itthi malaṁ brahmacariyassa / etthāyaṁ sajjate pajā / tapo ca brahmacariyañca / taṁ sinānam anodakaṁ //

236) Sgv. 236 cha lokasmiṁ chiddāni / yattha cittaṁ na tiṭṭhati / ālassañ ca pamādo ca / anuṭṭhānaṁ asaṁyamo / niddā tandi ca te chidde / sabbaso taṁ vivajjaye ti // 여섯 가지 마음의 상태는 우리에게 착하고 건전한 것을 실천하

1 : 77(8-7) 통치권의 경
[Issarasutta]

Sgv. 237. [하늘사람]

"무엇이 세상의 통치권이고
무엇이 으뜸가는 재화이고
무엇이 세상에서 칼의 녹이며
무엇이 세상에서 종양인가?237)

Sgv. 238. [하늘사람]

누가 가져가면 막지만
누가 가져가면 좋아하고
누가 자주 오는 것을
슬기로운 자들은 즐거워하는가?"238)

여 공덕을 쌓을 기회를 주지 않기 때문에 틈새이다.

237) Sgv. 237 kiṁsu issariyaṁ loke / kiṁsu bhaṇḍānam uttamaṁ / kiṁsu satthamalaṁ loke / kiṁsu lokasmiṁ abbudaṁ //

238) Sgv. 238 kiṁsu harantaṁ vārenti / haranto pana ko piyo / kiṁsu punappunāyantaṁ / abhinandanti paṇḍitā ti //

Sgv. 239. [세존]

"권력이 세상의 통치권이고
여자가 으뜸가는 재화이며
화냄이 세상에서 칼의 녹이고
도둑이 세상에서 종양이다.[239]

Sgv. 240. [세존]

도둑이 가져가면 막지만
수행자가 가져가면 좋아하고
수행자가 자주 오는 것을
슬기로운 자들은 즐거워한다."[240]

---

239) Sgv. 239 vaso issariyaṁ loke / itthi bhaṇḍānam uttamaṁ / kodho satthamalaṁ / loke corā lokasmiṁ abbudaṁ // 여자는 버려질 수 없는 재화이고, 모든 보살과 전륜성왕도 어머니의 자궁에서 태어났기 때문에 최상이라고 한 것이다. 칼은 지혜의 칼을 의미한다.

240) Sgv. 240 coraṁ harantaṁ vārenti / haranto samaṇo piyo / samaṇaṁ punappunāyantaṁ / abhinandanti paṇḍitā ti //

1 : 78(8-8) 위하여의 경
[Kāmasutta]

Sgv. 241. [하늘사람]

"이익을 [44] 위한다면 무엇을 주지 말고
무엇을 희생하지 말아야 하며
어떠한 착한 것을 베풀고
어떠한 악한 것을 베풀지 말아야 하는가?"241)

Sgv. 242. [세존]

"이익을 위한다면 자기를 주지 말고
자기를 무모하게 희생하지 말며
오로지 착한 말을 베풀고
악한 말은 베풀지 말아야 하리."242)

---

241) Sgv. 241 kim atthakāmo na dade / kiṁ macco na pariccaje / kiṁ su muñceyya kalyāṇaṁ / pāpikañ ca na mocaye ti //

242) Sgv. 242 attānaṁ na dado poso / attānaṁ na pariccaje / vācaṁ muñceyya kalyāṇaṁ / pāpikañ ca na mocaye ti // 다른 사람의 노예가 되지 말고, 자신을 굶주린 사자나 호랑이에게 희생하지 말아야 한다. 그러나 보살은 예외이다. 보살은 자신의 몸을 굶주린 사자나 호랑이 등에게 보시하기

1 : 79(8-9) 노잣돈의 경
[Pātheyyasutta]

Sgv. 243. [하늘사람]

"무엇이 노잣돈이고
무엇이 보물창고이며 무엇이 사람을 괴롭히고
무엇이 세상에서 버리기 어려운 것이고
줄에 묶인 새와 같이
뭇삶들은 무엇에 묶여 있는가?"243)

Sgv. 244. [세존]

"믿음이 노잣돈이고
행운이 보물창고이며 욕망이 사람을 괴롭히고
욕망이 세상에서 버리기 어려운 것이니
줄에 묶인 새와 같이
뭇삶들은 자신의 욕망에 묶여 있다."244)

도 한다.

243) Sgv. 243 kiṁsu bandhati pātheyyaṁ / kiṁsu bhogānam āsayo / kiṁsu naraṁ parikassati / kiṁsu lokasmiṁ dujjahaṁ / kismiṁ baddhā puthusattā / pāsena sakuṇī yathā ti //

1 : 80(8-10) 불빛의 경
[Pajjotasutta]

Sgv. 245. [하늘사람]

"무엇이 세상의 불빛이고
무엇이 세상에서 깨어있음이며
무엇이 일하는 데 함께 하는 것이고
또한 무엇이 그의 삶의 길인가?[245)]

Sgv. 246. [하늘사람]

무엇이 어머니가 아들을 키우듯이
게으르거나 게으르지 않은 자를 키우고,
무엇이 이 지상에 사는
도대체 생명들을 키우는가?"[246)]

---

244) Sgv. 244 saddhā bandhati pātheyyaṁ / siri bhogānam āsayo / icchā naraṁ parikassati / icchā lokasmiṁ dujjahā / icchābaddhā puthusattā / pāsena sakuṇī yathā ti //

245) Sgv. 245 kiṁsu lokasmiṁ pajjoto / kiṁsu lokasmiṁ jāgaro / kiṁsu kamme sajīvānaṁ / kim assa iriyāpatho //

246) Sgv. 246 kiṁsu alasaṁ analasañ ca / mātā puttaṁ va posati / kiṁsu bhūtā upajīvanti / ye pāṇā paṭhaviṁ sitā ti //

Sgv. 247. [세존]

"지혜가 세상의 불빛이고
새김의 확립이 세상에서 깨어있음이며,
소가 일하는 데 함께 하는 것이고,
밭이랑이 그의 삶의 길이다.247)

Sgv. 248. [세존]

어머니가 아들을 키우듯, 비가
게으르거나 게으르지 않은 자 모두를 키우니,
비의 존재가 참으로
이 지상에 사는 생명들을 키운다."248)

1 : 81(8–11) 싸우지 않음의 경
[Araṇasutta]

---

247) Sgv. 247 paññā lokasmiṁ pajjoto / sati lokasmiṁ jāgaro / gāvo kamme sajīvānaṁ / sītassa iriyāpatho //
248) Sgv. 248 vuṭṭhi alasaṁ analasañ ca / mātā puttaṁ va posati / vuṭṭhibhūtā upajīvanti / ye pāṇā paṭhaviṁ sitā ti //

Sgv. 249. [하늘사람]

"누가 세상에서 싸우지 않고
누구의 삶의 길이 부서지지 않으며,
누가 세상에서 욕망을 완전히 알고,
누가 항상 자유로운 사람인가?[249)]

Sgv. 250. [하늘사람]

누가 [45] 계행이 확립되어 있어
어머니와 아버지와 형제들이 예배하고,
세상에 비천하게 태어났지만,
누구를 왕족들이 존경하는가?"[250)]

Sgv. 251. [세존]

"수행자가 세상에서 싸우지 않고

---

249) *Sgv. 249 kesu'dha araṇā loke / kesaṁ vusitaṁ na nassati / ke'dha icchaṁ parijānanti / kesaṁ bhojisiyaṁ sadā //* *싸우지 않음은 '번뇌가 없는 것'을 의미한다.*

250) *Sgv. 250 kiṁsu mātā pitā bhātā / vandantī naṁ patiṭṭhitaṁ / kiṁsu idha jātihīnaṁ / abhivādenti khattiyā ti //*

수행자의 삶의 길은 부서지지 않고,
수행자가 욕망에 대해 완전히 알고,
수행자야말로
언제나 자유로운 사람이다.[251)]

Sgv. 252. [세존]

계행이 확립되어 있는 수행자를
어머니와 아버지와 형제가 예배하며,
세상에 비천하게 태어났더라도
수행자를 왕족들이 존경한다."[252)]

여덟 번째 품, 「끊어서의 품」이 끝났다. 그 목차는 차례로 '1) 끊어서의 경 2) 수레의 경 3) 부유함의 경 4) 비의 경 5) 두려움의 경 6) 늙지 않음의 경 7) 통치권의 경 8) 위하여의 경 9) 노잣돈의 경 10) 불빛의 경 11) 싸우지 않음의 경'으로 이루어졌다. 「하늘사람의 쌍윳따」가 끝났다. 그 목차는 차례로 '1) 갈대의 품 2) 환희의 품 3) 칼의 품 4) 싸뚤라빠 무리의 품 5) 불타는 집의 품 6) 늙음의 품 7) 이김의 품 8) 끊어서의 품'으로 이루어졌다. 이것으로 첫 번째 쌍윳따, 「하늘사람의 쌍윳따」가 끝났다.

---

251) *Sgv. 251 samaṇīdha araṇā loke / samaṇānaṁ vusitaṁ na nassati / samaṇā icchaṁ parijānanti / samaṇānaṁ bhojissiyaṁ sadā //* 여기서는 '번뇌가 소멸된 수행자'를 말한다.
252) *Sgv. 252 samaṇaṁ mātā pitā bhātā / vandanti naṁ patiṭṭhitaṁ / samaṇīdha jātihīnaṁ / abhivādenti khattiyā ti //*

제2장
하늘아들의 쌍윳따
(Devaputtasaṁyutta)

1. 쑤리야의 품

(Suriyavagga)

2 : 1(1-1) 깟싸빠의 경 ①
[Paṭhamakassapasutta]

이와 같이 [46] 나는 들었다. 한때 세존께서 싸밧티 시의 제따바나 숲에 있는 아나타삔디까 승원에 계셨다.

그때 하늘아들 깟싸빠가 깊은 밤중에 아름다운 빛으로 제따바나 숲을 두루 밝히며 세존께서 계신 곳으로 찾아왔다. 가까이 다가와서 세존께 인사를 드리고 한쪽으로 물러나 섰다. 한쪽으로 물러나 서서 하늘아들 깟싸빠는 세존께 이와 같이 말씀드렸다.

[깟싸빠] "세존께서는 수행승에 관해 말씀하셨는데, 수행승이 되기 위한 가르침을 우리에게 설해 주십시오."

[세존] "깟싸빠여, 그렇다면 지금 여기서 그 생각나는 것을 읊어 보라."

Sgv. 253. [깟싸빠]

"미묘한 가르침을 배우고
수행자의 삶을 존경하며

홀로 한 자리에 앉아 명상하고
마음의 적멸을 닦아야 하리."253)

하늘아들 깟싸빠가 이와 같이 말하자, 스승께서는 가상히 여기셨다. 하늘아들 깟싸빠는 '스승께서는 가상히 여기신다.'고 알고 세존께 인사를 드리고 오른쪽으로 돌고 나서 그곳에서 사라졌다.

2 : 2(1-2) 깟싸빠의 경 ②
[Dutiyakassapasutta]

한때 세존께서 싸밧티 시에 계셨다. 그때 하늘아들 깟싸빠가 깊은 밤중에 아름다운 빛으로 제따바나 숲을 두루 밝히며 세존께서 계신 곳으로 찾아왔다. 가까이 다가와서 세존께 인사를 드리고 한쪽으로 물러나 섰다. 한쪽으로 물러나 서서 하늘아들 깟싸빠는 세존 앞에서 이와 같은 시를 읊었다.

---

253) Sgv. 253 subhāsitassa sikkhetha / samaṇūpāsanassa ca / ekāsanassa ca raho / cittavūpasamassa cā ti // 여기서 언급하고자 하는 것은 각각 첫 번째 시행이 계학으로서의 윤리적 배움, 두 번째 시행이 혜학으로서의 예지적 배움, 세 번째, 네 번째 시행이 정학으로서의 명상적 배움이다.

Sgv. 254. [깟싸빠]

"수행승이
마음의 성취를 바란다면,
선정에 들어
마음에 의한 해탈을 성취해야 하리.
그것을 공덕으로 삼아
세상이 생겨나고 소멸함을 알아
고귀한 마음으로
집착 없이 지내야 하리."254)

2 : 3(1-3) 마가의 경
[Māghasutta]

한때 [47] 세존께서 싸밧티 시에 계셨다. 그때 하늘아들 마가가 한쪽에 서서 세존 앞에서 이와 같이 시를 읊었다.

---

254) Sgv. 254 bhikkhu siyā jhāyī vimuttacitto / ākaṅkhe ce hadayassānupattiṁ / lokassa ñatvā udayabbayañ ca / sucetaso anissito tadānisaṁso ti // 마음의 성취는 거룩한 경지의 성취를 말한다.

Sgv. 255. [마가]

"무엇을 끊어서 편안히 잠자고
무엇을 끊어서 슬프지 않으며,
어떤 하나의 성향을 죽이는 것을
고따마여, 당신은 가상히 여깁니까?"255)

Sgv. 256. [세존]

"분노를 끊어서 편안히 잠자고
분노를 끊어서 슬프지 않고
참으로 하늘사람들이여,
뿌리에는 독이 있지만 꼭지에 꿀이 있는
분노를 죽이면 고귀한 님들은 가상히 여기니,
그것을 끊으면 슬픔을 여의기 때문이다."256)

---

255) *Sgv. 255 = Sgv. 221 = Sgv. 611 = Sgv. 937 마가는 제석천의 다른 이름이다. 범어 마가반은 인드라 신의 이름이다. 이 제석천은 또한 악마 브리뜨라를 정복했으므로 바뜨라부라고도 한다.*

256) *Sgv. 256 = Sgv. 222 = Sgv. 612 = Sgv. 938*

2 : 4(1-4) 마가다의 경
[Māgadhasutta]

한때 세존께서 싸밧티 시에 계셨다. 그때 하늘아들 마가다가 한쪽에 서서 세존께 시를 읊었다.

Sgv. 257. [마가다]

"세상에 몇 종류의 불빛이 있어
세상을 비춥니까?
세존께 여쭈어 보러 왔습니다.
우리가 그것을 어떻게 알겠습니까?"257)

Sgv. 258. [세존]

"세상에는 네 가지 불빛이 있으니
그 밖에 다섯째 불빛은 없다.
낮에는 태양이 빛나고
밤에는 달이 비춘다.258)

---

257) Sgv. 257 = Sgv. 65
258) Sgv. 258 = Sgv. 66

Sgv. 259. [세존]

타오르는 불빛은 밤낮으로
여기저기를 두루 비추지만,
깨달은 님은 빛 가운데 으뜸이니
그야말로 위없는 불빛이다."[259)]

2 : 5(1-5) 다말리의 경
[Dāmalisutta]

한때 세존께서 싸밧티 시에 계셨다. 그때 하늘아들 다말리가 깊은 밤중에 아름다운 빛으로 제따바나 숲을 두루 밝히며 세존께서 계신 곳으로 찾아왔다. 가까이 다가와서 세존께 인사를 드리고 한쪽으로 물러나 섰다. 한쪽으로 물러나 서서 하늘아들 다말리는 세존 앞에서 이와 같은 시를 읊었다.

Sgv. 260. [다말리]

"부지런하여 피곤함이 없이
감각적 쾌락의 욕망을 없애 버리는,

---

259) Sgv. 259 = Sgv. 67

거룩한 님은 어떠한 존재도
기대하지 않는다."[260]

Sgv. 261. [세존]

"거룩한 님에게는 [47] 해야 할 일이 없고
거룩한 님은 참으로 해야 할 일을 다 마쳤다.
사람이 발판을 딛지 못하는 한,
발버둥 치며 강물에서 애써야 하리.
마른 땅을 발판으로 삼아 서면,
피안으로 건너갔으니 애쓰지 않아도 되리.[261]

---

260) Sgv. 260 karaṇīyametaṁ brāhmaṇena / padhānamakilāsunā / kāmānaṁ vippahāṇena / na tenāsiṁsate bhavan ti // 다말리는 아라한이 해야 할 일에는 끝이 없어서 아라한의 경지에 도달한 이후에도 계속 해야 할 일이 있다고 믿고 있는 것인데, 부처님께서 답변에서 이를 교정하고 있는 것이다.

261) Sgv. 261 natthi kiccaṁ brāhmaṇassa / katakicco hi brāhmaṇo / yāva na gādhaṁ labhati / nadīsu āyūhati sabbagattehi jantu / gādhañ ca laddhāna thale ṭhito so / nāyūhati pāragato hi so ti //

Sgv. 262. [세존]

다말리여, 모든 번뇌가 다하고
슬기롭게 선정을 닦는 님,
거룩한 님은 태어남과 죽음의 끝에 이르러
피안으로 건너갔으니 애쓰지 않아도 되리."[262)]

2 : 6(1-6) 까마다의 경
[Kāmadasutta]

한때 세존께서 싸밧티 시에 계셨다. 그때 하늘아들 까마다가 한쪽에 서서 세존께 이와 같이 말씀드렸다.

[까마다] "세존이시여, 하기 어렵습니다. 세존이시여, 매우 하기 어렵습니다."

Sgv. 263. [세존]

"하기 어려운 것을 한다니
배움과 계율과 선정이 확립되면,

---

262) Sgv. 262 es'upamā dāmali brāhmaṇassa / khīṇāsavassa nipakassa jhāyino / pappuyya jātimaraṇassa antaṁ / nāyūhati pāragato hi so ti //

집을 떠난 님들에게
지복에 잠기는 만족이 있다."263)

[까마다] "세존이시여, 그 만족은 심히 얻기 어렵습니다."

Sgv. 264. [세존]
"얻기 어려운 것도 얻는다니,
마음의 고요함을 즐긴다면
그의 정신은 낮이나 밤이나
수행을 즐거움으로 삼으리."264)

[까마다] "세존이시여, 삼매에 들기가 매우 어렵습니다."

---

263) *Sgv. 263 dukkaraṁ vā pi karonti / (kāmadā ti bhagavā) sekhā sīlasamāhitā ṭhitattā / anagāriyupetassa / tuṭṭhi hoti sukhāvahā ti //*

264) *Sgv. 264 dullabhaṁ vā pi labhanti / (kāmadā ti bhagavā) cittavūpasame ratā / yesaṁ divā ca ratto ca / bhāvanāya rato mano ti //*

Sgv. 265. [세존]

"들기 어려운 삼매에 든다니,
감관의 적멸을 즐기면
그 고귀한 님들은
죽음의 그물망을 끊고 유행하리."265)

[까마다] "세존이시여, 험난한 길을 걷기가 매우 어렵습니다."

Sgv. 266. [세존]

"까마다여, 가기 어렵고 험난한 길을
고귀한 님들은 걸어가니,
고귀하지 않은 이들은 험난한 길에서
머리를 아래로 떨구지만,
고귀한 님에게 길은 평탄하니, 고귀한 님은
험난한 길을 평탄하게 걸어가리."266)

---

265) *Sgv. 265 dussamādahaṁ vāpi samādahanti / (kāmadā ti bhagavā) indriyūpasame ratā / te chetvā maccuno jālaṁ / ariyā gacchanti kāmadā ti //*

2 : 7(1-7) 빤짤라짠다의 경
[Pañcālacaṇḍasutta]

한때 세존께서 싸밧티 시에 계셨다. 그때 하늘아들 빤짤라짠다가 한쪽에 서서 세존께 이와 같이 말씀드렸다.

Sgv. 267. [빤짤라짠다]

"널리 두루 지혜가 있는 님,
홀로 명상하는 영웅, 해탈하신 님,
선정을 깨달은 부처님은
차폐 가운데 열개를 얻으리."267)

---

266) *Sgv. 266 duggame visame vāpi / ariyā gacchanti kāmada / anariyā visame magge / papatanti avaṁsirā / ariyānaṁ samo maggo / ariyā hi visame samā ti //*

267) *Sgv. 267 sambādhe vata okāsaṁ / avindi bhūrimedhaso / yo jhānam abuddhi buddho / patilīnanisabho munī ti //* *차폐(遮蔽)와 열개(裂開) : 다섯 가지 장애와 다섯 가지 감각적 쾌락의 종류가 차폐되면, 그 반대어로 주어지는 첫 번째 선정이 열개된다. 이와 같이 해서 첫 번째 선정이 성립하고, 사유와 숙고가 차폐가 되면서 두 번째 선정이 열개되고, 차례로 마침내 번뇌의 부숨이 열개되어 깨달음에 이른다.*

Sgv. 268. [세존]

"빤짤라짠다여, 새김을 확립한
이들은 올바른 삼매를 얻어,
차폐 가운데
열반에 이르는 길을 안다."268)

2 : 8(1-8) 따야나의 경
[Tāyanasutta]

한때 [49] 세존께서 싸밧티 시에 계셨다. 그때 예전에 이교도의 스승이었던 하늘아들 따야나가 깊은 밤중에 아름다운 빛으로 제따바나 숲을 두루 밝히며 세존께서 계신 곳으로 찾아왔다. 가까이 다가와서 세존께 인사를 드리고 한쪽으로 물러나 섰다. 한쪽으로 물러나 서서 하늘아들 따야나는 세존 앞에서 이와 같은 시를 읊었다.

---

268) Sgv. 268 sambādhe vāpi vindanti / dhammaṁ nibbāṇapattiyā / ye satiṁ paccalatthaṁsu / sammā te susamāhitā ti //

Sgv. 269. [따야나]

"정진해서 흐름을 끊어
감각적 쾌락의 욕망을 없애 버리세.
거룩한 님이여,
감각적 쾌락의 욕망을 끊지 않고
순일한 존재로 태어나지 못하리.[269)]

Sgv. 270. [따야나]

해야 할 일을 한다면
견고하게 실행하세.
출가해서 마음을 놓으면
더욱더 티끌을 뒤집어쓰는 것이리.[270)]

---

269) Sgv. 269 chinda sotaṁ parakkamma / kāme panuda brāhmaṇa / nappahāya munī kāme / nekattamupapajjatī ti // 순일한 존재는 심일경성을 말한다.

270) Sgv. 270 kayirañ ce kayirāth'enaṁ / daḷhamenaṁ parakkame / sithilo'hi paribbājo / bhiyyo ākirate rajaṁ //

Sgv. 271. [따야나]

하지 않는 것이
악행을 행하는 것보다 나으니
악행은 나중에 괴로우리.
좋은 일을 하는 것이 보다 나으니
좋은 일은 행해도 괴로운 것이 없으리.271)

Sgv. 272. [따야나]

마치 풀잎을 잘못 잡으면
손에 상처가 나듯이
수행자가 잘못 집착하면
스스로를 지옥으로 이끈다.272)

---

271) Sgv. 271 akataṁ dukkataṁ seyyo / pacchā tapati dukkataṁ / katañ ca sukataṁ seyyo / yaṁ katvā nānutappati //
272) Sgv. 272 kuso yathā duggahīto / hatthamevānukantati / sāmaññaṁ dupparāmaṭṭhaṁ / nirayāyūpakaḍḍhati //

Sgv. 273. [따야나]

방일하게 행하는 것이나
맹세한 것을 더럽히거나
의심을 키우는 청정한 삶은
큰 공덕을 가져오지 못하리."273)

하늘아들 따야나가 이와 같이 말했다. 이와 같이 말하고 나서 세존께 인사를 드리고 오른쪽으로 돌고 나서 그곳에서 사라졌다.

그런 뒤 세존께서 그 날이 지나자 수행승들을 부르셨다.

[세존] "수행승들이여, 예전에 이교도의 스승이었던 따야나라고 하는 하늘아들이 깊은 밤중에 아름다운 빛으로 제따바나 숲을 두루 밝히며 내가 있는 곳으로 찾아왔다. 가까이 다가와서 나에게 인사를 하고 한쪽으로 물러나 섰다. 한쪽으로 물러나 서서 내 앞에서 이와 같은 시를 읊었다.

---

273) Sgv. 273 yaṁ kiñci sithilaṁ kammaṁ / saṁkiliṭṭhañ ca yaṁ vataṁ / saṁkassaraṁ brahmacariyaṁ / na taṁ hoti mahapphalan ti // 의심을 키우는 삶은 '그가 이것을 했을 것이다. 그가 저것을 했을 것이다.'라고 의심을 가지고 기억하는 것을 말한다.

Sgv. 274. [따야나]

'정진해서 흐름을 끊어
감각적 쾌락의 욕망을 없애 버리세.
거룩한 님이여,
감각적 쾌락의 욕망을 끊지 않고
순일한 존재로 태어나지 못하리. 274)

Sgv. 275. [따야나]

해야 할 일을 한다면
견고하게 실행하세.
출가해서 [50] 방일하면
더욱더 티끌을 뒤집어쓰는 것이리. 275)

Sgv. 276. [따야나]

하지 않는 것이
악행을 행하는 것보다 나으니

---

274) Sgv. 274 = Sgv. 269
275) Sgv. 275 = Sgv. 270

악행은 나중에 괴로우리.
좋은 일을 하는 것이 보다 나으니
좋은 일은 행해도 괴로운 것이 없으리.[276)]

Sgv. 277. [따야나]

마치 풀잎을 잘못 잡으면
손에 상처가 나듯이
수행자가 잘못 집착하면,
스스로를 지옥으로 이끈다.[277)]

Sgv. 278. [따야나]

방일하게 행하는 것이나
맹세한 것을 더럽히거나
의심을 키우는 청정한 삶은
큰 공덕을 가져오지 못하리.'[278)]

---

276) Sgv. 276 = Sgv. 271
277) Sgv. 277 = Sgv. 272
278) Sgv. 278 = Sgv. 273

수행승들이여, 하늘아들 따야나는 이와 같이 말했다. 이와 같이 말하고 나서 나에게 인사를 하고 오른쪽으로 돌고 나서 그곳에서 사라졌다. 수행승들이여, 따야나의 시를 배워라. 수행승들이여, 따야나의 시를 깨우쳐라. 수행승들이여, 따야나의 시는 그 뜻을 새기고 있으면 청정한 삶의 원천이 된다."

2 : 9(1-9) 짠디마의 경
[Candimasutta]

한때 세존께서 싸밧티 시에 계셨다. 그런데 하늘아들 짠디마가 아수라의 왕 라후에게 사로잡혔다. 그래서 하늘아들 짠디마가 세존을 생각하며 마침 이와 같은 시를 읊었다.

Sgv. 279. [짠디마]

"깨달은 님, 영웅이시여, 귀의하오니
모든 것에서 당신은 해탈하셨습니다.
내가 궁지에 빠져 있으니
그대가 나의 피난처가 되어 주십시오."[279]

---

279) *Sgv. 279 namo te buddha vir atthu / vippamutto si*

그때 세존께서는 하늘아들 짠디마에 관해서 아수라의 왕 라후에게 시로 말씀하셨다.

Sgv. 280. [세존]

"하늘아들 짠디마는 지금 이렇게 오신 님,
거룩한 님에게 귀의했으니,
라후여, 짠디마를 놓아 주라.
깨달은 님들은 세상을 불쌍히 여긴다."[280)]

그러자 아수라의 왕 라후는 하늘아들 짠디마를 놓아 주고 부들부들 떨면서 아수라의 왕 베빠찟띠가 있는 곳으로 찾아갔다. 가까이 가서 두려움으로 머리카락을 곤두세우고 한쪽으로 물러나 섰다.

---

sabbadhi / sambādhapaṭipanno'smi / tassa me saraṇaṁ bhavāti //

280) *Sgv. 280 tathāgataṁ arahantaṁ / candimā saraṇaṁ gato / rāhu candaṁ pamuñcassu / buddhā lokānukampakāti //* *인도의 민간설화에 따르면, 일식과 월식의 현상은 악마적인 존재인 라후가 해와 달을 삼키는 것을 의미한다. 여기서 짠디마는 바로 달의 신을 뜻한다. 불교적인 설화나 가르침도 이러한 설화에 기반하고 있다는 것을 알 수 있다.*

한쪽으로 물러나 서있는 아수라의 왕 라후에게 아수라의 왕 베빠찟띠가 시로 말했다.

Sgv. 281. [베빠찟띠]

"라후여, 도대체 무엇에 놀라
짠디마를 놓아 주었는가?
그대는 두려워하며 여기 왔으니,
무엇이 무서워 서있는가?"281)

Sgv. 282. [라후]

"나는 깨달은 님의 시에 놀랐으니
짠디마를 내가 놓아 주지 않으면,
나는 머리가 일곱으로 갈라지고
살아 있더라도 즐거움을 얻지 못하리."282)

---

281) *Sgv. 281 kinnu santaramāno va / rāhu candaṁ pamuñcasi / saṁviggarūpo / āgamma kinnu bhīto va tiṭṭhasī ti // 베빠찟띠는 아수라의 왕 라후의 제왕이다.*

282) *Sgv. 282 sattadhā me phale muddhā / jīvanto na sukhaṁ labhe / buddhagāthābhigīto'mhi / no ce muñceyya candiman ti //*

2 : 10(1-10) 쑤리야의 경 [Suriyasutta]

한때 [51] 세존께서 싸밧티 시에 계셨다. 그런데 하늘아들 쑤리야가 아수라의 왕 라후에게 사로잡혔다. 그때 하늘아들 쑤리야는 부처님을 생각하며 이와 같은 시를 읊었다.

Sgv. 283. [쑤리야]

"깨달은 님, 영웅이시여, 귀의하오니
모든 것에서 당신은 해탈하셨습니다.
내가 궁지에 빠져 있으니
그대가 나의 피난처가 되어 주십시오."283)

그때 세존께서는 하늘아들 쑤리야에 관해서 아수라의 왕 라후에게 시로 말씀하셨다.

---

283) Sgv. 283 bnamo te buddhavīra'tthu / vippamuttosi sabbadhi / sambādhapaṭipanno'smi / tassa me saraṇaṁ bhavā ti // 태양신 쑤리야가 일식과 관련하여 인도민간 설화에서 악마 라후에게 궁지에 몰린 정황과 관계된 것이다.

Sgv. 284. [세존]

“하늘아들 쑤리야는 지금 이렇게 오신 님,
거룩한 님에게 귀의했으니,
라후여, 쑤리야를 놓아 주라.
깨달은 님들은 세상을 불쌍히 여긴다.[284)]

Sgv. 285. [세존]

캄캄한 어둠 속에 빛나며
강렬한 불꽃을 내는 원반 모양의 태양
라후여, 공중에서 삼키지 말라.
나의 아들 쑤리야를 놓아 주라.”[285)]

---

284) Sgv. 284 tathāgataṁ arahantaṁ / suriyo saraṇaṁ gato / rāhu pamuñca suriyaṁ / buddhā lokānukampakā ti //

285) Sgv. 285 yo andhakāre tamasi pabhaṅkaro / verocano maṇḍalī uggatejo / mā rāhu gilī caraṁ antalikkhe / pajaṁ mama rāhu pamuñca suriyan ti // 라후가 태양신 쑤리야를 삼킬 수 있는가를 자문하고 있다. 라후는 몸의 크기가 겨우 요자나 단위로밖에 계산되지 않기 때문이다. 라후가 태양과 달이 밝게 빛나는 것을 보자 질투하여 그들의 궤도에 들어가 그곳에서 입을 벌리고 서 있었다. 그러자 월숙과 일숙이 커다란 지옥에 떨어진 것처럼 보였다. 그래서 그 별자리에

그때 아수라의 왕 라후는 하늘아들 쑤리야를 놓아 주고 부들부들 떨면서 아수라의 왕 베빠찟띠가 있는 곳으로 찾아갔다. 가까이 가서 두려움으로 머리카락을 곤두세우고 한쪽으로 물러나 섰다.

한쪽으로 물러나 서있는 아수라의 왕 라후에게 아수라의 왕 베빠찟띠가 시로 말했다.

Sgv. 286. [베빠찟띠]

"라후여, 도대체 무엇에 놀라
쑤리야를 놓아 주었는가?
그대는 두려워하며 여기 왔으니
무엇이 무서워 서있는가?"286)

Sgv. 287. [라후]

"나는 깨달은 님의 시에 놀랐으니

있던 신들은 공포에 질려 모두 흐느꼈다. 라후는 그들을 손과 턱과 혓바닥과 심지어 양 볼로 가릴 수 있었으나 그들의 움직임을 막을 수 없었다.

286) Sgv. 286 kinnu santaramāno va / rāhu suriyaṁ pamuñcasi / saṁviggarūpo āgamma / kinnu bhīto va tiṭṭhasī ti //

쑤리야를 내가 놓아 주지 않으면,
나는 머리가 일곱으로 갈라지고
살아 있더라도 즐거움을 얻지 못하리."287)

첫 번째 품, 「쑤리야의 품」이 끝났다. 그 목차는 차례로 '1) 깟싸빠의 경 ① 2) 깟싸빠의 경 ② 3) 마가의 경 4) 마가다의 경 5) 다말리의 경 6) 까마다의 경 7) 빤짤라짠다의 경 8) 따야나의 경 9) 짠디마의 경 10) 쑤리야의 경'으로 이루어졌다.

2. 아나타삔디까의 품
(Anāthapiṇḍikavagga)

2 : 11(2-1) 짠다마싸의 경
[Candamasasutta]

한때 세존께서 싸밧티 시에 계셨다. 그때 하늘아들 짠다마싸가 깊은 밤중에 아름다운 빛으로 제따바나 숲을 두루 밝히며 세존께서 계신 곳으로 찾아왔다. 가까이 다가와서 [52] 세존께 인사를 드리고 한쪽으로 물러나 섰다. 한쪽으로 물러나 서서 하늘아들 짠다마싸는 세존 앞에서 이와 같은 시를 읊었다.

---

287) *Sgv. 287 sattadhā me phale muddhā / jīvanto na sukhaṁ labhe / buddhagāthābhihito'mhi / no ce muñceyya suriyan ti //*

Sgv. 288. [짠다마싸]

"선정에 들어 마음이 통일되고
지혜롭고 새김 있는 자들은
모기가 없는 산록의 사슴과 같이
참으로 평화롭게 살리라.288)

Sgv. 289. [짠다마싸]

방일하지 않고 싸움을 떠나
선정에 든 사람들은
그물을 찢은 물고기와 같이
참으로 저 언덕으로 가리라."289)

2 : 12(2-2) 벤두의 경
[Veṇḍusutta]

한때 세존께서 싸밧티 시에 계셨다. 그때 하늘아들 벤두

288) *Sgv. 288 te hi sotthiṁ gamissanti / kacche vāmakase magā / jhānāni upasampajja / ekodinipakā satā ti //*

289) *Sgv. 289 te hi pāraṁ gamissanti / chetvā jālaṁ va ambujo / jhānāni upasampajja / appamattā raṇañjahā ti //*

가 한쪽에 서서 세존 앞에서 이와 같은 시를 읊었다.

Sgv. 290. [벤두]

"올바른 길로 잘 가신 님,
고따마를 모시고 가르침을 따르며,
방일하지 않음을 배우는
그들이야말로 참으로 행복하리."290)

세존께서 '벤두여'라고 말씀하셨다.

Sgv. 291. [세존]

"내가 그들에게 가르친
진리를 배우며, 선정에 들고
언제나 방일하지 않으면,
그들이야말로 죽음에 종속되지 않으리."291)

---

290) Sgv. 290 sukhitā vata te manujā /sugataṁ payirūpāsiya /yuñjaṁ gotamasāsane /appamattānusikkhare ti // 벤두는 벤후라고도 지칭되며, 어원적으로 범어의 비슈누에서 온 것이다. 비슈누 신은 힌두교의 절대신을 지칭한다.

2 : 13(2-3) 디갈랏티의 경
[Dīghalaṭṭhisutta]

이와 같이 나는 들었다. 한때 세존께서 라자가하 시의 벨루바나 숲에 있는 깔란다까니바빠 공원에 계셨다.

그때 하늘아들 디갈랏티가 깊은 밤중에 아름다운 빛으로 벨루바나 숲을 두루 밝히며 세존께서 계신 곳으로 찾아왔다. 가까이 다가와서 세존께 인사를 드리고 한쪽으로 물러나 섰다. 한쪽으로 물러나 서서 하늘아들 디갈랏티는 세존 앞에서 이와 같은 시를 읊었다.

Sgv. 292. [디갈랏티]

"수행승은
마음의 성취를 바라다면,
선정에 들어
마음에 의한 해탈을 성취해야 하리.
그것을 공덕으로 삼아
세상의 발생과 소멸을 알아

---

291) Sgv. 291 ye me pavutte satthipade (veṇhū'ti bhagavā) anusikkhanti jhāyino / kāle te appamajjantā / na maccuvasagā siyun ti //

고귀한 마음으로
집착 없이 지내야 하리."[292]

2 : 14(2-4) 난다나의 경
[Nandanasutta]

하늘아들 난다나도 한쪽에 서서 세존께 시를 읊었다.

Sgv. 293. [난다나]
"광대한 지혜를 갖춘 님,
고따마여, 앎과 봄을 갖춘
세존께 여쭈니,
어떠한 이를
계율을 지닌 님이라 부르고
어떠한 이를
지혜를 갖춘 님이라 부르며
어떠한 이가
괴로움을 뛰어넘은 님이고

---

292) Sgv. 292 = Sgv. 254 : 하늘아들 디가랏티는 인간이었을 때 그의 귀가 컸기 때문에 그렇게 불렸다고 한다.

어떠한 이가
하늘사람이 예경하는 님인가?"[293)]

Sgv. 294. [세존]

"계행을 지키고
지혜를 갖추고
마음을 닦아 삼매에 들고
새김을 확립하여
선정을 즐기며
일체의 슬픔을 떠나고 버려서
모든 번뇌가 다하여
마침내 궁극의 몸을 얻은 님.[294)]

---

293) *Sgv. 293 pucchāmi taṁ gotama bhūripaññaṁ / anāvaṭaṁ bhagavato ñāṇadassanaṁ / kathaṁ vidhaṁ sīlavantaṁ vadanti / kathaṁ vidhaṁ paññavantaṁ vadanti / kathaṁ vidho dukkham aticca irīyati / kathaṁ vidhaṁ devatā pūjayantī ti //* 하늘아들 난다나는 '환희'라는 의미를 지닌다.

294) *Sgv. 294 yo sīlavā paññavā bhāvitatto / samāhito jhānarato satīmā / sabb'assa sokā vigatā pahīṇā / khīṇāsavo antimadehadhārī //*

Sgv. 295. [세존]

그를 두고
계율을 지닌 님이라고 하고
지혜를 갖춘 님이라고 부르니.
그러한 이가
괴로움을 뛰어넘은 님이고
그러한 이가
하늘사람이 예경하는 님이리."[295)]

2 : 15(2-5) 짠다나의 경
[Candanasutta]

하늘아들 짠다나도 한쪽에 서서 세존께 시를 읊었다.

Sgv. 296. [짠다나]

"어떻게 밤낮으로 게으르지 않아
거센 흐름을 건너며

---

295) Sgv. 295 tathāvidhaṁ sīlavantaṁ vadanti / tathāvidhaṁ paññavantaṁ vadanti / tathāvidho dukkham aticca iriyati / tathāvidhaṁ devatā pūjayantī ti //

누가 머물 곳도 없고 발판도 없는데
깊은 곳으로 가라앉지 않는가?"[296)]

Sgv. 297. [세존]

"언제나 계행을 갖추고
지혜를 지니고 삼매에 잘 들어
노력하며 정진하는 님이
건너기 어려운 거센 흐름을 건넌다.[297)]

Sgv. 298. [세존]

감각적 욕망계의 지각을 여의고
미세한 물질계의 결박을 뛰어넘어

---

296) Sgv. 296 ko sūdha taratī oghaṁ / rattindivam atandito / appatiṭṭhe anālambe ko gambhīre na sīdatīti // 짠다나는 깟싸빠 부처님 당시 「한 밤의 슬기로운 님의 경」을 로마싸 깡기야에게 전해준 대부호 재가신자로서 현세에 하늘아들로 태어났다. 거센 흐름에는 ① 감각적 쾌락에 대한 욕망의 거센 흐름 ② 존재의 거센 흐름 ③ 견해의 거센 흐름 ④ 무명의 거센 흐름이 있다.

297) Sgv. 297 sabbadā sīlasampanno / paññavā susamāhito / āraddhaviriyo pahitatto / oghaṁ tarati duttaraṁ //

존재의 환희를 부수어 버린 님은
깊은 곳으로 가라앉지 않는다."[298]

2 : 16(2-6) 바쑤닷따의 경
[Vasudattasutta]

하늘아들 바쑤닷따도 한쪽에 서서 세존께 시를 읊었다.

Sgv. 299. [바쑤닷따]
"칼날이 몸에 와 닿는 것처럼
머리카락에 불이 붙은 것처럼,
감각적 탐욕을 버리기 위해
수행승은 새김을 확립하고 유행해야 하리."[299]

---

298) Sgv. 298 virato kāmasaññāya / rūpasaññojanātigo / nandībhavaparikkhīṇo / so gambhīre na sīdatī ti // 이 시는 전체적으로 감각적 쾌락의 욕망계 · 미세한 물질계 · 비물질계에 대한 욕망을 극복한 자를 말한 것이다.
299) Sgv. 299 = Sgv. 51 : 하늘아들 바쑤닷따는 다른 판본에서는 쑤닷따라고 되어 있다.

Sgv. 300. [세존]

"칼날이 몸에 와 닿는 것처럼
머리카락에 불이 붙은 것처럼,
개체가 있다는 견해를 버리기 위해
수행승은 새김을 확립하고 유행해야 하리."300)

2 : 17(2-7) 쑤브라흐만의 경 [Subrahmasutta]

하늘아들 쑤브라흐만은 한쪽에 서서 세존께 시를 읊었다.

Sgv. 301. [쑤브라흐만]

"일어나지 않은 일이나
또는 일어난 일에도,
이 마음이 [54] 늘 두려워하고
이 정신이 늘 근심하는데,
만약 두려움을 없앨 수 있다면,
청컨대 가르쳐 주오."301)

---

300) Sgv. 300 = Sgv. 52

Sgv. 302. [세존]

"깨달음 고리를 닦고,
감관을 잘 다스리고,
모든 것을 버리는 것 이외에
뭇삶의 안녕을 나는 보지 못한다."302)

그러자 그 하늘아들이 거기서 사라졌다.

---

301) *Sgv. 301 niccaṁ utrastam idaṁ cittaṁ / niccaṁ ubbiggam idaṁ mano / anuppannesu kicchesu / atho uppatitesu ca / sace atthi anutrastaṁ / taṁ me akkhāhi pucchito ti //* *하늘아들 쑤브라흐만은 승원의 빠릿차따 나무 아래에서 천신인 요정들과 함께 즐기며 지냈다. 그런데 요정들이 나무에 올라 꽃봉오리를 꺾고 꽃다발을 망쳐버렸다. 그 순간 그 요정들의 업보가 성숙해서 숨을 거두고 모두 아비지옥에 태어났다. 하늘사람들은 요정들의 운명을 알고 크게 슬퍼했는데 자신들도 머지않아 동일한 운명에 처할 것을 알게 되었다. 이런 상황에서 쑤브라흐만이 부처님을 찾아뵙고 여쭙는 것이다.*

302) *Sgv. 302 nāññatra bojjhaṅgatapasā / nāññatra indriyasaṁvarā / nāññatra sabbanissaggā / sotthiṁ passāmi pāṇinan ti //* *깨달음 고리는 칠각지를 말하며, 새김의 깨달음 고리, 탐구의 깨달음 고리, 정진의 깨달음 고리, 희열의 깨달음 고리, 안온의 깨달음 고리, 집중의 깨달음 고리, 평정의 깨달음 고리가 있다.*

2 : 18(2-8) 까꾸다의 경
[Kakudhasutta]

이와 같이 나는 들었다. 한때 세존께서 싸께따 시에 있는 안자나바나 숲의 미가다야 공원에 계셨다.

그때 하늘아들 까꾸다가 깊은 밤중에 아름다운 빛으로 안자나바나 숲을 밝히며 세존께서 계신 곳으로 찾아왔다. 가까이 다가와서 세존께 인사를 드리고 한쪽으로 물러나 섰다. 한쪽으로 물러나 서서 하늘아들 까꾸다는 세존께 이처럼 말했다.

[까꾸다] "수행자여, 당신은 기쁩니까?"

[세존] "벗이여, 내가 무엇을 얻었다고 생각합니까?"

[까꾸다] "수행자여, 그렇다면 슬픕니까?"

[세존] "벗이여, 내가 무엇을 잃었다고 생각합니까?"

[까꾸다] "수행자여, 그렇다면 당신은 즐겁지도 슬프지도 않습니까?"

[세존] "벗이여, 그렇습니다."

Sgv. 303. [까꾸다]

"수행자여, 정말로 어떤 슬픔도 없고,
어떤 기쁨도 그대에게 없길 바라지만,

그대가 홀로 앉아 있을 때,
불만이 그대를 사로잡지 않습니까?"[303]

Sgv. 304. [세존]

"진실로, 야차여, 어떤 슬픔도 없고,
어떤 기쁨도 나에게 없으니,
홀로 앉아 있을 때에도
불만이 나를 사로잡지 못합니다."[304]

Sgv. 305. [까꾸다]

"수행자여, 어떻게 슬픔도 없이
어떻게 기쁨도 없이,
어떻게 홀로 앉아 있을 때도
불만에 사로잡히지 않습니까?"[305]

---

303) Snk. 303 kacci tvaṁ anagho bhikkhu / kacci nandi na vijjati / kacci taṁ ekam āsīnaṁ / aratī nābhikīratī ti //

304) Snk. 304 anīgho ve ahaṁ yakkha / atho nandī na vijjati // atho maṁ ekam āsīnaṁ / aratī nābhikīratī ti //

305) Snk. 305 kathaṁ tvaṁ anigho bhikkhu / kathaṁ nandī

Sgv. 306. [세존]

"슬픔이 있으면, 기쁨도 있고,
기쁨이 있으면, 슬픔도 있는 것,
수행자는 기쁨도 여의고 슬픔도 여의었다.
벗이여, 그대는 그렇게 알아야 하리."306)

Sgv. 307. [까꾸다]

"세상의 애착을 뛰어넘어
기쁨도 슬픔도 여읜 수행자
참 열반을 성취한 거룩한 님을
참으로 오랜만에 친견한다."307)

2 : 19(2-9) 웃따라의 경
[Uttarasutta]

---

na vijjati / kathaṁ taṁ ekam āsīnaṁ / aratī nābhikīratī ti //

306) *Snk. 306 aghajātassa ve nandī / nandījātassa ve aghaṁ / anandī anagho bhikkhu / evaṁ jānāhi āvuso ti //*

307) *Snk. 307 cirassaṁ vata passāmi / brāhmaṇaṁ parinibbutaṁ / anandiṁ anaghaṁ bhikkhuṁ / tiṇṇaṁ loke visattikan ti //*

라자가하 시에서였다. 한때 하늘아들 웃따라가 한쪽에 서서 세존 앞에서 이와 같은 시를 읊었다.

Sgv. 308. [웃따라]

"삶은[55] 덧없고 목숨은 짧으니
늙음을 피하지 못하는 자에게는 쉴 곳이 없다.
죽음의 두려움을 꿰뚫어 보는 사람은
행복을 가져오는 공덕을 쌓아야 하리."308)

Sgv. 309. [세존]

"삶은 덧없고 목숨은 짧으니,
늙음을 피하지 못하는 자에게는 쉴 곳이 없다.
죽음의 두려움을 꿰뚫어 보는 사람은
세상의 자양을 버리고 고요함을 원하리."309)

---

308) Sgv. 308 = Sgv. 3
309) Sgv. 309 = Sgv. 4

2 : 20(2-10) 아나타삔디까의 경
[Anāthapiṇḍikasutta]

하늘아들 아나타삔디까가 한쪽에 서서 세존께 시를 읊었다.

Sgv. 310. [아나타삔디까]

"여기 자비로운 제따바나 숲은
거룩한 님들의 모임이 있으며,
가르침의 제왕이 살고
나에게 기쁨이 생겨나는 곳이다.[310)]

Sgv. 311. [아나타삔디까]

바른 행위, 밝은 지혜,
가르침, 계행과 올바른 생활로
사람은 청정해진다.
가문이나 재산 때문이 아니다.[311)]

---

310) Sgv. 310 = Sgv. 314 = Sgv. 154
311) Sgv. 311 = Sgv. 315 = Sgv. 155

Sgv. 312. [아나타삔디까]

슬기롭고 지혜로운 님은
자신의 참다운 이익을 생각하여
이치에 맞게 가르침을 사유하여
그곳에서 청정한 삶을 찾으리.312)

Sgv. 313. [아나타삔디까]

지혜와 계행과 적정에서
싸리뿟따가 최상이듯,
저 언덕에 도달한 수행승이야말로
참으로 가장 수승하리라."313)

하늘아들 아나타삔디까는 이와 같이 말했다. 이와 같이 말한 다음 세존께 인사를 드리고 오른쪽으로 돌고 나서 그곳에서 사라졌다.

그때 세존께서는 날이 밝자 수행승들을 부르셨다.

---

312) Sgv. 312 = Sgv. 316 = Sgv. 156
313) Sgv. 313 = Sgv. 317 = Sgv. 157

[세존] "수행승들이여, 오늘 어떤 하늘아들이 깊은 밤중에 아름다운 빛으로 제따바나 숲을 두루 밝히며 내가 있는 곳으로 찾아왔다. 가까이 다가와서 나에게 인사를 하고 한 쪽으로 물러나 섰다.

한쪽으로 물러나 서서 수행승들이여, 그 하늘아들은 내 앞에서 이와 같은 시를 읊었다.

Sgv. 314. [아나타삔디까]

'여기 자비로운 제따바나 숲은
거룩한 님들의 모임이 있으며
가르침의 제왕이 살고
나에게 기쁨이 생겨나는 곳이다. 314)

Sgv. 315. [아나타삔디까]

바른 행위, 밝은 지혜,
가르침, 계행과 올바른 생활로
사람은 청정해지니,

---

314) Sgv. 314 = Sgv. 310 = Sgv. 154

가문이나 재산 때문이 아니다.[315)]

Sgv. 316. [아나타삔디까]

슬기롭고 지혜로운 님은
자신의 참다운 이익을 생각하여
이치에 맞게 [56] 가르침을 사유하여
그곳에서 청정한 삶을 찾으리.[316)]

Sgv. 317. [아나타삔디까]

지혜와 계행과 적정에서
싸리뿟따가 최상이듯
저 언덕에 도달한 수행승이야말로
참으로 가장 수승하리라.'[317)]

수행승들이여, 그 하늘아들은 이와 같이 말했다. 이와 같이 말하고 나에게 인사를 하고 오른쪽으로 돌고 나서 그곳에서 사라졌다."

---

315) Sgv. 315 = Sgv. 311 = Sgv. 155
316) Sgv. 316 = Sgv. 312 = Sgv. 156
317) Sgv. 317 = Sgv. 313 = Sgv. 157

이렇게 말씀하셨을 때 존자 아난다가 세존께 이와 같이 말씀드렸다.

[아난다] "아마도 틀림없이 그 하늘아들은 아나타삔디까일 것입니다. 아나타삔디까 장자는 존자 싸리뿟따를 믿고 따랐습니다."

[세존] "아난다여, 훌륭하다. 아난다여, 훌륭하다. 네 생각이 바로 맞았다. 아난다여, 참으로 그 하늘사람은 아나타삔디까였다."

두 번째 품, 「아나타삔디까의 품」이 끝났다. 그 목차는 차례로 '1) 짠다마싸의 경 2) 벤두의 경 3) 디갈랏티의 경 4) 난다나의 경 5) 짠다나의 경 6) 바쑤닷따의 경 7) 쑤브라흐만의 경 8) 까꾸다의 경 9) 웃따라의 경 10) 아나타삔디까의 경'으로 이루어졌다.

3. 여러 이교도의 품

(Nānātitthiyavagga)

2 : 21(3–1) 씨바의 경

[Sivasutta]

이와 같이 나는 들었다. 한때 세존께서 싸밧티 시의 제따바나 숲에 있는 아나타삔디까 승원에 계셨다.

그때 하늘아들 씨바가 깊은 밤중에 아름다운 빛으로 제

따바나 숲을 두루 밝히며 세존께서 계신 곳으로 찾아왔다. 가까이 다가와서 세존께 인사를 드리고 한쪽으로 물러나 섰다. 한쪽으로 물러나 서서 하늘아들 씨바는 세존 앞에서 이와 같은 시를 읊었다.

Sgv. 318. [씨바]

"참사람과 함께 같이 지내며
참사람과 함께 사귀어라.
참사람의 참다운 가르침을 알면,
보다 착해지고 악함이 없어지리. 318)

Sgv. 319. [씨바]

"참사람과 함께 같이 지내며
참사람과 함께 사귀어라.
참사람의 참다운 가르침을 알면,
남에게 얻을 수 없는 지혜를 얻으리. 319)

---

318) Sgv. 318 = Sgv. 77 : 이 하늘아들은 바로 고대 힌두교의 시바 신을 말한다. 시바 신은 고행의 신으로 요가수행자의 제왕이다.

Sgv. 320. [씨바]

참사람과 함께 같이 지내며
참사람과 함께 사귀어라.
참사람의 참다운 가르침을 알면,
슬픔 가운데 슬퍼하지 않으리.[320)]

Sgv. 321. [씨바]

참사람과 함께 같이 지내며
참사람과 함께 사귀어라.
참사람의[57] 참다운 가르침을 알면,
친지들 가운데 빛나리.[321)]

Sgv. 322. [씨바]

참사람과 함께 같이 지내며
참사람과 함께 사귀어라.

---

319) Sgv. 319 = Sgv. 78
320) Sgv. 320 = Sgv. 79
321) Sgv. 321 = Sgv. 80

참사람의 참다운 가르침을 알면,
뭇삶들은 행복한 곳으로 가리라.[322]

Sgv. 323. [씨바]

참사람과 함께 같이 지내며
참사람과 함께 사귀어라.
참사람의 참다운 가르침을 알면,
뭇삶들은 불사의 행복 속에 살리라."[323]

그때 세존께서 하늘아들 씨바에게 시로 대답하셨다.

Sgv. 324. [세존]

"참사람과 함께 같이 지내며
참사람과 함께 사귀어라.
참사람의 참다운 가르침을 알면,
모든 괴로움에서 벗어나리."[324]

---

322) Sgv. 322 = Sgv. 81
323) Sgv. 323 = Sgv. 82

2 : 22(3-2) 케마의 경
[Khemasutta]

하늘아들 케마도 한쪽에 서서 세존께 시를 읊었다.

Sgv. 325. [케마]

"어리석어 지혜가 없는 사람은
자신을 적으로 만들며
쓰디쓴 열매를 가져오는
사악한 행위를 지어간다. 325)

Sgv. 326. [케마]

지은 행위가 착하지 않으면
지은 뒤에 후회하고
슬픈 얼굴로 울면서
마침내 그 열매를 거두리. 326)

---

324) Sgv. 324 = Sgv. 83
325) Sgv. 325 caranti bālā dummedhā / amitten'eva attanā / karontā pāpakaṁ kammaṁ / yaṁ hoti kaṭukapphalaṁ //
326) Sgv. 326 na taṁ kammaṁ kataṁ sādhu / yaṁ katvā

Sgv. 327. [케마]

지은 행위가 착하면
지은 뒤 후회스럽지 않고
기쁜 마음으로 즐거워하면서
마침내 그 열매를 거두리."[327]

Sgv. 328. [세존]

"슬기롭고 지혜로운 님은
자신에게 유익한 것을 알아서
어리석은 마부를 본받지 않고
올바로 실천하고 정진한다.[328]

Sgv. 329. [세존]

참으로 어리석은 마부는

---

anutappati /yassa assumukho rodaṁ /vipākaṁ paṭisevati //

327) *Sgv. 327 tañ ca kammaṁ kataṁ sādhu /yaṁ katvā nānutappati /yassa patīto sumano /vipākaṁ paṭisevatī ti //*

328) *Sgv. 328 paṭigacceva taṁ kayirā /yaṁ jaññā hitamattano / na sākaṭikaṁ cintāya /mantādhīro parakkame //*

평탄한 큰길을 벗어나
평탄하지 않은 길을 가다가
차축을 망가뜨려 걱정한다.329)

Sgv. 330. [세존]

어리석은 자는 가르침을 따르지 않고
가르침 아닌 것을 따르니,
죽음의 문턱에 떨어진다.
차축을 망가뜨려 걱정하듯."330)

2 : 23(3-3) 쎄린의 경
[Serīsutta]

하늘아들 쎄린도 한쪽에 서서 세존께 시를 읊었다.

---

329) *Sgv. 329 yathā sākaṭiko patthaṁ / samaṁ hitvā mahāpathaṁ / visamaṁ maggamāruyha / akkhacchinno vajhāyati //*

330) *Sgv. 330 evaṁ dhammā apakkamma / adhammam anuvattiya / mando maccumukhaṁ patto / akkhacchinno va jhāyatī ti //*

Sgv. 331. [쎄린]

"모든 하늘사람과 사람들이
먹을 것을 즐기지만
먹을 것을 즐기지 않는
야차는 참으로 누구입니까?"331)

Sgv. 332. [세존]

"믿음과 즐거운 마음으로
음식을 베푸는 사람은
이 세상과 저 세상에서
먹을 것이 따른다. 332)

Sgv. 333. [세존]

간탐을 반드시 이겨서

---

331) Sgv. 331 = Sgv. 142 : 쎄린은 씬다바 왕국과 쏘디까 왕국의 지배자였고 장사와 재판으로 많은 돈을 벌어 엄청난 부를 축적했다. 그는 수도 로루바의 사대문에 자비원을 설립해서 가난한 사람에게 음식을 나누어 주도록 했다.

332) Sgv. 332 = Sgv. 334 = Sgv. 336 = Sgv. 143

마음의 티끌을 극복하고 보시해야 하리.
이러한 공덕은 저 세상에서
뭇삶들에게 의지처가 되리."333)

[쎄린] "세존이시여, [58] 참으로 놀라운 일입니다. 세존이시여, 일찍이 없었던 일입니다. 세존께서 참으로 잘 말씀하셨습니다.

Sgv. 334. [세존]

'믿음과 즐거운 마음으로
음식을 베푸는 사람은
이 세상과 저 세상에서
먹을 것이 따른다.334)

Sgv. 335. [세존]

간탐을 반드시 이겨서
마음의 티끌을 극복하고 보시해야 하리.

---

333) Sgv. 333 = Sgv. 335 = Sgv. 144 = Sgv. 86
334) Sgv. 334 = Sgv. 332 = Sgv. 143

이러한 공덕은 저 세상에서
뭇삶들에게 의지처가 되리.'[335]

세존이시여, 옛날에 저는 베푸는 사람, 베푸는 주인, 베푸는 것을 예찬하는 사람인 쎄린이란 이름의 왕이었습니다. 세존이시여, 저는 네 문에서 수행자와 성직자, 불쌍한 사람, 여행자, 잘 곳 없는 사람, 거지들에게 보시를 하였습니다.

그때, 세존이시여, 궁녀들이 제게 다가와서 이와 같이 말했습니다. '전하의 보시는 행해졌으나 우리의 보시는 행해지지 않았습니다. 우리도 전하의 덕으로 보시를 해서 공덕을 쌓았으면 좋겠습니다.'

세존이시여, 저는 그것에 대해 이와 같이 '나는 베푸는 사람, 베푸는 주인, 베푸는 것을 예찬하는 사람이다. 그러니 그들이 '우리가 보시하겠다.'고 할 때 내가 할 말이 무엇이 있겠는가.'라고 생각했습니다. 그래서 세존이시여, 저는 궁녀들에게 궁전의 네 문 가운데 첫째 문을 열어주었습니다. 거기서 궁녀들의 보시가 이루어졌으며 나의 보시는 되돌아왔습니다.

그때 세존이시여, 권세 있는 귀족들이 저에게 다가와서 이렇게 말했습니다. '전하의 보시도 행해지고 궁녀들의 보시도 행해졌으나 우리의 보시는 행해지지 않았습니다. 우

---

335) Sgv. 335 = Sgv. 333 = Sgv. 144 = Sgv. 86

리도 전하의 덕으로 보시하는 공덕을 쌓았으면 좋겠습니다.' 세존이시여, 저는 그것에 대해 이와 같이 '나는 베푸는 사람, 베푸는 주인, 베푸는 것을 예찬하는 사람이다. 그러니 그들이 '우리가 보시하겠다.'라고 할 때 내가 할 말이 무엇이 있겠는가.'라고 생각했습니다. 그래서 세존이시여, 저는 궁전의 네 문 가운데 둘째 문을 권세 있는 귀족들에게 열어주었습니다. 거기서 귀족들의 보시가 이루어졌으며 나의 보시는 되돌아왔습니다.

그때 세존이시여, 군인들이 제게로 다가와서 이렇게 말했습니다. '전하의 보시도 행해지고 궁녀들의 보시도 행해지고 신하인 귀족들의 보시도 행해졌으나 우리의 보시는 행해지지 않았습니다. 우리도 전하의 덕으로 보시하는 공덕을 쌓았으면 좋겠습니다.' 세존이시여, [59] 저는 그것에 대해 이와 같이 '나는 베푸는 사람, 베푸는 주인, 베푸는 것을 예찬하는 사람이다. 그러니 그들이 '우리가 보시하겠다.'라고 할 때 내가 할 말이 무엇이 있겠는가.'라고 생각했습니다. 그래서 세존이시여, 저는 궁전의 네 문 가운데 셋째 문을 열어주었습니다. 거기서 군인들의 보시가 이루어졌으며 나의 보시는 되돌아왔습니다.

그때 세존이시여, 바라문 장자들이 저에게 다가와서 이렇게 말했습니다. '전하의 보시도 행해지고 궁녀들의 보시도 행해지고 귀족들의 보시도 행해지고 군인들의 보시도 행해졌으나 우리의 보시는 행해지지 않았습니다. 우리도 전하의 덕으로 보시하는 공덕을 쌓았으면 좋겠습니다.' 세존이시여, 저는 그것에 대해 이와 같이 '나는 베푸는 사람, 베푸는 주인, 베푸는 것을 예찬하는 사람이다. 그러니 그들이 '우리가 보시하겠다.'라고 할 때 내가 할 말이 무엇이 있겠는가.'라고 생각했습니다. 그래서 세존이시여, 저는 궁전의 네 문 가운데 넷째 문을 열어주었습니다. 거기서 바라문 장자들의 보시가 이루어졌으며 나의 보시는 되돌아왔습니다.

그때 백성들이 저에게 다가와서 이렇게 말했습니다. '지금 전하께서는 어떠한 보시도 행하지 않았습니다.' 이 말을 듣고 세존이시여, 저는 백성들에게 이렇게 말했습니다. '그렇다면 성 밖의 모든 지역에서 거두어들이는 세금 가운데 반을 궁정에서, 반을 그곳의 수행자와 성직자, 불쌍한 사람, 여행자, 집 없는 사람, 거지들에게 베풀겠네.'

그리하여 참으로 저는 이와 같이 오랫동안 공덕을 기울이고 이와 같이 오랫동안 착한 일에 열중하였으나 그 끝을 볼 수 없었습니다. 공덕이 이렇게 크고 공덕의 열매가 이렇게 커서 하늘나라에 이렇게 오래 살 수 있게 되었지만 그 끝을 볼 수 없었습니다. 세존이시여, 참으로 놀라운 일입니다. 세존이시여, 일찍이 없었던 일입니다. 세존께서 참으로 이와 같이 잘 말씀하셨습니다.

Sgv. 336. [세존]

'믿음과 즐거운 마음으로
음식을 베푸는 사람은
이 세상과 저 세상에서
먹을 것이 따른다.336)

Sgv. 337. [세존]

간탐을 반드시 이겨서
마음의 티끌을 극복하고 보시해야 하리.
이러한 공덕은 저 세상에서
뭇삶들에게 의지처가 되리.'"337)

2 : 24(3-4) 가띠까라의 경
[Ghaṭīkārasutta]

하늘아들 [60] 가띠까라가 한쪽에 서서 세존께 시를 읊었다.

---

336) Sgv. 336 = Sgv. 332 = Sgv. 334 = Sgv. 143
337) Sgv. 337 = Sgv. 133 = Sgv. 135 = Sgv. 86

Sgv. 338. [가띠까라]

"일곱 수행승이 해탈하여,
성공으로 타락하지 않은
하느님의 세계에 태어나,
탐욕과 성냄을 완전히 없애고
세상에 대한 애착을 건너갔다."338)

Sgv. 339. [세존]

"건너기 어려운 죽음의 땅인
진흙의 늪을 건넌 사람은 누구이며
사람의 몸을 버리고
하늘의 멍에마저
내려놓은 자는 누구인가?"339)

Sgv. 340. [가띠까라]

"우빠까와 팔라간다와

---

338) Sgv. 338 = Sgv. 168
339) Sgv. 339 = Sgv. 169

세 번째로 뻑꾸싸띠와
밧디야와 칸다데바와 바후랏기와 삥기야는
사람의 몸을 버리고
하늘의 멍에마저 내려놓았다."[340]

Sgv. 341. [세존]

"악마의 속박을 끊어 버린
그들의 미묘함을 그대는 말하니.
그들은 누구의 가르침을 배워서
생존의 얽매임을 끊었는가?"[341]

Sgv. 342. [가띠까라]

"세존 이외에는 없고
세존의 가르침밖에는 없으니
그 가르침을 배워서
생존의 얽매임을 끊어 버렸다.[342]

---

340) Sgv. 340 = Sgv. 170
341) Sgv. 341 = Sgv. 171

Sgv. 343. [가띠까라]

거기에는 명색(정신·신체적 과정)이
참으로 남김없이 사라지니
세상에서 그 진리를 알아서
존재의 얽매임을 끊었다."343)

Sgv. 344. [세존]

"알기 어렵고 깨닫기 매우 어려운
심오한 말을 그대는 하니
누구의 가르침을 배워서
그와 같은 말을 하는 것인가?"344)

Sgv. 345. [가띠까라]

"전생에 나는 도공이었으니
베하링가 마을에서 도기를 만들었고,

---

342) Sgv. 342 = Sgv. 172
343) Sgv. 343 = Sgv. 173
344) Sgv. 344 = Sgv. 174

아버지와 어머니를 부양하며
깟싸빠를 따르는 신도였다.[345)]

Sgv. 346. [가띠까라]

성적 교섭의 습관을 멀리하고
세속의 유혹을 여의고 청정히 수행했으니
나는 당신의 고향사람
그 옛날 당신의 벗이었다.[346)]

Sgv. 347. [가띠까라]

그래서 나는 참으로 알고 있으니,
일곱 수행승이 해탈해서
탐욕과 성냄을 완전히 없애고
세상에 대한 애착을 건너갔다."[347)]

---

345) Sgv. 345 = Sgv. 175
346) Sgv. 346 = Sgv. 176
347) Sgv. 347 = Sgv. 177

Sgv. 348. [세존]

"도공이여, 그대가 말한 대로
진실로 당시에 그러했으니
그대는 전생에 도공이었고
베하링가 마을에서 도기를 만들었고
아버지와 어머니를 부양하며
그대는 깟싸빠의 신도였다. 348)

Sgv. 349. [세존]

성적 교섭의 습관을 멀리하고
세속의 유혹을 여의고 청청히 수행했으니
그대는 나의 고향사람
그 옛날 나의 벗이었다."349)

Sgv. 350. [송출자]

"스스로 수행을 쌓아

---

348) Sgv. 348 = Sgv. 178
349) Sgv. 349 = Sgv. 179

궁극의 몸을 얻은 두 분,
옛 벗의 만남은
이와 같은 것이었다."350)

2 : 25(3-5) 잔뚜의 경
[Jantusutta]

이와 같이 [61] 나는 들었다. 한때 많은 수행승들이 꼬쌀라 국 히말라야 산기슭의 숲에 있는 초막들에 있었다.

그때 수행승들은 들떠 있고, 건들거리고, 허영에 차고, 거친 말을 일삼고, 농담을 즐기고, 새김을 확립하지 못하고, 바로 알아차리지 못하고, 집중하지 못하고, 마음이 산만해서, 감관을 제어하지 못했다.

마침 하늘아들 잔뚜가 보름날인 포살일에 그 수행승들이 있는 곳으로 찾아왔다. 가까이 다가와서 그 수행승들에게 시로 말했다.

Sgv. 351. [잔뚜]

"예전에 고따마의 제자들인
수행승들은 만족할 줄 알아서

---

350) *Sgv. 350 = Sgv. 180*

바라는 마음 없이 음식을 구하고
바라는 마음 없이 잠자리를 구했다.
세상의 덧없음을 잘 알아서
진실로 괴로움의 종식을 보았다.[351)]

Sgv. 352. [잔뚜]

지금 수행승들은 스스로 자제하지 못해
마을의 우두머리와 같이
남의 집에서 분별을 잃은 채로
먹고 마시고 잠자리에 드러눕는다.[352)]

Sgv. 353. [잔뚜]

수행승의 참모임에 공손히 예경하면서
내 여기서 몇 마디만 말하니,

---

351) Sgv. 351 sukhajīvino pure āsuṁ / bhikkhū gotamasāvakā / anicchā piṇḍam esanā / anicchā sayanāsanaṁ / loke aniccataṁ ñatvā / dukkhass'antaṁ akaṁsu te //

352) Sgv. 352 dupposaṁ katvā attānaṁ / gāme gāmaṇikā viya / bhūtvā bhutvā nipajjanti / parāgāresu mucchitā // 마을의 우두머리는 왕이 임명한 세리의 역할을 했다.

버림받고 주인을 잃었으니
그들은 흡사 아귀와도 같다.353)

Sgv. 354. [잔뚜]

내가 말한 것은 방일하게 살아가는
이들에 관한 것이니
방일하지 않게 사는 님들께는
극진하게 예경을 올린다."354)

2 : 26(3-6) 로히땃싸의 경
[Rohitassasutta]

하늘아들 로히땃싸도 한쪽에 서서 세존께 이와 같이 여쭈어 보았다.

[로히땃싸] "세존이시여, 참으로 태어나지 않고, 늙지 않고, 죽지 않고, 사멸하지 않고, 생성되지 않는 그 세계의 끝

---

353) Sgv. 353 saṅghassa añjaliṁ katvā / idh'ekacce vadām'aham / apaviddhā anāthā te / yathā petā tath'eva te //
354) Sgv. 354 ye kho pamattā viharanti / te me sandhāya bhāsitaṁ / ye appamattā viharanti / namo tesaṁ karom'ahan ti //

을 걸어서 알 수 있고, 볼 수 있고, 도달할 수 있습니까?"

[세존] "벗이여, 참으로 태어나지 않고, 늙지 않고, 죽지 않고, 사멸하지 않고, 생성되지 않는 그 세계의 끝을 걸어서는 알 수 없고, 볼 수 없고, 도달할 수 없다고 나는 말합니다."

[로히땃싸] "세존이시여, 참으로 놀라운 일입니다. 세존이시여, 일찍이 없었던 일입니다. 참으로 세존께서 '벗이여, 참으로 태어나지 않고, 늙지 않고, 죽지 않고, 사멸하지 않고, 생성되지 않는 그 세계의 끝을 걸어서는 알 수 없고, 볼 수 없고, 도달할 수 없다고 나는 말한다.'라고 훌륭하게 말씀하셨습니다.

세존이시여, 저는 옛날 '로히땃싸'라고 하는 선인이었습니다. 저는 '보자'라는 사람의 아들이었는데, 신통의 힘이 있어서 하늘을 날아다녔습니다. 세존이시여,[62] 예를 들면, 저의 빠르기는 잘 숙련되고 전문적이며 숙달된 노련한 활잡이가 강한 활과 가벼운 화살로 종려나무의 잎사귀 그림자를 쏘는 것과 같았습니다.

세존이시여, 이처럼 저는 걸음걸이가 커서 동쪽의 바다에서 서쪽의 바다를 한 걸음으로 걷는 것과 같았습니다. 세존이시여, 그때 저에게 '나는 걸어서 세계의 끝에 이르겠다.'라는 욕망이 생겨났습니다.

세존이시여, 제가 이와 같은 빠르기와 이와 같은 걸음걸이를 갖추고 밥을 먹거나 대소변을 보고 잠자리에 들어 피로를 푸는 일 이외에 백 년의 수명을 누리며 그 백 년의 생애를 살면서 걸었는데도 세계의 끝에는 이르지 못하고 중도에 죽고 말았습니다.

세존이시여, 참으로 놀라운 일입니다. 세존이시여, 일찍이 없었던 일입니다. 그것에 대해 세존께서는 참으로 '벗이여, 참으로 아무도 태어나지 않고, 늙지 않고, 죽지 않고, 사멸하지 않고, 생성되지 않는 그 세계의 끝을 걸어서는 알 수 없고, 볼 수 없고, 도달할 수 없다고 나는 말한다.'라고 훌륭하게 말씀하셨습니다."

[세존] "그러나 벗이여, 세계의 끝에 이르지 않고서는 괴로움의 끝에 도달하지 못한다고 나는 말합니다. 벗이여, 지각하고 사유하는 육척단신의 몸 안에 세계와 세계의 발생과 세계의 소멸과 세계의 소멸로 이끄는 길이 있음을 나는 가르칩니다."

Sgv. 355. [세존]

"결코 참으로 세계의 끝에
걸어서는 도달할 수 없지만,
세계의 끝에 이르지 않고서는
괴로움에서 벗어남은 없다.[355)]

Sgv. 356. [세존]

참으로 세계를 아는 슬기로운 님은
세계의 궁극에 도달해
청정한 삶을 성취하니,
적멸에 든 님으로 세계의 끝을 잘 알아
이 세상도 저 세상도 바라지 않는다."356)

2 : 27(3-7) 난다의 경
[Nandasutta]

하늘아들 난다가 한쪽에 서서 세존 앞에서 시를 읊었다.

---

355) *Sgv. 355 gamanena na pattabbo / lokassanto kudācanaṁ / na ca appatvā lokantaṁ / dukkhā atthi pamocanaṁ //* 인도의 고대신화에 나오는 비슈누 신의 화신인 뜨리비끄라마는 세 걸음걸이로 천계와 공계와 지계의 삼계를 건너뛴다.

356) *Sgv. 356 tasmā have lokavidū sumedho / lokantagū vusitabrahmacariyo / lokassa antaṁ samītāvi ñatvā / nāsiṁsati lokamimaṁ parañ cā ti //* 세계의 궁극은 열반을 뜻한다.

Sgv. 357. [난다]

"세월은 스쳐가고
밤낮은 지나가니
청춘은 차츰 우리를 버린다.
죽음의 [63] 두려움을 꿰뚫어 본다면,
행복을 가져오는 공덕을 쌓아가야 하리."[357)]

Sgv. 358. [세존]

"세월은 스쳐가고
밤낮은 지나가니
청춘은 차츰 우리를 버린다.
죽음의 두려움을 꿰뚫어 본다면
세상의 자양을 버리고 적멸을 원하리."[358)]

---

357) Sgv. 357 = Sgv. 5
358) Sgv. 358 = Sgv. 6

2 : 28(3-8) 난디비쌀라의 경 [Nandivisālasutta]

하늘아들 난디비쌀라도 한쪽에 서서 세존의 앞에서 시를 읊었다.

Sgv. 359. [난디비쌀라]

"네 개의 수레바퀴와
아홉 문이 엮이고 탐욕으로 채워져
진흙에서 태어났네, 위대한 영웅이여,
어떻게 여기서 벗어날 수 있을까?"[359)]

Sgv. 360. [세존]

"밧줄과 가죽끈을 자르고
사악한 욕망과 탐욕을 부수고
갈애를 뿌리째 뽑으면,
여기서 벗어날 수 있으리."[360)]

---

359) Sgv. 359 = Sgv. 73
360) Sgv. 360 = Sgv. 74

2 : 29(3-9) 쑤씨마의 경
[Susīmasutta]

한때 세존께서 싸밧티 시에 계셨다. 그때 존자 아난다가 세존께서 계신 곳으로 찾아왔다. 가까이 다가와서 세존께 인사를 드리고 한쪽으로 물러나 앉았다. 세존께서는 한쪽으로 물러나 앉은 아난다에게 이와 같이 말씀하셨다.

[세존] "아난다여, 그대는 싸리뿟따가 마음에 드는가?"

[아난다] "세존이시여, 어리석지 않고 악하지 않고 헤매지 않고 어지럽지 않은 마음을 지닌 사람으로서 누가 참으로 존자 싸리뿟따를 마음에 안 들어 하겠습니까? 세존이시여, 존자 싸리뿟따는 현자입니다. 세존이시여, 존자 싸리뿟따는 크나큰 지혜를 지니고 있습니다. 세존이시여, 존자 싸리뿟따는 광박한 지혜를 지니고 있습니다. 세존이시여, 존자 싸리뿟따는 민첩한 지혜를 지니고 있습니다. 세존이시여, 존자 싸리뿟따는 포착적 지혜를 지니고 있습니다. 세존이시여, 존자 싸리뿟따는 예리한 지혜를 지니고 있습니다. 세존이시여, 존자 싸리뿟따는 꿰뚫는 지혜를 지니고 있습니다. 세존이시여, 존자 싸리뿟따는 욕심이 없습니다. 세존이시여, 존자 싸리뿟따는 만족을 압니다. 세존이시여, 존자 싸리뿟따는 홀로 지냅니다. 세존이시여, 존자 싸리뿟따는 교제하지 않습니다. 세존이시여, 존자 싸리뿟따는 근면하고 부지런합니다. 세존이시여, 존자 싸리뿟

따는 가르침을 설합니다. 세존이시여, 존자 싸리뿟따는 부드러운 말을 합니다. 세존이시여, 존자 싸리뿟따는 충고의 말을 합니다. 세존이시여, 존자 싸리뿟따는 악을 질책합니다. 세존이시여, 어리석지 않고 악하지 않고 헤매지 않고 어지럽지 않은 마음을 지닌 사람으로서 누가 참으로 존자 싸리뿟따를 마음에 안 들어 하겠습니까?"

[세존] "아난다여, [64] 참으로 그렇다. 아난다여, 참으로 그렇다. 어리석지 않고 악하지 않고 헤매지 않고 어지럽지 않은 마음을 지닌 사람으로서 누가 참으로 싸리뿟따를 마음에 안 들어 하겠는가? 아난다여, 싸리뿟따는 현자이다. 아난다여, 싸리뿟따는 크나큰 지혜를 지니고 있다. 아난다여, 싸리뿟따는 광박한 지혜를 지니고 있다. 아난다여, 싸리뿟따는 민첩한 지혜를 지니고 있다. 아난다여, 싸리뿟따는 포착적 지혜를 지니고 있다. 아난다여, 싸리뿟따는 예리한 지혜를 지니고 있다. 아난다여, 싸리뿟따는 꿰뚫는 지혜를 지니고 있다. 아난다여, 싸리뿟따는 욕심이 없다. 아난다여, 싸리뿟따는 만족을 안다. 아난다여, 싸리뿟따는 홀로 지낸다. 아난다여, 싸리뿟따는 교제하지 않는다. 아난다여, 싸리뿟따는 근면하고 부지런하다. 아난다여, 싸리뿟따는 가르침을 설한다. 아난다여, 싸리뿟따는 부드러운 말을 한다. 아난다여, 싸리뿟따는 충고의 말을 한다. 아난다여, 싸리뿟따는 악을 질책한다. 아난다여, 어리석지 않고 악하지 않고 헤매지 않고

어지럽지 않은 마음을 지닌 사람으로서 누가 참으로 싸리뿟따를 마음에 안 들어 하겠는가?"

존자 싸리뿟따를 예찬할 때 마침 하늘아들 쑤씨마가 하늘아들의 무리에 둘러싸여 세존께서 계신 곳으로 찾아왔다. 가까이 다가와서 세존께 인사를 드리고 한쪽으로 물러나 섰다.

한쪽으로 물러나 서서 하늘아들 쑤씨마는 세존께 이와 같이 말씀드렸다.

[쑤씨마] "세존이시여, 참으로 그러합니다. 올바른 길로 잘 가신 님이여, 참으로 그러합니다. 어리석지 않고 악하지 않고 헤매지 않고 어지럽지 않은 마음을 지닌 사람으로서 누가 참으로 존자 싸리뿟따를 마음에 안 들어 하겠습니까? 세존이시여, 존자 싸리뿟따는 현자입니다. 세존이시여, 존자 싸리뿟따는 크나큰 지혜를 지니고 있습니다. 세존이시여, 존자 싸리뿟따는 광박한 지혜를 지니고 있습니다. 세존이시여, 존자 싸리뿟따는 민첩한 지혜를 지니고 있습니다. 세존이시여, 존자 싸리뿟따는 포착적 지혜를 지니고 있습니다. 세존이시여, 존자 싸리뿟따는 예리한 지혜를 지니고 있습니다. 세존이시여, 존자 싸리뿟따는 꿰뚫는 지혜를 지니고 있습니다. 세존이시여, 존자 싸리뿟따는 욕심이 없습니다. 세존이시여, 존자 싸리뿟따는 만족을 압니다. 세존이시여, 존자 싸리뿟따는 홀

로 지냅니다. 세존이시여, 존자 싸리뿟따는 교제하지 않습니다. 세존이시여, 존자 싸리뿟따는 근면하고 부지런합니다. 세존이시여, 존자 싸리뿟따는 가르침을 설합니다. 세존이시여, 존자 싸리뿟따는 부드러운 말을 합니다. 세존이시여, 존자 싸리뿟따는 충고의 말을 합니다. 세존이시여, 존자 싸리뿟따는 악을 질책합니다. 세존이시여, 어리석지 않고 악하지 않고 헤매지 않고 어지럽지 않은 마음을 지닌 사람으로서 누가 참으로 존자 싸리뿟따를 마음에 안 들어 하겠습니까? 세존이시여, 저는 또한 어떠한 하늘아들의 무리에 다가가든지 모두로부터 마찬가지로 이와 같은 말을 듣습니다. '존자 싸리뿟따는 현자이다. 존자 싸리뿟따는 크나큰 지혜를 지니고 있다. 존자 싸리뿟따는 광박한 지혜를 지니고 있다. 존자 싸리뿟따는 민첩한 지혜를 지니고 있다. 존자 싸리뿟따는 포착적 지혜를 지니고 있다. 존자 싸리뿟따는 예리한 지혜를 지니고 있다. 존자 싸리뿟따는 꿰뚫는 지혜를 지니고 있다. 존자 싸리뿟따는 욕심이 없다. 존자 싸리뿟따는 만족을 안다. 존자 싸리뿟따는 홀로 지낸다. 존자 싸리뿟따는 교제하지 않는다. 존자 싸리뿟따는 근면하고 부지런하다. 존자 싸리뿟따는 가르침을 설한다. 존자 싸리뿟따는 부드러운 말을 한다. 존자 싸리뿟따는 충고의 말을 한다. 존자 싸리뿟따는 악을 질책한다. 어리석지 않고 악하지 않고 헤매지 않고 어지럽지 않은 마음을 지닌 사람으로서 누가 참으로 존자 싸리뿟따를 마음에 안 들어 하겠는가'라고 말입니다."

마침 존자 싸리뿟따에 대한 예찬을 말할 때 하늘아들 쑤씨마의 무리는 만족하고 환희하고 기뻐하며 찬란한 빛을 냈다.

마치 참으로 깨끗하고 순수하고 팔각형이며 잘 연마된 에메랄드가 황색모포 위에 던져져서 빛나고 반짝이고 광채를 내는 것과 같이 존자 싸리뿟따에 [65] 대한 예찬을 말할 때 하늘아들 쑤씨마의 무리는 만족하고 환희하고 기뻐하며 찬란한 빛을 내었다.

마치 참으로 재주 있는 금세공사가 염부단금을 공들여 정련하여 만든 금장식이 붉은 색의 모포 위에 던져져서 빛나고 반짝이고 광채를 내는 것과 같이 존자 싸리뿟따에 대한 예찬을 말할 때 하늘아들 쑤씨마의 무리는 만족하고 환희하고 기뻐하며 찬란한 빛을 내었다.

마치 밤의 새벽녘에 샛별이 빛나고 반짝이고 광채를 내는 것과 같이 존자 싸리뿟따에 대한 예찬을 말할 때 하늘아들 쑤씨마의 무리는 만족하고 환희하고 기뻐하며 찬란한 빛을 내었다.

마치 구름이 없는 가을 하늘 가운데, 태양이 창천에 높이 떠올라 일체의 허공의 어둠을 제거하며 빛나고 작열하며 널리 비추는 것과 같이 존자 싸리뿟따에 대한 예찬을 말할 때 하늘아들 쑤씨마의 무리는 만족하고 환희하고 기뻐하며 찬란한 빛을 내었다.

그때 하늘아들 쑤씨마가 존자 싸리뿟따에 관해서 세존 앞에서 이와 같은 시를 읊었다.

Sgv. 361. [쑤씨마]

"분노하지 않고 욕심이 없고
온화하고 길들여져서,
스승의 찬사를 받을 만한 거룩한 님,
싸리뿟따는 현자로 알려져 있다."361)

그때 세존께서 존자 싸리뿟따에 관해서 하늘아들 쑤씨마에게 이와 같은 시로 말씀하셨다.

Sgv. 362. [세존]

"분노하지 않고 욕심이 없고
온화하고 길들여져서,

---

361) Sgv. 361 paṇḍito ti samaññāto sāriputto akodhano / appiccho sorato danto satthuvaṇṇābhato isī ti //

잘 훈련된 자처럼 때를 기다리는 님,
싸리뿟따는 현자로 알려져 있다."362)

2 : 30(3-10) 여러 이교도 제자들의 경
[Nānātitthiyasāvakasutta]

이와 같이 나는 들었다. 한때 세존께서 라자가하 시의 벨루바나 숲에 있는 깔란다까니바빠 공원에 계셨다.

그때 많은 여러 이교도의 제자들로 하늘아들 아싸마, 싸할리, 님카, 아코따까, 베땀바리와 마나바가미야가 깊은 밤중에 아름다운 빛으로 벨루바나 숲을 두루 밝히며 [66] 세존께서 계신 곳으로 찾아왔다. 가까이 다가와서 세존께 인사를 드리고 한쪽으로 물러나 섰다.

한쪽으로 물러나 서서 하늘아들 아싸마가 뿌라나 깟싸빠에 관하여 세존 앞에서 이와 같은 시를 읊었다.

Sgv. 363. [아싸마]

"세상에서 베이거나 죽임을 당하거나
구타당하거나 손해를 보아도

362) *Sgv. 362 paṇḍito ti samaññāto / sāriputto akodhano / appiccho sorato danto / kālaṁ kaṅkhati sudanto ti //*

깟싸빠는 나쁜 마음을 품지 않으며
또한 스스로 공덕을 나타내지 않는다.
참으로 믿음의 바탕을 가르치니,
그는 스승으로 존경받을 만하다."363)

그때 하늘아들 싸할리는 막칼리 고쌀라에 관해서 세존 앞에서 이와 같은 시를 읊었다.

Sgv. 364. [싸할리]

"싫어하여 떠남과 고행으로 잘 길들여
사람들과의 논쟁과 다툼을 버리고

---

363) *Sgv. 363 idha chinditamārite / hatajānīsu kassapo / pāpaṁ na samanupassati / puññaṁ vā pana attano / sa ce vissāsam ācikkhi / satthā arahati mānanan ti //* 이싸마는 유물론자이자 도덕부정론자인 뿌라나 깟싸빠의 제자였다. 뿌라나 깟싸바는 '업을 짓거나 업을 짓게 만들어도, 도륙하거나 도륙하게 만들어도, 학대하거나 학대하게 만들어도, 슬픔을 주거나 슬픔을 주게 만들어도, 억압하거나 억압하도록 해도, 협박하거나 협박하도록 해도, 생명을 해치고, 주지 않은 것을 빼앗고, 남의 집에 침입하고, 재산을 약탈하고, 도둑질하고, 노상에서 강도질하고, 타인의 아내를 농락하고, 거짓말을 해도 악을 짓는 것이 아니다.'라고 주장했다.

비난받을 말을 떠나 평등하게 진실을 말하니,
참으로 이처럼 악을 짓지 않는다."364)

또한 하늘아들 님카가 니간타 나타뿟따에 관해서 세존 앞에서 이와 같은 시를 읊었다.

Sgv. 365. [님카]

"싫어하여 떠남의 슬기로운 수행자
네 가지 계행으로 몸을 길들여
보고 들은 것을 구현하는 님,
참으로 어떠한 허물도 없다."365)

---

364) Sgv. 364 tapojigucchāya susaṁvutatto / vācaṁ pahāya kalahaṁ janena / samo savajjā virato saccavādī / na hi nūna tādisaṁ karoti pāpan ti // 싸할리는 사명외도이자 결정론자인 막칼리 고쌀라의 제자였다. 막칼리 고쌀라는 모든 존재는 결정과 종과 자연의 본성에 의해 지배된다고 주장했다. 인간과 세계는 '마치 실타래가 던져졌을 때 완전히 풀릴 때까지 풀려나가듯이' 가차없는 목적론과 일치하는 무자비한 과정의 산물이다. 고쌀라의 주장은 인과법칙의 가혹함에서 연원된 것이다. 그러나 이러한 숙명론은 결과적으로 정신적인 인과성에서 자명한 자유의지마저 부정할 수밖에 없었다.

또한 하늘아들 아코따까가 여러 이교도의 스승에 관하여 세존 앞에서 이와 같은 시를 읊었다.

Sgv. 366. [아코따까]

"빠꾸다 까띠야나와 니간타,
또한 막칼리와 뿌라나는
무리의 스승으로 수행자가 된 사람,
실로 참사람에서 벗어나 있지 않다."[366)]

---

365) Sgv. 365 jegucchi nipako bhikkhu / cātuyāmasusaṁvuto / diṭṭhaṁ sutañ ca ācikkhaṁ / na hi nūna kibbisī siyā ti // 자이나 고행주의자들의 네 가지의 금기에 의한 제어이다. 네 가지의 금기에 의한 제어는 ① 모든 물을 사용하지 않고 ② 모든 악을 떠나는 것에 따르고 ③ 모든 악을 떠나는 것을 책임으로 하고 ④ 모든 악을 떠나는 것에 도달한다. 이 네 가지 금계 가운데 첫 번째 모든 물을 사용하지 않는다는 것만은 우리가 이해할 수 없다. 붓다고싸에 의하면 이 단어는 생명이 있을지 모르는 차가운 물을 마시는 것에 대한 금지를 뜻한다.

366) Sgv. 366 pakudhako kātiyāno nigaṇṭho / ye ca pime makkhalī puraṇāse / gaṇassa satthāro sāmaññapattā / na hi nūna te sappurisehi dūre ti // 빠꾸다 까띠야나는 칠요소설(七要素說 : 地, 水, 火, 風, 樂, 苦, 靈魂)을 주장했는데, 영혼의 존재를 인정하고 있다는 점에서 본다면 유물론자들과는 다른 이원론적인 입장을 취하는 것같이 보이지만 빠

또한 하늘아들 베땀바리는 하늘아들 아코따까에게 시로 대답했다.

Sgv. 367. [베땀바리]

"무엇을 해도 승냥이는 가련하니,
울부짖지만 결코 사자와 같지 않다.
벌거벗은 고행자와
거짓말쟁이와 군중의 선동자는
믿을 수 없는 생활로 인해,
참사람이라 결코 볼 수 없다."367)

꾸다가 인정하는 영혼은 물질적인 것으로 지극히 유물론적이다. 그는 이 일곱 요소들이 불생산이며 움직이지도 변화하지도 않고 서로 인과적으로 영향을 끼치지도 않는다고 보고 있다. 그는 이런 형이상학적 토대 위에 '만약 날카로운 칼로 머리를 잘라도 아무도 누구의 생명을 앗아간 것이 아니며 단지 일곱 요소 사이를 칼이 통과한 것뿐이다.' 라고 주장했다.

367) Sgv. 367 sahācaritena chavo sigālo / na kotthuko sīhasamo kadāci / naggo musāvādī gaṇassa satthā / saṅkassarācāro na sataṁ sarikkho ti //

그때 [67] 악마 빠삐만이 하늘아들 베땀바리에게 들어가서 세존 앞에서 이와 같은 시를 읊었다.

Sgv. 368. [빠삐만]

"고행과 싫어하여 떠남에 열중하고
금기의 삶을 실천하며,
하늘사람이 사는 나라에서 즐기고자
미세한 물질계에 마음을 둔 사람들,
이 죽음을 피하지 못하는 님들이
저 세상을 위한 올바른 스승이다."[368)]

그때 세존께서 그가 악마 빠삐만인 것을 알고 악마 빠삐만에게 시로 대답했다.

---

368) Sgv. 368 tapo jigucchāya āyuttā pālayaṁ pavivekiyaṁ / rūpe ca ye niviṭṭhāse devalokābhinandino / te ve sammānusāsanti / paralokāya mātiyā ti // 고행자들의 여러 가지 금기, 즉 이발을 금하여 머리를 기르는 것, 옷을 금하여 벌거벗고 다니는 것, 발우공양을 금하여 개가 땅바닥에서 먹듯 먹는 것, 침상을 금하여 가시위에 잠자는 것 등이 있다.

Sgv. 369. [세존]

"이 세상과 저 세상의 어떠한 형상도,
공중에 있으면서 빛나는 아름다움도,
나무찌여, 이 모두를 너는 칭찬하지만,
물고기를 죽이려고 던진 미끼에 불과하다."369)

그때 하늘아들 마나바가미야가 세존에 관해서 세존 앞에서 이와 같은 시를 읊었다.

Sgv. 370. [마나바가미야]

"라자가하 시의 산들 가운데
비뿔라 산이 가장 훌륭하고
히말라야에서는 흰 산이 가장 훌륭하며
하늘을 도는 것 가운데
태양이 가장 훌륭하다. 370)

---

369) Sgv. 369 ye keci rūpā idha vā huraṁ vā / ye antalikkhasmiṁ pabhāsavaṇṇā / sabbe vat'ete namuci ppasatthā / āmisaṁ va macchānaṁ vadhāya khittā ti // 나무찌는 악마의 다른 이름으로 '해탈하지 못한 자'라는 뜻이 있다.

Sgv. 371. [마나바가미야]

물 가운데 바다가 가장 훌륭하며
별자리 가운데 달이 가장 훌륭하고
하늘사람의 세계와 이 세상에서는
깨달은 님이 가장 훌륭한 님이라 불린다."371)

세 번째 품, 「여러 이교도의 품」이 끝났다. 그 목차는 차례로 '1) 씨바의 경 2) 케마의 경 3) 쎄린의 경 4) 가띠까라의 경 5) 잔뚜의 경 6) 로히땃싸의 경 7) 난다의 경 8) 난디비쌀라의 경 9) 쑤씨마의 경 10) 여러 이교도 제자들의 경'으로 이루어졌다. 「하늘아들의 쌍윳따」가 끝났다. 그 목차는 차례로 '1) 쑤리야의 품 2) 아나타삔디까의 품 3) 여러 이교도의 품'으로 이루어졌다. 이것으로 두 번째 쌍윳따, 「하늘아들의 쌍윳따」가 끝났다.

---

370) Sgv. 370 *vipulo rājagahīyānaṁ / giri seṭṭho pavuccati / seto himavataṁ seṭṭho / ādicco aghagāminaṁ //*

371) Sgv. 371 *samuddo udadhīnaṁ seṭṭho / nakkhattānañ ca candimā / sadevakassa lokassa buddho aggo pavuccatī ti //*

제3장
꼬쌀라의 쌍윳따
(Kosalasaṁyutta)

1. 속박의 품
(Bandhanavagga)

3 : 1(1-1) 젊은이의 경
[Daharasutta]

이와 같이 [68] 나는 들었다.

한때 세존께서 싸밧티 시의 제따바나 숲에 있는 아나타삔디까 승원에 계셨다.

그때 꼬쌀라 국의 빠쎄나디 왕이 세존께서 계신 곳으로 찾아왔다. 가까이 다가와서 세존과 함께 인사를 나누고 안부를 주고받은 뒤 한쪽으로 물러나 앉았다.

한쪽으로 물러나 앉아서 꼬쌀라 국의 빠쎄나디 왕은 세존께 이와 같이 말씀드렸다.

[빠쎄나디] "존자 고따마께서는 위없이 바르고 원만한 깨달음을 깨달았다고 선언하지 않으셨습니까?"

[세존] "대왕이여, '위없는 바르고 원만한 깨달음을 깨달았다.'고 바른 말로 말할 수 있다면, 대왕이여, 그 사람은 바로 나일 것입니다. 나는 참으로 위없이 바르고 원만한 깨달음을 깨달았기 때문입니다."

[빠쎄나디] "존자 고따마여, 수행자나 성직자로서 모임을 이끌고 대중을 지도하며 무리의 스승이신 잘 알려져 있고

대중들에게 높이 평가를 받는 이름이 난 교조들이 있습니다. 그들은 곧, 뿌라나 깟싸빠, 막칼리 고쌀라, 니간타 나타뿟따, 싼자야 벨랏티뿟따, 빠꾸다 깟짜야나, 아지따 께싸깜발린입니다. 그들에게 조차도 '위없이 바르고 원만한 깨달음을 깨달았다고 말할 수 있느냐'고 묻는다면, '위없이 바르고 원만한 깨달음을 깨달았다.'고 말하지 않습니다. 하물며 존자 고따마께서는 나이도 젊고 출가한 지도 얼마 안 되었지 않습니까?"

[세존] "대왕이여, [69] 어리거나 작다고 깔보거나 어리거나 작다고 업신여겨서는 안 될 네 가지 존재가 있습니다. 그 네 가지 존재란 무엇입니까. 대왕이여, 왕족은 어리다고 깔보거나 어리다고 업신여겨서는 안 됩니다. 대왕이여, 뱀은 어리다고 깔보거나 어리다고 업신여겨서는 안 됩니다. 대왕이여, 불은 작다고 깔보거나 작다고 업신여겨서는 안 됩니다. 대왕이여, 수행승은 어리다고 깔보거나 어리다고 업신여겨서는 안 됩니다. 대왕이여, 이 네 가지 존재는 어리거나 작다고 깔보거나 어리거나 작다고 업신여겨서는 안 됩니다."

세존께서는 이와 같이 말씀하셨다. 이처럼 말씀하시고 올바른 길로 잘 가신 님께서는 스승으로서 이와 같이 시로 말씀하셨다.

Sgv. 372. [세존]

"귀족으로 명예롭게 태어난
고귀한 가문의 왕족을
어리다고 깔보고
업신여겨서는 안 되리.[372)]

Sgv. 373. [세존]

귀족이 인간의 지배자로
왕의 지위에 오르고
그의 분노를 사면
처벌로써 맹렬히 공격당하리.
자기의 목숨을 지키려면
업신여기지 말아야 하리.[373)]

---

372) Sgv. 372 khattiyaṁ jātisampannaṁ / abhijātaṁ yasassinaṁ / daharoti nāvajāneyya / na naṁ paribhave naro //
373) Sgv. 373 ṭhānaṁ hi so manussindo / rajjaṁ laddhāna khattiyo / so kuddho rājadaṇḍena / tasmiṁ pakkamate bhusaṁ / tasmā taṁ parivajjeyya / rakkhaṁ jīvitamattano //

Sgv. 374. [세존]

마을이나 숲속에서
사람이 뱀을 볼 때
어리다고 깔보고
업신여겨서는 안 되리. 374)

Sgv. 375. [세존]

여러 모양을 바꿔
맹독의 뱀은 돌아다니면서
아이나 남자, 여자에게 다가가
단번에 물어 버리리.
자기의 목숨을 지키려면
업신여기지 말아야 하리. 375)

---

374) Sgv. 374 gāme vā yadi vā raññe /yattha passe bhujaṅgamaṁ /daharo ti nāvajāneyya /na naṁ paribhave naro //

375) Sgv. 375 uccāvacehi vaṇṇehi /urago carati tejasi /so āsajja ḍaṁse bālaṁ /naraṁ nāriñ ca ekadā /tasmā taṁ parivajjeyya /rakkhaṁ jīvitam attano // 인도 신화에 따르면, 뱀은 어떠한 형상을 하고라도 뱀의 모습이나 보석의 모

Sgv. 376. [세존]

맹렬하게 타오르며
검은 숲을 남기는 불을
작다고 깔보고
업신여겨서는 안 되리.376)

Sgv. 377. [세존]

태울 것을 만나면 불은
참으로 크게 타오르며
아이나 남자, 여자에게 다가가
단번에 태워 버리리.
자기의 목숨을 지키려면
업신여기지 말아야 하리.377)

습이나 심지어 다람쥐 모습으로 변해 먹이를 찾아다닌다.

376) Sgv. 376 pahūtabhakkhaṁ jālinaṁ / pāvakaṁ kaṇhavattaniṁ / daharo ti nāvajaññeyya / na naṁ paribhave naro //

377) Sgv. 377 laddhā hi so upādānaṁ / mahā hutvāna pāvako / so āsajja ḍahe bālaṁ / naraṁ nāriñ ca ekadā / tasmā taṁ parivajjeyya / rakkhaṁ jīvitam attano //

Sgv. 378. [세존]

불이 숲을 태우고
불이 꺼지면 검은 숯 자국이 되며
밤과 낮이 지나면
거기서 새 가지가 돋아나지만378)

Sgv. 379. [세존]

계행을 지키는 수행승이
청정의 불꽃으로 불타오르면
아들과 가축이 없어
그 상속자들은 재산을 알지 못하리.
자손이 없고 상속자가 없으니
그들은 잘린 종려나무처럼 되리. 379)

---

378) Sgv. 378 vanaṁ yad aggi ḍahati / pāvako kaṇhavattanī / jāyanti tattha pārohā / ahorattānam accaye //

379) Sgv. 379 yañ ca kho sīlasampanno / bhikkhu ḍahati tejasā / na tassa puttā pasavo / dāyādā vindare dhanaṁ / anapaccā adāyādā / tālāvatthu bhavanti te // 수행승이 복수를 하려해도 자신의 계행의 불로 다른 사람을 해칠 수 없다. 수행승에 죄를 범한 자는 수행승이 인내하여 참아낼

Sgv. 380. [세존]

참으로 [70] 슬기로운 사람은
자신에게 유익한가를 살펴
뱀과 그리고 불과
명예로운 귀족과
계율을 갖춘 수행승과
바르게 잘 지내야 하리."380)

이와 같이 말씀하셨을 때 꼬쌀라 국의 빠쎄나디 왕은 세존께 이와 같이 말씀드렸다.

[빠쎄나디] "세존이시여, 참으로 놀라운 일입니다. 세존이시여, 일찍이 없었던 일입니다. 세존이시여, 넘어진 것을 일으켜 세우듯, 가려진 것을 열어 보이듯, 어리석은 자에게 길을 가리켜 주듯, 눈 있는 자는 형상을 보라고 어둠 속에 등불을 가져오듯, 세존께서는 이와 같이 여러 가지 방법으로 진리를 밝혀 주셨습니다. 세존이시여, 이제 저는

때에만, 불태워진다.

380) Sgv. 380 tasmā hi paṇḍito poso / sampassaṁ attham attano / bhujaṅgamaṁ pāvakañ ca / khattiyañ ca yasassinaṁ / bhikkhuṁ ca sīlasampannaṁ / sammad eva samācare ti //

세존께 귀의합니다. 또한 그 가르침에 귀의합니다. 또한 그 수행승의 참모임에 귀의합니다. 세존께서는 저를 재가신자로 받아 주십시오. 오늘부터 목숨이 다하도록 귀의하겠습니다."

3 : 2(1-2) 사람의 경
[Purisasutta]

한때 세존께서 싸밧티 시에 계셨다. 그때 꼬쌀라 국의 빠쎄나디 왕이 세존께서 계신 곳으로 찾아왔다. 가까이 다가와서 세존과 함께 인사를 나누고 한쪽으로 물러나 앉았다.

한쪽으로 물러나 앉아서 꼬쌀라 국의 빠쎄나디 왕은 세존께 이와 같이 말씀드렸다.

[빠쎄나디] "세존이시여, 어떠한 현상이 사람에게 생겨나서 불이익과 괴로움과 불안한 삶이 나타납니까?"

[세존] "대왕이여, 세 가지 현상이 사람에게 생겨나서 불이익과 괴로움과 불안한 삶이 나타납니다. 그 세 가지란 무엇입니까? 대왕이여, 탐욕이 사람에게 생겨나서 불이익과 괴로움과 불안한 삶이 나타납니다. 대왕이여, 미움이 사람에게 생겨나서 불이익과 괴로움과 불안한 삶이 나타납니다. 대왕이여, 어리석음이 사람에게 생겨나서 불이익과 괴로움과 불안한 삶이 나타납니다. 대왕이여, 이 세 가

지 현상이 사람에게 생겨나서 불이익과 괴로움과 불안한 삶이 나타나는 것입니다.

Sgv. 381. [세존]

탐욕과 성냄과 어리석음은
오로지 스스로에게 생겨나니,
악한 마음을 지닌 자는 스스로를 죽인다.
대나무가 열매를 맺으면 죽듯이."381)

3 : 3(1-3) 늙음과 죽음의 경
[Jarāmaraṇasutta]

한때 [71] 세존께서 싸밧티 시에 계셨다. 그때 꼬쌀라 국의 빠쎄나디 왕은 한쪽에 앉아서 세존께 이와 같이 말씀드렸다.

[빠쎄나디] "태어나는 자 가운데 늙고 죽음을 면하는 자가 있습니까?"

[세존] "대왕이여, 늙고 죽음을 면하는 자는 없습니다.

---

381) Sgv. 381 lobho doso ca moho ca / purisaṁ pāpacetasaṁ / hiṁsanti attasambhūtā / tavasāraṁ va samphalan ti // 대나무는 꽃이 피면 열매를 맺고 죽게 된다.

대왕이여, 왕족들이 부유하고 돈이 많고 호화롭고 금은이 많고 재산이 많고 재물과 곡식이 풍부하고 권세가 있더라도, 그들 태어나는 자들 가운데 늙고 죽음을 면하는 자는 없습니다.

대왕이여, 바라문들이 부유하고 돈이 많고 호화롭고 금은이 많고 재산이 많고 재물과 곡식이 풍부하고 권세가 있더라도, 그들 태어나는 자들 가운데 늙고 죽음을 면하는 자는 없습니다.

대왕이여, 장자들이 부유하고 돈이 많고 호화롭고 금은이 많고 재산이 많고 재물과 곡식이 풍부하고 권세가 있더라도, 그들 태어나는 자들 가운데 늙고 죽음을 면하는 자는 없습니다.

대왕이여, 수행승들이 거룩한 님으로서 번뇌가 부수어지고 청정한 삶을 이루고 해야 할 일을 다 마치고 무거운 짐을 내려놓고 자신의 이상을 실현하고 존재의 결박을 부수고 올바른 궁극의 앎으로 해탈했다고 하더라도, 그들에게도 이 몸은 부서져야 하고 버려져야 합니다."

Sgv. 382. [세존]

"잘 꾸며진 왕의 수레도 낡아가듯,
마찬가지로 몸도 또한 늙어가지만,

참사람에게 진리는 늙지 않는다고
참사람들은 참사람들에게 전합니다."[382]

3 : 4(1-4) 사랑스런 이의 경
[Piyasutta]

한때 세존께서 싸밧티 시에 계셨다.

그때 꼬쌀라 국의 빠쎄나디 왕은 한쪽에 앉아서 세존께 이와 같이 말씀드렸다.

[빠쎄나디] "세존이시여, 제가 한적한 곳에서 홀로 고요히 명상하는데 이와 같이 '자기 자신을 사랑스러운 사람으로 여기는 사람은 누구일까? 그리고 자기 자신을 미워하는 사람처럼 대하는 사람은 누구일까?'라는 생각이 마음속에 떠올랐습니다.

세존이시여, 저는 그것에 대해 이와 같은 생각을 했습니다. '어떤 사람들이든 신체적으로 나쁜 행위를 하고 언어적으로 나쁜 행위를 하며 정신적으로 나쁜 행위를 하면, 그들은 자기 자신을 사랑스러운 사람으로 대하지 않는 것

---

382) Sgv. 382 jīranti ve rāja rathā sucittā / atho sarīrampi jaraṁ upeti / satañ ca dhammo na jaraṁ upeti / santo have sabbhi pavedayantī ti // 여기서 진리란 열반을 말한다. 또는 아홉 가지 원리 즉, 네 가지 길과 네 가지 경지와 열반을 말한다.

이다. 만약 그들이 자기가 자신을 사랑스럽게 여긴다고 말하더라도, 여전히 그들은 자신을 미워하는 사람처럼 대하는 것이다. 어떤 이유인가? 그것은 그들은 미워하는 사람들이 [72] 서로에게 행하는 것처럼 자기 자신에게 행하기 때문이다. 따라서 그들은 자신을 미워하는 사람으로 대하고 있는 것이다.

어떤 사람들이든 신체적으로 착한 행위를 하고 언어적으로 착한 행위를 하며 정신적으로 착한 행위를 하면, 그들은 자기 자신을 사랑스러운 사람으로 대하는 것이다. 만약 그들이 자기가 자신을 사랑스럽게 여기지 않는다고 말하더라도, 여전히 그들은 자신을 사랑스러운 사람처럼 대하는 것이다. 어떤 이유인가? 그것은 그들은 사랑하는 사람들이 서로에게 행하는 것처럼 자기 자신에게 행하기 때문이다. 따라서 그들은 자신을 사랑스러운 사람으로 대하고 있는 것이다.'라고 생각했습니다."

[세존] "대왕이여, 그렇습니다. 대왕이여, 그렇습니다. 어떤 사람들이든 신체적으로 나쁜 행위를 하고 언어적으로 나쁜 행위를 하며 정신적으로 나쁜 행위를 하면, 그들은 자기 자신을 사랑스러운 사람으로 대하지 않는 것입니다. 만약 그들이 자기가 자신을 사랑스럽게 여긴다고 말하더라도, 여전히 그들은 자신을 미워하는 사람처럼 대하는 것입니다. 어떤 이유겠습니까? 그들은 미워하는 사람들이

서로에게 행하는 것처럼 자기 자신에게 행하고 때문입니다. 따라서 그들은 자신을 미워하는 사람으로 대하고 있는 것입니다.

어떤 사람들이든 신체적으로 착한 행위를 하고 언어적으로 착한 행위를 하며 정신적으로 착한 행위를 하면, 그들은 자기 자신을 사랑스러운 사람으로 대하는 것입니다. 만약 그들이 자기가 자신을 사랑스럽게 여기지 않는다고 말하더라도, 여전히 그들은 자신을 사랑스러운 사람으로 대하는 것입니다. 어떤 이유겠습니까? 그들은 사랑하는 사람들이 서로에게 행하는 것처럼 자기 자신에게 행하기 때문입니다. 따라서 그들은 자신을 사랑스러운 사람으로 대하고 있는 것입니다."

Sgv. 383. [세존]

"자신을 사랑스럽다고 여긴다면
자신을 악행에 묶지 말라.
악한 행위를 하는 사람은
행복을 얻기가 어려운 까닭이다. 383)

---

383) Sgv. 383 attānaṁ ce piyaṁ jaññā / na naṁ pāpena saṁyuje / na hi taṁ sulabhaṁ hoti / sukhaṁ dukkatakāriṇā //

Sgv. 384. [세존]

죽음의 신에게 사로잡혀
목숨을 버려야 할 때,
무엇이 진실로 자기의 것인가?
그는 무엇을 가지고 가겠는가?
그림자가 몸에 붙어 다니듯,
그를 따라 다닐 것은 무엇인가?[384)]

Sgv. 385. [세존]

사람이 이 세상에서 만든
공덕과 죄악, 바로 이 두 가지,
이것이야말로 자신의 것,
그는 그것을 가지고 간다.
그림자가 몸에 붙어 다니듯,
그것이 그를 따라 다닌다.[385)]

---

384) Sgv. 384 antakenādhipannassa / jahato mānusaṁ bhavaṁ / kiṁ hi tassa sakaṁ hoti / kiñca ādāya gacchati / kiñca'ssa anugaṁ hoti / chāyā va anapāyinī //

385) Sgv. 385 ubho puññañca pāpañca / yaṁ macco kurute

Sgv. 386. [세존]

그러므로 착하고 건전한 일을 해서
미래를 위해 쌓아야 하리.
공덕이야말로 저 세상에서
뭇삶들에게 의지처가 되리."386)

3 : 5(1-5) 스스로 수호 받음의 경 [Attarakkhitasutta]

한때 세존께서 싸밧티 시에 계셨다.

그때 꼬쌀라 국의 빠쎄나디 왕은 한쪽에 앉아서 세존께 이와 같이 말씀드렸다.

[빠쎄나디] "세존이시여, 제가 한적한 곳에서 홀로 고요히 명상하는데 이와 같이 '누구에게 자기 자신은 수호되고 누구에게 자기 자신은 수호되지 않는가?'라는 생각이 마음속에 떠올랐습니다.

세존이시여, 저는 그것에 대해 이와 같이 생각했습니다.

---

idha / taṁ hi tassa sakaṁ hoti / tañ ca ādāya gacchati / taṁ c'assa anugaṁ hoti / chāyā va anapāyinī //

386) *Sgv. 386 tasmā kareyya kalyāṇaṁ / nicayaṁ samparāyikaṁ / puññāni paralokasmiṁ / patiṭṭhā honti pāṇinan ti //*

'어떤 사람들이라도 신체적으로 나쁜 행위를 하고 언어적으로 나쁜 행위를 하며 정신적으로 나쁜 행위를 하면 그들에게 자기 자신은 수호되지 않는다. 만약 그들이 코끼리 부대로 지키고 기마 부대로 지키고 전차 부대로 지키고 보병 부대로 지킬지라도 [73] 그들에게 자기 자신은 수호되지 않는다. 그것은 왜냐하면 그들에게 수호는 밖에 있으며 그들에게 수호는 안에 있지 않기 때문이다. 그러므로 그들에게 자기 자신은 수호되지 않는다.

어떤 사람들이라도 신체적으로 착한 행위를 하고 언어적으로 착한 행위를 하며 정신적으로 착한 행위를 하면 그들에게 자기 자신은 수호된다. 만약 그들이 코끼리 부대로 지키지 않고 기마 부대로 지키지 않고 전차 부대로 지키지 않고 보병 부대로 지키지 않더라도 그들에게 자기 자신은 수호된다. 그것은 왜냐하면 그들에게 수호는 안에 있으며 그들에게 수호는 밖에 있지 않기 때문이다. 그러므로 그들에게 자기 자신은 수호된다.'라고 생각했습니다."

[세존] "대왕이여, 그렇습니다. 대왕이여, 그렇습니다. 어떤 사람들이라도 신체적으로 나쁜 행위를 하고 언어적으로 나쁜 행위를 하며 정신적으로 나쁜 행위를 하면 그들에게 자기 자신은 수호되지 않습니다. 만약 그들이 코끼리 부대로 지키고 기마 부대로 지키고 전차 부대로 지키고 보병 부대로 지켜도 그들에게 자기 자신은 수호되지 않습니

다. 그것은 왜냐하면 그들에게 수호는 밖에 있으며 그들에게 수호는 안에 있지 않기 때문입니다. 그러므로 그들에게 자기 자신은 수호되지 않습니다. 어떠한 사람들이라도 신체적으로 착한 행위를 하고 언어적으로 착한 행위를 하며 뜻으로 착한 행위를 하면 그들에게 자기 자신은 수호됩니다. 만약 그들이 코끼리 부대로 지키지 않고 기마 부대로 지키지 않고 전차 부대로 지키지 않고 보병 부대로 지키지 않더라도 그들에게 자기 자신은 수호됩니다. 그것은 왜냐하면 그들에게 수호는 안에 있으며 그들에게 수호는 밖에 있지 않기 때문입니다. 그러므로 그들에게 자기 자신은 수호됩니다."

Sgv. 387. [세존]

"신체적으로 자제하는 것도 훌륭하고,
언어적으로 자제하는 것도 훌륭하고,
정신적으로 자제하는 것도 훌륭하고,
모든 면에 자제하는 것은 훌륭하니,
어디서든 자제하고 부끄러워 할 줄 아는 님을
수호된 사람이라 한다."[387)]

---

387) Sgv. 387 kāyena saṁvaro sādhu / sādhu vācāya saṁ-

3 : 6(1-6) 적음의 경
[Appakāsutta]

한때 세존께서 싸밧티 시에 계셨다.

그때 꼬쌀라 국의 빠쎄나디 왕은 한쪽에 앉아서 세존께 이와 같이 말씀드렸다.

[빠쎄나디] "세존이시여, 제가 한적한 곳에서 홀로 고요히 명상하는데 이와 같이 '세상에 막대한 재화를 획득하고서도 거기에 취하지 않고 방일하지 않고 감각적 쾌락의 욕망에 빠지지 않고 뭇삶에게 죄를 짓지 않는 사람은 적다. 세상에 막대한 재화를 획득하고서 거기에 취하고 방일하고 [74] 감각적 쾌락의 욕망에 빠지고 뭇삶에게 죄를 짓는 사람은 많다.'라는 생각이 마음속에 떠올랐습니다."

[세존] "대왕이여, 그렇습니다. 대왕이여, 그렇습니다. 세상에 막대한 재화를 획득하고서도 거기에 취하지 않고 방일하지 않고 감각적 쾌락의 욕망에 빠지지 않고 뭇삶에게 죄를 짓지 않는 사람은 적습니다. 세상에 막대한 재화를 획득하고서 거기에 취하고 방일하고 감각적 쾌락의 욕망에 빠지고 뭇삶에게 죄를 짓는 사람은 많습니다."

---

varo / manasā saṁvaro sādhu / sādhu sabbattha saṁvaro / sabbattha saṁvuto lajjī / rakkhito ti pavuccatī ti //

Sgv. 388. [세존]

"감각적 쾌락의 욕망을 누려서 물들고
감각적 쾌락의 욕망에의 탐욕에 홀려,
사슴이 쳐진 그물을 모르듯,
사람들은 잘못을 깨닫지 못한다.
잘못은 나중에 쓴맛이 되나니,
참으로 결과가 악하기 때문이다."388)

3 : 7(1-7) 재판의 경
[Atthakaraṇasutta]

한때 세존께서 싸밧티 시에 계셨다.

그때 꼬쌀라 국의 빠쎄나디 왕은 한쪽에 앉아서 세존께 이와 같이 말씀드렸다.

[빠쎄나디] "세존이시여, 저는 재판석에 앉아서 부유하고 돈이 많고 호화롭고 금은이 많고 재산이 많고 재물과 곡식이 풍부하고 권세가 있는 귀족들, 바라문들, 장자들이 감각적 쾌락의 욕망을 원인으로 감각적 쾌락의 욕망을 연유

---

388) *Sgv. 388 sārattā kāmabhogesu / giddhā kāmesu mucchitā / atisāraṁ na bujjhanti / migā kūṭaṁ va oḍḍitaṁ / pacchā'saṁ kaṭukaṁ hoti / vipāko hi'ssa pāpako ti //*

로 감각적 쾌락의 욕망을 바탕으로 의도적인 망언을 하는 것을 보았습니다. 세존이시여, 그것에 대해 저는 '나는 재판을 그만두겠다. 이제 나의 탁월한 친구가 판결해서 밝혀낼 것이다.'라고 생각했습니다."

[세존] "대왕이여, 부유하고 돈이 많고 호화롭고 금은이 많고 재산이 많고 재물과 곡식이 풍부하고 권세가 있는 귀족들, 바라문들, 장자들이 감각적 쾌락의 욕망을 원인으로 감각적 쾌락의 욕망을 연유로 감각적 쾌락의 욕망을 바탕으로 의도적인 망언을 하는데, 그들은 나중에 오랫동안 불이익과 괴로움을 겪을 것입니다."

Sgv. 389. [세존]

"감각적 쾌락의 욕망을 누려서 물들고
감각적 쾌락의 욕망에의 탐욕에 홀려서
물고기가 쳐진 그물을 모르듯,
사람들은 잘못을 깨닫지 못한다.
잘못은 나중에 쓴 맛이 되나니,
결과가 참으로 악하기 때문이다."389)

---

389) Sgv. 389 sārattā kāmabhogesu / giddhā kāmesu mucchitā / atisāraṁ na bujjhanti / macchā khipaṁ va oḍḍhitaṁ

3 : 8(1-8) 말리까의 경
[Mallikāsutta]

한때 [75] 세존께서 싸밧티 시에 계셨다.

그때 꼬쌀라 국의 빠쎄나디 왕이 말리까 왕비와 함께 높은 누각 위로 올라가 있었다.

그때 꼬쌀라 국의 빠쎄나디 왕은 말리까 왕비에게 말했다.

[빠쎄나디] "말리까여, 그대에게는 그대 자신보다 더 사랑스런 다른 사람이 있소?"

[말리까] "대왕이시여, 나에게는 나 자신보다 더 사랑스러운 다른 사람은 없습니다. 대왕이시여, 그런데 전하께서는 자신보다 더 사랑스러운 다른 사람이 있습니까?"

[빠쎄나디] "말리까여, 나에게도 나 자신보다 더 사랑스러운 다른 사람은 없소."

그리고 나서 꼬쌀라 국의 빠쎄나디 왕은 높은 누각에서 내려와 세존께서 계신 곳으로 찾아갔다. 가까이 다가가서 세존께 인사를 드리고 한쪽으로 물러나 앉았다. 한쪽으로 물러나 앉아서 꼬쌀라 국의 빠쎄나디 왕은 세존께 이와 같이 말씀드렸다.

/ *pacchāsaṁ kaṭukaṁ hoti* / *vipāko hi'ssa pāpako ti* //

[빠쎄나디] "세존이시여, 저는 말리까 왕비와 함께 높은 누각 위에 올라가 말리까 왕비에게 이와 같이 말했습니다. '말리까여, 그대에게는 그대 자신보다 더 사랑스러운 다른 사람이 있소?' 이렇게 물었을 때 세존이시여, 말리까 왕비는 이와 같이 대답했습니다. '대왕이시여, 나에게는 나 자신보다 더 사랑스러운 다른 사람은 없습니다. 대왕이시여, 그런데 전하께서는 자신보다 더 사랑스러운 다른 사람이 있습니까?' 이렇게 물었을 때 세존이시여, 저는 말리까 왕비에게 '말리까여, 나에게도 나 자신보다 더 사랑스러운 다른 사람은 없소'라고 대답했습니다."

그때 세존께서는 그 뜻을 아시고 이와 같이 읊으셨다.

Sgv. 390. [세존]

"마음이 어느 곳으로
돌아다녀도
자기보다 더
사랑스러운 것을 찾지 못하듯,
다른 사람에게도
자기는 사랑스러우니
자신을 위해 남을 해쳐서는 안 되리."[390)] 0

3 : 9(1-9) 제사의 경
[Yaññasutta]

한때 세존께서 싸밧티 시에 계셨다.

그때 꼬쌀라 국의 빠쎄나디 왕이 큰 제사를 준비하고 있었다. 오백 마리의 큰 황소와 오백 마리의 황소와 오백 마리의 암소와 오백 마리의 [76] 산양과 오백 마리의 양들이 제사를 위해서 기둥에 묶여 있었다.

또한 왕의 노예와 심부름꾼과 하인들도 있었는데, 그들은 짐승을 도살하는 것을 두려워하여 공포에 떨며 슬픈 얼굴로 울면서 제사 준비를 하고 있었다.

그때 많은 수행승들이 아침 일찍 옷을 입고 발우와 가사를 수하고 탁발하기 위해 싸밧티 시로 들어갔다. 싸밧티 시에서 탁발을 하고 식사를 마친 뒤, 발우를 물리고 나서 세존께서 계신 곳으로 찾아왔다. 가까이 다가와서 세존께 인사를 드리고 한쪽으로 물러나 앉았다.

한쪽으로 물러나 앉아 그 수행승들은 세존께 이와 같이 말씀드렸다.

[수행승들] "세존이시여, 꼬쌀라 국의 빠쎄나디 왕이 커다란 제사를 준비하고 있습니다. 오백 마리의 큰 황소와 오백

---

390) Sgv. 390 sabbā disā anuparigamma cetasā / n'ev'ajjhagā piyataram attanā kvaci / evaṁ piyo puthu attā paresaṁ / tasmā na hiṁse paraṁ attakāmo ti //

마리의 황소와 오백 마리의 암소와 오백 마리의 산양과 오백 마리의 양들이 제사에 쓰이기 위해 기둥에 묶여 있습니다. 또한 왕의 노예와 심부름꾼과 일꾼들도 있었는데, 그들도 짐승들을 도살하는 것을 두려워하여 공포에 떨며 슬픈 얼굴로 울면서 제사 준비를 하고 있었습니다."

그때 세존께서 그 뜻을 아시고 곧 이와 같이 시를 읊으셨다.

Sgv. 391. [세존]

"말을 희생하는 제사,
사람을 희생하는 제사,
나무 봉이 던져진 곳에 제단을 쌓는 제사,
승리의 축배를 드는 제사,
무차(無遮)의 제사는
많은 수고만 있을 뿐 공덕은 크지 않다. 391)

---

391) Sgv. 391 assamedhaṁ purisamedhaṁ / sammāpāsaṁ vājapeyyaṁ / niraggalaṁ mahāyaññā / na te honti mahapphalā // 주석서에서는 유사언어학적인 해석을 통해 원래 잔인한 제사가 아니라 원래 훌륭한 풍속이었다고 해석하고 있다. 즉, 왕들이 세상을 섭수하기 위한 네 가지 섭수의 토대, 보시·애어·이행·동사가 제사의 취지였다. 그래서 말

Sgv. 392. [세존].

산양과 양과 소 등을
희생하는 그러한 제사에
올바른 길을 가는
위대한 선인들은 참여하지 않는다.392)

의 희생제는 원래가 곡물헌공을 의미하고 잘 익은 곡식의 열 번째 부분을 취하는 것으로 이루어졌고, 곡물생산의 성공을 위한 슬기로운 배려였다. 그리고 사람의 희생제는 원래 육 개월마다 위대한 전사에게 음식과 보수를 지급하는 것으로 이루어졌고, 사람을 섭수하기 위한 슬기로운 배려였다. 그리고 막대를 던져지는 곳에 제단을 쌓는 제사는 원래 가난한 사람의 손에서 지문을 채취하여 삼년 마다 이자가 없이 천 내지 이천 정도의 돈을 제공하는 의식이었다. 그리고 승리의 축배를 드는 제사는 '아들아, 아저씨' 등의 다정한 말로 섭수하는 것으로 친절한 언어를 사용하는 의식이었다. 이와 같은 네 가지 섭수의 토대가 완성되면, 왕국은 집집마다 먹고 마시는 것이 풍부해지고 서로 안전하게 즐기는 무차의 제사 즉, 빗장이 없는 상태의 제사가 된다. 그러나 후대에 옥까까 왕 때에 와서 바라문의 타락으로 이러한 것이 희생제로 변질되었다는 것이다.

392) Sgv. 392 ajeḷakā ca gāvo ca / vividhā yattha haññare / na taṁ sammaggatā yaññaṁ / upayanti mahesino //

Sgv. 393. [세존]

거창한 행사 없이 언제나
가문에서 대를 이어 내려온 제사,
산양과 양과 소 등을
희생하지 않는 제사,
올바른 길을 가는 위대한 선인들은
그러한 제사에 참여한다.[393]

Sgv. 394. [세존]

현자들은 살생이 없는 제사를 행하니,
그 제사는 큰 공덕을 가져온다.
훌륭한 제사를 행하는 자에게
좋은 일이 생기고 나쁜 일은 없다.
그와 같은 제사는 광대한 것이 되니,

---

393) Sgv. 393 ye ca yaññā nirārambhā /yajanti anukulaṁ sadā / ajeḷakā ca gāvo ca / vividhā n'ettha haññare / etaṁ sammaggatā yaññaṁ / upayanti mahesino // 가문에 대를 이은 것이란 예전에 보시해왔던 언제나 행하는 음식의 공양을 줄이지 않고 베푸는 것이다.

하늘사람들조차도 기뻐한다."[394)]

3 : 10(1-10) 속박의 경
[Bandhanasutta]

한때 꼬쌀라 국의 빠쎄나디 왕이 많은 사람을 구속했다. 어떤 사람들은 포승으로, 어떤 사람들은 족쇄로, 어떤 사람들은 쇠사슬로 결박했다.

그때 [77] 많은 수행승들이 아침 일찍 옷을 입고 발우와 가사를 수하고 탁발하기 위해 싸밧티 시로 들어갔다. 싸밧티 시에서 탁발을 하고 올바로 알아차리며 식사를 마친 뒤, 탁발에서 돌아와 세존께서 계신 곳으로 찾아갔다. 가까이 다가가서 세존께 인사를 드리고 한쪽으로 물러나 앉았다.

한쪽으로 물러나 앉아서 수행승들은 세존께 이와 같이 말씀드렸다.

[수행승들] "세존이시여, 여기 꼬쌀라 국의 빠쎄나디 왕이 많은 사람을 구속했습니다. 어떤 사람들은 포승으로, 어떤 사람들은 족쇄로, 어떤 사람들은 쇠사슬로 결박되었습니다."

---

394) Sgv. 394 etaṁ yajetha medhāvī / eso yañño mahapphalo / etaṁ hi yajamānassa / seyyo hoti na pāpiyo / yañño ca vipulo hoti / pasīdanti ca devatā ti //

그때 세존께서는 그 뜻을 아시고 곧 이와 같이 시를 읊으셨다.

Sgv. 395. [세존]

"쇠, 나무, 넝쿨로 이루어진 사슬을
현자는 견고한 속박이라 부르지 않네.
보석이나 귀걸이, 팔찌에 탐닉하는 것과
아들과 아내에게 이끌리는 것.[395)]

Sgv. 396. [세존]

현자는 이것을 견고한 속박이라 부르니,
유혹적이고 부드럽지만 벗어나기 어려운 것,
감각적 쾌락에 대한 욕망의 즐거움을 끊고,
그것을 기대하지 않고 유행하리."[396)]

---

395) Sgv. 395 na taṁ daḷhaṁ bandhanamāhu dhīrā /yad āyasaṁ dārujaṁ pabbajañ ca / sārattarattā maṇikuṇḍalesu / puttesu dāresu ca yā apekkhā //

396) Sgv. 396 etaṁ daḷhaṁ bandhanam āhu dhīrā / ohārinaṁ sithilaṁ duppamuñcaṁ / etam pi chetvāna paribbajan ti / anapekkhino kāmasukhaṁ pahāyā ti //

첫 번째 품, 「속박의 품」이 끝났다. 그 목차는 차례로 '1) 젊은이의 경 2) 사람의 경 3) 늙음과 죽음의 경 4) 사랑스런 이의 경 5) 스스로 수호 받음의 경 6) 적음의 경 7) 재판의 경 8) 말리까의 경 9) 제사의 경 10) 속박의 경'으로 이루어졌다.

2. 아들 없음의 품

(Aputtakavagga)

3 : 11(2-1) 일곱 명의 결발 수행자의 경 [Sattajaṭilasutta]

한 때 세존께서 싸밧티 시의 뿝바라마 승원에 있는 미가라마뚜 강당에 계셨다.

그때 세존께서는 홀로 고요히 명상하다가 저녁 무렵에 일어나 문 밖의 낭하에 앉아 계셨다. 때마침 꼬쌀라 국의 빠쎄나디 왕이 세존께서 계신 곳으로 찾아왔다. 가까이 다가와서 세존께 인사를 드리고 한쪽으로 물러나 앉았다.

마침 [78] 일곱 명의 결발 수행자와 일곱 명의 니간타, 일곱 명의 벌거벗은 수행자, 일곱 명의 한 벌 옷만 입는 수행자, 일곱 명의 편력수행자가 겨드랑이 아래의 털이나 손톱이나 몸의 털을 깎지 않고 길게 기른 채 여행도구를 지니고 세존으로부터 멀지 않은 곳을 지나고 있었다.

그러자 꼬쌀라 국의 빠쎄나디 왕이 자리에서 일어나 윗옷을 한쪽 어깨에 걸치고 오른쪽 무릎을 땅에 대고 일곱 명의 결발 수행자와 일곱 명의 니간타, 일곱 명의 벌거벗은 수행자, 일곱 명의 한 벌 옷만 입는 수행자, 일곱 명의 편력 수행자가 지나는 곳을 향해 합장하며 세 번 자신의 이름을 불렀다.

[빠쎄나디] "거룩한 님들이여, 나는 꼬쌀라 국의 왕입니다. 거룩한 님들이여, 나는 꼬쌀라 국의 왕입니다. 거룩한 님들이여, 나는 꼬쌀라 국의 왕입니다."

그리고 꼬쌀라 국의 빠쎄나디 왕은 이 일곱 명의 결발 수행자와 일곱 명의 니간타, 일곱 명의 벌거벗은 수행자, 일곱 명의 한 벌 옷만 입는 수행자, 일곱 명의 편력 수행자가 떠난 뒤 곧, 세존께서 계신 곳으로 다가갔다. 다가가서 세존께 인사를 드리고 한쪽으로 물러나 앉았다.

한쪽으로 물러나 앉아서 꼬쌀라 국의 빠쎄나디 왕은 세존께 이와 같이 말씀드렸다.

[빠쎄나디] "세존이시여, 저들은 세상에서 거룩한 님과 거룩한 길을 성취한 님 가운데 어떤 쪽입니까?"

[세존] "대왕이여, 당신은 세속인으로서 감각적 쾌락의 욕망을 즐기고 아이들이 북적대는 집에서 살고 까씨 국에서 나는 전단향을 쓰고 화환과 향수와 크림을 사용하고 금은을 향유하고 있습니다. 그러므로 당신은 '그들이 거룩한 님인가 또는 거룩한 길을 성취한 님인가'를 알기가 어렵습니다.

대왕이여, 그들이 계행을 지키는지는 함께 살아보아야 알 수 있습니다. 그것도 오랫동안 같이 살아보아야 알지 짧은 동안에는 알 수 없습니다. 정신활동을 일으켜야 알지 정신활동을 일으키지 않으면 알 수 없습니다. 지혜로워야 알지 우둔하면 알 수 없습니다.

대왕이여, 그들이 정직한지는 서로 대화를 통해 왕래를 해 보아야 알 수 있습니다. 그것도 오랫동안 서로 대화를 통해 왕래를 해보아야 알지 짧은 동안에는 알 수 없습니다. 정신활동을 일으켜야 알지 정신활동을 일으키지 않으면 알 수 없습니다. 지혜로워야 알지 우둔하면 알 수 없습니다.

대왕이여, 그들이 견고한지는 재난을 만났을 때 알 수 있습니다. 그것도 오랫동안 재난을 만났을 때 알지 짧은 동안에는 알 수 없습니다. 정신활동을 일으켜야 알지 정신활동을 일으키지 않으면 알 수 없습니다. 지혜로워야 알지 우둔하면 알 수 없습니다.

대왕이여, [79] 그들이 지혜가 있는지는 논의를 통해서 알 수 있습니다. 그것도 오랫동안 논의해야 알지 짧은 동안에는 알 수 없습니다. 정신활동을 일으켜야 알지 정신활동을 일으키지 않으면 알 수 없습니다. 지혜로워야 알지 우둔하면 알 수 없습니다."

[빠쎄나디] "세존이시여, 참으로 놀라운 일입니다. 세존이시여, 일찍이 없었던 일입니다. 세존께서는 이와 같이 가

르치셨습니다. '대왕이여, 당신은 세속인으로서 감각적 쾌락의 욕망을 즐기고 아이들이 북적대는 집에서 살고 까씨국의 전단향을 쓰고 화환과 향수와 크림을 사용하고 금은을 향유하고 있습니다. 그러므로 당신은 그들이 거룩한 님인가 또는 거룩한 길을 성취한 님인가를 알기가 어렵습니다. 대왕이여, 그들이 계행을 지키지는 함께 살아보아야 알 수 있습니다. 그것도 오랫동안 같이 살아보아야 알지 짧은 동안에는 알 수 없습니다. 정신활동을 일으켜야 알지 정신활동을 일으키지 않으면 알 수 없습니다. 지혜로워야 알지 우둔하면 알 수 없습니다. 대왕이여, 그들이 정직한지는 서로 대화를 통한 왕래를 해 보아야 알 수 있습니다. 그것도 오랫동안 서로 대화를 통한 왕래를 해보아야 알지 짧은 동안에는 알 수 없습니다. 정신활동을 일으켜야 알지 정신활동을 일으키지 않으면 알 수 없습니다. 지혜로워야 알지 우둔하면 알 수 없습니다. 대왕이여, 그들이 견고한지는 그들이 재난을 만났을 때 알 수 있습니다. 그것도 그들이 오랫동안 재난을 만났을 때 알지 짧은 동안에는 알 수 없습니다. 정신활동을 일으켜야 알지 정신활동을 일으키지 않으면 알 수 없습니다. 지혜로워야 알지 우둔하면 알 수 없습니다. 대왕이여, 그들이 지혜가 있는지는 논의를 통해서 알 수 있습니다. 그것도 오랫동안 논의해야 알지 짧은 동안에는 알 수 없습니다. 정신활동을 일으켜야 알지 정신활동을 일으키지 않으면 알 수 없습니다. 지혜로

워야 알지 우둔하면 알 수 없습니다.'

세존이시여, 나의 신하와 밀사와 정탐꾼들은 나라를 살피고 돌아옵니다. 그들이 먼저 살핀 것에 대해 나는 나중에 결론을 내립니다.

세존이시여, 지금 그들은 흙먼지를 제거하고 몸을 잘 씻고 향유를 바르고 머리와 수염을 가지런히 하고 흰 옷을 걸치고 다섯 가지 감각적 쾌락의 욕망을 충족하고 살피러 나아가도록 해야 합니다."

그때 세존께서는 그 뜻을 아시고 곧 이와 같은 시를 읊으셨다.

Sgv. 397. [세존]

"사람은 색깔과 형상으로 알 수 없고
잠시 보아서는 믿을 수 없다.
몸을 잘 삼가는 사람의 모습을 하고
삼가지 않는 자들이 세상을 돌아다닌다. 397)

---

397) Sgv. 397 na vaṇṇarūpena naro sujāno / na vissase ittaradassanena / susaññatānaṁ hi viyañjanena / asaññatā lokamimaṁ caranti //

Sgv. 398. [세존]

흙으로 빚은 가짜 귀걸이처럼
금박을 입힌 반달 모양의 동전처럼
어떤 이들은 화려히 치장하고 돌아다니니
안으로는 더럽고 밖으로만 아름답다."398)

3 : 12(2-2) 다섯 왕의 경
[Pañcarājasutta]

한때 세존께서 싸밧티 시에 계셨다.

그때 빠쎄나디 왕을 비롯한 다섯 명의 왕이 있었는데, 다섯 가지 감각적 쾌락의 종류에 집착하여 그것을 충족시키고 즐기는 것에 대해 그들 사이에 '감각적 쾌락의 욕망 가운데 최상의 것이 무엇인가?'라는 논의가 일어났다.

그때 어떤 이는 '감각적 쾌락의 욕망 가운데 형상이 최상이다.' 어떤 이는 '감각적 쾌락의 욕망 가운데 소리가 최상이다.' 어떤 이는 '감각적 쾌락의 욕망 가운데 냄새가 최상

---

398) Sgv. 398 patirūpako mattikā kuṇḍalo va / lohaḍḍhamāso va suvaṇṇachanno / caranti eke parivārachannā / anto asuddhā bahi sobhamānā ti // 역자가 반달 모양으로 번역한 마싸는 원래 콩을 의미하지만, 작은 동전으로 의미가 전환된 것인데, 그것의 절반을 의미한다.

이다.' 어떤 이는 '감각적 쾌락의 욕망 가운데 맛이 최상이다.' 또 어떤 이는 [80] '감각적 쾌락의 욕망 가운데 감촉이 최상이다.'라고 이야기했다. 그러므로 이 왕들은 서로를 설득시킬 수가 없었다.

그러자 꼬쌀라 국의 빠쎄나디 왕이 다른 왕들에게 이와 같이 말했다.

[빠쎄나디] "벗들이여, 오십시오. 세존께서 계신 곳으로 가보십시다. 가서 세존께 그 뜻을 여쭈어 봅시다. 세존께서 우리들에게 가르쳐 주시는 대로 받드십시다."

[다른 왕들] "벗이여, 그렇게 합시다."

다른 왕들이 꼬쌀라 국의 빠쎄나디 왕에게 대답했다.

그래서 이 다섯 왕은 빠쎄나디 왕을 선두로 해서 세존께서 계신 곳으로 찾아왔다. 가까이 다가와서 세존께 인사를 드리고 한쪽으로 물러나 앉았다.

한쪽으로 물러나 앉아서 꼬쌀라 국의 빠쎄나디 왕은 세존께 이와 같이 말씀드렸다.

[빠쎄나디] "세존이시여, 우리 다섯 왕이 다섯 가지 감각적 쾌락의 종류에 집착하여 그것을 충족하고 즐기는데 우리들 사이에 '감각적 쾌락의 종류 가운데 최상의 것은 무엇인가?'라는 논의가 있었습니다. 어떤 이는 '감각적 쾌락의 종류 가운데 좋은 형상이 최상이다.' 어떤 이는 '감각적

쾌락의 종류 가운데 좋은 소리가 최상이다.' 어떤 이는 '감각적 쾌락의 종류 가운데 좋은 냄새가 최상이다.' 어떤 이는 '감각적 쾌락의 종류 가운데 좋은 맛이 최상이다.' 어떤 이는 '감각적 쾌락의 종류 가운데 좋은 감촉이 최상이다.' 라고 이야기했습니다. 세존이시여, 감각적 쾌락의 종류 가운데 최상의 것은 무엇입니까?"

[세존] "대왕이여, 나는 다섯 가지 감각적 쾌락의 종류 가운데 마음에 드는 것을 최상이라고 말합니다.

1) 대왕이여, 형상은 어떤 사람에게는 마음에 들고 어떤 사람에게는 마음에 들지 않습니다. 어떤 형상에 즐거워하고 욕구가 충족된 사람은 더욱 수승하고 더욱 미묘한 형상을 원하지 않습니다. 그에게는 그 형상이 제일이며 최상인 것입니다.

2) 대왕이여, 소리는 어떤 사람에게는 마음에 들고 어떤 사람에게는 마음에 들지 않습니다. 어떤 소리에 즐거워하고 욕구가 충족된 사람은 더욱 수승하고 더욱 미묘한 다른 소리를 원하지 않습니다. 그에게는 그 소리가 제일이며 최상인 것입니다.

3) 대왕이여, 향기는 어떤 사람에게는 마음에 들고 어떤 사람에게는 마음에 들지 않습니다. 어떤 향기에 즐거워하고 욕구가 충족된 사람은 더욱 수승하고 더욱 미묘한 다른 향기를 원하지 않습니다. 그에게는 그 향기가 제일이며 최상인 것입니다.

4) 대왕이여, 맛은 어떤 사람에게는 마음에 들고 어떤 사

람에게는 마음에 들지 않습니다. 어떤 맛에 즐거워하고 욕구가 충족된 사람은 더욱 수승하고 더욱 미묘한 다른 맛을 원하지 않습니다. 그에게는 그 맛이 제일이며 최상인 것입니다.

5) 대왕이여, 감촉은 어떤 사람에게는 마음에 들고 어떤 사람에게는 마음에 들지 않습니다. 어떤 감촉에[81] 즐거워하고 욕구가 충족된 사람은 더욱 수승하고 더욱 미묘한 다른 감촉을 원하지 않습니다. 그에게는 그 감촉이 제일이며 최상인 것입니다."

그때 재가신도 짠다낭갈리까가 그 모임에 참석하고 있었다. 재가신도 짠다낭갈리까는 자리에서 일어나 윗옷을 한쪽 어깨에 걸치고 세존께서 계신 곳을 향해 합장하고 세존께 이와 같이 말씀드렸다.

[짠다낭갈리까] "세존이시여, 저에게도 생각이 떠올랐습니다. 세존이시여, 저에게도 생각이 떠올랐습니다."

세존께서 말씀하셨다.

[세존] "짠다낭갈리까여, 그 생각을 말해 보십시오."

그러자 재가신도 짠다낭갈리까가 세존 앞에서 그것에 알맞은 시로 찬미했다.

Sgv. 399. [짠다낭갈리까]

"좋은 향기를 지닌 홍련화가

아침 일찍 피어서 향기가 사라지지 않듯이
보라, 앙기라싸의 광휘로움
하늘에서 빛나는 태양과 같다."399)

그때 그들 다섯 왕들은 재가신도 짠다낭갈리까에게 다섯 벌의 옷을 차례로 걸쳐주었다. 그러나 재가신도 짠다낭갈리까는 그 다섯 벌의 옷을 차례로 세존께 걸쳐드렸다.

3 : 13(2-3) 됫박 분량의 경
[Doṇapākasutta]

한때 세존께서 싸밧티 시에 계셨다.

그때 꼬쌀라 국의 빠쎄나디 왕은 됫박 분량의 많은 밥을 먹곤 했다.

마침 꼬쌀라 국의 빠쎄나디 왕이 많이 먹고는 숨을 몰아쉬며 세존께서 계신 곳으로 찾아왔다. 가까이 다가와서 세존께 인사를 드리고 한쪽으로 물러나 앉았다.

---

399) Sgv. 399 padumaṁ yathā kokanadaṁ sugandhaṁ / pāto siyā phullam avītagandhaṁ / aṅgīrasaṁ passa virocamānaṁ / tapannam ādiccam iv'antalikkhe ti // 앙기라싸는 베다에서는 신비적인 반신의 무리에 속한다. 여기서는 부처님을 지칭한다. 왜냐하면 부처님의 몸에서 광휘가 발산되기 때문이다.

그러자 세존께서 꼬쌀라 국의 빠쎄나디 왕이 많이 먹고는 숨을 몰아쉬고 있다는 것을 알고 곧 이와 같은 시를 읊으셨다.

Sgv. 400. [세존]

"언제나 새김을 확립하고
식사에 분량을 아는 사람은
괴로운 느낌이 적어지고
목숨을 보존하여 더디 늙어가리."400)

그런데 [82] 그때 바라문 학생 쑤닷싸나가 꼬쌀라 국의 빠쎄나디 왕의 뒤에 서 있었다.

꼬쌀라 국의 빠쎄나디 왕은 바라문 학생 쑤닷싸나에게 말했다.

[빠쎄나디] "자아, 쑤닷싸나야. 너는 세존께 이 시를 배워서 암기하여 나의 식사 때마다 읊도록 해라. 내가 너에게 매일 수당으로 백 까하빠나씩 항상 베풀어 줄 것이다."

[쑤닷싸나] "대왕이시여, 그렇게 하겠습니다."

---

400) Sgv. 400 manujassa sadā satīmato / mattaṁ jānato laddhabhojane / tanu tassa bhavanti vedanā / sanikaṁ jīrati āyu pālayan ti //

바라문 학생 쑤닷싸나는 꼬쌀라 국 빠쎄나디 왕에게 대답하고 나서 세존께 그 시를 배워서 암기하여 꼬쌀라 국의 빠쎄나디 왕이 식사할 때마다 읊었다.

Sgv. 401. [쑤닷싸나]

"언제나 새김을 확립하고
식사에 분량을 아는 사람은
괴로운 느낌이 적어지고
목숨을 보존하여 더디 늙어가리."401)

그리하여 꼬쌀라 국의 빠쎄나디 왕은 차츰 한 접시 분량의 음식으로 만족하기에 이르렀다. 그래서 꼬쌀라 국의 빠쎄나디 왕은 나중에 몸이 날씬하게 되어 손으로 몸을 어루만지며 곧 이와 같은 감흥을 읊었다.

[빠쎄나디] "참으로 세존께서는 현세의 참다운 이익과 미래의 참다운 이익, 이 두 가지의 참다운 이익으로 나에게 자비를 베푸셨다."

---

401) Sgv. 401 = Sgv. 400

3 : 14(2-4) 전쟁의 경 ①
[Paṭhamasaṅgāmasutta]

한때 마가다 국의 왕이며 베데히 왕비의 아들인 아자따쌋뚜가 네 종류의 군대를 무장시켜 꼬쌀라 국의 빠쎄나디 왕을 공격하기 위해서 까씨 국으로 쳐들어왔다.

꼬쌀라 국의 빠쎄나디 왕은 '마가다 국의 왕이며 베데히 왕비의 아들인 아자따쌋뚜가 네 종류의 군대를 무장시켜 까씨 국으로 쳐들어온다.'는 말을 들었다.

그래서 꼬쌀라 국의 빠쎄나디 왕은 네 종류의 군대를 무장시켜 마가다 국의 왕이며 베데히 왕비의 아들인 아자따쌋뚜를 까씨 국에서 맞이했다.

그리하여 [83] 마가다 국의 왕이며 베데히 왕비의 아들인 아자따쌋뚜와 꼬쌀라 국의 빠쎄나디 왕이 싸웠다. 그런데 그 전쟁에서 마가다 국의 왕이며 베데히 왕비의 아들인 아자따쌋뚜가 꼬쌀라 국의 빠쎄나디 왕을 이겼다. 싸움에 패한 꼬쌀라 국의 빠쎄나디 왕은 자신의 수도인 싸밧티 시로 돌아왔다.

그때 많은 수행승들이 아침 일찍 옷을 입고 발우와 가사를 수하고 탁발하기 위해 싸밧티 시로 들어갔다. 싸밧티 시에서 탁발을 하고 식사를 마친 뒤, 탁발에서 돌아와 세존께서 계신 곳으로 찾아왔다. 가까이 다가와서 세존께 인사를 드리고 한쪽으로 물러나 앉았다. 한쪽으로 물러나 앉아서 그 수행승들은 세존께 이와 같이 말씀드렸다.

[수행승들] "세존이시여, 마가다 국의 왕이며 베데히 왕비의 아들인 아자따쌋뚜가 네 종류의 군대를 무장시켜 꼬쌀라 국의 빠쎄나디 왕을 공격하기 위해서 까씨 국으로 쳐들어왔습니다. 세존이시여, 꼬쌀라 국의 빠쎄나디 왕은 '마가다 국의 왕이며 베데히 왕비의 아들인 아자따쌋뚜가 네 종류의 군대를 무장시켜 까씨 국으로 쳐들어온다.'는 말을 들었습니다. 세존이시여, 그래서 꼬쌀라 국의 빠쎄나디 왕은 네 종류의 군대를 무장시켜 마가다 국의 왕이며 베데히 왕비의 아들인 아자따쌋뚜를 까씨 국에서 맞이했습니다. 그리고 세존이시여, 마가다 국의 왕이며 베데히 왕비의 아들인 아자따쌋뚜와 꼬쌀라 국의 빠쎄나디 왕이 싸웠습니다. 그런데 그 전쟁에서 마가다 국의 왕이며 베데히 왕비의 아들인 아자따쌋뚜가 꼬쌀라 국의 빠쎄나디 왕에게 이겼습니다. 세존이시여, 싸움에 패한 꼬쌀라 국의 빠쎄나디 왕은 자신의 수도인 싸밧티 시로 돌아왔습니다."

[세존] "수행승들이여, 마가다 국의 왕이며 베데히 왕비의 아들인 아자따쌋뚜는 나쁜 친구, 나쁜 동료, 나쁜 도반을 갖고 있다. 수행승들이여, 거기에 비해 꼬쌀라 국의 빠쎄나디 왕은 좋은 친구, 좋은 동료, 좋은 도반을 갖고 있다. 수행승들이여, 그러나 꼬쌀라 국의 빠쎄나디 왕은 오늘 패자로서 괴로워하며 잠을 못 이룰 것이다."

Sgv. 402. [세존]

"승리는 원망을 낳고
패한 자는 잠을 못 이룬다.
이기고 지는 것을 버리면,
마음 편히 잠을 이루리."402)

3 : 15(2-5) 전쟁의 경 ②
[Dutiyasaṅgāmasutta]

한때 마가다 국의 왕이며 베데히 왕비의 아들인 아자따쌋뚜가 네 종류의 군대를 [84] 무장시켜 꼬쌀라 국의 빠쎄나디 왕을 공격하기 위해서 까씨 국으로 쳐들어왔다.

꼬쌀라 국의 빠쎄나디 왕은 '마가다 국의 왕이며 베데히 왕비의 아들인 아자따쌋뚜가 네 종류의 군대를 무장시켜 자신에 대항하여 까씨 국으로 쳐들어온다.'는 말을 들었다.

그래서 꼬쌀라 국의 빠쎄나디 왕은 네 종류의 군대를 무장시켜 마가다 국의 왕이며 베데히 왕비의 아들인 아자따쌋뚜를 까씨 국에서 맞이했다.

그리하여 마가다 국의 왕이며 베데히 왕비의 아들인 아자

402) *Sgv. 402 jayaṁ veraṁ pasavati / dukkhaṁ seti parājito / upasanto sukhaṁ seti / hitvā jayaparājayanti //*

따삿뚜와 꼬쌀라 국의 빠쎄나디 왕이 싸웠다. 그런데 이 전쟁에서 꼬쌀라 국의 빠쎄나디 왕은 마가다 국의 왕이며 베데히 왕비의 아들인 아자따삿뚜를 이겨서 생포했다.

그때 꼬쌀라 국의 빠쎄나디 왕은 이와 같이 '이 마가다 국의 왕이며 베데히 왕비의 아들인 아자따삿뚜는 가만히 있는 나에게 해를 끼친다. 그러나 그는 나의 조카이다. 나는 마가다 국의 왕이며 베데히 왕비의 아들인 아자따삿뚜의 모든 코끼리 부대를 빼앗고 모든 기마 부대를 빼앗고 모든 전차 부대를 빼앗고 모든 보병 부대를 빼앗고 나서 그들을 산 채로 풀어주면 어떨까.'라고 생각했다.

그래서 꼬쌀라 국의 빠쎄나디 왕은 마가다 국의 왕이며 베데히 왕비의 아들인 아자따삿뚜의 모든 코끼리 부대를 빼앗고 모든 기마 부대를 빼앗고 모든 전차 부대를 빼앗고 모든 보병 부대를 빼앗고 나서 그들을 산 채로 풀어주었다.

그때 많은 수행승들이 아침 일찍 옷을 입고 발우와 가사를 수하고 탁발하기 위해 싸밧티 시로 들어갔다. 싸밧티 시에서 탁발을 하고 식사를 마친 뒤, 탁발에서 돌아와 세존께서 계신 곳으로 찾아왔다. 가까이 다가와서 세존께 인사를 드리고 한쪽으로 물러나 앉았다. 한쪽으로 물러나 앉아서 그 수행승들은 세존께 이와 같이 말씀드렸다.

[수행승들] "세존이시여, [85] 마가다 국의 왕이며 베데히 왕비의 아들인 아자따삿뚜가 네 종류의 군대를 무장시켜 꼬쌀라 국의 빠쎄나디 왕을 공격하기 위해서 까씨 국으로

쳐들어왔습니다. 세존이시여, 꼬쌀라 국의 빠쎄나디 왕은 '마가다 국의 왕이며 베데히 왕비의 아들인 아자따쌋뚜가 네 종류의 군대를 무장시켜 자신에 대항하여 까씨 국으로 쳐들어온다.'는 말을 들었습니다. 세존이시여, 그래서 꼬쌀라 국의 빠쎄나디 왕도 네 종류의 군대를 무장시켜 마가다 국의 왕이며 베데히 왕비의 아들인 아자따쌋뚜를 까씨 국에서 맞이했습니다. 그리하여 마가다 국의 왕이며 베데히 왕비의 아들인 아자따쌋뚜와 꼬쌀라 국의 빠쎄나디 왕이 싸웠습니다. 그런데 그 전쟁에서 꼬쌀라 국의 빠쎄나디 왕은 마가다 국의 왕이며 베데히 왕비의 아들인 아자따쌋뚜를 이겨서 그를 생포했습니다. 그때 꼬쌀라 국의 빠쎄나디 왕은 이와 같이 생각했습니다. '이 마가다 국의 왕이며 베데히 왕비의 아들인 아자따쌋뚜는 가만히 있는 나에게 해를 끼친다. 그러나 그는 나의 조카이다. 나는 마가다 국의 왕이며 베데히 왕비의 아들인 아자따쌋뚜의 모든 코끼리 부대, 모든 기마 부대, 모든 전차 부대, 모든 보병 부대를 빼앗고는 그들을 산 채로 풀어주면 어떨까.' 그래서 세존이시여, 꼬쌀라 국의 빠쎄나디 왕은 마가다 국의 왕이며 베데히 왕비의 아들인 아자따쌋뚜의 모든 코끼리 부대를 빼앗고 모든 기마 부대를 빼앗고 모든 전차 부대를 빼앗고 모든 보병 부대를 빼앗고는 그들을 산 채로 풀어주었습니다."

그러자 세존께서는 그 뜻을 아시고 곧 이와 같이 시를 읊으셨다.

Sgv. 403. [세존]

"자신에게 이로움이 있으면
사람은 남의 것을 빼앗는다.
다른 자가 빼앗으면
빼앗긴 자는 또 남의 것을 빼앗는다.[403)]

Sgv. 404. [세존]

죄악의 열매가 익지 않는 한,
어리석은 자는 기회라고 생각하나
죄악의 열매를 거둘 때
어리석은 자는 괴로워한다.[404)]

Sgv. 405. [세존]

죽이는 자는 죽임을 당하고,

---

403) Sgv. 403 vilumpateva puriso / yāvassa upakappati / yadā c'aññe vilumpanti / so vilutto viluppati //

404) Sgv. 404 ṭhānamhi maññati bālo / yāva pāpaṁ na paccati / yadā ca paccati pāpaṁ / atha bālo dukkhaṁ nigacchati //

이기는 자는 패하며,
욕하는 자는 욕을 먹고
화내는 자는 화를 받는다.
행위는 돌고 또 돌아
빼앗긴 사람이 다시 빼앗는다."405)

3 : 16(2-6) 딸의 경
[Dhītusutta]

한때 [86] 세존께서 싸밧티 시에 계셨다.

그때 꼬쌀라 국의 빠쎄나디 왕이 세존께서 계신 곳으로 찾아왔다. 가까이 다가와서 세존께 인사를 드리고 한쪽으로 물러나 앉았다.

그때 마침 한 부하가 꼬쌀라 국의 빠쎄나디 왕의 귀에 대고 보고했다.

[부하] "대왕이시여, 말리까 왕비께서 공주를 출산했습니다."

---

405) *Sgv. 405 hantā labhati hantāraṁ / jetāraṁ labhate jayaṁ / akkosako ca akkosaṁ / rosetārañ ca rosako / atha kammavivaṭṭena / so vilutto viluppatī ti //*

이렇게 말했을 때 꼬쌀라 국의 빠쎄나디 왕은 기뻐하지 않았다.

그때 세존께서는 꼬쌀라 국의 빠쎄나디 왕이 기뻐하지 않는 것을 알고 곧 이와 같은 시를 읊었다.

Sgv. 406. [세존]

"백성의 왕이여, 여인이라도
어떤 이는 실로 남자보다 훌륭하니
총명하고 계행을 지키며
시부모를 공경하고 지아비를 섬깁니다.[406)]

Sgv. 407. [세존]

그런 여인에게서 태어난 남자는
세계의 영웅이 되니
그러한 훌륭한 여인의 아들이야말로
왕국을 지배할 수 있습니다."[407)]

---

406) *Sgv. 406 itthī pi hi ekacciyā / seyyā posā janādhipa / medhāvinī sīlavatī / sassudevā patibbatā //*

407) *Sgv. 407 tassā yo jāyati poso / sūro hoti disampati /*

3 : 17(2-7) 방일하지 않음의 경 [Appamādasutta]

한때 세존께서 싸밧티 시에 계셨다.

그때 꼬쌀라 국의 빠쎄나디 왕은 한쪽에 앉아서 세존께 이와 같이 말씀드렸다.

[빠쎄나디] "세존이시여, 현세의 이익과 내세의 이익, 양자의 이익이 되는 하나의 원리가 있습니까?"

[세존] "대왕이여, 현세의 이익과 내세의 이익, 양자의 이익이 되는 하나의 원리가 있습니다."

[빠쎄나디] "세존이시여, 현세의 이익과 내세의 이익, 양자의 이익이 되는 하나의 원리는 무엇입니까?"

[세존] "대왕이여, 현세의 이익과 내세의 이익, 양자의 이익이 되는 하나의 원리는 방일하지 않는 것입니다. 대왕이여, 예를 들어 어떠한 걸어 다니는 뭇삶의 발자국이든지 그 모든 것들은 코끼리의 발자국에 들어가므로 그들 가운데 그 크기에 관한 한 코끼리의 발자국을 최상이라고 합니다. 대왕이여, 이와 같이 방일하지 않는 것도 [87] 현세의 이익과 내세의 이익, 양자의 이익이 되는 것입니다."

---

tādiso subhagiyā putto / rajjam pi anusāsatī ti //

Sgv. 408. [세존]

"장수와 건강과 미모와
하늘나라와 높은 가문과
고매하고 지속적인
즐거움을 원하는 자를 위하여,
지혜로운 님은 공덕을 짓는 데
방일하지 않음을 찬양합니다.408)

Sgv. 409. [세존]

현명한 자는 방일하지 않음으로써,
현세의 이익과 내세의 이익,
양자의 이익을 얻으니,
지혜로운 님은 그 이익을 꿰뚫어
현자라고 일컬어지는 것입니다."409)

---

408) *Sgv. 408 āyuṁ ārogiyaṁ vaṇṇaṁ / saggaṁ uccākulīnataṁ / ratiyo patthayantena / uḷārā aparāparā / appamādaṁ pasaṁsanti / puññakiriyāsu paṇḍitā //*

409) *Sgv. 409 appamatto ubho atthe / adhigaṇhāti paṇḍito / diṭṭhe dhamme ca yo attho / yo c'attho samparāyiko /*

3 : 18(2-8) 좋은 벗의 경
[Kalyāṇamittasutta]

한때 세존께서 싸밧티 시에 계셨다.

그때 꼬쌀라 국의 빠쎄나디 왕은 한쪽에 앉아서 세존께 이와 같이 말씀드렸다.

[빠쎄나디] "세존이시여, 제가 한적한 곳에서 홀로 고요히 명상하는데 이와 같이 '세존께서는 가르침을 잘 말씀하셨다. 그러나 그것은 좋은 친구, 좋은 동료, 좋은 도반을 사귀는 자들을 위한 것이지 나쁜 친구, 나쁜 동료, 나쁜 도반을 사귀는 자들을 위한 것은 아니다.'라는 생각이 마음속에 떠올랐습니다."

[세존] "대왕이여, 그렇습니다. 대왕이여, 그렇습니다. 나는 가르침을 잘 말했습니다. 그러나 그것은 좋은 친구, 좋은 동료, 좋은 도반을 사귀는 자들을 위한 것이지 나쁜 친구, 나쁜 동료, 나쁜 도반을 사귀는 자들을 위한 것은 아닙니다.

대왕이여, 나는 한때 나가라까라고 하는 싸끼야 국의 마을에서 싸끼야 족과 함께 지냈습니다. 그때 수행승 아난다

---

atthābhisamayā dhīro / paṇḍito ti pavuccatī ti // 이익을 꿰뚫어 보는 자는 방일하지 않음이 곧 죽음을 초월하는 불사의 길이라는 그 출세간적 의미를 안다는 것이다.

가 내가 있는 곳으로 찾아왔습니다. 수행승 아난다는 다가와서 나에게 인사를 하고 한쪽으로 물러나 앉아서 나에게 이와 같이 이야기했습니다. '세존이시여, 이러한 좋은 친구, 좋은 동료, 좋은 도반을 사귀는 것은 청정한 삶의 절반에 해당합니다.'

대왕이여, 이와 같이 말하자, 나는 수행승 아난다에게 이와 같이 말했습니다. '아난다여, 그렇지 않다. 아난다여, 그렇지 않다. 이러한 좋은 친구,[88] 좋은 동료, 좋은 도반을 사귀는 것은 청정한 삶의 전부에 해당한다. 아난다여, 좋은 친구, 좋은 동료, 좋은 도반이 있는 수행승은 이와 같이 생각한다. 좋은 친구, 좋은 동료, 좋은 도반과 사귀는 수행승은 여덟 가지 고귀한 길을 닦을 것이고 여덟 가지 고귀한 길을 익힐 것이다.

그런데 아난다여, 수행승은 좋은 친구, 좋은 동료, 좋은 도반을 사귀면, 어떻게 여덟 가지 고귀한 길을 닦고 여덟 가지 고귀한 길을 익히는가?

아난다여, 수행승은

1) 멀리 여읨에 기초하고 사라짐에 기초하고 소멸에 기초하여 완전히 버림으로써 열반으로 회향하는 올바른 견해를 닦고,
2) 멀리 여읨에 기초하고 사라짐에 기초하고 소멸에 기초하여 완전히 버림으로써 열반으로 회향하는 올바른 사유를 닦고,

3) 멀리 여읨에 기초하고 사라짐에 기초하고 소멸에 기초하여 완전히 버림으로써 열반으로 회향하는 올바른 언어를 닦고,
4) 멀리 여읨에 기초하고 사라짐에 기초하고 소멸에 기초하여 완전히 버림으로써 열반으로 회향하는 올바른 행위를 닦고,
5) 멀리 여읨에 기초하고 사라짐에 기초하고 소멸에 기초하여 완전히 버림으로써 열반으로 회향하는 올바른 생활을 닦고,
6) 멀리 여읨에 기초하고 사라짐에 기초하고 소멸에 기초하여 완전히 버림으로써 열반으로 회향하는 올바른 정진을 닦고,
7) 멀리 여읨에 기초하고 사라짐에 기초하고 소멸에 기초하여 완전히 버림으로써 열반으로 회향하는 올바른 새김을 닦고,
8) 멀리 여읨에 기초하고 사라짐에 기초하고 소멸에 기초하여 완전히 버림으로써 열반으로 회향하는 올바른 집중을 닦는다.

아난다여, 수행승이 좋은 친구, 좋은 동료, 좋은 도반을 사귀면, 이와 같이 여덟 가지 고귀한 길을 닦고 여덟 가지 고귀한 길을 익힌다.

아난다여, 이와 같이 좋은 친구, 좋은 동료, 좋은 도반과 사귀는 것이 청정한 삶의 전부와 같다고 알아야 한다. 아난다여, 왜냐하면 세존을 좋은 벗으로 삼아, 태어나야 하

는 존재가 태어남에서 벗어나고 늙어야 하는 존재가 늙음에서 벗어나며 병들어야 하는 존재가 병듦에서 벗어나고 죽어야 하는 존재가 죽음에서 벗어나며 슬픔, 비탄, 고통, 근심, 절망에 빠져야하는 존재가 슬픔, 비탄, 고통, 근심, 절망에서 벗어난다. 아난다여, 이와 같이 좋은 친구, 좋은 동료, 좋은 도반과 사귀는 것이 청정한 삶의 전부라고 알아야 한다.'

대왕이여, 그러므로 당신은 이와 같이 배워야 합니다. '나는 좋은 친구, 좋은 동료, 좋은 도반과 사귈 것이다.' 대왕이여, 참으로 당신은 이와 같이 배워야 합니다. 대왕이여, 좋은 친구, 좋은 동료, 좋은 도반으로서 당신은 착하고 건전한 일을 [89] 하는 데 지칠 줄 모르는 성품을 닦아야 합니다.

대왕이여, 당신이 방일하지 않음을 바탕으로 방일하지 않게 살면, 후궁의 여인들은 이와 같이 생각할 것입니다. '대왕은 방일하지 않음을 바탕으로 방일하지 않게 산다. 우리도 역시 방일하지 않음을 토대로 방일하지 않게 살자.'

대왕이여, 당신이 방일하지 않음을 바탕으로 방일하지 않게 살면, 나라 일을 보는 왕족들도 이와 같이 생각할 것입니다. '대왕은 방일하지 않음을 바탕으로 방일하지 않게 산다. 우리도 역시 방일하지 않음을 바탕으로 방일하지 않게 살자.'

대왕이여, 당신이 방일하지 않음을 바탕으로 방일하지 않게 살면, 도시와 시골의 사람들도 또한 이와 같이 생각할 것입니다. '대왕은 방일하지 않음을 바탕으로 방일하지 않게 산다. 우리도 역시 방일하지 않음을 바탕으로 방일하지 않게 살자.'

대왕이여, 당신이 방일하지 않음을 바탕으로 방일하지 않게 살면, 당신 자신이 보호될 것입니다. 후궁의 여인들도 보호될 것입니다. 보물 창고와 곡식 창고도 보호될 것입니다."

Sgv. 410. [세존]

"고매하고 지속적인
즐거움을 원하는 자를 위하여,
지혜로운 님은 공덕을 짓는 데
방일하지 않음을 찬양합니다.[410]

---

410) *Sgv. 410 bhoge patthayamānena / uḷāre aparāpare / appamādaṁ pasaṁsanti / puññakiriyāsu paṇḍitā //*

Sgv. 411. [세존]

현명한 자는 방일하지 않음으로써
현세의 이익과 내세의 이익,
양자의 이익을 얻으니.
지혜로운 님은 그 이익을 알아
현자라고 일컬어지는 것입니다."[411]

3 : 19(2-9) 아들 없음의 경 ①
[Paṭhamâputtakasutta]

한때 세존께서 싸밧티 시에 계셨다.

그때 꼬쌀라 국의 빠쎄나디 왕이 대낮에 세존께서 계신 곳으로 찾아왔다. 가까이 다가와서 세존께 인사를 드리고 한쪽으로 물러나 앉았다.

한쪽으로 물러나 앉은 꼬쌀라 국의 빠쎄나디 왕에게 세존께서 이와 같이 말씀하셨다.

[세존] "대왕이여, 당신은 어떻게 대낮에 왔습니까?"

[빠쎄나디] "세존이시여, 싸밧티 시에서 어떤 백만장자가 죽었습니다. 그에게는 상속받을 아들이 없으므로 내가 그

---

411) Sgv. 411 = Sgv. 409

의 유산을 몰수하여 왕궁으로 가져다 놓고 왔습니다. 세존이시여, 그에게는 금이 팔백만 냥이나 있는데 은은 [90] 말해서 무엇하겠습니까? 세존이시여, 그 백만장자는 쌀겨로 만든 죽을 먹었고 세 조각으로 기운 대마옷을 입었으며 나뭇잎으로 덮개를 한 낡은 수레를 타고 다녔습니다."

[세존] "대왕이여, 그렇습니다. 대왕이여, 그렇습니다. 참사람이 아닌 사람은 막대한 부를 얻어도 스스로를 즐겁게 하지 못하고 기쁘게 하지 못하며 부모를 즐겁게 하지 못하고 기쁘게 하지 못하며 처자를 즐겁게 하지 못하고 기쁘게 하지 못하며 하인과 심부름꾼과 고용인을 즐겁게 하지 못하고 기쁘게 하지 못하며 친구를 즐겁게 하지 못하고 기쁘게 하지 못하며 수행자나 성직자를 즐겁게 하지 못하고 기쁘게 하지 못하여 위로 올라가서 하늘나라로 인도되어 좋은 과보를 받게 하고 하늘나라에 태어나게 하는 보시를 하지 못합니다. 그의 그러한 재산들이 이와 같이 올바로 사용되지 않으면 국왕에 의해서 몰수되고 도적에게 빼앗기고 불에 타고 물에 떠내려가게 되고 자신의 마음에 들지 않는 상속인에게 박탈당하게 됩니다. 대왕이여, 재산이 올바로 쓰이지 않는다면, 이와 같이 두루 사용되지 못하고 없어져 버리고 맙니다.

대왕이여, 예를 들어 사람이 없는 지역에 연못이 있으면 그 물이 깨끗하고 시원하고 맛이 좋고 색깔이 투명하고 제방이 잘 갖추어져 아름답다 하더라도 그 물을 사람이 나르지 못하고 마시지 못하고 목욕하지 못하고 인연에 따라 사용하지 못합니다. 대왕이여, 그 물이 올바로 쓰이지 못하면, 이와 같이 두루 사용되지 못하고 없어져 버리고 맙니다. 대왕이여, 이와 같이 참사람이 아닌 사람은 막대한 부를 얻어도 스스로를 즐겁게 하지 못하고 기쁘게 하지 못하며 부모를 즐겁게 하지 못하고 기쁘게 하지 못하며 처자를 즐겁게 하지 못하고 기쁘게 하지 못하며 하인과 심부름꾼과 고용인을 즐겁게 하지 못하고 기쁘게 하지 못하며 친구를 즐겁게 하지 못하고 기쁘게 하지 못하며 수행자나 성직자를 즐겁게 하지 못하고 기쁘게 하지 못하여 위로 올라가서 하늘나라로 인도되어 좋은 과보를 받게 하고 하늘나라에 태어나게 하는 보시를 하지 못합니다. 그의 그러한 재산들이 이와 같이 올바로 쓰이지 않으면 국왕에 의해서 몰수되고 도적에게 빼앗기고 불에 타고 물에 떠내려가게 되고 자신의 마음에 들지 않는 상속인에게 박탈당하게 됩니다. 대왕이여, 재산이 올바로 쓰이지 않는다면, 이와 같이 두루 사용되지 못하고 없어져 버리고 맙니다.

대왕이여, 참사람은 막대한 부를 얻으면 스스로를 즐겁게 하고 기쁘게 하며 부모를 즐겁게 하고 기쁘게 하며 처자를 즐겁게 하고 기쁘게 하며 하인과 심부름꾼과 고용인을 즐겁게 하고 기쁘게 하며 친구를 즐겁게 하고 기쁘게 하며 수행자나 성직자를 즐겁게 하고 기쁘게 하여 위로 올라가서 하늘나라로 인도되어 좋은 과보를 받게 하고 하늘나라에 태어나게 하는 보시를 합니다. 그의 재산이 이와 같이 올바로 쓰이므로 국왕에 의해서 몰수되지 않고 도둑에게 [91] 빼앗기지 않고 불에 타지 않고 물에 떠내려가게 되지 않고 자신의 마음에 들지 않는 상속자에게 박탈당하지 않습니다. 대왕이여, 재산이 올바로 쓰이면 이와 같이 없어져 버리지 않고 두루 사용됩니다.

대왕이여, 예를 들어 촌락이나 또는 도회지에서 멀지 않은 곳에 연못이 있어서 그 물이 깨끗하고 시원하고 맛이 좋고 색깔이 투명하고 제방이 잘 갖추어져 아름답다면, 그 물을 사람들이 나르기도 하고 마시기도 하고 목욕하기도 하고 인연에 따라 사용하기도 합니다. 대왕이여, 그 물이 올바로 쓰이면 이와 같이 없어져 버리지 않고 두루 사용됩니다. 대왕이여, 이와 같이 참사람은 막대한 부를 얻으면 스스로를 즐겁게 하고 기쁘게 하며 부모를 즐겁게 하고 기쁘게 하며 처자를 즐겁게 하고 기쁘게 하며 하인과 심부름꾼과 고용인을 즐겁게 하고 기쁘게 하며 친구를 즐겁게 하고 기쁘게 하며 수행자나 성직자를 즐겁게 하고 기쁘게 하여 위로 올라가서 하늘나라에 인도되어 좋은 과보를 받게 하고 하늘나라에 태어나게 하는 보시를 합니다. 그의 그러한 재산이 이와 같이 올바로 쓰이면 국왕에 의해서 몰수되지 않고 도적에게 빼앗기지 않고 불에 타지 않고 물에 떠내려가지 않고 자신의 마음에 들지 않은 상속자에게 박탈 당하지 않습니다. 대왕이여, 재산이 올바로 쓰이면 이와 같이 없어져 버리지 않고 두루 사용됩니다."

Sgv. 412. [세존]

"사람이 없는 곳에 시원한 물이 있어도,
마시지 않아 말라 없어지듯,
비천한 자가 부를 얻으면,
자신도 쓰지 못하고 남에게 주지도 못합니다.[412)]

Sgv. 413. [세존]

현명하고 슬기로운 님이 부를 얻으면,
스스로도 쓰고 해야 할 일을 하며,
훌륭한 님은 친지와 참모임을 돌보아
비난받지 않고 하늘나라에 이릅니다."[413)]

---

412) Sgv. 412 amanussaṭṭhāne udakaṁ vasītaṁ / tad apeyyamānaṁ parisosam eti / evaṁ dhanaṁ kāpuriso labhitvā / n'ev'attanā bhuñjati no dadāti //

413) Sgv. 413 dhīro ca viññū adhigamma bhoge yo bhuñjati kiccakaro ca hoti / so ñātisaṅghaṁ nisabho bharitvā / anin-

3 : 20(2-10) 아들 없음의 경 ②
[Dutiyâputtakasutta]

한때 세존께서 싸밧티 시에 계셨다.

그때 꼬쌀라 국의 빠쎄나디 왕이 대낮에 세존께서 계신 곳으로 찾아왔다. 가까이 다가와서 세존께 인사를 드리고 한쪽으로 물러나 앉았다.

한쪽으로 물러나 앉은 꼬쌀라 국의 빠쎄나디 왕에게 세존께서 이와 같이 말씀하셨다.

[세존] "대왕이여, 당신은 어떻게 대낮에 왔습니까?"

[빠쎄나디] "세존이시여, 싸밧티 시에서 어떤 백만장자가 죽었습니다. 그에게는 상속받을 아들이 없으므로 내가 그의 유산을 몰수하여 왕궁으로 가져다 놓고 왔습니다. 세존이시여, 그에게는 금이 팔백만 냥이나 있는데 은은 말해서 무엇 하겠습니까? 세존이시여, 그 백만장자는 쌀겨로 만든 죽을 먹었고 세 조각으로 기운 대마옷을 입었으며 [92] 나뭇잎으로 덮개를 한 낡은 수레를 타고 다녔습니다."

[세존] "대왕이여, 그렇습니다. 대왕이여, 그렇습니다. 먼 옛날에 그 백만장자는 따가라씨킨이라고 하는 홀로 연기법을 깨달은 님께서 탁발하는 것을 보았습니다. 그는 '수

---

dito saggamupeti ṭhānan ti //

행자에게 음식을 베풀라'고 명령하고 자리에서 일어나 나갔습니다. 그런데 베풀고 나서 나중에 그 공양을 오히려 하인이나 일꾼들에게 주었다면 나았을 것이라고 후회했습니다. 또한 그는 재산을 얻기 위해서 형제의 유일한 아들의 목숨을 빼앗았습니다.

대왕이여, 그 백만장자는 따가라씨킨이라고 하는 인연법을 깨달은 님에게 공양을 드린 그 행위의 과보로 일곱 번 하늘나라에 태어났습니다. 또한 그의 행위의 과보가 남아서 일곱 번 이나 싸밧티 시의 백만장자의 지위에 올랐습니다.

대왕이여, 그 백만장자는 베풀고 나서 나중에 '그 공양을 오히려 하인이나 일꾼들에게 주었다면 나았을 것이다.'라고 후회한 그 행위의 과보로 그는 훌륭한 음식을 먹는 데 마음을 기울이지 못했고 훌륭한 옷을 입는 데 마음을 기울이지 못했으며 훌륭한 수레를 타기 위해 마음을 기울이지 못했습니다. 그는 훌륭한 다섯 가지 감각적 쾌락의 종류를 즐기는 데 마음을 기울이지 못했습니다.

또한 그 백만장자는 재산을 얻기 위해서 형제의 유일한 아들의 목숨을 빼앗은 그 행위의 과보로 몇 년, 몇 백 년, 몇 천 년, 몇 십만 년 동안 지옥에서 괴로워했습니다. 그 행위의 과보가 아직도 남아서 일곱 번 태어남에도 자식이 없고 그의 재산은 대왕의 창고로 들어갔습니다. 그 백만장자는 이전에 쌓은 공덕은 이미 다하였으며 새로운 공덕은 쌓지 않았습니다. 지금 그 백만장자는 대규환지옥에서 괴로워하고 있습니다."

[빠쎄나디] "세존이시여, 그렇습니다. 그 백만장자는 그렇게 해서 대규환지옥에 태어났군요."

[세존] "대왕이여, [92] 그렇습니다. 그 백만장자는 그렇게 해서 대규환지옥에 태어난 것입니다."

Sgv. 414. [세존]

"곡물도 재산도 금은도 또한
어떠한 소유도 노예, 하인, 일꾼
또는 그의 친인척도
모두 놓고 가야 합니다. 414)

Sgv. 415. [세존]

신체적으로 행하는 것,

---

414) *Sgv. 414 dhaññaṁ dhanaṁ rajataṁ jātarūpaṁ / pariggahaṁ vāpi yadatthi kiñci / dāsā kammakarā pessā ye c'assa anujīvino / sabbaṁ nādāya gantabbaṁ / sabbaṁ nikkhippagāminaṁ //*

언어적으로 행하는 것, 정신적으로 행하는 것
이것이야말로 자신의 것,
그는 그것을 가지고 가니.
그림자가 몸에 붙어 다니듯
그것이 그를 따라 다닙니다.[415)]

Sgv. 416. [세존]

그러므로 착하고 건전한 일을 해서
미래를 위해 쌓아야 하니,
공덕이야말로 저 세상에서
뭇삶들의 의지처가 될 것입니다."[416)]

두 번째 품, 「아들 없음의 품」이 끝났다. 그 목차는 차례로 '1) 일곱 명의 결발 수행자의 경 2) 다섯 왕의 경 3) 됫박 분량의 경 4) 전쟁의 경 ① 5) 전쟁의 경 ② 6) 딸의 경 7) 방일하지 않음의 경 8) 좋은 벗의 경 9) 아들 없음의 경 ① 10) 아들 없음의 경 ②'으로 이루어졌다.

---

415) *Sgv. 415 yañ ca karoti kāyena vācāya uda cetasā / taṁ hi tassa sakaṁ hoti / tañca ādāya gacchati / tañc'assa anugaṁ hoti / chāyā va anapāyīnī //*

416) *Sgv. 416 = Sgv. 386 = Sgv. 430*

3. 꼬쌀라의 품

(Kosalavagga)

3 : 21(3-1) 사람의 경
[Puggalasutta]

한때 세존께서 싸밧티 시에 계셨다.

그때 꼬쌀라 국의 빠쎄나디 왕이 세존께서 계신 곳으로 찾아왔다. 가까이 다가와서 세존께 인사를 드리고 한쪽으로 물러나 앉았다.

한쪽으로 물러나 앉은 꼬쌀라 국의 빠쎄나디 왕에게 세존께서 이와 같이 말씀하셨다.

[세존] "대왕이여, 세상에 발견되는 이와 같은 네 종류의 사람이 있습니다.

대왕이여, 네 종류의 사람이란 어떠한 사람입니까? 어둠에서 어둠으로 가는 사람, 어둠에서 빛으로 가는 사람, 빛에서 어둠으로 가는 사람, 빛에서 빛으로 가는 사람입니다.

대왕이여, 어떻게 사람이 어둠에서 어둠으로 갑니까? 대왕이여, 여기 어떤 사람이 비천한 가문인 짠달라의 집이나 죽세공의 집이나 사냥꾼의 집이나 수레를 고치는 집이나 청소부의 집이나 또는 가난한 집에 태어납니다. 그의 집에는 음식물이 부족하고 생계가 곤란하며 어렵게 [94] 먹을 것과 입을 것을 얻습니다. 그는 아름답지 않거나 흉칙하게 보이거나 기형이거나 등이 굽었거나 병이 많거나 애꾸눈이거나 손이 뒤틀렸거나 절름발이거나 반신불수입니다. 그는 먹을 것, 마실 것, 입을 것, 탈 것, 꽃장식, 향료, 크림, 침상, 집, 등불을 얻을 수가 없습니다. 그는 신체적으로 나쁜 일을 하고 언어적으로 나쁜 일을 하고 정신적으로 나쁜 일을 합니다. 그가 신체적으로 나쁜 일을 하고 언어적으로 나쁜 일을 하고 정신적으로 나쁜 일을 하면 몸이 부서진 뒤 죽어서 괴로운 곳, 나쁜 곳, 타락한 곳, 지옥에 태어납니다. 대왕이여, 예를 들면, 사람이 암흑에서 암흑으로 가고 어둠에서 어둠으로 가며 피와 같은 어둠에서 피와 같은 어둠으로 가는 것과 같습니다. 대왕이여, 나는 이 사람이 이와 같다고 말합니다. 대왕이여, 이와 같이 사람은 어둠에서 어둠으로 갑니다.

대왕이여, 어떻게 사람이 어둠에서 빛으로 갑니까? 대왕이여, 여기 어떤 사람이 미천한 가문인 짠달라의 집이나 죽세공의 집이나 사냥꾼의 집이나 수레를 고치는 집이나 청소부의 집이나 또는 가난한 집에 태어납니다. 그의 집에는 음식물이 부족하고 생계가 곤란하며 힘들여 먹을 것과 입을 것을 얻습니다. 그는 아름답지 않거나 흉칙하게 보이거나 기형이거나 등이 굽었거나 병이 많거나 애꾸눈이거나 손이 뒤틀렸거나 절름발이거나 반신불수입니다. 그는 먹을 것, 마실 것, 입을 것, 탈 것, 꽃장식, 향료, 크림, 침상, 집, 등불을 얻을 수 없습니다. 그러나 그는 신체적으로 착한 일을 하고 언어적으로 착한 일을 하고 정신적으로 착한 일을 합니다. 그가 신체적으로 착한 일을 하고 언어적으로 착한 일을 하고 정신적으로 착한 일을 하면 몸이 부서진 뒤 죽어서 좋은 곳, 하늘나라에 태어납니다. 대왕이여, 예를 들면, 사람이 지상에서 수레에 오르고 수레에서 말의 등에 오르며 말의 등에서 코끼리의 어깨에 오르고 코끼리의 어깨에서 궁전으로 오르는 것과 같습니다. 대왕이여, 나는 이 사람을 이와 같다고 말합니다. 대왕이여, 이와 같이 사람은 어둠에서 빛으로 갑니다.

대왕이여, 어떻게 사람이 빛에서 어둠으로 갑니까? 대왕이여, 여기 어떤 사람이 부유하고 돈이 많고 호화롭고 금은이 많고 [95] 재물이 풍부하고 재산과 곡식이 많은 권세 있는 귀족의 집이나 권세 있는 성직자의 집이나 권세 있는 장자의 집과 같은 고귀한 집안에서 태어났습니다. 그는 아름답고 보기에 좋고 깨끗하고 연꽃과 같은 최상의 아름다움을 갖추었습니다. 그는 먹을 것, 마실 것, 입을 것, 탈 것, 꽃장식, 향료, 크림, 침상, 집, 등불을 갖고 있습니다. 그러나 그는 신체적으로 나쁜 일을 하고 언어적으로 나쁜 일을 하고 정신적으로 나쁜 일을 합니다. 그가 신체적으로 나쁜 일을 하고 언어적으로 나쁜 일을 하고 정신적으로 나쁜 일을 하면 몸이 부서진 뒤 죽어서 괴로운 곳, 나쁜 곳, 타락한 곳, 지옥에 태어납니다. 대왕이여, 예를 들면, 사람이 궁전에서 코끼리의 어깨에 내리고 코끼리의 어깨에서 말의 등에 내리고 말의 등에서 수레로 내리고 수레에서 땅으로 내리고 땅에서 암흑으로 내리는 것과 같습니다. 나는 이 사람을 이와 같다고 말합니다. 대왕이여, 이와 같이 사람은 빛에서 어둠으로 갑니다.

대왕이여, 어떻게 사람이 빛에서 빛으로 갑니까? 대왕이여, 여기 어떤 사람이 부유하고 돈이 많고 호화롭고 금은이 많고 재물이 풍부하고 재산과 곡식이 많은 권세 있는 귀족의 집이나 권세 있는 성직자의 집이나 권세 있는 장자의 집과 같은 고귀한 집안에서 태어났습니다. 그는 아름답고 보기에 좋고 깨끗하고 연꽃과 같은 최상의 아름다움을 갖추었습니다. 그는 먹을 것, 마실 것, 입을 것, 탈 것, 꽃장식, 향료, 크림, 침상, 집, 등불을 갖고 있습니다. 그러나 그는 신체적으로 착한 일을 하고 언어적으로 착한 일을 하고 정신적으로 착한 일을 합니다. 그가 신체적으로 착한 일을 하고 언어적으로 착한 일을 하고 정신적으로 착한 일을 하면 몸이 부서진 뒤 죽어서 좋은 곳, 하늘나라에 태어납니다. 대왕이여, 예를 들면, 사람이 수레에서 수레로 옮기고 말의 등에서 말의 등으로 옮기고 코끼리의 어깨에서 코끼리 어깨로 옮기고 궁전에서 궁전으로 옮기는 것과 같습니다. 대왕이여, 나는 이 사람이 이와 같다고 말합니다. 대왕이여, 이와 같이 사람은 빛에서 빛으로 갑니다.

대왕이여, [96] 세상에 발견되는 이와 같은 네 종류 사람들이 있습니다."

Sgv. 417. [세존]

"대왕이여, 어떤 사람은 가난하고
믿음이 없고 인색하며
비열하고 나쁜 생각,
잘못된 견해를 지니고, 무례합니다.417)

Sgv. 418. [세존]

수행자나 성직자나
다른 걸식자를 비웃고 매도하니
허무주의자로서 걸핏하면
화를 내는 자로서

---

417) Sgv. 417 daḷiddo puriso rāja / assaddho hoti maccharī / kadariyo pāpasaṅkappo / micchādiṭṭhi anādaro // 잘못된 견해는 세 가지 범주에 포함된다. ① 영원주의 : 신체와는 상관없이 죽어서도 영원히 존재하는 자아나 영혼이 있다는 견해 ② 허무주의 : 죽은 뒤에 지속하는 자아나 영혼이 없다고 하는 견해 ③ 무인론 : 우연론적이거나 결정론적인 운명론.

탁발하는 자에게
보시하는 것을 방해합니다.[418)]

Sgv. 419. [세존]

대왕이여, 백성의 주인이여!
그런 사람은 죽어서
무서운 지옥으로 떨어지니
어둠에서 어둠으로 가는 것입니다.[419)]

Sgv. 420. [세존]

대왕이여, 어떤 사람은 가난하지만
믿음이 있고 간탐이 없고,
보시를 하고 훌륭한 생각을 하며
마음이 산란하지 않습니다.[420)]

---

418) Sgv. 418 samaṇe brāhmaṇe vā pi / aññe vā pi vaṇibbake / akkosati paribhāsati / natthiko hoti rosako / dadamānaṁ nivāreti / yācamānānaṁ bhojanaṁ //

419) Sgv. 419 tādiso puriso rāja / mīyamāno janādhipa / upeti nirayaṁ ghoraṁ / tamotamaparāyaṇo //

Sgv. 421. [세존]

수행자들이나 성직자들이나
다른 걸식자에게도
자리에서 일어나 공손히 인사하고,
올바른 행위로 자신을 닦아,
탁발하는 자에게
보시하는 것을 방해하지 않습니다.421)

Sgv. 422. [세존]

대왕이여, 백성의 주인이여!
그런 사람은 죽어서
서른셋 하늘나라에 이르니
어둠에서 빛으로 가는 것입니다.422)

---

420) Sgv. 420 daḷiddo puriso rāja / saddho hoti amaccharī / dadāti seṭṭhasaṅkappo / avyaggamanaso naro //

421) Sgv. 421 samaṇe brāhmaṇe vā pi / aññe vā pi vaṇibbake / uṭṭhāya abhivādeti / samacariyāya sikkhati / dadamānaṁ na vāreti / yācamānāna bhojanaṁ //

422) Sgv. 422 tādiso puriso rāja / mīyamāno janādhipa / upeti tidivaṁ ṭhānaṁ / tamojotiparāyaṇo //

Sgv. 423. [세존]

대왕이여, 어떤 사람은 부자지만
믿음이 없고 인색하며,
비열하고 나쁜 생각을 하고,
잘못된 견해를 지니고, 무례합니다.423)

Sgv. 424. [세존]

수행자나 성직자나
다른 걸식자를 조롱하고 매도하고,
무엇이든지 부정하고
화를 내고 탁발하는 사람에게
보시를 하는 것을 방해합니다.424)

---

423) Sgv. 423 aḍḍho ce puriso rāja / assaddho hoti macchari / kadariyo pāpasaṅkappo / micchādiṭṭhi anādaro //

424) Sgv. 424 samaṇe brāhmaṇe vā pi / aññe vā pi vanibbake / akkosati paribhāsati / natthiko hoti rosako / dadamānaṁ nivāreti yācamānāna bhojanaṁ //

Sgv. 425. [세존]

대왕이여, 백성의 주인이여!
그러한 사람은 죽고 나서
무서운 지옥에 이르니
빛에서 어둠으로 가는 것입니다.[425)]

Sgv. 426. [세존]

대왕이여, 어떤 사람은 부자이면서
믿음이 있고 간탐이 없으며,
보시를 하고 훌륭한 생각을 하며
마음이 산란하지 않습니다.[426)]

Sgv. 427. [세존]

수행자나 성직자나

---

425) Sgv. 425 tādiso puriso rāja / mīyamāno janādhipa / upeti nirayaṁ ghoraṁ / jotitamaparāyaṇo //
426) Sgv. 426 aḍḍho ve puriso rāja saddho hoti amaccharī / dadāti seṭṭhasaṅkappo abyaggamanaso naro //

다른 걸식자에게도
자리에서 일어나 공손히 인사하고,
올바른 행위로 자신을 닦아,
탁발하는 자에게
보시하는 것을 방해하지 않습니다.[427]

Sgv. 428. [세존]

대왕이여, 백성의 주인이여!
그러한 사람은 죽고 나서
서른셋 하늘나라에 이르니
빛에서 빛으로 가는 것입니다."[428]

3 : 22(3-2) 할머니의 경
[Ayyakāsutta]

---

427) Sgv. 427 samaṇo brāhmaṇe vā pi / aññe vā pi vaṇibbake / uṭṭhāya abhivādeti samacariyāya sikkhati / dadamānaṁ na vāreti yācamānāna bhojanaṁ //

428) Sgv. 428 tādiso puriso rāja / mīyamāno janādhipa / upeti tidivaṁ ṭhānaṁ / jotijotiparāyaṇo ti //

한때 세존께서 싸밧티 시에 계셨다.

그때 꼬쌀라 국의 빠쎄나디 왕이 대낮에 세존께서 계신 곳으로 찾아왔다. 가까이 다가와서 세존께 인사를 드리고 한쪽으로 물러나 앉았다.

한쪽으로 물러나 앉은 꼬쌀라 국의 빠쎄나디 왕에게 세존께서 [97] 이와 같이 말씀하셨다.

[세존] "대왕이여, 당신은 어떻게 대낮에 왔습니까?"

[빠쎄나디] "세존이시여, 나의 할머니는 대단히 나이가 많은 노부인으로 인생의 여정을 지나서 그 종착에 이르러 나이 백이십 세에 돌아가셨습니다.

세존이시여, 그런데 나에게 할머니는 몹시 사랑스러운 분이었습니다. 세존이시여, 만약 내가 값비싼 코끼리를 주어서 할머니가 돌아가시지 않게 할 수 있었다면, 나는 값비싼 코끼리를 주어서 할머니를 돌아가시지 않게 했을 것입니다. 세존이시여, 만약 내가 값비싼 말을 주어서 할머니가 돌아가시지 않게 할 수 있었다면, 나는 값비싼 말을 주어서 할머니를 돌아가시지 않게 했을 것입니다. 세존이시여, 만약 내가 가장 좋은 마을을 주어서 할머니가 돌아가시지 않게 할 수 있었다면, 가장 좋은 마을을 주어서 할머니를 돌아가시지 않게 했을 것입니다. 세존이시여, 만약 내가 한 성을 주어서 할머니가 돌아가시지 않게 할 수 있었다면, 그 성을 주어서 할머니를 돌아가시지 않게 했을 것입니다."

[세존] "대왕이여, 뭇삶은 죽어야 하는 것이고 죽음을 끝으로 하는 것이며 죽음을 뛰어넘지 못하는 것입니다."

[빠쎄나디] "세존이시여, 참으로 놀라운 일입니다. 세존이시여, 일찍이 없었던 일입니다. 세존이시여, 세존께서는 '뭇삶은 죽어야 하는 것이고 죽음을 끝으로 하는 것이며 죽음을 뛰어넘지 못하는 것이다.'라고 훌륭하게 말씀하셨습니다."

[세존] "대왕이여, 그렇습니다. 뭇삶은 죽어야 하는 것이고 죽음을 끝으로 하는 것이며 죽음을 뛰어넘지 못하는 것입니다. 대왕이여, 마치 옹기장이가 만든 옹기는 구워지지 않은 것이든 구워진 것이든 어떤 것일지라도 그 모두가 부서져야 하는 것이고 부서짐을 끝으로 하는 것이며 부서짐을 뛰어넘을 수 없는 것과 같습니다. 대왕이여, 이와 같이 뭇삶은 죽어야 하는 것이고 죽음을 끝으로 하는 것이며 죽음을 뛰어넘을 수 없는 것입니다."

Sgv. 429. [세존]

"모든 삶은 죽음에 이른다.
삶은 그 끝을 죽음으로 하니,
행위를 하는 그대로 좋고 나쁜 과보를 받으며,

나쁜 일을 한 사람은 지옥으로
좋은 일을 한 사람은 하늘나라로 간다.429)

Sgv. 430. [세존]

오로지 착한 일을 해서
미래를 위해 공덕을 쌓으라.
공덕은 저 세상에서
뭇삶들의 의지처가 될 것이다."430)

3 : 23(3-3) 세상의 경
[Lokasutta]

한때 [98] 세존께서 싸밧티 시에 계셨다.

그때 꼬쌀라 국의 빠쎄나디 왕은 한쪽에 앉아서 세존께 이와 같이 말씀드렸다.

[빠쎄나디] "세존이시여, 어떠한 현상이 사람에게 생겨나서 불이익과 괴로움과 불안한 삶이 나타납니까?"

---

429) Sgv. 429 sabbe sattā marissanti / maraṇantaṁ hi jīvitaṁ / yathā kammaṁ gamissanti / puññapāpaphalūpagā / nirayaṁ pā- pakammantā / puññakammā ca suggatiṁ //
430) Sgv. 430 = Sgv. 416 = Sgv. 386

[세존] "대왕이여, 세 가지 현상이 사람에게 생겨나서 불이익과 괴로움과 불안한 삶이 나타납니다.

그 세 가지란 무엇입니까? 대왕이여, 탐욕이 사람에게 생겨나서 불이익과 괴로움과 불안한 삶이 나타납니다. 대왕이여, 미움이 사람에게 생겨나서 불이익과 괴로움과 불안한 삶이 나타납니다. 대왕이여, 어리석음이 사람에게 생겨나서 불이익과 괴로움과 불안한 삶이 나타납니다.

대왕이여, 이와 같은 세 가지 현상이 사람에게 생겨나서 불이익과 괴로움과 불안한 삶이 나타납니다."

Sgv. 431. [세존]

"탐욕과 미움과 어리석음이
오로지 스스로에게 생겨나니
악한 마음을 지닌 자는 스스로를 죽인다.
대나무가 열매를 맺으면 죽듯."[431]

3 : 24(3-4) 활쏘기의 경
[Issatthasutta]

한때 세존께서 싸밧티 시에 계셨다.

---

431) *Sgv. 431 = Sgv. 381*

그때 꼬쌀라 국의 빠쎄나디 왕은 한쪽에 앉아서 세존께 이와 같이 말씀드렸다.

[빠쎄나디] "세존이시여, 어디에 보시를 해야 합니까?"

[세존] "대왕이여, 마음이 고요하고 기쁜 곳에 보시를 해야 합니다."

[빠쎄나디] "그런데 세존이시여, 어디에 보시한 것이 큰 열매를 맺습니까?"

[세존] "대왕이여, '어디에 보시를 해야 합니까?'와 '어디에 보시한 것이 큰 열매를 맺습니까?'는 다릅니다. 계율을 갖춘 사람에게 보시하는 것은 큰 열매를 맺지만 계율을 지키지 않는 사람에게는 그렇지 않습니다. 대왕이여, 그러므로 나는 지금 당신에게 묻고자 합니다. 당신이 생각하는 대로 대답해 주시오.

대왕이여, 당신은 어떻게 생각하십니까? 세상에 전쟁이 일어나서 전투 부대를 모은다고 합시다. 그때 아직 훈련받지 않고 숙달되지 않고 단련되지 않고 노련해지지 않아 겁이 많고 [99] 굳어 있고 두려워하고 꽁무니를 빼는 왕족의 청년이 왔다면 당신은 그와 같은 사람을 고용하겠습니까? 그때 당신에게 그와 같은 사람이 필요하겠습니까?"

[빠쎄나디] "세존이시여, 나는 그와 같은 사람을 고용하지 않을 것입니다. 또한 나에게 그와 같은 사람은 필요가

없습니다.

또한 아직 훈련받지 않고 숙달되지 않고 단련되지 않고 노련해지지 않아 겁이 많고 굳어 있고 두려워하고 꽁무니를 빼는 바라문의 청년이 왔다면, 또한 아직 훈련받지 않고 숙달되지 않고 단련되지 않고 노련해지지 않아 겁이 많고 굳어 있고 두려워하고 꽁무니를 빼는 평민의 청년이 왔다면, 또한 아직 훈련받지 않고 숙달되지 않고 단련되지 않고 노련해지지 않아 겁이 많고 굳어 있고 두려워하고 꽁무니를 빼는 노예의 청년이 왔다면 나는 그와 같은 사람을 고용하지 않을 것입니다. 나에게 그와 같은 사람은 필요가 없습니다."

[세존] "대왕이여, 당신은 어떻게 생각하십니까? 세상에 전쟁이 일어나서 전투 부대를 모은다고 합시다. 그때 이미 훈련받아 숙달되고 단련되고 노련해져서 겁약하지 않고 굳어 있지 않고 두려워하지 않고 물러서지 않는 왕족의 청년이 왔다면 당신은 그와 같은 사람을 고용하겠습니까? 또한 당신에게 그와 같은 사람은 필요하겠습니까?"

[빠쎄나디] "세존이시여, 나는 그와 같은 사람을 고용할 것입니다. 나에게는 그와 같은 사람이 필요합니다.

또한 이미 훈련받아 숙달되고 단련되고 노련해져서 겁약하지 않고 굳어 있지 않고 두려워하지 않고 물러서지 않는 바라문의 청년이 왔다면, 또한 이미 훈련받아 숙달되고 단련되고 노련해져서 겁약하지 않고 굳어 있지 않고 두려워하지 않고 물러서지 않는 평민의 청년이 왔다면, 또한 이미 훈련받아 숙달되고 단련되고 노련해져서 겁약하지 않고 굳어 있지 않고 두려워하지 않고 물러서지 않는 노예의 청년이 왔다면, 나는 그와 같은 사람을 고용할 것입니다. 나에게는 그와 같은 사람이 필요합니다."

[세존] "대왕이여, 이와 같이 어떠한 가문 출신이라도 그 가족으로부터 집을 버리고 출가하여 다섯 가지 고리를 버리고 다섯 가지 고리를 갖추는 사람에게 보시하는 것은 큰 공덕을 얻습니다.

다섯 가지 고리를 버리는 것이란 무엇입니까? 감각적 쾌락의 욕망을 버립니다. 분노를 버립니다. 해태와 혼침을 버립니다. 흥분과 회한을 버립니다. 회의적 의심을 버립니다. 이것이 다섯 가지 고리를 버리는 것입니다.

다섯 가지 고리를 갖추는 것이란 무엇입니까? 더 이상 배울 필요가 없는 여러 계행을 갖춥니다. 더 이상 배울 필요가 없는 여러 삼매를 갖춥니다. 더 이상 배울 필요가 없는 여러 지혜를 갖춥니다. 더 이상 배울 필요가 없는 여러 해탈을 갖춥니다. 더 이상 배울 필요가 없는 해탈에 대한 앎과 봄을 갖춥니다. 이것이 다섯 가지 고리를 갖추는 것입니다.

이렇게 다섯 가지 고리를 버리고 다섯 가지 고리를 갖추는 사람에게 보시하는 것은 커다란 과보가 있습니다."

세존께서는 이와 같이 말씀하셨다. 이처럼 말씀하시고 올바른 길로 잘 가신 님께서는 스승으로서 이와 같이 시로 말씀하셨다.

Sgv. 432. [세존]

"대왕은 전쟁할 때 좋은 가문이라도
겁약한 자는 쓰지 않으리.
활쏘기에 능하고 용기와 능력 있는
젊은이를 선택하리라.[432)]

Sgv. 433. [세존]

슬기로운 사람이라면,
비천한 가문에서 태어났더라도
참을 줄 알고 온화한 성품을 갖춘
거룩한 삶을 사는 사람을 공양하리.[433)]

---

432) *Sgv. 432 issatthaṁ balaviriyañ ca / yasmiṁ vijjetha māṇave / taṁ yuddhattho bhare rājā / nāsūraṁ jātipaccayā //*

Sgv. 434. [세존]

훌륭한 거처를 만들어
학식이 많은 사람이 살도록 하며
물이 없는 숲에 샘을 만들고
험난한 곳에 길을 놓고자 하리.434)

Sgv. 435. [세존]

믿음이 있어 즐거운 마음을 지닌
정직한 사람에게
먹을 것과 마실 것, 단단한 음식과
의복과 침상을 베풀리라.435)

---

433) *Sgv. 433 tath'eva khanti soraccaṁ / dhammā yasmiṁ patiṭṭhitā / tamariyavuttiṁ medhāviṁ / hīnajaccampi pūjaye //*

434) *Sgv. 434 kāraye assame ramme / vāsayettha bahussute / papañca vivane kayirā / dugge saṅkamanāni ca //*

435) *Sgv. 435 annaṁ pānaṁ khādanīyaṁ / vatthasenāsanāni ca / dadeyya ujubhūtesu / vippasannena cetasā //*

Sgv. 436. [세존]

백 개의 봉우리로 장엄한 구름이
번개의 꽃다발을 이고 천둥을 치며
땅에 비를 퍼부어
높고 낮은 곳을 채우듯이,[436]

Sgv. 437. [세존]

믿음이 있고 많이 배워서
현명한 사람은
음식을 준비해서
먹을 것과 마실 것으로 구걸하는
나그네를 만족하게 하며
기뻐하며 나눠 주면서
'베풀리라, 베풀리라.'라고 말하리.[437]

---

436) Sgv. 436 yathā hi megho thanayaṁ / vijjumālī satakkaku / thalaṁ ninnañ ca pūreti / abhivassaṁ vasundharaṁ //

437) Sgv. 437 tath'eva saddho sutavā / abhisaṅkhacca bhojanaṁ / vaṇibbake tappayati / annapānena paṇḍito / āmodamāno pakireti / detha dethā ti bhāsati //

Sgv. 438. [세존]

비를 내리는 하늘처럼,
풍요롭게 천둥치는
그 풍성한 공덕의 홍수는
보시하는 사람에게 쏟아지리."[438)]

3 : 25(3-5) 산에 대한 비유의 경
[Pabbatūpamasutta]

한때 세존께서 싸밧티 시에 계셨다.

그때 꼬쌀라 국의 빠쎄나디 왕은 대낮에 세존께서 계신 곳으로 찾아왔다. 가까이 다가와서 세존께 인사를 드리고 한쪽으로 물러나 앉았다.

한쪽으로 물러나 앉은 꼬쌀라 국의 빠쎄나디 왕에게 세존께서 이와 같이 말씀하셨다.

[세존] "대왕이여, 당신은 대낮에 무엇을 하다가 오는 길입니까?"

[빠쎄나디] "세존이시여, 권력의 도취에 몰두하고, 감각적

---

438) Sgv. 438 taṁ hi'ssa gajjitaṁ hoti / devasseva pavassato / sā puññadhārā vipulā / dātāraṁ abhivassatī ti //

쾌락의 욕망에 전념하고, 나라에서 안정된 지배를 확보하고, 광대한 영토를 정복하여 통치하는 왕족 출신의 왕에게는 마땅히 해야 할 일이 있는데, 지금 나는 그 해야 할 일에 열중하고 있었습니다."

[세존] "대왕이여, 당신은 어떻게 생각하십니까?

1) 세상에[101] 믿을 만하고 의지할 수 있는 사람이 동쪽으로부터 당신을 찾아와서 이와 같이 말했다고 합시다. '대왕이시여, 잘 아셔야 합니다. 저는 동쪽에서 왔습니다. 그리고 거기에서 구름과 같은 큰 산이 모든 뭇삶들을 부수면서 이곳으로 다가오는 것을 보았습니다. 대왕이여, 당신이 해야 할 일을 해주십시오.'
2) 또한 두 번째 믿을 만하고 의지할 수 있는 사람이 서쪽으로부터 당신을 찾아와서 이와 같이 말했다고 합시다. '대왕이시여, 잘 아셔야 합니다. 저는 서쪽에서 왔습니다. 그리고 거기에서 구름과 같은 큰 산이 모든 뭇삶들을 부수면서 이곳으로 다가오는 것을 보았습니다. 대왕이시여, 당신이 해야 할 일을 해주십시오.'
3) 또한 세 번째 믿을 만하고 의지할 수 있는 사람이 북쪽으로부터 당신을 찾아와서 이와 같이 말했다고 합시다. '대왕이시여, 잘 아셔야 합니다. 저는 북쪽에서 왔습니다. 그리고 거기에서 구름과 같은 큰 산이 모든 뭇삶들을 부수면서 이곳으로 다가오는 것을 보았습니다. 대왕이시여, 당신이 해야 할 일을 해주십시오.'
4) 또한 네 번째 믿을 만하고 의지할 수 있는 사람이 남쪽으로부터 당신을 찾아와서 이와 같이 말했다고 합시다. '대

왕이시여, 잘 아셔야 합니다. 저는 남쪽에서 왔습니다. 그리고 거기에서 구름과 같은 큰 산이 모든 뭇삶들을 부수면서 이곳으로 다가오는 것을 보았습니다. 대왕이시여, 당신이 해야 할 일을 해주십시오.'

대왕이여, 이와 같은 커다란 재난이 일어나 모든 사람에게 죽음의 공포가 다가오고 사람으로 존재하기 어려울 때 무엇을 해야 합니까?"

[빠쎄나디] "세존이시여, 그와 같은 커다란 재난이 일어나 모든 사람에게 죽음의 공포가 다가오고 사람으로 존재하기 어려울 때 무엇을 해야 하겠습니까? 오로지 여법하게 살고 올바로 살고 착한 일을 하고 공덕을 쌓는 것 이외에 다른 무엇이 있겠습니까?"

[세존] "대왕이여, 나는 당신에게 말합니다. 대왕이여, 나는 당신에게 알립니다. 대왕이여, 늙음과 죽음이 당신을 덮치고 있습니다. 대왕이여, 늙음과 죽음이 당신을 덮치고 있는데 무엇을 해야 하겠습니까?"

[빠쎄나디] "세존이시여, 늙음과 죽음이 덮치는데 무엇을 해야 하겠습니까? 오로지 여법하게 살고 올바로 살고 착한 일을 하고 공덕을 쌓는 것 이외에 다른 무엇이 있겠습니까?

1) 세존이시여, 권력의 도취에 몰두하고, 감각적 쾌락의 욕망에 전념하고, 나라에서 안정된 지배를 확보하고, 광대한 영토를 정복하여 통치하는 왕족 출신의 왕에게는 코

끼리 전투부대가 있습니다. 그러나 그 코끼리 부대로 싸우더라도 늙음과 죽음이 덮쳐오는 데는 아무 방도나 대책이 없습니다.

2) 세존이시여, 권력의 도취에 몰두하고, 감각적 쾌락의 욕망에 전념하고, 나라에서 안정된 지배를 확보하고, 광대한 영토를 정복하여 통치하는 왕족 출신의 왕에게는 기마 전투부대가 있습니다. 그러나 그 기마 부대로 싸우더라도 늙음과 죽음이 덮쳐오는 데는 아무 방도나 대책이 없습니다.

3) 세존이시여, 권력의 도취에 몰두하고, 감각적 쾌락의 욕망에 전념하고, 나라에서 안정된 지배를 확보하고, 광대한 영토를 정복하여 통치하는 왕족 출신의 왕에게는 전차 전투부대가 있습니다. 그러나 그 전차 부대로 싸우더라도 늙음과 죽음이 덮쳐오는 데는 아무 방도나 대책이 없습니다.

4) 세존이시여, 권력의 도취에 몰두하고, 감각적 쾌락의 욕망에 전념하고, 나라에서 안정된 지배를 확보하고, 광대한 영토를 정복하여 통치하는 왕족 출신의 왕에게는 보병 전투부대가 있습니다. 그러나 그 보병 부대로 싸우더라도[102] 늙음과 죽음이 덮쳐오는 데는 아무 방도나 대책이 없습니다.

5) 그리고 세존이시여, 이 왕가에는 고문관과 대신들이 있습니다. 그들은 다가오는 적군을 책략으로 쳐부술 수 있지만 그 책략으로 싸우더라도 늙음과 죽음이 덮쳐오는 데는 아무 방도나 대책이 없습니다.

6) 또한 세존이시여, 이 왕가에는 땅속에 저장하여 두고 높은 누각에 숨겨둔 막대한 황금이 있어서 우리가 그 재물로 다가오는 적군을 설득할 수 있지만 그 재물로 싸우더라도 늙음과 죽음이 덮쳐오는 데는 아무 방도나 대책이 없습니다.

세존이시여, 늙음과 죽음이 나에게 덮쳐올 때 무엇을 해야 하겠습니까? 오로지 여법하게 살고 올바로 살고 착한 일을 하고 공덕을 쌓는 것 이외에 다른 무엇이 있겠습니까?"

[세존] "대왕이여, 그렇습니다. 대왕이여, 그렇습니다. 늙음과 죽음이 당신에게 덮쳐올 때 무엇을 해야 하겠습니까? 오로지 여법하게 살고 올바로 살고 착한 일을 하고 공덕을 쌓는 것 이외에 무엇이 있겠습니까?"

세존께서는 이와 같이 말씀하셨다. 이처럼 말씀하시고 올바른 길로 잘 가신 님께서는 스승으로서 이와 같이 시로 말씀하셨다.

Sgv. 439. [세존]

"하늘을 찌를 듯한
커다란 바위산이 사방에서 짓이기며
완전히 둘러싸듯,
늙음과 죽음은 뭇삶들을 덮칩니다. 439)

Sgv. 440. [세존]

왕족과 바라문과 평민과
노예와 천민과 청소부
누구도 예외로 하지 않고
그것은 모든 것을 부수어 버립니다.[440)]

Sgv. 441. [세존]

거기에는 코끼리 부대도,
전차 부대도 보병 부대도 어쩔 수 없고,
또한 전략으로 싸우더라도
재력으로 싸우더라도 승리는 없습니다.[441)]

---

439) Sgv. 439 yathāpi selā vipulā / nabhaṁ āhacca pabbatā / samantā'nupariyeyyuṁ / nippoṭhento catuddisā / evaṁ jarā ca maccu ca / adhivattanti pāṇino //

440) Sgv. 440 khattiye brāhmaṇe vesse / sudde caṇḍālapukkuse / na kiñci parivajjeti / sabbam evābhimaddati //

441) Sgv. 441 na tattha hatthīnaṁ bhūmi / na rathānaṁ na pattiyā / na cāpi mantayuddhena / sakkā jetuṁ dhanena vā //

Sgv. 442. [세존]

지혜롭고 현명한 님은
스스로를 위한 일을 살핀다.
슬기로운 님으로 부처님과 가르침과
참모임에 믿음을 심습니다.442)

Sgv. 443. [세존]

신체와 언어와 정신으로
여법한 삶을 사는 사람은
이 세상에서 사람들이 칭찬하며
나중에 하늘나라에서 기쁨을 누립니다."443)

세 번째 품, 「꼬쌀라의 품」이 끝났다. 그 목차는 차례로 '1) 사람의 경 2) 할머니의 경 3) 세상의 경 4) 활쏘기의 경 5) 산에 대한 비유의 경'의 다섯으로 이루어졌다. 「꼬쌀라의 쌍윳따」가 끝났다. 그 목차는 차례로 '1) 속박의 품 2) 아들 없음의 품 3) 꼬쌀라의 품'으로 이루어졌다. 이것으로 세 번째 쌍윳따, 「꼬쌀라의 쌍윳따」가 끝났다.

---

442) Sgv. 442 tasmā hi paṇḍito poso / sampassaṁ attham attano / buddhe dhamme ca saṅghe ca / dhīro saddhaṁ nivesaye //

443) Sgv. 443 yo dhammacārī kāyena / vācāya uda cetasā / idh' eva naṁ pasaṁsanti / pecca sagge pamodatī ti //

제4장
악마의 쌍윳따
(Mārasaṁyutta)

1. 목숨의 품

(Āyuvagga)

4 : 1(1-1) 고행의 경
[Tapokammasutta]

이와 같이 [103] 나는 들었다.

한때 세존께서는 완전한 깨달음을 얻은 직후, 우루벨라 마을의 네란자라 강가에 있는 아자빨라 보리수 아래에 계셨다.

그때 세존께서 그 한적한 곳에서 홀로 고요히 명상하는데 이와 같이 '참으로 나는 고행에서 벗어났다. 참으로 내가 그 이로움이 없는 고행에서 벗어난 것은 훌륭한 일이다. 내가 앉아서 마음을 가다듬어 깨달음을 이룬 것은 훌륭한 일이다.'라는 생각이 마음속에 떠올랐다.

마침 악마 빠삐만이 세존께서 생각하시는 것을 마음으로 알아채고는 세존께서 계신 곳으로 찾아왔다. 가까이 다가와서 세존께 시로 말했다.

Sgv. 444. [빠삐만]

"젊은 학인들은 청정함으로 이끄는

고행의 실천을 버리고
청정한 삶의 길에서 빗나가
부정한 것을 청정하다 여긴다."444)

그때 세존께서는 '이것은 악마 빠삐만이다.'라고 알아채고 악마 빠삐만에게 이와 같이 시로 대답하셨다.

Sgv. 445. [세존]

"불사(不死)를 위한 어떠한
고행도 소용이 없다.
마른 땅 위에 배의 노나 키처럼
모든 고행이 쓸모없음을 아노라.445)

Sgv. 446. [세존]

계행과 삼매와 지혜로

---

444) *Sgv. 444 tapokammā apakkamma / yena sujjhanti māṇavā / asuddho maññasi suddho / suddhimaggam aparaddho ti //*

445) *Sgv. 445 anatthasañhitaṁ ñatvā / yaṁ kiñci amaraṁ tapaṁ / sabbaṁ natthāvahaṁ hoti / piyārittaṁ va dhammaniṁ //*

깨달음에 이르는 길을 닦아서
나는 위없는 청정한 삶에 이르렀으니,
악마여, 그대가 패했다."446)

그러자 악마 빠삐만은 '세존은 나에 대해 알고 있다. 부처님은 나에 대해 알고 있다.'라고 알아채고 괴로워하고 슬퍼하며 그곳에서 즉시 사라졌다.

4 : 2(1-2) 코끼리 왕 모습의 경
[Hatthirājavaṇṇasutta]

이와 같이 나는 들었다. 한때 세존께서는 완전한 깨달음을 [104] 얻은 직후, 우루벨라 마을의 네란자라 강가에 있는 아자빨라 보리수 아래에 계셨다.

그때 세존께서는 밤의 칠흑 같은 어둠 속에서 바깥에 앉아 계셨는데 비가 계속 내리고 있었다.

마침 악마 빠삐만이 세존께 머리털이 치솟을 정도의 두려움을 일으키려고 큰 코끼리 왕의 모습을 하고 세존께서 계신 곳으로 다가왔다.

---

446) Sgv. 446 sīlaṁ samādhipaññañ ca / maggaṁ bodhāya bhāvayaṁ / patto'smi paramaṁ suddhiṁ / nihato tvam asi antakā ti //

예를 들면, 그의 머리는 커다란 검은 돌덩어리와 같았고 그의 이빨은 깨끗한 은과 같았으며 그의 코는 커다란 쟁기의 손잡이와 같았다.

그때 세존께서는 '이것은 악마 빠삐만이다.'라고 알아채고 악마 빠삐만에게 이와 같이 시로 말씀하셨다.

Sgv. 447. [세존]

"아름답거나 추한 모습으로 변하며
오랜 세월 동안 윤회하는구나.
악마여, 그것으로 족하니
죽음의 신이여, 그대가 패했다."[447)]

그러자 악마 빠삐만은 '세존은 나에 대해 알고 있다. 부처님은 나에 대해 알고 있다.'라고 알아채고 괴로워하고 슬퍼하며 그곳에서 즉시 사라졌다.

4 : 3(1-3) 아름다움의 경
[Subhasutta]

---

447) Sgv. 447 saṁsaraṁ dīgham addhānaṁ / vaṇṇaṁ katvā subhāsubhaṁ / alaṁ te tena pāpima / nihato tvamasi antakā ti // 악마는 주로 추하거나 매혹적인 모습을 띤다.

이와 같이 나는 들었다. 한때 세존께서는 완전한 깨달음을 얻은 직후, 우루벨라 마을의 네란자라 강가에 있는 아자빨라 보리수 아래에 계셨다.

그때 세존께서는 밤의 칠흑 같은 어둠 속에서 바깥에 앉아 계셨는데 비가 계속 내리고 있었다.

마침 악마 빠삐만이 세존께 머리털이 치솟을 정도의 두려움을 일으키려고 세존께서 계신 곳으로 찾아왔다. 가까이 다가와 세존께서 계신 곳으로부터 멀지 않은 곳에서 여러 가지 아름답거나 추한 모습을 드러냈다.

그때 세존께서는 '이것은 악마 빠삐만이다.'라고 알아채고 악마 빠삐만에게 시로 말했다.

Sgv. 448. [세존]

"아름답거나 추한 모습으로 변하며
오랜 세월 동안 윤회하는구나.
악마여, 그것으로 족하니
죽음의 신이여, 그대가 패했다. 448)

---

448) Sgv. 448 = Sgv. 447

Sgv. 449. [세존]

신체와 언어와 정신으로
잘 제어하는 님들은
악마에 지배받지 않으며
악마를 따르지도 않는다."449)

그러자 악마 빠삐만은 '세존은 나에 대해 알고 있다. 부처님은 나에 대해 알고 있다.'라고 알아채고 괴로워하고 슬퍼하며 그곳에서 즉시 사라졌다.

4 : 4(1-4) 악마의 올가미에 대한 경 ①
[Paṭhamamārapāsasutta]

이와 같이 [105] 나는 들었다.

한때 세존께서는 바라나씨 시의 이씨빠따나에 있는 미가다야 유원에 계셨다.

그때 세존께서 '수행승들이여'라고 수행승들을 부르셨다. 수행승들은 '세존이시여'라고 세존께 대답했다.

---

449) Sgv. 449 ye ca kāyena vācāya / manasā ca susaṁvutā / na te māra vasānugā / na te mārassa paccagū ti //

세존께서는 이와 같이 말씀하셨다.

[세존] "수행승들이여, 나는 이치에 맞게 정신활동을 일으키고 이치에 맞게 노력을 기울여 위없는 해탈에 이르렀으며 최상의 해탈을 증득했다. 수행승들이여, 그대들도 이치에 맞게 정신활동을 일으키고 이치에 맞게 노력을 기울여 위없는 해탈에 이르러야 하며 최상의 해탈을 증득해야 한다."

그때 악마 빠삐만이 세존께서 계신 곳으로 찾아왔다. 가까이 다가와서 세존께 시로 말했다.

Sgv. 450. [빠삐만]

"그대 악마의 올가미에 묶였다.
하늘의 것이든 인간의 것이든
그대 악마의 올가미에 묶였다.
수행자여, 그대 내게서 벗어나지 못했다."450)

---

450) Sgv. 450 baddho'si mārapāsena / ye dibbā ye ca mānusā / mārabandhanabaddhosi / na me samaṇa mokkhasī ti // 올가미란 신들과 인간의 감각적 쾌락의 욕망들의 올가미를 말한다.

Sgv. 451. [세존]

"나는 악마의 올가미에서 벗어났다.
하늘의 것이든 인간의 것이든
나는 악마의 올가미에서 벗어났다.
죽음의 신이여, 그대가 패했다."451)

그러자 악마 빠삐만은 '세존은 나에 대해 알고 있다. 부처님은 나에 대해 알고 있다.'라고 알아채고 괴로워하고 슬퍼하며 그곳에서 즉시 사라졌다.

4 : 5(1-5) 악마의 올가미에 대한 경 ②
[Dutiyamārapāsasutta]

한때 세존께서는 바라나씨 시의 이씨빠따나 지역에 있는 미가다야 공원에 계셨다.

그때 세존께서는 수행승들에게 '수행승들이여'라고 말했다. 수행승들은 '세존이시여'라고 대답했다.

세존께서는 이와 같이 말씀하셨다.

[세존] "나는 하늘나라의 올가미와 인간세계의 올가미,

---

451) Sgv. 451 mutto'haṁ mārapāsena / ye dibbā ye ca mānusā / mārabandhanamutto'mhi / nihato tvamasi antakāti //

그 모든 올가미에서 벗어났다. 수행승들이여, 그대들도 하늘나라의 올가미와 인간세계의 올가미, 그 모든 올가미에서 벗어났다. 많은 사람들의 이익을 위하여, 많은 사람들의 안락을 위하여, 세상을 불쌍히 여겨 신들과 인간의 이익과 안락을 위하여 길을 떠나라. 둘이서 같은 길로 가지 마라. 수행승들이여, 처음도 훌륭하고 중간도 훌륭하고 마지막도 훌륭한, 내용을 갖추고 형식이 완성된 가르침을 설하라. 지극히 원만하고 오로지 청정한 거룩한 삶을 실현하라. 본래부터 눈에 티끌이 거의 없는 사람들도 있는데 그들은 가르침을 듣지 못했기 때문에 쇠퇴하고 있다. [106] 그들이 가르침을 들으면 알 수 있을 것이다. 수행승들이여, 나도 역시 가르침을 펴기 위해서 우루벨라의 쎄나니 마을로 가겠다."

그때 악마 빠삐만이 세존께 다가왔다. 가까이 다가와서 세존께 시로 말했다.

Sgv. 452. [빠삐만]

"모든 올가미에 당신은 묶여 있다.
하늘의 것이든 인간의 것이든
그대는 커다란 올가미에 묶여 있다.
수행자여, 내게서 벗어날 수 없으리."452)

Sgv. 453. [세존]

"모든 올가미에서 나는 벗어났다.
하늘의 것이든 인간의 것이든
나는 커다란 올가미에서 벗어났으니,
죽음의 신이여, 그대가 패했다."453)

4 : 6(1-6) 뱀의 경
[Sappasutta]

이와 같이 나는 들었다. 한때 세존께서는 라자가하 시의 벨루바나 숲에 있는 깔란다까니바빠 공원에 계셨다.

그때 세존께서는 밤의 칠흑과 같은 어둠 속에서 바깥에 앉아 계셨는데 비가 계속 내리고 있었다.

그런데 악마 빠삐만이 세존께 소름끼치는 두려움을 일으키려고 커다란 뱀왕의 모습을 하고 세존께 다가왔다.

---

452) Sgv. 452 baddho'si sabbapāsehi / ye dibbā ye ca mānusā / mahābandhanabaddho'si / na me samaṇa mokkhasī ti //

453) Sgv. 453 mutto'haṁ sabbapāsehi / ye dibbā ye ca mānusā / mahābandhanamutto'mhi / nihato tvam asi antakāti // 육십 명의 아라한을 각지에 파견하는 부처님의 유명한 전도선언을 말씀하신 직후의 악마로부터의 승리를 노래한 것이다.

그 악마의 몸은 커다란 나무로 만들어진 것 같았고 털은 술 거르는 채와 같았으며 두 눈은 꼬쌀라 국의 놋쇠그릇과 같았다. 입에서 혓바닥을 내는 것은 천둥과 더불어 번개가 나타나는 것과 같았고 숨을 내쉬고 들이쉬는 소리는 대장장이가 풀무질할 때의 소리와 같았다.

그때 세존께서는 '이것은 악마 빠삐만이다.'라고 알아채고 악마 빠삐만에게 시로 말씀하셨다.

Sgv. 454. [세존]

"홀로 텅 빈 집에서 살면서
스스로를 삼가는 사람은 훌륭하다.
거기서 세상을 버리고 사니,
그러한 사람에게 그 삶은 어울린다. 454)

Sgv. 455. [세존]

오가는 것과 두려운 것이 많고
등에와 독사가 우글거리지만

---

454) Sgv. 454 yo suññagehāni sevati / seyyo so muni attasaññato / vossajja careyya tattha / so patirūpaṁ hi thatāvidhassa taṁ //

텅 빈 집에[107] 사는 위대한 해탈자는
머리털 하나 까딱하지 않는다.455)

Sgv. 456. [세존]

하늘이 갈라지고 땅이 흔들리고
모든 뭇삶들이 놀랄지라도
가슴에 화살이 겨누어져도
깨달은 님들은 집착의 대상을
피난처로 삼지 않는다."456)

그러자 악마 빠삐만은 '세존은 나에 대해 알고 있다. 부처님은 나에 대해 알고 있다.'라고 알아채고 괴로워하고 슬퍼하며 그곳에서 즉시 사라졌다.

---

455) *Sgv. 455 carakā bahū bheravā bahū / atho ḍaṁsasiriṁsapā bahū / lomampi na tattha iñjaye / suññāgāragato mahāmuni // 오가는 것들은 사자, 호랑이 등을 말하고 두려운 것들은 생물로는 위와 같은 맹수와 무생물로는 나무 등걸, 흰 개미탑 등을 말한다.*

456) *Sgv. 456 nabhaṁ phaleyya paṭhavī caleyya / sabbe ca pāṇā uda santaseyyuṁ / sallam pi ce urasi pakampayeyyuṁ / upadhīsu tāṇaṁ na karonti buddhā ti // Sgv. 457은 Nett. 35에도 나온다.*

4 : 7(1-7) 잠을 자는가의 경
[Soppasisutta]

한때 세존께서는 라자가하 시의 벨루바나 숲에 있는 깔란다까니바빠 공원에 계셨다.

그때 세존께서는 한밤중에 기나긴 밤을 바깥에서 산책한 뒤에 아침을 맞이하기 위해 승원으로 오셨다. 발을 씻은 뒤에 오른쪽 옆구리를 밑으로 하여 사자의 형상을 취한 채, 한 발을 다른 발에 포개고 새김을 확립하여 올바로 알아차리며 다시 일어남에 주의를 기울여 누웠다.

그때 악마 빠삐만이 세존께서 계신 곳으로 찾아왔다. 가까이 다가와서 세존께 말했다.

Sgv. 457. [빠삐만]

"왜 잠을 자는가? 왜 지금 잠을 자는가?
이렇게 핏기 없는 노예처럼 잠자는가?
빈집에 있다고 생각해 잠을 자는가?
태양이 떴는데, 어찌 이리 잠을 자는가?"457)

457) *Sgv. 457 kiṁ soppasi kinnu soppasi / kim idaṁ soppasi dubbhayo viya / suññam agāran ti soppasi / kim idaṁ soppasi suriyuggate //*

Sgv. 458. [세존]

"탐욕과 갈애의 그물을 끊은 자에게
어디든 이끌릴 곳이 없다.
모든 집착을 부수고 깨달은 자는
잠을 자니, 악마여, 네가 무슨 상관인가?"458)

4 : 8(1–8) 기뻐함의 경
[Nandatisutta]

이와 같이 나는 들었다. 한때 세존께서는 싸밧티 시의 제따바나 숲에 있는 아나타삔디까 승원에 계셨다.

그때 악마 빠삐만이 세존께서 계신 곳으로 찾아왔다. 가까이 다가와서 세존 앞에서 이와 같은 시를 읊었다.

Sgv. 459. [빠삐만]

"아들이 있는 사람은 아들로 기뻐하고
외양간 주인은 소 때문에 기뻐하듯,

---

458) Sgv. 458 yassa jālinī visattikā / taṇhā natthi kuhiñci netave / sabbūpadhīnaṁ parikkhayā buddho / soppati kiṁ tavettha mārāti //

사람의 기쁨은 [108] 취착에서 생겨나니
취착이 없으면 기뻐할 것도 없으리."459)

Sgv. 460. [세존]

"아들 있는 사람은 아들로 슬퍼하고
외양간 주인은 소 때문에 슬퍼하듯,
사람의 슬픔은 취착에서 생겨나니,
취착이 없으면 슬퍼할 것도 없으리."460)

그러자 악마 빠삐만은 '세존은 나에 대해 알고 있다. 부처님은 나에 대해 알고 있다.'라고 알아채고 괴로워하고 슬퍼하며 그곳에서 즉시 사라졌다.

4 : 9(1-9) 목숨의 경 ①
[Paṭhamâyusutta]

이와 같이 나는 들었다.

---

459) Sgv. 469 = Sgv. 22
460) Sgv. 460 = Sgv. 23

한때 세존께서는 라자가하 시에 있는 벨루바나 숲의 깔란다까니바빠 공원에 계셨다.

거기서 세존께서는 '수행승들이여'라고 수행승들을 부르셨다. 수행승들은 '세존이시여'라고 세존께 대답했다.

세존께서는 이와 같이 말씀하셨다.

[세존] "수행승들이여, 사람의 목숨은 짧다. 저 피안은 도달되어야 하고 착함은 행해져야 하며 깨끗한 삶은 닦아져야 한다. 태어나서 죽지 않는 것은 없다. 수행승들이여, 오래 산다고 하여도 백 년이나 그 남짓일 것이다."

그때 악마 빠삐만이 세존께서 계신 곳으로 찾아왔다. 가까이 다가와서 세존께 시로 말했다.

Sgv. 461. [빠삐만]

"사람의 목숨은 길다.
훌륭한 사람이라면 그 목숨을 경시하지 말라.
우유에 도취한 듯 살아야 하리.
죽음이 다가오는 일은 결코 없다."461)

---

461) Sgv. 461 dīgham āyu manussānaṁ / na naṁ hīḷe suporiso / careyya khīramatto va / natthi maccussa āgamo'ti //

Sgv. 462. [세존]

"사람의 목숨은 짧다.
훌륭한 사람이라면 그 목숨을 경시하라.
머리에 불이 붙은 듯 살아야 하리.
죽음이 다가오는 것은 피할 수 없다."462)

그러자 악마 빠삐만은 '세존은 나에 대해 알고 있다. 부처님은 나에 대해 알고 있다.'라고 알아채고 괴로워하고 슬퍼하며 그곳에서 즉시 사라졌다.

4 : 10(1-10) 목숨의 경 ②
[Dutiyâyusutta]

이와 같이 나는 들었다. 한때 세존께서는 라자가하 시에 있는 벨루바나 숲의 깔란다까니바빠 공원에 계셨다. 거기서 세존께서는 이와 같이 말씀하셨다.

[세존] "수행승들이여, 사람의 목숨은 짧다. 저 피안은 도달되어야 하고 착함은 행해져야 하며 깨끗한 삶은 닦아져야 한다. 태어나서 죽지 않는 것은 없다. 수행승들이여, 오

---

462) Sgv. 462 appamāyu manussānaṁ hīḷeyya naṁ suporiso / careyyādittasīsova natthi maccussa nāgamoti //

래 산다고 하여도 백 년이나 그 남짓일 것이다."

그때 악마 빠삐만이 세존께서 계신 곳으로 찾아왔다. 가까이 다가와서 세존께 시로 말했다.

Sgv. 463. [빠삐만]

"밤과 낮은[109] 지나가지 않고
목숨은 다함이 없다.
수레의 축에 바퀴가 돌아가듯,
사람의 목숨은 돌고 돈다."463)

Sgv. 464. [세존]

"밤과 낮은 지나가고
목숨은 다함이 있다.
작은 시내에 물이 마르듯,
사람의 목숨은 다해 버린다."464)

---

463) Sgv. 463 nāccayanti ahorattā / jīvitaṁ n'uparujjhati / āyu anupariyāti maccānaṁ / nemi va rathakubbaran ti //

464) Sgv. 464 accayanti ahorattā / jīvitaṁ uparujjhati / āyu khīyati maccānaṁ / kunnadīnaṁ va odakan ti //

그러자 악마 빠삐만은 '세존은 나에 대해 알고 있다. 부처님은 나에 대해 알고 있다.'라고 알아채고 괴로워하고 슬퍼하며 그곳에서 즉시 사라졌다.

첫 번째 품, 「목숨의 품」이 끝났다. 그 목차는 차례로 '1) 고행의 경 2) 코끼리 왕 모습의 경 3) 아름다움의 경 4) 악마의 올가미에 대한 경 ① 5) 악마의 올가미에 대한 경 ② 6) 뱀의 경 7) 잠을 자는가의 경 8) 기뻐함의 경 9) 목숨의 경 ① 10) 목숨의 경 ②'으로 이루어졌다.

2. 왕의 품

(Rajjavagga)

4 : 11(2-1) 바위의 경
[Pāsāṇasutta]

이와 같이 나는 들었다. 한때 세존께서는 라자가하 시의 깃자꾸따 산에 계셨다.

그때 세존께서는 밤의 칠흑 같은 어둠 속에서 바깥에 앉아 계셨는데 비가 계속 내리고 있었다.

그때 악마 빠삐만이 세존께 소름끼치는 공포를 일으키려고 세존께서 계신 곳으로 찾아왔다. 가까이 다가와서 세존께서 계신 곳으로부터 멀지 않은 곳에서 커다란 바위를 부수었다.

그때 세존께서는 '이것은 악마 빠삐만이다.'라고 알아채고 악마 빠삐만에게 시로 말씀하셨다.

Sgv. 465. [세존]

"그대가 모든 깃자꾸따 산을
통틀어 뒤흔들더라도
올바로 해탈한 깨달은 님은
결코 동요가 없다."465)

그러자 악마 빠삐만은 '세존은 나에 대해 알고 있다. 부처님은 나에 대해 알고 있다.'라고 알아채고 괴로워하고 슬퍼하며 그곳에서 즉시 사라졌다.

4 : 12(2-2) 왜 사자처럼의 경
[Kinnusīhasutta]

한때 세존께서 싸밧티 시에 있는 제따바나 숲의 아나타

---

465) Sgv. 465 sa ce pi kevalaṁ sabbaṁ / gijjhakūṭaṁ calessasi / n'eva sammā vimuttānaṁ / buddhānaṁ atthi iñjitan ti //

뻰디까 승원에 계셨다. 그때 세존께서는 큰 무리에 둘러싸여 가르침을 펴고 계셨다.

그때 [110] 악마 빠삐만이 '수행자 고따마는 큰 무리에 둘러싸여 가르침을 펴고 있다. 내가 수행자 고따마가 있는 곳으로 가서 그들을 눈멀게 하면 어떨까?'라고 생각했다.

그래서 악마 빠삐만이 세존께서 계신 곳으로 찾아왔다. 가까이 다가와서 세존께 시로 말했다.

Sgv. 466. [빠삐만]

"왜 사자처럼 무리의 가운데 있으며,
두려움 없이 부르짖는가?
그대의 호적수가 여기 있네.
그대가 승리자라고 생각하는가?"466)

Sgv. 467. [세존]

"위대한 영웅들이 무리 가운데서,
두려움 없이 외친다.

---

466) Sgv. 466 kinnu sīho'va nadasi / parisāyaṁ visārado / paṭimallo hi te atthi / vijitāvī nu maññasī ti //

이렇게 오신 님들은 힘을 갖추고
세상에 대한 집착을 뛰어넘었다."[467]

그러자 악마 빠삐만은 '세존은 나에 대해 알고 있다. 부처님은 나에 대해 알고 있다.'라고 알아채고 괴로워하고 슬퍼하며 그곳에서 즉시 사라졌다.

4 : 13(2-3) 돌조각의 경
[Sakalikasutta]

이와 같이 나는 들었다. 한때 세존께서 라자가하 시의 맛다꿋치 숲의 미가다야 공원에 계셨다.

그런데 그때 세존께서 돌조각 때문에 발에 상처를 입으셨다. 세존께서는 몸이 몹시 아프고 무겁고 쑤시고 아리고 불쾌하고 언짢은 것을 심하게 느끼셨다. 그러나 세존께서는 올바른 새김과 올바른 지혜로 마음을 가다듬어 고통 없이 참아내셨다.

그때 악마 빠삐만이 세존께서 계신 곳으로 찾아왔다. 가까이 다가와서 세존께 시로 말했다.

---

467) Sgv. 467 nadanti ve mahāvīrā / parisāsu visāradā / tathāgatā balappattā / tiṇṇā loke visattikan ti //

Sgv. 468. [빠삐만]

"게으르게 시상에 잠겨 누워 있는가?
해야 할 일이 많지 않은가?
홀로 외로운 휴식처에서
졸린 얼굴로 왜 이렇게 잠자고 있는가?"468)

Sgv. 469. [세존]

"게으름 피우거나 시상에 잠겨 눕지 않는다.
나는 할 일을 다 마쳐 번뇌를 떠났다.
홀로 외로운 휴식처에서
모든 뭇삶을 불쌍히 여겨, 편히 누워 있다. 469)

---

468) Sgv. 468 mandiyā nu kho sesi udāhu kāveyyamatto / atthā nu te sampacurā na santi / eko vivitte sayanāsanamhi / niddāmukho kim idaṁ soppasevā ti //

469) Sgv. 469 na mandiyā sayāmi nāpi kāveyyamatto / atthaṁ sameccāham apetasoko / eko vivitte sayanāsanamhi / sayām ahaṁ sabbabhūtānukampī //

Sgv. 470. [세존]

사람들은 화살이 가슴에 박혀
매순간 심장에 고통을 겪지만
화살에도 불구하고 잠에 빠진다.
나는 화살을 뽑아버렸는데,
왜 [111] 편히 잠자서는 안 되는가?[470]

Sgv. 471. [세존]

나는 깨는 데 주저함이 없고
잠드는 데 두려움 없다.
번뇌 없어 밤낮으로 괴로움이 없다.
세상의 퇴락을 결코 보지 않아,
모든 뭇삶을 불쌍히 여겨
편히 누워 있을 뿐이다."[471]

---

470) *Sgv. 470 yesam pi sallaṁ urasi paviṭṭhaṁ / muhuṁ muhuṁ hadayaṁ vedhamānaṁ / te cāpi soppaṁ labbhare sasallā / kasmā ahaṁ na supe vītasallo //*

471) *Sgv. 471 jaggaṁ na saṅke napi bhemi sottuṁ / rattindivā nānutapanti māmaṁ / hāniṁ na passāmi kuhiñci loke*

그러자 악마 빠삐만은 '세존은 나에 대해 알고 있다. 부처님은 나에 대해 알고 있다.'라고 알아채고 괴로워하고 슬퍼하며 그곳에서 즉시 사라졌다.

4 : 14(2-4) 어울림의 경
[Patirūpasutta]

한때 세존께서 꼬쌀라 국의 '에까쌀라'라는 성직자 마을에 계셨다. 그런데 그때 세존께서는 마을 사람들에게 둘러싸여 가르침을 펴고 계셨다.

그때 악마 빠삐만이 '수행자 고따마는 마을 사람들에 둘러싸여 가르침을 펴고 있다. 내가 수행자 고따마가 있는 곳으로 가서 그들을 눈멀게 하면 어떨까?'라고 생각했다.

그래서 악마 빠삐만이 세존께서 계신 곳으로 찾아왔다. 가까이 다가와서 세존께 시로 말했다.

Sgv. 472. [빠삐만]

"다른 사람을 가르치는 것은
당신에게 어울리지 않는다.

/ *tasmā supe sabbabhūtānukampī ti* //

분수에 맞지 않는 짓거리를 하면서
호의와 혐오에 집착하지 말라."472)

Sgv. 473. [세존]

"올바로 깨달은 님은 타인을 가르치니,
안녕을 위해 연민하는 것이라,
호의는 물론 혐오에서도
이렇게 오신 님은 해탈하였다."473)

그러자 악마 빠삐만은 '세존은 나에 대해 알고 있다. 부처님은 나에 대해 알고 있다.'라고 알아채고 괴로워하고 슬퍼하며 그곳에서 즉시 사라졌다.

4 : 15(2-5) 생각의 경
[Mānasasutta]

이와 같이 나는 들었다. 한때 세존께서 싸밧티 시의 제따

---

472) Sgv. 472 n'etaṁ tava patirūpaṁ / yadaññamanusāsasi / an- urodhavirodhesu / mā sajjittho tadācaran ti //

473) Sgv. 473 hitānukampī sambuddho / yad aññam anu- sāsati / anurodhavirodhehi / vippamutto tathāgato ti //

바나 숲에 있는 아나타삔디까 승원에 계셨다.

그때 악마 빠삐만이 세존께서 계신 곳으로 찾아왔다. 가까이 다가와서 세존께 시로 말했다.

Sgv. 474. [빠삐만]

"허공 가운데 움직이는
생각이라는 올가미,
내가 그것으로 그대를 묶으리.
수행자여, 내게서 벗어나지 못하리."474)

Sgv. 475. [세존]

"형상과 소리와 냄새와 맛과 감촉의
감각에 즐거운 것들
거기서 나의 욕망은 떠났으니,
죽음의 신이여, 그대가 패했다."475)

---

474) Sgv. 474 antalikkhacaro pāso / yo'yaṁ carati mānaso / tena taṁ bādhayissāmi / na me samaṇa mokkhasī ti //

475) Sgv. 475 rūpā saddā rasā gandhā / phoṭṭhabbā ca manoramā / ettha me vigato chando / nihato tvam asi an-

그러자 악마 빠삐만은 '세존은 나에 대해 알고 있다. 부처님은 나에 대해 알고 있다.'라고 알아채고 괴로워하고 슬퍼하며 그곳에서 즉시 사라졌다.

4 : 16(2-6) 발우의 경
[Pattasutta]

한때 [112] 세존께서 싸밧티 시에 계셨다. 그때 세존께서는 다섯 가지 존재의 집착다발에 관한 법문으로 수행승들을 교화하고 북돋우고 고무시키고 기쁘게 하셨다. 그러자 수행승들은 그 뜻을 이해하고 사유하고 온 마음으로 정성을 들여 숙고하며 귀를 기울여 가르침을 들었다.

그때 악마 빠삐만이 '여기서 수행자 고따마가 개체를 구성하는 다섯 가지 존재의 다발에 관한 법문으로 수행승들을 교화하고 북돋우고 고무시키고 기쁘게 하고 있다. 또한 수행승들은 그 뜻을 이해하고 사유하고 온 마음으로 정성을 들여 숙고하며 귀를 기울여 가르침을 듣고 있다. 그러나 나는 수행자 고따마가 있는 곳으로 다가가서 그들의 눈을 멀게 하겠다.'라고 생각했다.

그런데 그때 많은 발우가 건조를 위해 밖에 놓여 있었다. 그때 악마 빠삐만이 물소의 모습을 하고 그 발우들이 있는

---

takā ti //

곳으로 다가갔다.

그때 한 수행승이 다른 수행승에게 이와 같이 말했다.

[수행승] "수행승이여, 수행승이여, 저 물소가 발우들을 부수려고 합니다."

이렇게 말했을 때 세존께서 그 수행승에게 이와 같이 말씀하셨다.

[세존] "수행승이여, 이것은 물소가 아니다. 이것은 너희들을 눈멀게 하기 위해 온 악마 빠삐만이다."

세존께서는 '이것은 악마 빠삐만이다.'라고 알아채시고 악마 빠삐만에게 시로 말씀하셨다.

Sgv. 476. [세존]

"물질도 느낌도 지각도,
형성과 또한 의식도
내가 아니고 나의 것이 아니니,
이렇게 거기서 탐착을 벗어난다.[476)]

---

476) *Sgv. 476 rūpaṁ vedayitaṁ saññaṁ / viññāṇaṁ yañ ca saṅkhataṁ / n'eso ham asmi n'etaṁ me / evaṁ tattha virajjati //*

Sgv. 477. [세존]

이렇게 탐착에서 벗어나
안온하게 모든 얽매임을 뛰어넘은 님은
어떠한 곳에서 찾더라도,
악마의 군대가 그를 찾을 수 없다."[477)]

그러자 악마 빠삐만은 '세존은 나에 대해 알고 있다. 부처님은 나에 대해 알고 있다.'라고 알아채고 괴로워하고 슬퍼하며 그곳에서 즉시 사라졌다.

4 : 17(2-7) 여섯 접촉의 감역에 대한 경
[Chaphassāyatanasutta]

한때 세존께서 한때 세존께서 베쌀리 시의 마하바나 숲에 있는 꾸따가라 강당에 계셨다.

그런데 [113] 그때 세존께서는 여섯 가지 접촉의 영역에 관한 법문으로 수행승들을 교화하고 북돋우고 고무시키고

---

477) Sgv. 477 evaṁ virattaṁ khemattaṁ / sabbasaṁyojanātigaṁ / anvesaṁ sabbaṭhānesu / mārasenā pi nājjhagā ti // 다섯 가지 존재의 집착다발에서 벗어난 사람은 늙지도 죽지도 않기 때문에 죽음의 신인 악마가 찾을 수 없다.

기쁘게 하셨다. 또한 수행승들은 그 뜻을 이해하고 사유하고 온 마음으로 정성을 들여 숙고하며 귀를 기울여 가르침을 들었다.

그때 악마 빠삐만이 '여기서 수행자 고따마가 여섯 가지 접촉의 영역에 관한 법문으로 수행승들을 교화하고 북돋우고 고무시키고 기쁘게 하고 있다. 수행승들은 그 뜻을 이해하고 사유하고 온 마음으로 정성을 들여 숙고하며 귀를 기울여 가르침을 듣고 있다. 내가 수행자 고따마가 있는 곳으로 가서 그들을 눈멀게 하면 어떨까?'라고 생각했다.

그래서 악마 빠삐만이 세존께서 계신 곳으로 찾아왔다. 가까이 다가와서 세존께서 계신 곳으로부터 멀지 않은 곳에서 무섭고 두려운 큰 소리를 내었다. 마치 땅이라도 갈라지는 듯했다.

그때 한 수행승이 다른 수행승에게 이와 같이 말했다.

[수행승] "수행승이여, 수행승이여, 마치 땅이라도 갈라지는 듯합니다."

이렇게 말했을 때 세존께서 그 수행승에게 이와 같이 말씀하셨다.

[세존] "수행승이여, 이것은 땅이 갈라지는 것이 아니다. 이것은 악마 빠삐만이 너희들을 눈멀게 하기 위하여 온 것이다."

세존께서는 '이것은 악마 빠삐만이다.'라고 알아채고 악마 빠삐만에게 시로 말씀하셨다.

Sgv. 478. [세존]

"형상, 소리, 냄새, 맛,
감촉과 그리고 사실은
세상 사람을 유혹하는 무서운 미끼여서,
세상 사람들은 거기에 말려든다.[478)]

Sgv. 479. [세존]

깨달은 님의 제자는
새김을 확립하여 그러한 것을 뛰어넘어,
악마의 영토에서 벗어나
태양처럼 널리 빛난다."[479)]

---

478) Sgv. 478 rūpā saddā rasā gandhā / phassā dhammā ca kevalā / etaṁ lokāmisaṁ ghoraṁ / ettha loko'dhimucchito //
479) Sgv. 479 etañ ca samatikkamma / sato buddhassa sāvako / māradheyyam atikkamma / ādicco va virocatī ti //

그러자 악마 빠삐만은 '세존은 나에 대해 알고 있다. 부처님은 나에 대해 알고 있다.'라고 알아채고 괴로워하고 슬퍼하며 그곳에서 즉시 사라졌다.

4 : 18(2-8) 탁발음식의 경
[Piṇḍasutta]

한때 세존께서 마가다 국에 있는 '빤짜쌀라'라는 바라문 마을에 계셨다.

마침 [114] 빤짜쌀라 바라문 마을에서 젊은 남녀가 서로 선물을 주고받는 축제가 열리고 있었다.

그때 세존께서는 아침 일찍 옷을 입고 발우와 가사를 수하고 탁발하기 위해 빤짜쌀라 바라문 마을로 들어가셨다.

그런데 빤짜쌀라 바라문 마을에 사는 바라문들은 악마 빠삐만에게 사로잡혀 있었다.

그래서 세존께서는 빤짜쌀라 바라문 마을로 탁발을 하러 들어갈 때의 빈 발우를 그대로 들고 돌아오셨다.

그때 악마 빠삐만이 세존께서 계신 곳으로 찾아왔다. 가까이 다가와서 세존께 이와 같이 말했다.

[빠삐만] "수행자여, 탁발음식을 얻었는가?"

[세존] "빠삐만이여, 내가 탁발음식을 얻지 못하도록 그대가 하지 않았는가?"

[빠삐만] "그러면 존자여, 그대는 다시 빤짜쌀라 바라문 마을로 가라. 내가 그대에게 탁발음식을 얻을 수 있도록 하겠다."

Sgv. 480. [세존]

"그대 악마는 이렇게 오신 님을 모욕하여
악한 과보를 초래했다.
죄악이 과보를 초래하지 않으리라
빠삐만이여, 어찌 생각하는가?[480]

Sgv. 481. [세존]

아무 것도 갖고 있지 않지만,
우리는 참으로 행복하게 살고 있다.
지극히 빛나는 하늘의 하늘사람처럼,
희열을 자양으로 살아가리라."[481]

---

480) *Sgv. 480 apuññaṁ pasavi māro / āsajjanaṁ tathāgataṁ / kin nu maññasi pāpima / na me pāpaṁ vipaccatī ti //*
481) *Sgv. 481 susukhaṁ vata jīvāma / yesaṁ no natthi kiñcanaṁ / pītibhakkhā bhavissāma / devā ābhassarā yathā ti //*

그러자 악마 빠삐만은 '세존은 나에 대해 알고 있다. 부처님은 나에 대해 알고 있다.'라고 알아채고 괴로워하고 슬퍼하며 그곳에서 즉시 사라졌다.

4 : 19(2-9) 농부의 경
[Kassakasutta]

한때 세존께서 싸밧티 시에 계셨다.

그때 세존께서는 수행승들에게 열반에 관한 법문으로 그들을 교화하고 북돋우고 고무시키고 기쁘게 하셨다. 또한 수행승들은 그 뜻을 이해하고 사유하고 온 마음으로 정성을 들여 숙고하며 귀를 기울여 가르침을 들었다.

마침 [115] 악마 빠삐만이 '여기서 수행자 고따마가 열반에 관한 법문으로 수행승들을 교화하고 북돋우고 고무시키고 기쁘게 하고 있다. 또한 수행승들은 그 뜻을 이해하고 사유하고 온 마음으로 정성을 들여 숙고하며 귀를 기울여 가르침을 듣고 있다. 내가 이제 수행자 고따마가 있는 곳으로 가서 그들을 눈멀게 하면 어떨까?'라고 생각했다.

곧바로 악마 빠삐만은 농부의 모습을 나타냈다. 그리고 큰 쟁기를 어깨에 메고 긴 소몰이막대를 움켜쥐고 머리를 헝클어뜨리고 대마로 만든 옷을 입고 진흙으로 더럽혀진 발로 세존께서 계신 곳으로 찾아왔다. 가까이 다가와서 세존께 이와 같이 말했다.

[빠삐만] "수행자여, 그대는 황소를 보았는가?"

[세존] "빠삐만이여, 그대에게 황소가 무엇인가?"

[빠삐만] "수행자여, 시각은 나의 것이고 형상도 나의 것이며 시각의식의 영역도 나의 것이다. 수행자여, 그대가 어디로 간들 내게서 벗어날 수 있겠는가? 수행자여, 청각은 나의 것이고 소리도 나의 것이며 청각의식의 영역도 나의 것이다. 수행자여, 그대가 어디로 간들 내게서 벗어날 수 있겠는가? 수행자여, 후각은 나의 것이고 냄새도 나의 것이며 후각의식의 영역도 나의 것이다. 수행자여, 그대가 어디로 간들 내게서 벗어날 수 있겠는가? 수행자여, 미각은 나의 것이고 맛도 나의 것이며 미각의식의 영역도 나의 것이다. 수행자여, 그대가 어디로 간들 내게서 벗어날 수 있겠는가? 수행자여, 촉각은 나의 것이고 감촉도 나의 것이며 촉각의식의 영역도 나의 것이다. 수행자여, 그대가 어디로 간들 내게서 벗어날 수 있겠는가? 수행자여, 정신은 나의 것이고 사실도 나의 것이며 정신의식의 영역도 나의 것이다. 수행자여, 그대가 어디로 간들 내게서 벗어날 수 있겠는가?"

[세존] "빠삐만이여, 시각도 그대의 것이고 형상도 그대의 것이며 시각의식의 영역도 그대의 것이다. 그러나 시각도 없고 형상도 없고 시각의식의 영역도 없는 곳, 빠삐만

이여, 거기에 그대가 갈 길은 없다.

빠삐만이여, 청각도 그대의 것이고 소리도 그대의 것이며 청각의식의 영역도 그대의 것이다. 그러나 청각도 없고 소리도 없고 청각의식의 영역도 없는 곳, 빠삐만이여, 거기에 그대가 갈 길은 없다.

빠삐만이여, 후각도 그대의 것이고 냄새도 그대의 것이며 후각의식의 영역도 그대의 것이다. 그러나 후각도 없고 냄새도 없고 후각의식의 영역도 없는 곳, 빠삐만이여, 거기에 그대가 갈 길은 없다.

빠삐만이여, [116] 미각도 그대의 것이고 맛도 그대의 것이며 미각의식의 영역도 그대의 것이다. 그러나 미각도 없고 맛도 없고 미각의식의 영역도 없으므로 빠삐만이여, 거기에 너의 갈 길은 없다.

빠삐만이여, 촉각도 그대의 것이고 감촉도 그대의 것이며 촉각의식의 영역도 그대의 것이다. 그러나 촉각도 없고 감촉도 없고 촉각의식의 영역도 없는 곳, 빠삐만이여, 거기에 그대가 갈 길은 없다.

빠삐만이여, 정신도 그대의 것이고 사실도 그대의 것이며 정신의식의 영역도 그대의 것이다. 그러나 정신도 없고 사실도 없고 정신의식의 영역도 없는 곳, 빠삐만이여, 거기에 그대가 갈 길은 없다."

Sgv. 482. [빠삐만]

"어떤 것을 '이것은 나의 것'이라 말하고,
'나의 것'에 대해 말하지만,
수행자여, 그대의 정신이 거기에 있으면,
그대는 내게서 벗어나지 못하리."482)

Sgv. 483. [세존]

"그들이 말하는 것은 '나의 것' 아니고
그렇게 말하는 자들 가운데 나는 없다.
빠삐만이여, 그대는 이와 같이 알아야 하리.
결코 그대는 나의 길을 보지 못하리."483)

---

482) Sgv. 482 yaṁ vadanti mama yidan ti / ye vadanti maman ti ca / ettha ce te mano atthi / na me samaṇa mokkhasī ti //

483) Sgv. 483 yaṁ vadanti na taṁ mayhaṁ / ye vadanti na te ahaṁ / evaṁ pāpima jānāhi / na me maggam pi dakkhasī ti // 사람들이 말하는 것, 즉 '그것은 나의 것이다.'에 대해 나는 '그것은 나의 것이 아니다.'라고 말한다는 뜻이다. 부처님은 사람들이 말하는 유위법적인 세계에 속해 있지 않다.

그러자 악마 빠삐만은 '세존은 나에 대해 알고 있다. 부처님은 나에 대해 알고 있다.'라고 알아채고 괴로워하고 슬퍼하며 그곳에서 즉시 사라졌다.

4 : 20(2-10) 통치의 경
[Rajjasutta]

한때 세존께서 꼬쌀라 국의 히말라야 산기슭에 있는 조그마한 초암에 계셨다.

그때 세존께서 그 한적한 곳에서 홀로 고요히 명상하는데 이와 같이 '죽이지 않고, 죽이게 만들지 않고, 정복하지 않고, 정복하게 만들지 않고, 슬프지 않고, 슬프게 만들지 않고, 올바르게 통치하는 것은 불가능한가.'라는 생각이 마음속에 떠올랐다.

그때 악마 빠삐만이 세존께서 생각하시는 것을 마음으로 알아채고 세존께서 계신 곳으로 찾아왔다. 가까이 다가와서 세존께 이와 같이 말했다.

[빠삐만] "세상의 존귀한 님이여, 그대는 스스로 통치하라. 올바른 길로 잘 가신 님이여, 죽이지 않고, 죽이게 만들지 않고, 정복하지 않고, 정복하게 만들지 않고, 슬프지 않고, 슬프게 만들지 않고, 올바르게 통치하라."

[세존] "그런데 빠삐만이여, 그대는 무엇을 보고 나에게

'세상의 존귀한 님이여, 그대는 스스로 통치하라. 올바른 길로 잘 가신 님이여, 죽이지 않고, 죽이게 하지 않고, 정복하지 않고, 정복하게 하지 않고, 슬프지 않고, 슬프게 하지 않고, 올바르게 통치하라.'고 이와 같이 말하는가?"

[빠삐만] "세존이여, 그대는 네 가지 신통변화의 기초를 닦고 익히고 수레로 삼고 토대로 만들고 확립하고 구현시켜 훌륭하게 성취하였다. 이제 세존이여, 그대가 히말라야 산이 황금으로 되길 원하면, 그 산은 황금으로 될 것이다."

Sgv. 484. [세존]

"황금으로 [117] 이루어진 산이 있어
그 모든 황금이 두 배가 되어도
한 사람에게도 충분하지 않다.
이렇게 알고 올바로 살아야 하리. 484)

Sgv. 485. [세존]

괴로움과 그 원인을 본 사람이
어떻게 감각적 쾌락에 빠지겠는가.

---

484) Sgv. 484 pabbatassa suvaṇṇassa / jātarūpassa kevalo / dvittāva nālamekassa / iti vidvā samañcare //

취착을 세상의 결박으로 알고,
사람은 그것을 끊기 위해 힘써야 하리."485)

그때 악마 빠삐만은 '세존은 나에 대해 알고 있다. 부처님은 나에 대해 알고 있다.'라고 알아채고 괴로워하고 슬퍼하며 그곳에서 즉시 사라졌다.

두 번째 품, 「왕의 품」이 끝났다. 그 목차는 차례로 '1) 바위의 경 2) 왜 사자처럼의 경 3) 돌조각의 경 4) 어울림의 경 5) 생각의 경 6) 발우의 경 7) 여섯 접촉의 감역에 대한 경 8) 탁발음식의 경 9) 농부의 경 10) 통치의 경'으로 이루어졌다.

3. 악마의 품
(Māravagga)

4 : 21(3-1) 많은 수행승의 경
[Sambahulabhikkhusutta]

이와 같이 나는 들었다. 한때 세존께서 싸끼야 족이 사는 씰라바띠 마을에 계셨다.

그때 많은 수행승들이 세존께서 계신 곳으로부터 멀지

485) *Sgv. 485 yo dukkham addakkhi yato nidānaṁ / kāmesu so jantu kathaṁ nameyya / upadhiṁ viditvā saṅgoti loke / tass'eva jantu vinayāya sikkhe ti //*

않은 곳에서 방일하지 않고 열심히 정진하고 있었다.

그런데 그때 악마 빠삐만이 한 성직자의 모습으로 몸을 나타내어 큰 상투를 틀고, 영양의 가죽으로 만든 옷을 입고, 늙어서 서까래처럼 된 등을 구부리고, 콜록콜록 기침을 하며, 우담바라 나무로 된 지팡이를 들고, 수행승들이 있는 곳으로 찾아왔다.

가까이 다가와서 수행승들에게 이야기했다.

[빠삐만] "존자들은 젊고 머리카락이 아주 검고 행복한 청춘을 부여받았으나 인생의 꽃다운 시절에 감각적 쾌락을 즐기지 않고 출가했습니다. 존자들은 인간의 감각적 쾌락의 욕망을 즐기십시오. 시간에 매인 것을 좇기 위해 현재를 버리지 마십시오."

[수행승들] "성직자여, 우리들은 시간에 매인 것을 좇기 위해 현재를 버리지 않습니다. 성직자여, 우리는 시간에 매인 것을 좇기 위해 현재를 버리지 않습니다. 성직자여, 감각적 쾌락의 욕망은 시간에 매이는 것이고, 괴로움으로 가득 찬 것이고, 아픔으로 가득 찬 것이고, 그 안에 도사린 위험은 훨씬 더 큰 것이라고 세존께서 말씀하셨습니다. 그러나 이 가르침은 현세의 삶에서 유익한 가르침이며, 시간을 초월하는 가르침이며, 와서 보라고 할 만한 가르침이며, 최상의 목표로 이끄는 가르침이며, 슬기로운 자라면 누구나 알 수 있는 가르침이라고 세존께서 말씀하셨습니다."

이와 같이 말하자, [118] 악마 빠삐만은 그만 머리를 떨어뜨리고 혀를 날름거리며 이마에 삼지창 표시를 짓고 지팡이에 의지하여 그 자리를 떠났다.

그러자 수행승들이 세존께서 계신 곳으로 찾아왔다. 가까이 다가와서 세존께 인사를 드리고 한쪽으로 물러나 앉았다. 한쪽으로 물러나 앉아서 수행승들은 세존께 이와 같이 말씀드렸다.

[수행승들] "세존이시여, 저희들은 세존으로부터 멀지 않은 곳에서 방일하지 않고 열심히 정진하고 있었습니다. 그때 세존이시여, 어떤 성직자가 큰 상투를 틀고, 영양의 가죽으로 만든 옷을 입고 늙어서 서까래처럼 된 등을 구부리고, 콜록콜록 기침을 하며, 우담바라 나무로 된 지팡이를 들고, 우리들이 있는 곳으로 가까이 왔습니다. 가까이 다가와서 우리들에게 이야기했습니다. '존자들은 젊고 머리카락이 아주 검고 행복한 청춘을 부여받았으나 인생의 꽃다운 시절에 감각적 쾌락을 즐기지 않고 출가했습니다. 존자들은 인간의 감각적 쾌락의 욕망을 즐기십시오. 시간에 매인 것을 좇기 위해 현재를 버리지 마십시오.'

이와 같이 말하자, 세존이시여, 우리는 그 성직자에게 말했습니다. '성직자여, 우리들은 시간에 매인 것을 좇기 위해 현재를 버리지 않습니다. 성직자여, 우리는 시간에 매인 것을 좇기 위해 현재를 버리지 않습니다. 성직자여, 감각적 쾌락의 욕망은 시간에 매이는 것이고, 괴로움으로 가득 찬 것이고, 아픔으로 가득 찬 것이고, 그 안에 도사린 위험은 훨씬 더 큰 것이라고 세존께서 말씀하셨습니다. 그러나 이 가르침은 현세의 삶에서 유익한 가르침이며, 시간을 초월하는 가르침이며, 와서 보라고 할 만한 가르침이며, 최상의 목표로 이끄는 가르침이며, 슬기로운 자라면 누구나 알 수 있는 가르침이라고 세존께서 말씀하셨습니다.'

이와 같이 말하자, 세존이시여, 그 성직자는 머리를 떨어뜨리고 혀를 날름거리며 이마에 삼지창 표시를 짓고 지팡이에 의지하여 그 자리를 떠났습니다."

[세존] "수행승들이여, 그것은 성직자가 아니다. 그것은 그대들을 눈멀게 하려고 온 악마 빠삐만이다."

세존께서는 '그것은 악마 빠삐만이다.'라고 알아채고 시로 말씀하셨다.

Sgv. 486. [세존]

"괴로움과 그 원인을 본 사람이
어떻게 감각적 쾌락에 빠지겠는가.
애착을 세상의 결박으로 알고,
사람은 그것을 끊기 위해 힘써야 하리."486)

4 : 22(3-2) 싸밋디의 경
[Samiddhisutta]

한때 [119] 세존께서 싸끼야 족이 사는 씰라바띠 마을에 계셨다.

그런데 그때 존자 싸밋디가 세존께서 계신 곳으로부터 멀지 않은 곳에서 방일하지 않고 열심히 정진하고 있었다.

그래서 존자 싸밋디가 한적한 곳에서 홀로 고요히 명상하는데 이와 같이 '내가 거룩한 님, 올바로 원만히 깨달은 님을 스승으로 가진 것은 진실로 나에게 유익함이고 진실로 나에게 크나큰 이익이다. 내가 이와 같이 잘 설해진 가르침과 계율로 출가한 것은 진실로 나에게 유익함이고 진실로 나에게 크나큰 이익이다. 내가 계율을 갖추고 착한 가르침을 따르는, 청정한 삶을 사는 도반을 가지고 있는 것은 진실로 나에게 유익함이고 진실로 나에게 크나큰 이익이다.'라는 생각이 마음속에 떠올랐다.

마침 악마 빠삐만이 존자 싸밋디의 생각을 마음으로 알아채고 존자 싸밋디가 있는 곳으로 찾아왔다. 가까이 다가와서 존자 싸밋디가 있는 곳으로부터 멀지 않은 곳에서 무섭고 두려운 큰 소리를 내었다. 마치 땅이 무너지기라도 하는 듯했다.

---

486) Sgv. 486 = Sgv. 485

그러자 존자 싸밋디는 세존께서 계신 곳으로 찾아왔다. 가까이 다가와서 세존께 인사를 드리고 한쪽으로 물러나 앉았다. 한쪽으로 물러나 앉아서 존자 싸밋디는 세존께 이와 같이 말씀드렸다.

[싸밋디] "세존이시여, 세존께서 계신 곳으로부터 멀지 않은 곳에서 저는 방일하지 않고 열심히 정진하고 있었습니다. 세존이시여, 제가 한적한 곳에서 홀로 고요히 명상하는데 이와 같이 '내가 거룩한 님, 올바로 원만히 깨달은 님을 스승으로 가진 것은 진실로 나에게 유익함이고 진실로 나에게 크나큰 이익이다. 내가 이와 같이 잘 설해진 가르침과 계율로 출가한 것은 진실로 나에게 유익함이고 진실로 나에게 크나큰 이익이다. 내가 계율을 갖추고 착한 가르침을 따르는, 청정한 삶을 사는 도반을 가지고 있는 것은 진실로 나에게 유익함이고 진실로 나에게 크나큰 이익이다.'라는 생각이 마음속에 떠올랐습니다. 그때 세존이시여, 내가 있는 곳으로부터 멀지 않은 곳에서 무섭고 두려운 큰 소리가 났습니다. 마치 땅이 무너지기라도 하는 듯했습니다."

[세존] "싸밋디여, 그것은 땅이 무너지는 것이 아니다. 그것은 너의 눈을 멀게 하기 위해 악마 빠삐만이 온 것이다. 싸밋디여, 너는 가서 거기서 방일하지 않고 열심히 정진하며 지내라."

[싸밋디] "세존이시여, 그렇게 하겠습니다."

존자 싸밋디가 세존께 대답하고 [120] 자리에서 일어나 세존께 인사를 드리고 오른쪽으로 돌아 사라졌다.

또 다시 존자 싸밋디는 그곳에서 방일하지 않고 열심히 정진하고 있었다. 존자 싸밋디가 한적한 곳에서 홀로 고요히 명상하는데 이와 같이 '내가 거룩한 님, 올바로 원만히 깨달은 님을 스승으로 가진 것은 진실로 나에게 유익함이고 진실로 나에게 크나큰 이익이다. 내가 이와 같이 잘 설해진 가르침과 계율로 출가한 것은 진실로 나에게 유익함이고 진실로 나에게 크나큰 이익이다. 내가 계율을 갖추고 착한 가르침을 따르는, 청정한 삶을 사는 도반을 가지고 있는 것은 진실로 나에게 유익함이고 진실로 나에게 크나큰 이익이다.'라는 생각이 다시 마음속에 일어났다.

그때 또다시 악마 빠삐만이 존자 싸밋디의 생각을 마음으로 알아채고 존자 싸밋디가 있는 곳으로 찾아왔다. 가까이 다가와서 존자 싸밋디가 있는 곳으로부터 멀지 않은 곳에서 무섭고 두려운 큰 소리를 내었다. 마치 땅이 갈라지기라도 하는 듯했다.

그러자 존자 싸밋디는 '이것은 악마 빠삐만이다.'라고 알아채고 악마 빠삐만에게 시로 말했다.

Sgv. 487. [싸밋디]

"집에서 집 없는 곳으로
믿음을 가지고 나는 출가했고,
새김과 지혜가 성숙해서
마음은 삼매에 잘 들었다.
마음대로 그대의 모습을 바꾸어도,
나를 두렵게는 하지 못하리라."487)

그러자 악마 빠삐만은 '수행승 싸밋디는 나에 대해 안다.' 라고 알아채고 괴로워하고 슬퍼하며 그곳에서 즉시 사라졌다.

4 : 23(3-3) 고디까의 경
[Godhikasutta]

한때 세존께서 라자가하 시의 벨루바나 숲에 있는 깔란다까니바빠 공원에 계셨다.

그때 존자 고디까가 이씨길리 산 중턱의 검은 바위 위에

---

487) Sgv. 487 saddhāyā'haṁ pabbajito / agārasmā anagāriyaṁ / sati paññā ca me buddhā / cittañ ca susamāhitaṁ / kāmaṁ karassu rūpāni / n'eva maṁ byādhayissasī ti //

있었다.

1) 그런데 그때 존자 고디까는 방일하지 않고 열심히 정진하여 일시적인 마음에 의한 해탈을 얻었다. 그러나 존자 고디까는 그 일시적인 마음에 의한 해탈에서 물러났다.

2) 다시 존자 고디까는 방일하지 않고 열심히 정진하여 일시적인 마음에 의한 해탈을 얻었다. 그러나 두 번째에도 존자 고디까는 그 일시적인 마음에 의한 해탈에서 물러났다.

3) 세 번째로 존자 고디까는 방일하지 않고 열심히 정진하여 일시적인 마음에 의한 해탈을 얻었다. 그러나 세 번째에도 존자 고디까는 그 일시적인 마음에 의한 해탈에서 물러났다.

4) 네 번째로 존자 고디까는 방일하지 않고 열심히 정진하여 일시적인 마음에 의한 해탈을 얻었다. 그러나 네 번째에도 고디까는 그 일시적인 마음에 의한 해탈에서 물러났다.

5) 다섯 번째로 [121] 존자 고디까는 방일하지 않고 열심히 정진하여 일시적인 마음에 의한 해탈을 얻었다. 그러나 다섯 번째에도 고디까는 그 일시적인 마음에 의한 해탈에서 물러났다.

6) 여섯 번째로 존자 고디까는 방일하지 않고 열심히 정진하여 일시적인 마음에 의한 해탈을 얻었다. 그러나 여

섯 번째에도 고디까는 그 일시적인 마음에 의한 해탈에서 물러났다.

일곱 번째로 존자 고디까는 방일하지 않고 열심히 정진하여 일시적인 마음에 의한 해탈을 얻었다. 그때 존자 고디까는 이와 같이 생각했다.

[고디까] '이제 나는 여섯 번이나 일시적인 마음에 의한 해탈에서 물러났다. 나는 차라리 칼로 목숨을 끊는 것이 어떨까?'

그때 악마 빠삐만이 존자 고디까가 품은 생각을 알고 세존께서 계신 곳으로 찾아왔다. 가까이 다가와서 세존께 시로 말했다.

Sgv. 488. [빠삐만]

"위대한 영웅, 크게 슬기로운 님,
초월적 힘과 명예로 빛나십니다.
모든 두려운 원한을 뛰어넘은 님,
눈을 갖춘 님이여,
그대의 두 발에 예배드립니다.[488)]

---

488) *Sgv. 488 mahāvīra mahāpañña / iddhiyā yasasā jalaṁ / sabbaverabhayātīta / pāde vandāmi cakkhuma //*

Sgv. 489. [빠삐만]

위대한 영웅이여, 죽음을 초극한 님이여,
그대의 제자가 죽음을 원하고
죽음에 대해 생각하고 있습니다.
빛의 주인이시여, 그를 말리십시오.489)

Sgv. 490. [빠삐만]

세존이시여, 세상에 알려진 님이여,
가르침에 기뻐하는 그대의 제자가
어떻게 깨달음을 아직 얻지 못한 채,
학인으로서 죽고자 하는 것입니까?"490)

그때 마침 존자 고디까가 칼로 자결했다.

한편 세존께서는 그가 악마 빠삐만인 것을 알아채고 악마 빠삐만에게 시로 말씀하셨다.

---

489) Sgv. 489 sāvako te mahāvīra / maraṇaṁ maraṇābhibhū / ākaṅkhati cetayati / taṁ nisedha jutindhara //

490) Sgv. 490 kathaṁ hi bhagavā tuyhaṁ / sāvako sāsane rato / appattamānaso sekho / kālaṁ kayirā janesutā ti //

Sgv. 491. [세존]

"지혜로운 이들은 이처럼
삶에 얽매이지 않고 행동한다.
갈애를 뿌리째 뽑아서
고디까는 열반에 들었다."491)

그리고 세존께서는 수행승들을 부르셨다.

[세존] "수행승들이여, 지금 이씨길리 산 중턱에 있는 검은 바위가 있는 곳으로 가보자. 거기서 양가의 자제 고디까가 칼로 자결했다."

[수행승들] "세존이시여, 그렇게 하겠습니다."

수행승들이 세존께 대답했다.

그래서 세존께서는 많은 수행승들과 함께 이씨길리 산 중턱에 있는 검은 바위에 도착하셨다. 세존께서는 존자 고디까가 평상 위에 존재의 다발에서 해탈하여 누워 있는 것을 보았다.

그런데 [122] 그때 연기와 같은 아련한 것이 동쪽으로 움직이고 서쪽으로 움직이고 남쪽으로 움직이고 북쪽

---

491) Sgv. 491 evaṁ hi dhīrā kubbanti / nāvakaṅkhanti jīvitaṁ / samūlaṁ taṇhaṁ abbuyha / godhiko parinibbuto ti //

으로 움직이고 위쪽으로 움직이고 아래쪽으로 움직이며 사방팔방으로 움직였다.

그때 세존께서는 수행승들을 부르셨다.

[세존] "수행승들이여, 너희들은 저 연기와 같은 아련한 것이 동쪽으로 움직이고 서쪽으로 움직이고 남쪽으로 움직이고 북쪽으로 움직이고 위쪽으로 움직이고 아래쪽으로 움직이며 사방팔방으로 움직이는 것을 보았느냐?"

[수행승들] "그렇습니다. 세존이시여."

[세존] "수행승들이여, 악마 빠삐만이 양가의 아들 고디까의 의식을 찾고 있다. '양가의 아들 고디까의 의식은 어디에 있을까?'라고. 그러나 수행승들이여, 양가의 아들 고디까는 의식이 머무는 곳 없이 완전한 열반에 들었다."

그때 악마 빠삐만이 모과나무로 만든 황색의 비파를 들고 세존께서 계신 곳으로 찾아왔다. 가까이 다가와서 세존께 시로 말했다.

Sgv. 492. [빠삐만]

"위와 아래와 옆과
사방과 팔방을 찾아도
그를 발견하지 못했다.
고디까는 어디로 사라졌는가?"492)

Sgv. 493. [세존]

"결단을 갖춘 현자는
항상 선정을 즐기면서 명상에 들고,
목숨에 얽매이지 않고
밤과 낮으로 정진한다.[493]

Sgv. 494. [세존]

죽음의 군대를 쳐부수어
다시는 태어나지 않으니,
갈애를 뿌리째 뽑아서
고디까는 완전한 적멸에 들었다."[494]

---

492) *Sgv. 492 uddhaṁ adho ca tiriyañ ca / disā anudisāsvahaṁ / anvesaṁ nādhigacchāmi / godhiko so kuhiṁ gato ti //*

493) *Sgv. 493 so dhīro dhitisampanno / jhāyī jhānarato sadā / ahorattaṁ anuyuñjaṁ / jīvitaṁ anikāmayaṁ //*

494) *Sgv. 494 chetvāna maccuno senaṁ / anāgantvā punabbhavaṁ / samūlaṁ taṇhamabbuyha / godhiko parinibbuto ti //*

Sgv. 495. [송출자]

"악마 빠삐만은
슬픔으로 가득 찬 나머지
허리의 비파를 떨어뜨리고
우울해하며 그 자리에서 사라졌다."495)

4 : 24(3-4) 칠 년 추적의 경
[Sattavassānubandhasutta]

이와 같이 나는 들었다. 한때 세존께서 네란자라 강 언덕에 있는 우루벨라 마을의 아자빨라라는 니그로다 나무 아래에 계셨다.

그런데 그때 악마 빠삐만이 칠 년 동안 세존을 쫓아다니면서 기회를 엿보았으나 기회를 얻지 못했다. 그럼에도 불구하고, 악마 빠삐만이 세존께서 계신 곳으로 찾아왔다. 가까이 다가와서 세존께 시로 말했다.

---

495) Sgv. 495 tassa sokaparetassa / vīṇā kacchā abhassatha / tato so dummano yakkho / tatth'eva'ntaradhāyathā ti //

Sgv. 496. [빠삐만]

"슬픔에 [123] 잠겨
숲속에서 선정을 닦는구나.
재산을 잃었는가,
뭔가 갖고 싶은가?
마을에서 무슨 죄라도 지었는가?
왜 사람들과 사귀지 않고,
누구와도 교제를 하지 않는가?"496)

Sgv. 497. [세존]

"나는 슬픔의 뿌리를
모두 잘라 버려
슬픔도 없고 죄악도 없이
선정을 닦는다.
모든 존재에 대한 탐욕을 버렸으니,

---

496) Sgv. 496 sokāvatiṇṇo nu vanamhi jhāyasi / vittaṁ nu jīno uda patthayāno / āguṁ nu gāmasmiṁ akāsi kiñci / kasmā janena na karosi sakkhiṁ / sakkhī na sampajjati kena ci te ti //

방일의 벗이여,
나는 번뇌를 여의고 선정에 든다."[497]

Sgv. 498. [빠삐만]

"어떤 것을 두고 '이것은 나의 것'이라 말하고,
'나의 것'에 대해 말하지만,
수행자여, 그대의 정신이 거기에 있으면
그대는 내게서 벗어나지 못하리."[498]

Sgv. 499. [세존]

"그들이 말하는 것은 '나의 것' 아니고
그렇게 말하는 자들 가운데 나는 없다.
빠삐만이여, 그대는 이와 같이 알아야 하리.
결코 그대는 나의 길을 보지 못하리."[499]

---

497) *Sgv. 497 sokassa mūlaṁ palikhāya sabbaṁ / anāgu jhāyāmi asocamāno / chetvāna sabbaṁ bhavalobhajappaṁ / anāsavo jhāyāmi pamattabandhu //*

498) *Sgv. 498 = Sgv. 482*

499) *Sgv. 499 = Sgv. 483*

Sgv. 500. [빠삐만]

"만약 그대가 깨달았다면
안온과 불사에 이르는 길을 가라.
그대 홀로 가라.
그대는 왜 남을 가르치는가?"[500)]

Sgv. 501. [세존]

"저 언덕으로 가고자 하는 사람들은
불사의 세계에 관해 묻는다.
나는 그들의 질문을 받고
집착의 대상을 여읜 진리를 말할 뿐이다."[501)]

[빠삐만] "세존이시여, 예를 들어 마을이나 읍에서 멀지 않은 곳에 연못이 하나 있는데, 거기에 게가 산다고 합시

---

500) Sgv. 500 sace maggaṁ anubuddhaṁ / khemaṁ amatagāminaṁ / apehi gaccha tvam ev'eko / kimaññamanusāsasī ti //

501) Sgv. 501 amaccudheyyam pucchanti / ye janā pāragāmino / tesāhaṁ puṭṭho akkhāmi / yaṁ saccaṁ nirupadhin ti //

다. 세존이시여, 그때 많은 아이들이 그 마을이나 읍에서 나와 그 연못으로 갔습니다. 가까이 다가가서 그 게를 잡아서 땅 위에 올려놓았습니다. 세존이시여, 그 게가 자신의 집게를 세우면, 그 아이들은 나무나 돌멩이로 자르고 부수고 산산조각 내버립니다. 세존이시여, 그 게의 모든 집게가 잘리고 부서지고 산산조각 나면 다시 연못으로 들어갈 수 없습니다. 세존이시여, 이와 같이 이전의 굽은 것, 왜곡된 것, 삐뚤어진 것 등 어떤 것이든 모든 것들을 세존께서는 자르고 파괴하고 산산조각 나게 했으므로,[124] 이제 기회를 엿보아 다시 세존께 가까이 올 수 없게 되었습니다."

그리고 나서 악마 빠삐만은 세존 앞에서 이와 같이 절망스런 시를 읊었다.

Sgv. 502. [빠삐만]

"기름칠한 색깔의 돌 주위에
까마귀 하나가 맴돌며 생각하기를
우리가 여기서 부드러운 것을 찾으면,
뭔가 달콤한 것을 얻겠지.[502)]

---

502) Sgv. 502 medavaṇṇañ ca pāsāṇaṁ / vāyaso anupariyagā / apettha mudu vindema / api assādanā siyā //

Sgv. 503. [빠삐만]

그러나 아무런 달콤한 것을 얻지 못해
까마귀는 거기서 날아가 버렸다.
바위 위에 앉아 있던 까마귀처럼,
우리는 절망하여 고따마 곁을 떠난다."[503)]

이렇게 악마 빠삐만은 세존 앞에서 절망스런 시를 읊은 뒤에 그 자리를 물러났다. 그리고 세존으로부터 멀지 않은 땅 위에 다리를 꼬고 말없이 어깨를 떨군 채 정신없이 슬프고 당혹하여 지팡이로 땅을 긁으면서 주저앉았다.

4 : 25(3-5) 악마의 딸들에 대한 경
[Māradhītusutta]

그때 악마의 딸들인 땅하, 아라띠, 라가가 악마 빠삐만이 있는 곳으로 찾아갔다. 가까이 다가가서 악마 빠삐만에게 시로 말했다.

---

503) Sgv. 503 aladdhā tattha assādaṁ / vāyas'etto apakkame / kāko va selam āsajja / nibbijjāpema gotamā ti //

Sgv. 504. [악마의 딸들]

"아버지 왜 우울해 합니까?
어떤 사람 때문에 슬퍼합니까?
야생의 코끼리를 묶듯이
우리가 그를 탐욕의 끈으로
포박하여 데리고 와서
아버지의 지배 아래 두겠습니다."[504)]

Sgv. 505. [빠삐만]

"세상의 거룩한 님,
올바른 길로 잘 가신 님은
탐욕으로 유혹하기가 쉽지 않네.
악마의 영역을 뛰어넘으니,
그 때문에 나는 매우 슬퍼한다."[505)]

---

504) Sgv. 504 kenāsi dummano tāta / purisaṁ kannu socasi / mayaṁ taṁ rāgapāsena / āraññam iva kuñjaraṁ / bandhitvā ānayissāma / vasago te bhavissatī ti // 악마의 딸들인 땅하, 아라띠, 라가는 각각 갈애, 불쾌, 탐욕을 상징한다.

505) Sgv. 505 arahaṁ sugato loke / na rāgena suvānayo /

그러자 악마의 딸들인 땅하, 아라띠, 라가가 세존께서 계신 곳으로 찾아왔다. 가까이 다가와서 세존께 이와 같이 말했다.

[악마의 딸들] "수행자여, 당신의 두 발에 예배드립니다."

그러나 세존께서는 집착을 부수어 위없는 해탈을 이루었기 때문에 그것에 유념하지 않았다.

그래서 악마의 딸들인 땅하, 아라띠, 라가는 한쪽으로 물러나서 이와 같이 함께 생각했다. '사람의 취미는 다양하다. 우리가 지금 백 명의 소녀 모습으로 변신하는 것이 어떨까?'

곧바로 [125] 악마의 딸들인 땅하, 아라띠, 라가는 백 명의 소녀 모습으로 변신한 뒤에 세존께서 계신 곳으로 찾아왔다. 가까이 다가와서 세존께 이와 같이 말했다.

[악마의 딸들] "수행자여, 당신의 두 발에 예배드립니다."

그러나 세존께서는 집착을 부수어 위없는 해탈을 이루었기 때문에 그것에 유념하지 않았다.

그래서 악마의 딸들인 땅하, 아라띠, 라가는 한쪽으로 물러나서 이와 같이 함께 생각했다. '사람의 취미는 다양하다. 우리가 지금 아직 아이를 낳지 않는 백 명의 처녀 모습

---

māradheyyaṁ atikkanto / tasmā socām'ahaṁ bhūsan ti // 악망의 영역은 죽음의 영역이라는 뜻이다.

으로 변신하는 것이 어떨까?'

곧바로 악마의 딸들인 땅하, 아라띠, 라가는 아직 아이를 낳지 않은 백 명의 처녀 모습으로 변신해서 세존께서 계신 곳으로 찾아왔다. 가까이 다가와서 세존께 이와 같이 말했다.

[악마의 딸들] "수행자여, 당신의 두 발에 예배를 드립니다."

그러나 세존께서는 집착을 부수어 위없는 해탈을 이루었기 때문에 그것에 유념하지 않았다.

그래서 악마의 딸들인 땅하, 아라띠, 라가는 한쪽으로 물러나서 이와 같이 함께 생각했다. '사람의 취미는 다양하다. 우리가 지금 한 번 아이를 낳은 백 명의 부인 모습으로 변신하는 것이 어떨까?' 곧바로 악마의 딸들인 땅하, 아라띠, 라가는 한 번 아이를 낳은 백 명의 부인 모습으로 변신하여 세존께서 계신 곳으로 찾아왔다. 가까이 다가와서 세존께 이와 같이 말했다.

[악마의 딸들] "수행자여, 당신의 두 발에 예배를 드립니다."

그러나 세존께서는 집착을 부수어 위없는 해탈을 이루었기 때문에 그것에 유념하지 않았다.

그래서 악마의 딸들인 땅하, 아라띠, 라가는 한쪽으로 물러나서 이와 같이 함께 생각했다. '사람의 취미는 다양하다. 우리가 이제 두 번 아이를 낳은 백 명의 부인 모습으로 변신하는 것이 어떨까?' 곧바로 악마의 딸들인 땅하, 아라띠, 라가는 두 번 아이를 낳은 백 명의 부인 모습으로 변신하여 세존께서 계신 곳으로 찾아왔다. 가까이 다가와서 세존께 이와 같이 말했다.

[악마의 딸들] "수행자여, 당신의 두 발에 예배드립니다."

그러나 세존께서는 집착을 부수어 위없는 해탈을 이루었기 때문에 그것에 유념하지 않았다.

그래서 악마의 딸들인 땅하, 아라띠, 라가는 한쪽으로 물러나서 이와 같이 함께 생각했다. '사람의 취미는 다양하다. 우리가 이제 중년의 나이든 백 명의 부인 모습으로 변신하는 것이 어떨까?' 곧바로 악마의 딸들인 땅하, 아라띠, 라가는 중년의 나이든 백 명의 부인 모습으로 변신하여 세존께서 계신 곳으로 찾아왔다. 가까이 다가와서 세존께 이와 같이 말했다.

[악마의 딸들] "수행자여, 당신의 두 발에 예배드립니다."

그러나 세존께서는 집착을 부수어 위없는 해탈을 이루었기 때문에 그것에 유념하지 않았다.

그래서 악마의 딸들인 땅하, 아라띠, 라가는 한쪽으로 물러나서 이와 같이 함께 생각했다. '사람의 취미는 다양하다. 우리가 이제 나이가 많은 백 명의 노파 모습으로 변신하는 것이 어떨까?' 곧바로 악마의 딸들인 땅하, 아라띠, 라가는 나이가 많이 든 백 명의 노파 모습으로 변신하여 세존께서 계신 곳으로 찾아왔다. 가까이 다가와서 세존께 이와 같이 말했다.

[악마의 딸들] "수행자여, 당신의 두 발에 예배드립니다."

그러나 세존께서는 집착을 부수어 위없는 해탈을 이루었기 때문에 그것에 유념하지 않았다. 그래서 악마의 딸들인 땅하, 아라띠, 라가는 한쪽으로 물러나서 이와 같이 말했다.

[악마의 딸들] "참으로 우리 아버지 말씀이 진실이다."

Sgv. 506. [악마의 한 딸]

"세상의 거룩한 님,
올바른 길로 잘 가신 님을
탐욕으로 유혹하기 쉽지 않다.
그는 악마의 영역을 뛰어넘으니
나는 그것을 매우 슬퍼한다."[506)]

---

506) Sgv. 506 = Sgv. 505

[악마의 딸들] "그러나 우리가 탐욕을 떠나지 못한 수행자나 성직자에게 이런 식으로 접근해서 그의 심장을 부수거나 입에서 뜨거운 피를 흘리게 하고 광기로 채우고마음을 [126] 혼란하게 하면 마치 푸른 갈대가 잘리면 시들고 마르고 바래지듯 그는 시들고 마르고 고갈될 것이다."

곧바로 악마의 딸들인 땅하, 아라띠, 라가는 세존께서 계신 곳으로 찾아왔다. 가까이 다가와서 한쪽으로 물러나 섰다. 한쪽으로 물러나 서서 악마의 딸 땅하가 세존께 시로 말했다.

Sgv. 507. [땅하]

"슬픔에 잠겨 숲속에서
선정을 닦는구나.
재산을 잃었는가, 뭔가 갖고 싶은가?
마을에서 무슨 죄라도 지었는가?
왜 사람들과 사귀지 않고,
누구와도 교제를 맺지 않는가?"507)

---

507) Sgv. 507 = Sgv. 496

Sgv. 508. [세존]

"애착과 쾌락의 군대를 부수고
홀로 선정에 들어 나는 기쁨을 찾았고,
목표를 성취했고, 지복을 얻었다.
그러므로 세상을 벗으로 삼지 않으며,
또한 누구도 나에게 친구가 되지 못한다."[508)]

그때 악마의 딸 아라띠가 세존께 이와 같이 말했다.

Sgv. 509. [아라띠]

"수행승은 어떻게 수행하여
다섯 거센 흐름을 건너고
여섯 번째도 건넜는가?
어떻게 선정을 닦으면,
감각적 쾌락의 욕망에 대한 지각이 제거되고

---

508) *Sgv. 508 atthassa pattiṁ hadayassa santiṁ / jetvāna senaṁ piyasātarūpaṁ / ekāhaṁ jhāyaṁ sukham anubodhaṁ / tasmā janena na karomi sakkhiṁ / sakkhī na sampajjati kenaci me ti //*

그 감각적 쾌락의 욕망에 대한 지각이
그를 사로잡지 못하는가?"509)

Sgv. 510. [세존]

"몸을 고요히 하고
마음을 잘 해탈하여
형성 없이 집 없이 새김을 갖추고
동요 없이 표류 없이 혼침 없이
가르침을 알고
사유를 넘어 선정을 닦는다.510)

---

509) *Sgv. 509 kathaṁ vihārī bahulo dha bhikkhu / pañcoghatiṇṇo atarīdha chaṭṭhaṁ / kathaṁ jhāyaṁ bahulaṁ kāmasaññā / paribāhirā honti aladdha yo tan ti* // *다섯 거센 흐름은 다섯 가지 감각적 쾌락의 종류를 의미하고 여섯 번째는 정신적 사실로서의 감각적 쾌락을 의미한다.*

510) *Sgv. 510 passaddhakāyo suvimuttacitto / asaṅkharāno satimā anoko / aññāya dhammaṁ avitakkajhāyī / na kuppati na sarati na thīno* // *이 시는 네 번째 선정의 경지를 노래하고 있다. 분노 때문에 동요하지 말고, 욕망 때문에 표류하지 말고, 어리석음 때문에 혼침에 들지 말아야 한다.*

Sgv. 511. [세존]

여기 수행승은 이렇게 수행하여
다섯 거센 흐름을 건너고 여섯 번째도 건넜다.
이와 같이 선정을 닦으면, 감각적 욕망의
지각이 제거되고 그를 사로잡지 못한다."511)

그때 [127] 악마의 딸 라가가 세존 앞에서 조용히 시를 읊었다.

Sgv. 512. [라가]

"갈애를 끊고 무리와 참모임을 이끄니
진실로 많은 뭇삶들이 따라 행하리.
참으로 집 없는 자가 많은 사람을 빼앗아
죽음의 왕국 건너 저편으로 이끈다."512)

---

511) Sgv. 511 evaṁ vihārī bahulo dha bhikkhu / pañcoghatiṇṇo atarīdha chaṭṭhaṁ / evaṁ jhāyiṁ bahulaṁ kāmasaññā / paribāhirā honti aladdha yo tan ti //

512) Sgv. 512 acchecchi taṇhaṁ gaṇasaṅghacārī / addhā carissanti bahū ca sattā / bahūṁ vatāya janataṁ anoko / acchejja nessati maccurājassa pāran ti //

Sgv. 513. [세존]

"이렇게 오신 님, 위대한 영웅은
진실한 가르침으로 무리를 이끈다.
진리로 이끌고 지혜를 성취하게 하는데,
너희들이 질투해서 무엇을 하랴."513)

그러자 악마의 딸들인 땅하, 아라띠, 라가는 악마 빠삐만이 있는 곳으로 찾아갔다. 악마 빠삐만은 땅하, 아라띠, 라가가 멀리서 오고 있는 것을 보았다. 오는 것을 보면서 시로 말했다.

Sgv. 514. [빠삐만]

"어리석은 자들이여, 연꽃 줄기로
산을 부수려 한다.
손톱으로 바위산을 파괴하고
이빨로 쇳조각을 씹으려 한다.514)

---

513) Sgv. 513 nayanti ve mahāvīrā / saddhammena thatāgatā / dhammena nayamānānaṁ / kā usūyā vijānatan ti //
514) Sgv. 514 bālā kumudanāḷehi / pabbataṁ abhimatthatha

Sgv. 515. [빠삐만]

큰 바위에 머리를 부딪치고
절벽에서 바닥을 찾으려 하고
가슴에 쐐기를 박듯이 절망하며,
고따마를 떠났구나."515)

Sgv. 516. [송출자]

"땅하와 아라띠와 라가는
광채를 띠고 다가왔지만
태풍의 신이 떨어지는 솜털을 날려 버리듯,
스승께서는 그녀들을 물리치셨다."516)

세 번째 품, 「악마의 품」이 끝났다. 그 목차는 차례로 '1) 많은 수행승의 경 2) 싸밋디의 경 3) 고디까의 경 4) 칠 년 추적의 경 5) 악마의 딸들에 대한 경'으로 이루어졌다. 「악마의 쌍윳따」가 끝났다. 그 목차는 차례로 '1) 목숨의 품 2) 왕의 품 3) 악마의 품'으로 이루어졌다. 이것으로 네 번째 쌍윳따, 「악마의 쌍윳따」가 끝났다.

/ *girim nakhena khaṇatha / ayo dantehi khādatha //*

515) *Sgv. 515 selaṁva sirasūhacca / pātāle gādhamesatha / khā- ṇuṁva urasāsajja / nibbijjāpetha gotamāti //*

516) *Sgv. 516 daddallamānā āgañchuṁ / taṇhā aratīragā ca / tā tattha panudī satthā / tulaṁ bhaṭṭhaṁ va māruto ti //*

제5장
수행녀의 쌍윳따
(Bhikkhunīsaṁyutta)

1. 수행녀의 품
(Māravagga)

5 : 1(1-1) 알라비까의 경
[Āḷavikāsutta]

이와 같이 [128] 나는 들었다. 한때 세존께서 싸밧티 시의 제따바나 숲에 있는 아나타삔디까 승원에 계셨다.

그때 수행녀 알라비까가 아침 일찍 옷을 입고 발우와 가사를 수하고 탁발하기 위해 싸밧티 시로 들어갔다. 싸밧티 시에서 탁발을 하고 식사를 마친 뒤, 탁발에서 돌아와 홀로 있기 위해 안다바나 숲으로 갔다.

그런데 악마 빠삐만이 수행녀 알라비까에게 소름끼치는 공포심을 일으켜서 홀로 있는 것을 방해하려고 수행녀 알라비까가 있는 곳으로 찾아왔다. 가까이 다가와서 수행녀 알라비까에게 시로 말했다.

Sgv. 517. [빠삐만]

"세상에 욕망의 여읨이란 없으니
멀리 여의어 무엇을 하고자 하는가?

감각적 쾌락의 욕망을 즐겨라.
나중에 후회하지 말아야 하리."[517]

그러자 수행녀 알라비까는 '사람인가 사람이 아닌가, 누가 이 시를 읊조리는가?'라고 생각했다.

또한 수행녀 알라비까에게 '이것은 나에게 소름끼치는 공포심을 일으켜서 홀로 있는 것을 방해하려고 시를 읊조리는 악마 빠삐만이다.'라는 생각이 떠올랐다.

그때 수행녀 알라비까는 '이것은 악마 빠삐만이다.'라고 알아채고 악마 빠삐만에게 시로 대답했다.

Sgv. 518. [알라비까]

"세상에서 욕망의 여읨은 있으니,
나는 지혜로 잘 파악하고 있다.
게으름의 벗, 빠삐만이여,
그대는 그 발자취를 알지 못한다.[518]

---

517) Sgv. 517 n'atthi nissaraṇaṁ loke / kiṁ vivekena kāhasi / bhuñjassu kāmaratiyo / māhu pacchānutāpinī ti //

518) Sgv. 518 atthi nissaraṇaṁ loke / paññāya me suphassitaṁ / pamattabandhu pāpima / na tvaṁ jānāsi taṁ padaṁ //

Sgv. 519. [알라비까]

감각적 쾌락의 욕망은 창칼과 같고
존재의 다발은 그 형틀과 같다.
그대가 감각적 쾌락의 욕망이라 부르는 것은
나에게는 즐거움이 아니다."519)

그때 [129] 악마 빠삐만은 '수행녀 알라비까는 나에 대해 알고 있다.'라고 알아채고 괴로워하고 슬퍼하며 바로 그곳에서 사라졌다.

5 : 2(1-2) 쏘마의 경
[Somāsutta]

한때 세존께서 싸밧티 시에 계셨다. 그때 수행녀 쏘마가 아침 일찍 옷을 입고 발우와 가사를 수하고 탁발하기 위해 싸밧티 시로 들어갔다.

싸밧티 시에서 탁발을 하고 식사를 마친 뒤, 탁발에서 돌아와 대낮을 보내기 위해 안다바나 숲으로 갔다. 안다바나 숲의 숲속 깊숙이 들어가 대낮을 보내기 위해 한 나무 밑

---

519) Sgv. 519 sattisulūpamā kāmā / khandhāsaṁ adhikuṭṭanā / yaṁ tvaṁ kāmaratiṁ brūsi / arati mayhaṁ sā ahū ti //

에 앉았다.

그런데 악마 빠삐만이 수행녀 쏘마에게 소름끼치는 공포심을 일으켜서 선정에 드는 것을 방해하려고 수행녀 쏘마가 있는 곳으로 찾아왔다. 가까이 다가와서 그 수행녀 쏘마에게 시로 말했다.

Sgv. 520. [빠삐만]

"선인만이 도달할 수 있을 뿐,
그 경지는 성취하기 어려우니
두 손가락만큼의 지혜를 지닌
여자로서는 그것을 얻을 수가 없다."520)

그러자 수행녀 쏘마는 '사람인가 사람이 아닌가, 누가 이 시를 읊조리는가?'라고 생각했다.

또한 수행녀 쏘마에게 '이것은 나에게 소름끼치는 공포심을 일으켜서 선정에 드는 것을 방해하려고 시를 읊조리는 악마 빠삐만이다.'라는 생각이 떠올랐다.

---

520) Sgv. 520 yan taṁ isīhi pattabbaṁ / ṭhānaṁ durabhisambhavaṁ / na taṁ dvaṅgulapaññāya / sakkā pappotum itthiyā ti //

이 때 수행녀 쏘마는 '이것은 악마 빠삐만이다.'라고 알아채고 악마 빠삐만에게 시로 말했다.

Sgv. 521. [쏘마]

"마음이 잘 집중되어
최상의 진리를 보는 자에게
지혜가 항상 나타난다면,
여성의 존재가 무슨 상관이랴?521)

Sgv. 522. [쏘마]

이와 같이 생각하는 사람에게
나는 남자다 또는 여자다 그렇지 않으면
도대체 무엇이라고
말해야 한다면, 그는 악마일 뿐이리."522)

그때 악마 빠삐만은 '수행녀 쏘마는 나에 대해 알고 있다.'

---

521) Sgv. 521 itthibhāvo kiṁ kayirā / cittamhi susamāhite / ñāṇamhi vattamānamhi / sammā dhammaṁ vipassato //
522) Sgv. 522 yassa nūna siyā evaṁ / itthāhaṁ puriso ti vā / kiñci vā pana asmī ti / taṁ māro vattum arahatī ti //

라고 알아채고 괴로워하고 슬퍼하며 바로 그곳에서 사라졌다.

5 : 3(1-3) 고따미의 경
[Gotamīsutta]

한때 세존께서 싸밧티 시에 계셨다. 그때 수행녀 끼싸 고따미가 아침 일찍 옷을 입고 발우와 가사를 수하고 탁발하기 위해 싸밧티 시로 들어갔다.

싸밧티 시에서 탁발을 하고 식사를 마친 뒤, [130] 탁발에서 돌아와 대낮을 보내기 위해 안다바나 숲으로 갔다. 그녀는 안다바나 숲의 숲속 깊숙이 들어가 한 나무 밑에 앉았다.

그런데 악마 빠삐만이 수행녀 끼싸 고따미에게 소름끼치는 공포심을 일으켜서 선정에 드는 것을 방해하려고 수행녀 끼싸 고따미가 있는 곳으로 찾아왔다. 가까이 다가와서 수행녀 끼싸 고따미에게 시로 말했다.

Sgv. 523. [빠삐만]

"그대 아들을 잃어버리고
홀로 슬퍼하는 얼굴을 하고 있는가?

외롭게 숲속 깊이 들어와
혹시 남자를 찾고 있는 것은 아닌가?"523)

그러자 수행녀 끼싸 고따미는 '사람인가 사람이 아닌가, 누가 이 시를 읊조리는가?'라고 생각했다.

또한 수행녀 끼싸 고따미에게 '이것은 나에게 소름끼치는 공포심을 일으켜서 선정에 드는 것을 방해하려고 시를 읊조리는 악마 빠삐만이다.'라는 생각이 떠올랐다.

그때 수행녀 끼싸 고따미는 '이것은 악마 빠삐만이다.' 라고 알아채고 악마 빠삐만에게 시로 대답했다.

Sgv. 524. [고따미]

"언제나 자식을 잃은 어머니도 아니고
남자도 이미 지난 일이다.
나는 슬퍼하지 않고 울지 않으니
벗이여, 그대를 두려워하지 않는다. 524)

---

523) Sgv. 523 kinnu tvaṁ hataputtā va / ekamāsi rudammukhī / vanam ajjhogatā ekā / purisaṁ nu gavesasī ti //

524) Sgv. 524 accantaṁ mataputtā'mhi / purisā etadantikā / na socāmi na rodāmi / na taṁ bhāyāmi āvuso //

Sgv. 525. [고따미]

모든 환락은 부서졌고
어두운 존재의 다발은 파괴되었으니
죽음의 군대에 승리하여
속세의 번뇌를 여의고 나는 살아간다."525)

그때 악마 빠삐만은 '수행녀 끼싸 고따미는 나에 대해 알고 있다.'라고 알아채고 괴로워하고 슬퍼하며 바로 그곳에서 사라졌다.

5 : 4(1-4) 비자야의 경
[Vijayāsutta]

한때 세존께서 싸밧티 시에 계셨다.

그때 수행녀 비자야가 아침 일찍 옷을 입고 발우와 가사를 수하고 탁발하기 위해 싸밧티 시로 들어갔다.

싸밧티 시에서 탁발을 하고 식사를 마친 뒤, 탁발에서 돌아와 대낮을 보내기 위해 안다바나 숲을 찾아갔다. 그녀는

---

525) Sgv. 525 sabbattha vihatā nandi / tamokkhandho padālito / jetvāna maccuno senaṁ / viharāmi anāsavāti //.

안다바나 숲속 깊숙이 들어가 거기서 대낮을 보내기 위해 한 나무 밑에 앉았다.

그런데 악마 빠삐만이 수행녀 비자야에게 소름끼치는 공포심을 일으켜서 선정에 드는 것을 방해하려고 수행녀 비자야가 있는 곳으로 찾아왔다. 가까이 다가와서 수행녀 비자야에게 시로 말했다.

Sgv. 526. [빠삐만]

"그대는[131] 젊고 아름다우며
나 또한 젊은 청년이니
사랑스런 이여, 오라.
다섯 악기로 즐겨보세."526)

그러자 수행녀 비자야는 '사람인가 사람이 아닌가, 누가 이 시를 읊조리는가?'라고 생각했다.

---

526) Sgv. 526 daharā tvaṁ rūpavatī / ahañ ca daharo susu / pañcaṅgikena turiyena / eh'ayye'bhiramāmase ti // 다섯 악기는 오케스트라를 구성하는 악기들이다. ① 한쪽이 가죽으로 된 북 ② 양면이 가죽으로 덮인 드럼 ③ 가죽으로 덮인 머리에 줄로 묶여 있는 현악기 ④ 피리나 소라고동이나 나팔과 같은 관악기 ⑤ 징이나 심벌즈 탬버린과 같은 악기를 말한다.

또한 수행녀 비자야에게 '이것은 나에게 소름끼치는 공포심을 일으켜서 선정에 드는 것을 방해하려고 시를 읊조리는 악마 빠삐만이다.'라는 생각이 떠올랐다.

그때 수행녀 비자야는 '이것은 악마 빠삐만이다.'고 알아채고 악마 빠삐만에게 시로 대답했다.

Sgv. 527. [비자야]

"마음을 즐겁게 하는 형상과 소리와
향기와 맛과 감촉을
나는 그대에게 넘겨주니
악마여, 그것은 내게 필요하지 않다.527)

Sgv. 528. [비자야]

취약하고 부서지기 쉬운 부패하는
이 몸에 대해 곤혹하여 참괴하니,
감각적 쾌락의 욕망과
갈애는 내게서 완전히 끊어졌다.528)

---

527) Sgv. 527 rūpā saddā rasā gandhā / phoṭṭhabbā ca manoramā / niyyātayāmi tumheva / māra nāhaṁ tenatthikā //

Sgv. 529. [비자야]

미세한 물질의 세계에 들어선 뭇삶들,
비물질의 세계에서 지내는 자들,
고요한 선정을 성취한 자들에게도
모든 곳에서 그 어둠은 사라졌다."529)

5 : 5(1-5) 우빨라반나의 경
[Uppalavaṇṇāsutta]

한때 세존께서 싸밧티 시에 계셨다. 그때 수행녀 우빨라반나가 아침 일찍 옷을 입고 발우와 가사를 수하고 탁발하기 위해 싸밧티 시로 들어갔다.

싸밧티 시에서 탁발을 하고 식사를 마친 뒤, 탁발에서 돌아와 대낮을 보내기 위해 안다바나 숲으로 갔다. 그녀는

---

528) Sgv. 528 iminā pūtikāyena / bhindanena pabhaṅgunā / aṭ- ṭiyāmi harāyāmi / kāmataṇhā samūhatā //

529) Sgv. 529 ye ca rūpūpagā sattā / ye ca āruppaṭhāyino / yā ca santā samāpatti / sabbattha vihato tamo ti // 비자야는 자신이 해탈한 것을 알고 있었다. 모든 무명의 어둠이 그녀에게서 사라졌다. 그녀는 여덟 가지 선정의 경지를 자유롭게 드나들며 미세한 물질의 세계와 비물질의 세계를 드나들며 하늘사람들과 사귈 수 있었다.

안다바나 숲의 숲속 깊숙이 들어가 활짝 핀 쌀라 나무 밑에 서 있었다.

그런데 악마 빠삐만이 수행녀 우빨라반나에게 소름끼치는 공포심을 일으켜서 선정에 드는 것을 방해하려고 수행녀 우빨라반나가 있는 곳으로 찾아왔다. 가까이 다가와서 수행녀 우빨라반나에게 시로 말했다.

Sgv. 530. [빠삐만]

"수행녀여, 위아래 아름답게 꽃핀
쌀라 나무 아래 그대 외롭게 서 있으니
그대의 아름다움 견줄 데 없다.
어리석은 여인이여, 악인이 두렵지 않은가?"[530)]

그러자 수행녀 우빨라반나는 '사람인가 [132] 사람이 아닌가, 누가 이 시를 읊조리는가?'라고 생각했다. 또한 수행녀 우빨라반나에게 '이것은 나에게 소름끼치는 공포심을 일으켜서 선정에 드는 것을 방해하려고 시를 읊조리는 악

---

530) Sgv. 530 supupphitaggaṁ upagamma bhikkhuni / ekā tvaṁ tiṭṭhasi sālamūle / na c'atthi te dutiyā vaṇṇadhātu / idhāgatā tādisikā bhaveyyuṁ / bāle na tvaṁ bhāyasi dhuttakānan ti //

마 빠삐만이다.'라는 생각이 떠올랐다.

그때 수행녀 우빨라반나는 '이것은 악마 빠삐만이다.'라고 알아채고 악마 빠삐만에게 시로 대답했다.

Sgv. 531. [우빨라반나]

"그대와 같은 악한이 백 명,
천 명 여기 와 있더라도,
터럭만큼도 동요 없고 두려움 없다.
악마여, 홀로지만 그대가 무섭지 않다."[531]

Sgv. 532. [빠삐만]

"내가 여기서 사라져서
그대의 자궁으로 들어가거나
또한 그대의 미간에 서면
그대는 나를 볼 수 없다."[532]

---

531) *Sgv. 531 sataṁ sahassānapi dhuttakānaṁ / idhāgatā tādisikā bhaveyyuṁ / lomaṁ na iñjāmi na santasāmi / na māra bhāyāmi tamekikāpi //*

532) *Sgv. 532 esā antaradhāyāmi / kucchiṁ vā pavisāmi te*

Sgv. 533. [우빨라반나]

"나는 마음의 자재함을 얻어
신통변화의 기초를 잘 닦았고
모든 속박에서 해탈하였기에,
벗이여, 나는 그대를 두려워하지 않는다."533)

그러자 악마 빠삐만은 '수행녀 우빨라반나는 나에 대해 알고 있다.'라고 알아채고 괴로워하고 슬퍼하며 바로 그곳에서 사라졌다.

5 : 6(1-6) 짤라의 경
[Cālāsutta]

한때 세존께서 싸밧티 시에 계셨다. 그때 수행녀 짤라가 아침 일찍 옷을 입고 발우와 가사를 수하고 탁발하기 위해 싸밧티 시로 들어갔다.

싸밧티 시에서 탁발을 하고 식사를 마친 뒤, 탁발에서 돌아와 대낮을 보내기 위해 안다바나 숲으로 갔다. 그녀는 안다바나 숲의 숲속 깊숙이 들어가 대낮을 보내기 위해 한

/ *pakhumantarikāyampi* / *tiṭṭhantiṁ maṁ na dakkhasi* //

533) *Sgv. 533 cittasmiṁ vasībhūtāmhi* / *iddhipādā subhāvitā* / *sabbabandhanamuttāmhi* / *na taṁ bhāyāmi āvuso ti* //

나무 밑에 앉았다.

그런데 악마 빠삐만이 수행녀 짤라에게 소름끼치는 공포심을 일으켜서 선정에 드는 것을 방해하려고 수행녀 짤라가 있는 곳으로 찾아왔다. 가까이 다가와서 수행녀 짤라에게 이와 같이 말했다.

[빠삐만] "수행녀여, 무엇이 마음에 들지 않는가?"

[짤라] "벗이여, 나는 태어남이 마음에 들지 않는다."

Sgv. 534. [빠삐만]

"왜 태어남이 마음에 들지 않는가?
태어나면 감각적 쾌락의 욕망을 즐긴다.
수행녀여, 태어남이 마음에 들지 않는다고
누가 그대에게 가르쳤는가?"534)

Sgv. 535. [짤라]

"태어남이 있으면 죽음이 있고,
감옥에 갇히고 살해당하는 환난의

---

534) *Sgv. 534 kinnu jātiṁ na rocesi / jāto kāmāni bhuñjati / ko nu taṁ idamādapayi / jātiṁ māroca bhikkhunī ti //*

괴로움들을 태어나서 경험하니
나는 태어남을 기뻐하지 않는다.535)

Sgv. 536. [짤라]

태어남에서 뛰어넘는 가르침을
부처님께서 설하셨으니
모든 괴로움을 버리게 하시고
나를 진실에 들게 하셨다.536)

Sgv. 537. [짤라]

미세한 [133] 물질의 세계에 사는 뭇삶도
비물질의 세계에 사는 자들도
괴로움의 소멸을 알지 못하여
다시 태어남으로 복귀하는 것이다."537)

---

535) Sgv. 535 jātassa maraṇaṁ hoti / jāto dukkhāni phussati / bandhaṁ vadhaṁ pariklesaṁ / tasmā jātiṁ na rocaye //

536) Sgv. 536 buddho dhammamadesesi / jātiyā samatikkamaṁ / sabbadukkhappahāṇāya / yo maṁ sacce nivesayi // *진실은 최승진실로 열반을 말한다.*

그러자 악마 빠삐만은 '수행녀 짤라가 나에 대해 알고 있다.'라고 알아채고 괴로워하고 슬퍼하며 바로 그곳에서 사라졌다.

5 : 7(1-7) 우빠짤라의 경
[Upacālāsutta]

한때 세존께서 싸밧티 시에 계셨다. 그때 수행녀 우빠짤라가 아침 일찍 옷을 입고 발우와 가사를 수하고 탁발하기 위해 싸밧티 시로 들어갔다.

싸밧티 시에서 탁발을 하고 식사를 마친 뒤, 탁발에서 돌아와 대낮을 보내기 위해 안다바나 숲으로 갔다. 그녀는 안다바나 숲의 숲속 깊숙이 들어가 대낮을 보내기 위해 한 나무 밑에 앉았다.

그런데 악마 빠삐만이 수행녀 우빠짤라에게 소름끼치는 공포심을 일으켜서 선정에 드는 것을 방해하려고 수행녀 우빠짤라가 있는 곳으로 찾아왔다.

가까이 다가와서 수행녀 우빠짤라에게 말했다.

[빠삐만] "수행녀여, 그대는 어디에 다시 태어나길 바라

---

537) Sgv. 537 ye ca rūpūpagā sattā / ye ca āruppaṭhāyino / nirodhaṁ appajānantā / āgantāro punabbhavan ti //

는가?"

[우빠짤라] "벗이여, 나는 어디에도 태어나고 싶지 않다."

Sgv. 538. [빠삐만]

"서른셋 하늘나라의 신들,
축복 받는 하늘나라의 신들,
만족을 아는 하늘나라의 신들,
창조하고 기뻐하는 하늘나라의 신들,
다른 신들이 만든 것을 누리는
하늘나라의 신들
그들에게 마음을 바치면
그대는 즐거움을 경험하리."[538)]

Sgv. 539. [우빠짤라]

"서른셋 하늘나라의 신들,
축복 받는 하늘나라의 신들,

---

538) *Sgv. 538 tāvatiṁsā ca yāmā ca / tusitā cāpi devatā / nimmāṇaratino devā / ye devā vasavattino / tattha cittaṁ paṇidhehi / ratiṁ paccanubhossasī ti //*

만족을 아는 하늘나라의 신들,
창조하고 기뻐하는 하늘나라의 신들,
다른 신들이 만든 것을 누리는
하늘나라의 신들,
그들은 감각적 쾌락의 욕망이라는 줄에 묶여
다시 악마의 영토로 들어간다.[539)]

Sgv. 540. [우빠짤라]

세상은 모두 불이 붙었고
세상은 온통 연기에 휩싸였다.
세상은 모두 불길을 토하고
세상은 온통 뒤흔들린다.[540)]

---

539) Sgv. 539 tāvatiṁsā ca yāmā ca / tusitā cāpi devatā / nimmāṇaratino devā ye devā vasavattino / kāmabandhana-baddhā te / enti māravasaṁ puna //
540) Sgv. 540 sabbo ādipito loko / sabbo loko padhūpito / sabbo pajjalito loko / sabbo loko pakampito //

Sgv. 541. [우빠짤라]

뒤흔들리지 않고 움직이지 않는 곳,
범상한 사람이 도달하지 못하는 곳,
악마가 도달하지 못하는 곳,
그곳에서 내 마음이 즐거우리."541)

그러자 악마 빠삐만은 '수행녀 우빠짤라는 나에 대해 알고 있다.'라고 알아채고 괴로워하고 슬퍼하며 바로 그곳에서 사라졌다.

5 : 8(1-8) 씨쑤빠짤라의 경
[Sīsupacālāsutta]

한때 세존께서 싸밧티 시에 계셨다. 그때 수행녀 씨쑤빠짤라가 아침 일찍 옷을 입고 발우와 가사를 수하고 탁발하기 위해 싸밧티 시로 들어갔다.

싸밧티 시에서 탁발을 하고 식사를 마친 뒤, 탁발에서 돌아와 대낮을 보내기 위해 안다바나 숲으로 갔다. 그녀는

---

541) Sgv. 541 akampitaṁ ajalitaṁ / aputhujjanasevitaṁ / agati yattha mārassa / tattha me nirato mano ti //

안다바나 숲의 숲속 깊숙이 들어가 대낮을 보내기 위해 한 나무 밑에 앉았다.

그런데 악마 빠삐만이 수행녀 씨쑤빠짤라가 있는 곳으로 찾아왔다. 가까이 다가와서 수행녀 씨쑤빠짤라에게 이와 같이 말했다.

[빠삐만] "수행녀여, 그대는 어떠한 이교도의 가르침을 기뻐하는가?"

[씨쑤빠짤라] "벗이여, 나는 어떠한 이교도의 가르침도 기뻐하지 않는다."

Sgv. 542. [빠삐만]

"왜 머리를 삭발했는가?
그대는 수행녀처럼 보이는데,
이교도의 가르침을 기뻐하지 않으면서
어리석게 무엇을 하고 있는가?"542)

542) *Sgv. 542 kinnu uddissa muṇḍāsi / samaṇī viya dissasi / na ca rocesi pāsaṇḍaṁ / kim iva carasi momuhā ti //*

Sgv. 543. [씨쑤빠짤라]

"외도인 이교도들은
잘못된 견해를 믿으니
나는 그들의 가르침을 기뻐하지 않네.
그들은 참다운 가르침을 잘 모른다.[543)]

Sgv. 544. [씨쑤빠짤라]

여기[134] 싸끼야 족의 집에 태어난 분,
깨달은 님, 견줄 데 없는 님,
모든 것 극복하고 악마를 제거하고
모든 것에 정복되지 않으며
모든 것에서 자유롭고 집착이 없는 님,
눈 있는 자로서 모든 것을 본다.[544)]

---

543) Sgv. 543 ito bahiddhā pāsaṇḍā / diṭṭhīsu pasīdanti ye / na tesaṁ dhammaṁ rocemi / na te dhammassa kovidā //

544) Sgv. 544 atthi sakyakule jāto / buddho appaṭipuggalo / sabbābhibhū māranudo / sabbatthamaparājito / sabbattha mutto asito / sabbaṁ passati cakkhumā //

Sgv. 545. [씨쑤빠짤라]

모든 업력의 멸진에 이르러
취착이 파괴되어 해탈했으니
세상의 존귀한 님께서 나의 스승이네.
나는 그의 가르침을 기뻐한다."545)

그러자 악마 빠삐만은 '수행녀 씨쑤빠짤라는 나에 대해 알고 있다.'라고 알아채고 괴로워하고 슬퍼하며 바로 그곳에서 사라졌다.

5 : 9(1-9) 쎌라의 경
[Selāsutta]

한때 세존께서 싸밧티 시에 계셨다. 그때 수행녀 쎌라가 아침 일찍 옷을 입고 발우와 가사를 수하고 탁발하기 위해 싸밧티 시로 들어갔다.

싸밧티 시에서 탁발을 하고 식사를 마친 뒤, 탁발에서 돌

---

545) *Sgv. 545 sabbakammakkhayappatto / vimutto upadhi-saṅkhaye / so mayhaṁ bhagavā satthā / tassa rocemi sāsan-an ti //*

아와 대낮을 보내기 위해 안다바나 숲으로 갔다. 안다바나 숲의 숲속 깊숙이 들어가 대낮을 보내기 위해 한 나무 밑에 앉았다.

그때 악마 빠삐만이 수행녀 쎌라에게 소름끼치는 공포심을 일으켜서 선정에 드는 것을 방해하려고 수행녀 쎌라가 있는 곳으로 찾아왔다. 가까이 다가와서 수행녀 쎌라에게 시로 말했다.

Sgv. 546. [빠삐만]

"누가 이 환영을 만들었는가?
환영을 만든 자는 어디에 있는가?
환영은 어디에서 생겨났는가?
이 환영은 어디에서 소멸되는가?"[546)]

그러자 수행녀 쎌라는 '사람인가 사람이 아닌가, 이 시를 읊조리는 자는 도대체 누구인가?'라고 생각했다. 그리고 수행녀 쎌라에게 '이것은 나에게 소름끼치는 공포심을

---

546) Sgv. 546 kenidaṁ pakataṁ bimbaṁ / kvannu bimbassa kārako / kvannu bimbaṁ samuppannaṁ / kvannu bimbaṁ nirujjhatī ti //

일으켜서 선정에 드는 것을 방해하려고 시를 읊조리는 악마 빠삐만이다.'라는 생각이 떠올랐다.

그때 수행녀 쎌라는 '이것은 악마 빠삐만이다.'라고 알아채고 악마 빠삐만에게 시로 대답했다.

Sgv. 547. [쎌라]

"이 환영은 내가 만든 것이 아니며
이 재난은 타인이 만든 것도 아니니,
원인을 연유로 생겨났다가
원인이 소멸하면 사라져 버린다.547)

Sgv. 548. [쎌라]

마치 어떤 씨앗이 밭에 뿌려져
흙의 자양을 연유로 하고
습기를 조건으로 하여,
그 두 가지로 성장하듯.548)

---

547) Sgv. 547 nayidaṁ attakataṁ bimbaṁ / na yidaṁ parakataṁ aghaṁ // hetuṁ paṭicca sambhūtaṁ / hetubhaṅgā nirujjhati //

548) Sgv. 548 yathā aññataraṁ bījaṁ / khette vuttaṁ virūhati / paṭhavīrasañ cāgamma / sinehañ ca tad ubhayaṁ

Sgv. 549. [쎌라]

이와 같이 존재의 다발과
인식의 세계
또는 이 감역들은
원인을 연유하여 생겨났다가
원인이 소멸하면 사라져버린다."549)

그러자 악마 빠삐만은 '수행녀 쎌라는 나에 대해 알고 있다.'라고 알아채고 괴로워하고 슬퍼하며 바로 그곳에서 사라졌다.

5 : 10(1-10) 바지라의 경
[Vajirāsutta]

한때 세존께서 싸밧티 시에 계셨다. 그때 수행녀 바지라가 아침 일찍 옷을 입고 발우와 가사를 수하고 탁발하기 위해 싸밧티 시로 들어갔다.

// 미래의 새로운 존재를 위하여, 행위는 밭이고, 의식은 씨앗이고, 갈애는 습기이다.'라는 말을 상기시킨다.

549) *Sgv. 549 evaṁ khandhā ca dhātuyo / cha ca āyatanā ime / hetuṁ paṭicca sambhūtā / hetubhaṅgā nirujjhare ti //*

싸밧티 시에서 탁발을 하고 식사를 마친 뒤, 탁발에서 돌아와 [135] 대낮을 보내기 위해 안다바나 숲으로 갔다. 안다바나 숲의 숲속 깊숙이 들어가 대낮을 보내기 위해 한 나무 밑에 앉았다.

그런데 악마 빠삐만이 수행녀 바지라에게 소름끼치는 공포심을 일으켜서 선정에 드는 것을 방해하려고 수행녀 바지라가 있는 곳으로 찾아왔다. 가까이 다가와서 수행녀 바지라에게 시로 말했다.

Sgv. 550. [빠삐만]

"누가 이 뭇삶을 만들었는가?
뭇삶을 만든 자는 어디에 있는가?
뭇삶은 어디에서 생겨나고
뭇삶은 어디에서 사라지는가?"550)

그러자 수행녀 바지라는 '사람인가 사람이 아닌가, 이 시를 읊조리는 자는 도대체 누구인가?'라고 생각했다. 그리고 수행녀 바지라에게 '이것은 악마 빠삐만이 나에게 소름

---

550) Sgv. 550 kenāyaṁ pakato satto / kuvaṁ sattassa kārako / kuvaṁ satto samuppanno / kuvaṁ satto nirujjhatī ti //

끼치는 공포심을 일으켜서 선정에 드는 것을 방해하려고 시를 읊조리는 것이다.'라는 생각이 떠올랐다.

그때 수행녀 바지라는 '이것은 악마 빠삐만이다.'라고 알아채고 악마 빠삐만에게 시로 대답했다.

Sgv. 551. [바지라]

"그대는 왜 뭇삶에 집착하는가?
악마여, 그대의 사견일 뿐.
그것은 단순한 형성의 집적이니,
거기서 뭇삶을 찾지 못한다.[551)]

Sgv. 552. [바지라]

마치 모든 부속이 모여서
수레라는 명칭이 있듯이.
이와 같이 존재의 다발에 의해
뭇삶이란 통칭이 있을 뿐이다.[552)]

---

551) Sgv. 551 kinnu satto ti paccesi / māra diṭṭhigatan nu te / suddhasaṅkhārapuñjo yaṁ / nayidha sattūpalabbha ti //
552) Sgv. 552 yathā hi jaṅgasambhārā / hoti saddo rato iti

Sgv. 553. [바지라]

괴로움만이 생겨나고
괴로움만이 머물다가 사라진다.
괴로움밖에 생겨나지 않으며
괴로움밖에 사라지지 않는다."553)

그때 악마 빠삐만은 '수행녀 바지라는 나에 대해 알고 있다.'라고 알아채고 괴로워하고 슬퍼하며 바로 그곳에서 사라졌다.

첫 번째 품, 「수행녀의 품」이 끝났다. 그 목차는 차례로 '1) 알라비까의 경 2) 쏘마의 경 3) 끼싸고따미의 경 4) 비자야의 경 5) 우빨라반나의 경 6) 짤라의 경 7) 우빠짤라의 경 8) 씨수빠짤라의 경 9) 쎌라의 경 10) 바지라의 경'으로 이루어졌다. 이것으로 다섯 번째 쌍윳따, 「수행녀의 쌍윳따」가 끝났다.

/*evaṁ khandhesu santesu* /*hoti satto ti sammuti* //

553) *Sgv. 553 dukkham eva hi sambhoti* /*dukkhaṁ tiṭṭhati veti ca* /*nāññatra dukkhā sambhoti* /*nāññaṁ dukkhā nirujjhatī ti* //

제6장
하느님의 쌍윳따
(Brahmasaṁyutta)

1. 꼬깔리까의 품
(Kokālikavagga)

6 : 1(1-1) 하느님의 청원에 대한 경
[Brahmāyācanasutta]

이와 같이 [136] 나는 들었다. 한때 세존께서는 완전한 깨달음을 얻은 직후, 우루벨라 마을의 네란자라 강가에 있는 아자빨라 보리수 아래에 계셨다.

그때 세존께서 그 한적한 곳에서 홀로 고요히 명상하고 계셨는데, 이와 같은 생각이 마음속에 떠올랐다.

[세존] '내가 깨달은 이 진리는 심오하고 보기 어렵고, 깨닫기 어렵고, 고요하고, 탁월하고, 사유의 영역을 초월하고, 극히 미묘하기 때문에 슬기로운 자들에게만 알려지는 것이다. 그러나 사람들은 욕망의 경향을 즐기고 욕망의 경향을 기뻐하고 욕망의 경향에 만족해한다. 욕망의 경향을 즐기고 욕망의 경향을 기뻐하고 욕망의 경향에 만족해하면, 이와 같은 도리, 즉 조건적 발생의 법칙인 연기를 보기 어렵다. 또한 이와 같은 도리, 즉 모든 형성의 멈춤, 모든 집착의 버림, 갈애의 부숨, 사라짐, 소멸, 열반도 보기 어렵다. 그러나 내가 이 진리를 가르쳐서 다른 사람들이 나를 이해하지 못한다면, 그것은 나에게 피곤이 되고 나에게 곤

란이 될 것이다.'

마침 세존께 이와 같이 예전에 들어보지 못한 놀라운 시들이 떠올랐다.

Sgv. 554. [세존]

'참으로 힘들게 성취한 진리를
차라리 설하지 말아야지
탐욕과 미움에 사로잡힌 자들은
이 진리를 잘 이해하기 힘들다.[554)]

Sgv. 555. [세존]

흐름을 거슬러가는, 심오하고,
보기 어렵고, 미묘한 진리를
어둠에 뒤덮이고
탐욕에 불붙은 자들은 보지 못한다.'[555)]

---

554) Sgv. 554 kicchena me adhigataṁ / halandāni pakāsituṁ / rāgadosaparetehi / nāyaṁ dhammo susambudho //

555) Sgv. 555 paṭisotagāmiṁ nipuṇaṁ / gambhīraṁ duddasaṁ aṇuṁ / rāgarattā na dakkhinti / tamokkhandhena

세존께서는 [137] 이와 같이 성찰하셔서 진리를 설하지 않고 그냥 있기로 마음을 정하셨다.

그때 하느님 싸함빠띠가 세존께서 마음속으로 생각하시는 바를 알아차리고 이와 같이 생각했다. '이렇게 오신 님, 거룩한 님, 올바로 원만히 깨달은 님께서 이와 같이 성찰하셔서 진리를 설하지 않고 그냥 있기로 마음을 정하신다면 참으로 세계는 멸망한다. 참으로 세계는 파멸한다.'

그래서 하느님 싸함빠띠는 마치 힘센 사람이 굽혀진 팔을 펴고 펴진 팔을 굽히는 듯한 그 사이에, 하느님의 세계에서 모습을 감추고 세존 앞에 모습을 나타냈다.

그리고 하느님 싸함빠띠는 왼쪽 어깨에 가사를 걸치고 오른쪽 무릎을 땅에 꿇은 채 세존께서 계신 곳을 향해 합장하고 세존께 이와 같이 말씀드렸다.

[싸함빠띠] "세존이시여, 세상의 존귀한 님께서는 진리를 가르쳐 주십시오. 올바른 길로 잘 가신 님께서는 진리를 가르쳐 주십시오. 본래부터 눈에 티끌이 거의 없는 뭇삶들이 있는데, 그들은 가르침을 듣지 못했기 때문에 쇠퇴하고 있습니다. 그들이 가르침을 들으면 알 수 있을 것입니다. 진리를 이해하는 자도 있을 것입니다."

이와 같이 하느님 싸함빠띠는 말했다. 말하고 나서 이와 같은 시를 읊었다.

āvutā ti //

Sgv. 556. [싸함빠띠]

"오염된 자들이 생각해낸
부정한 가르침이
일찍이 마가다 인들에게 퍼져있으니,
불사의 문을 열어젖히소서!
그들이 듣게 하소서!
청정한 님께서 깨달은 진리를![556)]

Sgv. 557. [싸함빠띠]

산꼭대기의 바위 위에 서서
사방으로 사람들을 굽어보는 것처럼,
현자여, 널리 보는 눈을 지닌 님이여,
진리로 이루어진 전당에 오르소서.
슬픔을 여읜 님께서는 슬픔에 빠지고
생사에 고통받는 뭇삶을 보소서.[557)]

---

556) Sgv. 556 pāturahosi magadhesu pubbe / dhammo asuddho samalehi cintito / avāpur etaṁamatassa dvāraṁ / suṇantu dhammaṁ vimalenānubuddhaṁ //

557) Sgv. 557 sele yathā pabbatamuddhani ṭhito / yathā pi

Sgv. 558. [싸함빠띠]

일어서소서. 영웅이여,
전쟁의 승리자여,
세상을 거니소서. 카라반의 지도자여,
허물없는 님이여,
알아듣는 자가 반드시 있으리니,
세존께서 가르침을 설하여 주소서."558)

그러자 세존께서는 하느님의 청원을 알고는 뭇삶에 대한 자비심 때문에 깨달은 님의 눈으로 세상을 바라보았다.

그때 세존께서는 깨달은 님의 눈으로 세상을 바라보면서 조금밖에 오염되지 않은 뭇삶, 많이 오염된 뭇삶, 예리한 감각능력을 지닌 뭇삶, 둔한 감각능력을 지닌 뭇삶, 아름다운 모습의 뭇삶, 추한 모습의 뭇삶, 가르치기 쉬운 뭇삶,

---

passe janataṁ samantato / tathūpamaṁ dhammamayaṁ sumedha / pāsādamāruyha samantacakkhu / sokāvatiṇṇaṁ janatam apetasoko / avekkhassu jātijarābhibhūtan ti // 널리 보는 눈을 지닌 자란 아름다운 지혜를 지닌 자 즉, 일체지자의 눈을 말한다.

558) *Sgv. 558 uṭṭhehi vīra vijitasaṅgāma / satthavāha anaṇa vicara loke / desassu bhagavā dhammaṁ / aññātāro bhavissantī ti //*

가르치기 어려운 뭇삶, 그리고 내세와 죄악을 두려워하는 무리의 뭇삶들을 보았다.

마치 청련화, 홍련화, 백련화의 연못에서 어떤 무리의 청련화, 홍련화, 백련화는 물속에서 생겨나 물속에서 자라서 물속에서 나오지 않고 수중에 잠겨 자라고, 어떤 무리의 청련화, 홍련화, 백련화는 물속에서 생겨나 물속에서 자라서 수면에까지 나와 있으며, 어떤 무리의 청련화, 홍련화, 백련화는 물속에서 생겨나 물속에서 자라서 수면을 벗어나 물에 젖지 않는 것처럼 이와 같이 세존께서는 깨달은 님의 눈으로 세상을 바라보고 조금밖에 오염되지 않은 뭇삶, 많이 오염된 뭇삶, 예리한 감각능력을 지닌 뭇삶, 둔한 감각능력을 지닌 뭇삶, 아름다운 모습의 뭇삶, 추한 모습의 뭇삶, 가르치기 쉬운 뭇삶, 가르치기 어려운 뭇삶, 그리고 내세와 죄악을 두려워하는 무리의 뭇삶들을 보았다.

보고 나서 하느님 싸함빠띠에게 시로 대답하셨다.

Sgv. 559. [세존]

"그들에게 불사의 문은 열렸으니,
듣는 자들은 자신의 신앙을 버려야 하리.
하느님이여, 곤란을 예견하고
나는 승묘한 진리를 설하지 않았습니다."[559)]

그때야 비로소 하느님 싸함빠띠는 '세존께서는 진리를 설하는 것을 내게 동의하셨다.'라고 생각했다. 그는 세존께 인사를 드리고 오른쪽으로 돌고 나서 그곳에서 사라졌다.

6 : 2(1-2) 존중의 경
[Gāravasutta]

이와 같이 나는 들었다. 한때 세존께서는 완전한 깨달음을 얻은 직후, 우루벨라 마을의 네란자라 강가에 있는 아자빨라 보리수 아래에 계셨다.

그때 [139] 세존께서는 그 한적한 곳에서 홀로 고요히 명상하는데 이와 같은 생각이 마음속에 떠올랐다. '공경하고 존중해야 할 사람이 없다는 것은 괴로운 것이다. 참으로 어떠한 수행자나 또는 성직자를 공경하고 존중하고 의지할 수 있을까?

---

559) Sgv. 559 apārutā tesaṁ amatassa dvārā / ye sotavante pamuñcantu saddhaṁ / vihiṁsasaññī paguṇaṁ na bhāsiṁ / dhammaṁ paṇītaṁ manujesu brahme ti // 주석서에 따르면, 이 시는 '나는 내가 잘 만들어낸 승묘한 최상의 진리를 설하지 않았다. 왜냐하면 내가 신체적으로나 언어적으로 피곤하리라고 생각해서였다. 그러나 이제는 모든 인류가 그들의 요구를 충족하게 될 믿음의 그릇을 제공할 것이다.'라는 의미를 지니고 있다.

1) 아직 원만히 성취되지 않은 계행의 다발을 성취하기 위해 다른 수행자나 또는 성직자를 공경하고 존중하고 의지해 보자. 그러나 나는 신들과 악마들과 하느님들의 세계에서, 성직자들과 수행자들, 그리고 왕들과 백성들과 그 후예들의 세계에서 나보다 더 계행을 성취해서 내가 공경하고 존중하고 의지할 수 있는 다른 수행자나 성직자를 보지 못했다.

2) 아직 원만히 성취되지 않은 삼매의 다발을 성취하기 위해 다른 수행자나 또는 성직자를 공경하고 존중하고 의지해 보자. 그러나 나는 신들과 악마들과 하느님들의 세계에서, 성직자들과 수행자들, 그리고 왕들과 백성들과 그 후예들의 세계에서, 나보다 더 삼매를 성취해서 내가 공경하고 존중하고 의지할 수 있는 다른 수행자나 성직자를 보지 못했다.

3) 아직 원만히 성취되지 않은 지혜의 다발을 성취하기 위해 다른 수행자나 또는 성직자를 공경하고 존중하고 의지해 보자. 그러나 나는 신들과 악마들과 하느님들의 세계에서, 성직자들과 수행자들, 그리고 왕들과 백성들과 그 후예들의 세계에서, 나보다 더 지혜를 성취해서 내가 공경하고 존중하고 의지할 수 있는 다른 수행자나 성직자를 보지 못했다.

4) 아직 원만히 성취되지 않은 해탈의 다발을 성취하기 위

해 다른 수행자나 또는 성직자를 공경하고 존중하고 의지해 보자. 그러나 나는 신들과 악마들과 하느님들의 세계에서, 성직자들과 수행자들, 그리고 왕들과 백성들과 그 후예들의 세계에서, 나보다 더 해탈을 성취해서 내가 공경하고 존중하고 의지할 수 있는 다른 수행자나 성직자를 보지 못했다.

5) 아직 원만히 성취되지 않은 해탈에 대한 앎과 봄의 다발을 성취하기 위해 다른 수행자나 또는 성직자를 공경하고 존중하고 의지해 보자. 그러나 나는 신들과 악마들과 하느님들의 세계에서, 성직자들과 수행자들, 그리고 왕들과 백성들과 그 후예들의 세계에서, 나보다 더 해탈에 대한 앎과 봄을 성취해서 내가 공경하고 존중하고 의지할 수 있는 다른 수행자나 성직자를 보지 못했다.

나는 내 스스로 올바로 원만히 깨달은 진리를 공경하고 존중하고 거기에 의지하는 것이 어떨까?'

그때 하느님 싸함빠띠가 세존께서 마음속으로 생각하시는 바를 알아차리고 마치 힘센 사람이 굽혀진 팔을 펴고 펴진 팔을 굽히는 듯한 사이에 하느님의 세계에서 모습을 감추고 세존 앞에 모습을 나타냈다.

그리고 하느님 싸함빠띠는 왼쪽 어깨에 가사를 걸치고 오른쪽 무릎을 땅에 꿇은 채 세존께서 계신 곳을 향해 합장하고 세존께 이와 같이 말씀드렸다.

[싸함빠띠] “세상의 존귀한 님이여, [140] 그렇습니다. 올바른 길로 잘 가신 님이여, 그렇습니다. 세존이시여, 과거의 거룩한 님, 올바로 원만히 깨달은 님들이셨던 세존들께서도 진리를 공경하고 존중하고 그것에 의지하였습니다. 세존이시여, 미래의 거룩한 님, 올바로 원만히 깨달은 님들이 되실 세존들께서도 진리를 공경하고 존중하고 그것에 의지할 것입니다. 세존이시여, 현재의 거룩한 님, 올바로 원만히 깨달은 님인 세존께서도 진리를 공경하고 존중하고 그것에 의지합니다.”

이와 같이 하느님 싸함빠띠는 말했다. 말하고 나서 이와 같은 시를 읊었다.

Sgv. 560. [싸함빠띠]

“과거의 올바로 원만히 깨달은 님,
미래의 올바로 원만히 깨달은 님,
현재의 올바로 원만히 깨달은 님께서는
수많은 사람의 슬픔을 없애는 님. 560)

---

560) Sgv. 560 ye ca atītā sambuddhā / ye ca buddhā anāgatā / yo c'etarahi sambuddho / bahunnaṁ sokanāsano //

Sgv. 561. [싸함빠띠]

모두가 올바른 가르침을
공경하며 살았고,
살고 있으며, 또한 살아갈 것이면,
이것이 깨달은 님들의 가르침인 것입니다.561)

Sgv. 562. [싸함빠띠]

자신에게 유익한 것을 바라고,
참모임의 성장을 소망하는 자는
깨달은 님의 가르침을 새겨
올바른 가르침을 존중해야 할 것입니다."562)

6 : 3(1-3) 브라흐마데바의 경 [Brahmadevasutta]

이와 같이 나는 들었다. 한때 세존께서 싸밧티 시의 제따

---

561) *Sgv. 561 sabbe saddhammagaruno / viharṁsu viharanti ca / atho pi viharissanti / esā buddhānaṁ dhammatā //*

562) *Sgv. 562 tasmā hi atthakāmena / mahattamabhikaṅkhatā / saddhammo garu kātabbo / saraṁ buddhānasāsanan ti //*

바나 숲에 있는 아나타삔디까 승원에 계셨다.

그런데 그때 어떤 바라문 여인의 아들인 브라흐마데바가 집에서 집 없는 곳으로 세존 앞에 출가했다.

그때 존자 브라흐마데바는 홀로 떨어져서 방일하지 않고 열심히 정진하였다. 그는 오래지 않아, 그러기 위해 양가의 자제들이 당연히 집에서 집 없는 곳으로 출가했듯이, 그 위없는 청정한 삶을 바로 현세에서 스스로 곧바로 알고 깨달아 성취했다. 그는 '태어남은 부서졌고, 청정한 삶은 이루어졌고, 해야 할 일은 다 마쳤으니, 더 이상 윤회하지 않는다.'라고 곧바로 알았다. 그리하여 존자 브라흐마데바는 거룩한 님 가운데 한 분이 되었다.

그때 존자 브라흐마데바는 아침 일찍 옷을 입고 발우와 가사를 수하고 탁발하기 위해 싸밧티 시로 들어갔다. 싸밧티 시에서 집집마다 탁발을 하면서 자신의 어머니가 사는 집에 이르렀다.

그런데 [141] 그때 존자 브라흐마데바의 어머니인 바라문 여인은 일상적으로 하듯이 하느님에게 헌공을 올리고 있었다.

그때 하느님 싸함빠띠가 이와 같이 생각했다. '존자 브라흐마데바의 어머니인 성직자의 아내는 항상 하느님에게 헌공을 한다. 내가 가서 놀라게 하면 어떨까?'

그리고 하느님 싸함빠띠는 마치 힘센 사람이 굽혀진 팔

을 펴고 펴진 팔을 굽히는 듯한 그 사이에, 하늘나라에서 모습을 감추고 존자 브라흐마데바의 어머니가 사는 집으로 모습을 나타냈다.

하느님 싸함빠띠는 공중에 서서 존자 브라흐마데바의 어머니인 바라문 여인에게 시로 말했다.

Sgv. 563. [싸함빠띠]

"바라문 여인이여,
언제나 그대는 헌공하지만,
하늘나라는 여기서 멀고 또 멀다.
바라문 여인이여,
하느님에 대한 헌공은 이렇지 않다.
하느님의 길을 알지 못하며
무엇을 읊조리는가?[563)]

---

563) Sgv. 563 dūre ito brāhmaṇī brahmaloko / yassāhutiṁ paggaṇhāsi niccaṁ / netādiso brāhmaṇi brahmabhakkho / kiṁ jappasi brahmapathaṁ ajānantī // 하늘사람들은 유희열적 선정으로 살아가지 인간처럼 각종 양념을 넣어 끓인 유미죽을 즐기는 것이 아니고, 하느님의 길은 삼매를 의미한다.

Sgv. 564. [싸함빠띠]

바라문 여인이여,
여기 그대의 브라흐마데바가 있으니
집착의 대상을 여의고
하늘사람을 뛰어넘는 수행승은
아무 것도 갖지 않고
처자를 부양하지 않는다.
지금 그가 탁발하러 집으로 들어와 있다.564)

Sgv. 565. [싸함빠띠]

공양받을 만하고 자제하는 지혜의 완성자
인간과 신들의 헌공을 받을 만하리.
모든 악을 제거하고 오염이 없으니,
그는 청정하게 탁발하러 다닌다.565)

---

564) Sgv. 564 eso hi te brāhmaṇī brahmadevo / nirupadiko atidevappatto / akiñcano bhikkhu anaññaposiyo / te so piṇḍāya gharaṁ paviṭṭho //

565) Sgv. 565 āhuneyyo vedagū bhāvitatto / narānaṁ devānañ ca dakkhiṇeyyo / bāhitvā pāpāni anupalitto / ghāses-

Sgv. 566. [싸함빠띠]

그에게는 뒤도 없고 앞도 없다.
고요하여 성냄을 떠나
번뇌가 없고 탐욕이 없다.
약자나 강자에게나 폭력을 여의니
그는 그대의 첫 번째 공양을 받을 만하리. 566)

Sgv. 567. [싸함빠띠]

그 수행승은 대중을 떠나 마음이 고요하고
잘 훈련된 코끼리처럼 동요없이 걸으며
계율을 잘 갖추고 마음이 잘 해탈되어 있다.
그는 그대의 첫 번째 공양 받을 만하리. 567)

---

anaṁ irīyati sītibhūto // 지혜의 완성자란 원래 베다에 정통한 자를 말한다.

566) *Sgv. 566 na tassa pacchā na puratthamatthi / santo vidhūmo anigho nirāso / nikkhittadaṇḍo tasathāvaresu / so tyāhutiṁ bhuñjatu aggapiṇḍaṁ // 뒤는 과거를 말하고 앞은 미래를 말한다. 과거와 미래의 모든 존재의 다발에 대한 욕심이 없다는 뜻이다. 그는 언제나 평정한 상태인 것을 의미한다.*

Sgv. 568. [싸함빠띠]

바라문 여인이여, 이제 그대는
거센 흐름을 건넌 성자를 뵙고
흔들림 없는[142] 청정한 믿음으로
공양을 받을 만한 그에게 공양을 올려
그대에게 미래의 안락이 될 공덕을 쌓으라."568)

Sgv. 569. [송출자]

"바라문의 아내는
거센 흐름을 건넌 성자를 뵙고,
흔들림 없는 청정한 믿음으로

---

567) Sgv. 567 visenibhūto upasantacitto / nāgo va danto carati anejo / bhikkhu susīlo suvimuttacitto / so tyāhutiṁ bhuñjatu aggapiṇḍaṁ //

568) Sgv. 568 tasmiṁ pasannā avikampamānā / patiṭṭhapesi dakkhiṇaṁ dakkhiṇeyye / karohi puññaṁ sukham āyatikaṁ / disvā muniṁ brāhmaṇi oghatiṇṇan ti // 역자가 성자로 번역한 무니란 베다시대에는 종교적 황홀경에 도달한 침묵의 해탈자를 의미했다. 그런데 부처님 당대에 와서는 출가자로서 장애가 없고 분쟁이 없고 탐욕이 없고 확고하고 자제하고 사려 깊고 명상을 즐기는 자를 말하게 되었다.

공양을 받을 만한 그에게 공양을 올려,
미래의 안락이 될 공덕을 쌓았다."569)

6 : 4(1-4) 하느님 바까의 경
[Bakabrahmasutta]

이와 같이 나는 들었다. 한때 세존께서는 싸밧티 시의 제따바나 숲에 있는 아나타삔디까 승원에 계셨다.

그런데 그때 하느님 바까에게 이와 같은 나쁜 견해가 생겼다. '이것만이 항상하고, 이것만이 견고하고, 이것만이 영원하고, 이것만이 완전하고, 이것만이 불변의 진리이다. 왜냐하면 이것은 늙지 않고, 쇠퇴하지 않고, 죽지 않고, 사라지지 않고, 생겨나지 않는 까닭이다. 이것보다 높은 다른 벗어남은 없다.'

그때 세존께서 하느님 바까의 생각을 마음으로 알아채고 마치 힘센 사람이 굽혀진 팔을 펴고 펴진 팔을 굽히는 듯한 사이에, 제따바나 숲에서 모습을 감추고 하늘나라에 모습을 나타내셨다.

마침 하느님 바까는 세존께서 멀리서 오는 것을 보았다. 보

---

569) *Sgv. 569 tasmiṁ pasannā avikampamānā / patiṭṭhapesi dakkhiṇaṁ dakkhiṇeyye / akāsi puññaṁ sukham āyatikaṁ / disvā muniṁ brāhmaṇī oghatiṇṇanti //*

고 나서 세존께 이와 같이 말씀드렸다.

[바까] "존자여, 오십시오. 존자여, 잘 오셨습니다. 당신이 여기에 오시기를 오랫동안 기다렸습니다. 존자여, 이것만이 항상하고, 이것만이 견고하고, 이것만이 영원하고, 이것만이 완전하고, 이것만이 불변의 진리입니다. 왜냐하면 이것은 늙지 않고, 쇠퇴하지 않고, 죽지 않고, 사라지지 않고, 생겨나지 않는 까닭입니다. 이것보다 높은 다른 벗어남은 없습니다."

이와 같이 말하자, 세존께서는 하느님 바까에게 이와 같이 말씀하셨다.

[세존] "만약 그대가 무상한 것을 실로 항상하다고 말한다면, 견고하지 않은 것을 실로 견고하다고 말한다면, 영원하지 않은 것을 실로 영원하다고 말한다면, 완전하지 않은 것을 실로 완전하다고 말한다면, 변하는 것을 실로 변하지 않는 것이라고 말한다면, 하느님 바까여, 그대는 무명에 빠진 것입니다. 하느님 바까여, 그대는 무명에 빠진 것입니다. 또한 그대가 늙고 쇠퇴하고 사라지고 생겨나는 것을 늙지 않고 쇠퇴하지 않고 사라지지 않고 생겨나지 않는 것이라고 말한다면, 그리고 그대가 다른 벗어남이 있는데도 다른 보다 높은 벗어남이 없다고 말한다면, 하느님 바까여, 그대는 무명에 빠진 것입니다. 하느님 바까여, 그대는 무명에 빠진 것입니다."

Sgv. 570. [바까]

"고따마여, 우리 일흔 두 명은
공덕을 쌓아 세상의 주재자로
태어남과 늙음을 뛰어넘었습니다.
베다의 정통자로 하느님으로서
최상의 삶을 영위하니
우리에게 많은 사람이 기도합니다."570)

Sgv. 571. [세존]

"그 수명은 길지도 않고 짧지도 않지만
바까여, 그대는 길다고 생각합니다.
하느님이여, 그대의 수명은
니랍부다라고 나는 알고 있습니다."571)

---

570) Sgv. 570 dvāsattati gotama puññakammā / vasavattino jātijaraṁ atītā / ayam antimā vedagū brahmupapatti / asmābhijappanti janā anekāti // 여기서 일흔 두명이란 덕행으로 하느님 세계에 태어난 하늘사람의 숫자를 말한다. 하느님 바까는 영원주의를 대표하는 자이다.

571) Sgv. 571 appaṁ hi etaṁ na hi dīgham āyu / yaṁ tvaṁ baka maññasi dīgham āyu / sataṁ sahassānaṁ nir-

Sgv. 572. [바까]

"존자여, 나는 무한을 보는 자로서
태어남과 늙음의 슬픔을 넘어섰습니다.
나의 지난 계행과 덕행은 무엇인가
내가 알고 있는 그것을 말해 보십시오."572)

Sgv. 573. [세존]

"그대는 갈증에 신음하고 더위에 고통받는
많은 사람들에게 물을 주었습니다.
그것이 그대의 옛 계행과 덕행이라고
잠에서 깨어난 나는 기억합니다.573)

---

abbudānaṁ / āyu pajānāmi tavāhaṁ brahame ti // 압부다는 10의 56승인 천문학적 숫자이다. 니랍부다는 10의 36승, 또는 천만의 9승인 천문학적인 숫자이나 학자에 따라 정확한 개념은 불분명하다.

572) *Sgv. 572 anantadassī bhagavāham asmi / jātijaraṁ sokam upātivatto / kiṁ me purāṇaṁ vata sīlavattaṁ / ācikkha me taṁ yam ahaṁ vijaññā ti //*

573) *Sgv. 573 yaṁ tvaṁ apāyesi bahū manusse / pipāsite ghammani samparete / tan te purāṇaṁ vata sīlavattaṁ / suttappabuddhova anussarāmi //*

Sgv. 574. [세존]

에니 강 언덕에서 습격당해 포로가 되어
끌려가는 사람들을 풀어주었습니다.
그것이 그대의 옛 계행과 덕행이라고
잠에서 깨어난 나는 기억합니다.[574)]

Sgv. 575. [세존]

사악한 용왕이 사람을 잡아먹으려고
갠지스 강 급류 속에서
사로잡은 배를 신통의 힘으로
공략하여 놓아 주었습니다.
그것이 그대의 옛 계행과 덕행이라고

---

574) Sgv. 574 yaṁ eṇikūlasmiṁ janaṁ gahītaṁ / amocayī gayhakaṁ nīyamānaṁ // tan te purāṇaṁ vata sīlavattaṁ / suttappabuddhova anussarāmi / gaṅgāya sotasmiṁ gahītanāvaṁ / luddena nāgena manussakamyā // 하느님 바까가 께싸바라는 고행자였을 때 어떤 마을 근처를 거닐고 있었다. 그런데 산적들이 마을을 덮쳐 모든 주민과 가축과 재물을 약탈해 갔다. 고행자 께싸바는 울부짖는 사람들과 가축들을 동정하여 신통의 힘으로 군대를 만들어서 북을 치며 행진시키자 산적들은 포로와 약탈물들을 버리고 달아났다.

잠에서 깨어난 나는 [144] 기억합니다. 575)

Sgv. 576. [세존]

옛날 나는 그대 제자로 깝빠라 불렸고
올바른 깨달음이 있다고 나를 인정했습니다.
그것이 그대의 옛 계행과 덕행이라고
잠에서 깨어난 나는 기억합니다."576)

Sgv. 577. [바까]

"틀림없이 나의 생애를 바로 알고 있고,
또한 다른 것도 알고 있으니,
당신은 깨달은 님,
그대의 광휘로운 위력야말로
참으로 하늘나라를 밝힙니다."577)

---

575) Sgv. 575 pamocayittha balasā pasayha / tan te purāṇaṁ vata sīlavattaṁ / suttappabuddho va anussarāmi //
576) Sgv. 576 kappo ca te baddhacaro ahosiṁ / sambuddhivantaṁ va ti naṁ amaññiṁ / tan te purāṇaṁ vata sīlavattaṁ / suttappabuddhova anussarāmī ti // 부처님은 당시 고행자 께싸바의 제자로서 그 이름은 깝빠였다

6 : 5(1-5) 다른 견해의 경
[Aparādiṭṭhisutta]

한때 세존께서 싸밧티 시에 계셨다.

그때 한 어떤 하느님에게 이와 같은 나쁜 견해가 생겼다.

[하느님] '여기에 올 수 있는 수행자나 성직자는 없다.'

그때 세존께서 마음속으로 그 하느님의 생각을 알아차리고 마치 힘센 사람이 굽혀진 팔을 펴고 펴진 팔을 굽히는 듯한 사이에 제따바나 숲에서 모습을 감추고 하늘나라에 모습을 나타내셨다.

그리고 세존께서는 그 하느님의 머리 위 공중에 결가부좌를 하고 불의 삼매에 들었다.

그때 존자 마하 목갈라나가 이와 같이 생각했다.

[마하 목갈라나] '세존께서는 지금 어디에 계실까?'

마하 목갈라나는 사람의 눈을 초월하는 청정한 하늘눈으로 세존께서 그 하느님의 머리 위 공중에 결가부좌를 하고 불의 삼매에 들어 계신 것을 보았다. 보고 나서 마치 힘센 사람이 굽혀진 팔을 펴고 펴진 팔을 굽히는 듯한 사이에, 제따바나 숲에서 모습을 감추고 하늘나라에 모습을 나타

---

577) Sgv. 577 addhā pajānāsi mam etam āyuṁ / aññam pi jānāsi tathā hi buddho / tathā hi tyāyaṁ jalitānubhāvo / obhāsayaṁ tiṭṭhati brahmalokan ti //

냈다.

그리고 나서 존자 마하 목갈라나는 동쪽에서 그 하느님의 머리 위 세존보다 낮은 공중에 결가부좌를 하고 불의 삼매에 들었다.

그때 존자 마하 깟싸빠가 이와 같이 생각했다.

[마하 깟싸빠] '세존께서는 지금 어디에 계실까?'

마하 깟싸빠는 사람의 눈을 초월하는 청정한 하늘눈으로 세존께서 그 하느님의 머리 위 공중에 결가부좌를 하고 불의 삼매에 들어 계신 것을 보았다. 보고 나서 마치 힘센 사람이 굽혀진 팔을 펴고 펴진 팔을 굽히는 듯한 사이에, 제따바나 숲에서 [145] 모습을 감추고 하늘나라에 모습을 나타냈다. 그리고 나서 존자 마하 깟싸빠는 남쪽에서 그 하느님의 머리 위 세존보다 낮은 공중에 결가부좌를 하고 불의 삼매에 들었다.

그때 존자 마하 깝삐나가 이와 같이 생각했다.

[마하 깝삐나] '세존께서는 지금 어디에 계실까?'

마하 깝삐나는 사람의 눈을 초월하는 청정한 하늘눈으로 세존께서 그 하느님의 머리 위 공중에 결가부좌를 하고 불의 삼매에 들어 계신 것을 보았다. 보고 나서 마치 힘센 사람이 굽혀진 팔을 펴고 펴진 팔을 굽히는 듯한 사이에, 제따바나 숲에서 모습을 감추고 하늘나라에 모습을 나타냈다. 그리고 나서 존자 마하 깝삐나는 서쪽에서 그 하느님의 머리 위 세존보다 낮은 공중에 결가부좌를 하고 불의 삼매에 들었다.

그때 존자 아누룻다가 이와 같이 생각했다.

[아누룻다] '세존께서는 지금 어디에 계실까?'

아누룻다는 사람의 눈을 초월하는 청정한 하늘눈으로 세존께서 그 하느님의 머리 위 공중에 결가부좌를 하고 불의 삼매에 들어 계신 것을 보았다. 보고 나서 마치 힘센 사람이 굽혀진 팔을 펴고 펴진 팔을 굽히는 듯한 사이에, 제따바나 숲에서 모습을 감추고 하늘나라에 모습을 나타냈다. 그리고 나서 존자 아누룻다는 북쪽에서 그 하느님의 머리 위 세존보다 낮은 공중에 결가부좌를 하고 불의 삼매에 들었다.

그때 존자 마하 목갈라나가 하느님에게 시로 말했다.

Sgv. 578. [목갈라나]

"그대가 예전에 지녔던 견해를
그대는 아직도 갖고 있습니까?
하느님의 세계를 관통하고 있는
찬란한 광휘를 보고 있습니까?"578)

Sgv. 579. [하느님]

"벗이여, 예전에 가졌던 견해를
나는 지금 갖고 있지 않습니다.
하느님의 세계를 관통하고 있는
찬란한 광휘를 나는 보고 있습니다.
오늘 '나는 항상하고 영원하다.'라고
내가 어떻게 말할 수 있겠습니까?"[579)]

그 하느님을 감동시키고 나서, 마치 힘센 남자가 굽혀진 팔을 펴고 펴진 팔을 굽히는 듯한 사이에, 세존께서는 하늘나라에서 모습을 감추고 제따바나 숲에 모습을 나타내셨다.

그때 그 하느님은 하느님을 따르는 무리 가운데 다른 한 신에게 말했다.

[하느님] "벗이여, 그대는 존자 마하 목갈라나를 찾아가

---

578) Sgv. 578 ajjāpi te āvuso sā diṭṭhi / yā te diṭṭhi pure ahu / passasi vītivattantaṁ / brahmaloke pabhassaran ti //

579) Sgv. 579 na me mārisa sā diṭṭhi / yā me diṭṭhi pure ahu / passāmi vītivattantaṁ / brahmaloke pabhassaraṁ / svāhaṁ ajja kathaṁ vajjaṁ / ahaṁ nicco'mhi sassato ti //

보십시오. 찾아뵙고 존자 마하 목갈라나에게 이와 같이 '벗이여 목갈라나여, 목갈라나와 깟싸빠, 깝삐나, 아누룻다와 같은 위대한 신통과 크나큰 위력을 [146] 지닌 다른 세존의 제자들도 있습니까?'라고 여쭈어 보십시오."

[하느님을 따르는 무리 가운데 한 신] "벗이여, 그렇게 하겠습니다."

하느님을 따르는 무리 가운데 한 신은 그 하느님에게 대답하고 존자 목갈라나가 있는 곳으로 찾아갔다. 가까이 다가가서 목갈라나에게 이와 같이 말했다.

[하느님을 따르는 무리 가운데 한 신] "벗이여 목갈라나여, 목갈라나와 깟싸빠, 깝삐나, 아누룻다와 같은 위대한 신통과 크나큰 위력을 지닌 다른 세존의 제자들도 있습니까?"

그러자 존자 마하 목갈라나는 하느님을 따르는 무리 가운데 한 신에게 시로 대답했다.

Sgv. 580. [목갈라나]

"세 가지 명지와
신통의 힘을 갖추고
타인의 마음을 아는 데 숙달하고

모든 번뇌를 소멸한,
많은 거룩한 님들이
깨달은 님의 제자들입니다."580)

그러자 하느님을 따르는 무리 가운데 한 신이 존자 마하 목갈라나의 말씀을 듣고 즐거워하고 기뻐하며 위대한 하느님이 있는 곳으로 찾아갔다. 찾아가서 그 하느님에게 이와 같이 말했다.

[하느님을 따르는 무리 가운데 한 신] "벗이여, 존자 마하 목갈라나는 이와 같이 말했다.

Sgv. 581. [목갈라나]

'세 가지 명지와 신통을 갖추고
타인의 마음을 아는 데 숙달하고
모든 번뇌가 소멸한 많은 거룩한 님들이
깨달은 님의 제자들입니다.'"581)

---

580) Sgv. 580 tevijjā iddhippattā ca / cetopariyāyakovidā / khīṇāsavā arahanto / bahū buddhassa sāvakā ti //
581) Sgv. 581 tevijjā iddhippattā ca / cetopariyāyakovidā / khīṇāsavā arahanto / bahū buddhassa sāvakā ti //

하느님을 따르는 무리 가운데 한 신은 이와 같이 말했다. 그 하느님은 하느님을 따르는 무리 가운데 한 신이 말하는 바를 듣고 흡족해하고 기뻐했다.

6 : 6(1-6) 방일의 경
[Pamādasutta]

한때 세존께서 싸밧티 시에 계셨다.

그때 세존께서는 대낮을 보내기 위해 홀로 고요히 명상에 드셨다.

그런데 외톨이 하느님 쑤브라흐만과 외톨이 하느님 쑷다바싸가 세존께서 계신 곳으로 찾아왔다. 가까이 다가와서 각각 문기둥이 있는 곳에 섰다.

그리고 나서 외톨이 하느님 쑤브라흐만이 외톨이 하느님 쑷다바싸에게 이와 같이 말했다.

[쑤브라흐만] "벗이여, 세존을 방문하기에는 적당한때가 아닙니다. 세존께서는 대낮을 보내기 위해 홀로 고요히 명상에 드셨습니다. 그런데 저 하느님의 세계는 부유하고 번영하고 있으며, 그곳에서 하느님은 태만하게 살고 있습니다. 벗이여, 갑시다. 그 하느님의 세계로 갑시다. 가서 그 하느님의 세계의 하느님들을 깨우칩시다."

외톨이 하느님 쑷다바싸는 [147] '그럽시다. 벗이여'라고 외톨이 하느님 쑤브라흐만에게 대답했다. 그리고 외톨이 하느님 쑤브라흐만과 외톨이 하느님 쑷다바싸는 마치 힘센 사람이 굽혀진 팔을 펴고 펴진 팔을 굽히는 듯한 사이에, 세존 앞에서 모습을 감추고 그 세계에 모습을 나타냈다.

그 하느님의 세계의 하느님은 외톨이 하느님들이 멀리서 오는 것을 보았다. 보고 나서 그 하느님들에게 이와 같이 말했다.

[어떤 하느님] "벗들이여, 지금 그대들은 어디서 오십니까?"

[외톨이 하느님들] "벗이여, 우리는 마침 세상의 존귀한 님, 거룩한 님, 올바로 원만히 깨달은 님께서 계신 곳에서 오는 것입니다. 그대도 역시 세상의 존귀한 님, 거룩한 님, 올바로 원만히 깨달은 님께서 계신 곳으로 가보십시오."

이와 같이 말하자, 그 하느님의 세계의 하느님은 그 말에 동의하지 않고 천 가지로 자신을 변화시켜 외톨이 하느님 쑤브라흐만에게 이와 같이 말했다.

[어떤 하느님] "벗이여, 그대는 나의 이와 같이 높은 신통과 위력을 보십니까?"

[쑤브라흐만] "벗이여, 나는 그와 같이 높은 그대의 신통과 위력을 봅니다."

[어떤 하느님] "벗이여, 실로 나에게 이와 같이 높은 신통

과 위력이 있는데 어떠한 다른 수행자들이나 성직자들에게 예배하러 가야 한다는 것입니까?”

그러자 외톨이 하느님 쑤브라흐만은 이천 가지로 자신을 변화시켜 그 하느님에게 이와 같이 말했다.

[쑤브라흐만] “벗이여, 그대는 나의 이와 같이 높은 신통과 위력을 보십니까?”

[어떤 하느님] “벗이여, 나는 그와 같이 높은 신통과 위력을 봅니다.”

[쑤브라흐만] “벗이여, 세존께서는 그대보다도 나보다도 위대한 신통과 크나큰 위력을 갖고 계십니다. 벗이여, 세상의 존귀한 님, 거룩한 님, 올바로 원만히 깨달은 님에게 귀의하십시오.”

그러자 그 하느님의 세계의 하느님은 외톨이 하느님 쑤브라흐만에게 말했다.

Sgv. 582. [어떤 하느님]

“삼백 [148] 마리의 금시조와
사백 마리의 백조, 오백 마리의 매들로
선정에 든 나의 궁전은 빛난다.
오, 하느님이여, 북쪽 하늘을 밝게 비춘다.”582)

Sgv. 583. [쑤브라흐만]

"그대의 궁전이 북쪽 하늘을
밝게 비추면서 빛날지라도
형상의 결함과 항상하는 동요를 보았으니,
현자는 형상의 즐김에 빠지지 않는다."583)

그때 외톨이 하느님 쑤브라흐만과 외톨이 하느님 쑷다바싸는 그 하느님을 깨우치고 거기서 사라졌다. 그리고 그 하느님은 훗날 다른 때에 세상의 존귀한 님, 거룩한 님, 올바로 원만히 깨달은 님께 예배드리러 갔다.

6 : 7(1-7) 꼬깔리까의 경 ①
[Paṭhamakokālikasutta]

한때 세존께서 싸밧티 시에 계셨다. 그때 세존께서는 대낮을 보내기 위해 홀로 고요히 명상에 드셨다.

---

582) Sgv. 582 tayo ca supaṇṇā caturo va haṁsā / byagghīnisā pañcasatā ca jhāyino / tayidaṁ vimānaṁ jalate ca brahme / obhāsayaṁ uttarassaṁ disāyan ti //

583) Sgv. 583 kiñcāpi te taṁ jalate vimānaṁ / obhāsayaṁ uttarassaṁ disāyaṁ / rūpe raṇaṁ disvā sadā pavedhitaṁ / tasmā na rūpe ramatī sumedho ti //

그때 외톨이 하느님 쑤브라흐만과 외톨이 하느님 쑷다바싸는 세존께서 계신 곳으로 찾아왔다. 가까이 다가와서 각각 문기둥에 기대어 섰다.

그리고 나서 외톨이 하느님 쑤브라흐만은 수행승 꼬깔리까에 대해 세존 앞에서 이와 같은 시를 읊었다.

Sgv. 584. [쑤브라흐만]

"헤아릴 수 없는 자를 헤아려서
누가 그를 올바로 설명할 것인가?
헤아릴 수 없는 것을 헤아리니
장애가 있는 범부라고 나는 생각한다."584)

6 : 8(1-8) 까따모라까띳싸의 경 [Katamorakatissasutta]

한때 세존께서 싸밧티 시에 계셨다. 그때 세존께서는 대

---

584) Sgv. 584 appameyyaṁ paminanto / ko'dha vidvā vikappaye / appameyyaṁ pamāyinaṁ / nivutaṁ taṁ maññe puthujjanan ti // '헤아릴 수 없는 자'는 번뇌를 소멸한 자의 불가측량성을 말한다. 헤아릴 수 있는 자는 탐욕·성냄·어리석음을 지닌 자를 말한다.

낮을 보내기 위해 홀로 앉아 고요히 명상을 하고 계셨다.

그때 외톨이 하느님 쑤브라흐만과 외톨이 하느님 쑷다바싸가 세존께서 계신 곳으로 찾아왔다. 가까이 다가와서 각각 문기둥에 기대어 섰다.

그리고 나서 외톨이 하느님 쑤브라흐만은 수행승 까따모라까띳싸에 대해 세존 앞에서 이와 같은 시를 읊었다.

Sgv. 585. [쑤브라흐만]

"헤아릴 수 없는 자를 [149] 헤아려서
누가 그를 올바로 설명할 것인가?
헤아릴 수 없는 자를 헤아리니,
장애가 있는 바보라고 나는 생각하리."585)

6 : 9(1-9) 하느님 뚜두의 경
[Tudubrahmasutta]

한때 세존께서 싸밧티 시에 계셨다. 그때 수행승 꼬깔리

---

585) Sgv. 585 appameyyaṁ paminanto / ko'dha vidvā vikappaye // appameyyaṁ pamāyinaṁ / nivutaṁ maññe akissavan ti // 수행승 까따모라까띳싸는 데바닷따의 추종자였다. 바보는 선악을 구별하줄 모르는 자를 말한다.

까가 병이 들어 괴로워했는데 아주 중병이었다.

그때 외톨이 하느님 뚜두가 깊은 밤중에 아름다운 빛으로 제따바나 숲을 두루 밝히면서 수행승 꼬깔리까가 있는 곳으로 찾아왔다. 가까이 다가와서 공중에 서서 수행승 꼬깔리까에게 이와 같이 말했다.

[뚜두] "꼬깔리까여, 싸리뿟따와 목갈라나에게 청정한 믿음을 가지십시오. 싸리뿟따와 목갈라나는 온화합니다."

[꼬깔리까] "벗이여, 그대는 누구입니까?"

[뚜두] "나는 외톨이 하느님 뚜두입니다."

[꼬깔리까] "벗이여, 그대는 세존께서 다시 돌아오지 않는 님이라고 수기하셨는데, 왜 여기로 돌아왔습니까? 얼마나 죄를 지었는지 살펴보십시오."

Sgv. 586. [뚜두]

"사람이 태어날 때 참으로
입에 도끼가 생겨난다.
어리석은 이는 나쁜 말을 하여
그것으로 자신을 찍는다.[586)]

---

586) Sgv. 586 purisassa hi jātassa / kuṭhārī jāyate mukhe / yāya chindati attānaṁ / bālo dubbhāsitaṁ bhaṇaṁ //

Sgv. 587. [뚜두]

비난받아야 할 것을 찬양하고
찬양해야 할 것을 비난하니
입으로써 불운을 쌓고
그 불운으로 안락을 얻지 못한다.[587)]

Sgv. 588. [뚜두]

도박으로 돈을 잃거나 모든 재산과 함께
자신마저 잃어도
그 불운은 오히려 작은 것이다.
올바른 길로 잘 가신 님에게 적의를 품는다면,
그 불운이야말로 참으로 큰 것이다.[588)]

---

587) Sgv. 587 yo nindiyaṁ pasaṁsati / taṁ vā nindati yo pasaṁsiyo / vicināti mukhena so kaliṁ / kalinā tena sukhaṁ na vindati //

588) Sgv. 588 appamatto ayaṁ kali / yo akkhesu dhanaparājayo / sabbassāpi sahāpi attanā / ayam eva mahantataro kali / yo sugatesu manaṁ padosaye //

Sgv. 589. [뚜두]

언어나 정신으로 악함을 기도하여
거룩한 님을 비난하는 사람은
오 압부다와 십만 니랍부다의 시간을
지옥에 떨어져 고통을 받는다."589)

6 : 10(1-10) 꼬깔리까의 경 ②
[Dutiyakokālikasutta]

한때 세존께서 싸밧티 시에 계셨다. 그때 수행승 꼬깔리까가 세존께서 계신 곳으로 찾아왔다. 가까이 다가와서 [150] 세존께 인사를 드리고 한쪽으로 물러나 앉았다.

한쪽으로 물러나 앉아 수행승 고깔리까는 세존께 이와 같이 말씀드렸다.

[꼬깔리까] "세존이시여, 싸리뿟따와 목갈라나는 나쁜 마음을 품은 자로서 나쁜 욕망의 지배를 받고 있습니다."

이렇게 말했을 때 세존께서는 수행승 꼬깔리까에게 이와

---

589) *Sgv. 589 sataṁ sahassānaṁ nirabbudānaṁ / chattiṁsati pañca abbudāni / yamariyagarahī nirayaṁ upeti / vācaṁ manañca paṇidhāya pāpakan ti //*

같이 말씀하셨다.

[세존] "꼬깔리까여, 그렇게 말하지 말라. 꼬깔리까여, 그렇게 말하지 말라. 꼬깔리까여, 싸리뿟따와 목갈라나에게 청정한 믿음을 가져라. 싸리뿟따와 목갈라나는 자애롭다."

다시 수행승 꼬깔리까가 세존께 이와 같이 말씀드렸다.

[꼬깔리까] "세존께서는 도대체 저를 신뢰하고 믿습니까? 세존이시여, 싸리뿟따와 목갈라나는 나쁜 마음을 품은 자로서 나쁜 욕망의 지배를 받고 있습니다."

다시 세존께서는 수행승 꼬깔리까에게 이와 같이 말씀하셨다.

[세존] "꼬깔리까여, 그렇게 말하지 말라. 꼬깔리까여, 그렇게 말하지 말라. 꼬깔리까여, 싸리뿟따와 목갈라나에게 청정한 믿음을 가져라. 싸리뿟따와 목갈라나는 자애롭다."

세 번째로 수행승 꼬깔리까는 세존께 이와 같이 말씀드렸다.

[꼬깔리까] "세존이시여, 싸리뿟따와 목갈라나는 나쁜 마음을 품은 자로서 나쁜 욕망의 지배를 받고 있습니다."

세 번째로 세존께서 수행승 꼬깔리까에게 이와 같이 말씀하셨다.

[세존] "꼬깔리까여, 그렇게 말하지 말라. 꼬깔리까여, 그렇게 말하지 말라. 꼬깔리까여, 싸리뿟따와 목갈라나에게

청정한 믿음을 가져라. 싸리뿟따와 목갈라나는 자애롭다."

그때 수행승 꼬깔리까는 자리에서 일어나 세존께 인사를 드리고 오른쪽으로 돌고 나서 나가 버렸다.

수행승 꼬깔리까는 나간 뒤 얼마 되지 않아 온몸에 겨자씨만한 크기의 종기가 생겼다. 겨자씨만했던 것이 콩알만한 크기가 되고 콩알만했던 것이 대두콩만한 크기가 되었으며, 대두콩만했던 것이 대추씨만한 크기가 되고, 대추씨만했던 것이 대추만한 크기가 되었으며, 대추만했던 것이 아말라까만한 크기가 되고, 아말라까만했던 것이 아직 익지 않은 칠엽수의 열매 만한 크기가 되었으며, 아직 익지 않은 칠엽수의 열매 만했던 것이 칠엽수의 열매만한 크기가 되어 터져서 피와 고름이 흘렀다.

그래서 수행승 꼬깔리까는 그 병으로 죽었다. 수행승 꼬깔리까는 싸리뿟따와 목갈라나에게 적의를 품었기 때문에 죽어서 홍련지옥에 떨어졌다.

그때 [151] 하느님 싸함빠띠가 밤이 깊어서 아름다운 빛으로 제따바나 숲을 두루 밝히며 세존께서 계신 곳으로 찾아왔다. 가까이 다가와서 세존께 인사를 드리고 한쪽으로 물러나 섰다.

한쪽으로 물러나 선 하느님 싸함빠띠는 세존께 이와 같이 말씀드렸다.

[싸함빠띠] "세존이시여, 수행승 꼬깔리까는 죽었습니다.

싸리뿟따와 목갈라나에게 적의를 품었기 때문에 죽어서 홍련지옥에 떨어졌습니다."

이와 같이 하느님 싸함빠띠는 세존께 이야기했다. 이와 같이 이야기한 뒤 세존께 인사를 드리고 오른쪽으로 돌고 나서 그곳에서 곧바로 사라졌다.

그러자 세존께서는 그날 밤이 지났을 때 수행승들을 부르셨다.

[세존] "수행승들이여, 어젯밤 하느님 싸함빠띠가 밤이 깊어서 아름다운 빛으로 제따바나 숲을 두루 밝히며 내가 있는 곳으로 찾아왔다. 가까이 다가와서 나에게 인사를 하고 한쪽으로 물러나 섰다. 한쪽으로 물러나 선 하느님 싸함빠띠는 나에게 이와 같이 말했다. '세존이시여, 수행승 꼬깔리까는 죽었습니다. 싸리뿟따와 목갈라나에게 적의를 품었기 때문에 죽어서 홍련지옥에 떨어졌습니다.' 수행승들이여, 이와 같이 하느님 싸함빠띠는 이야기했다. 이와 같이 이야기한 뒤 나에게 인사를 하고 오른쪽으로 돌고 나서, 그곳에서 곧바로 사라졌다."

이와 같이 말씀하셨을 때 한 수행승이 세존께 이와 같이 여쭈어 보았다.

[수행승] "세존이시여, 홍련지옥에서의 수명은 얼마나 됩니까?"

[세존] "수행승들이여, 홍련지옥에서의 수명은 참으로 길

다. 그것은 몇 년, 몇 백 년, 몇 천 년, 몇 십만 년이라고 헤아리기 어렵다."

[수행승] "세존이시여, 그러면 비유로써 말씀해주실 수 있겠습니까?"

세존께서는 말씀하셨다.

[세존] "수행승들이여, [152] 그렇게 할 수 있다. 수행승들이여, 예를 들어 꼬쌀라 국에 이십 카리의 채소 씨앗이 있어 사람이 백 년이 지날 때마다 한 알의 채소 씨앗을 줍는다고 하자. 그러나 그렇게 해서 꼬쌀라 국에 있는 이십 카리의 채소 씨앗이 다 없어져도 일 압부다의 지옥의 기간이 다하지 않는다. 그러나 거기에는 단지 일 압부다의 지옥만이 있는 것이 아니다. 수행승들이여, 이십 압부다 지옥이 일 니랍부다의 지옥의 기간이고, 수행승들이여, 이십 니랍부다 지옥이 일 아바바 지옥의 기간이고, 수행승들이여, 이십 아바바 지옥이 일 아하하 지옥의 기간이고, 수행승들이여, 이십 아하하 지옥이 일 아따따 지옥의 기간이고 수행승들이여, 이십 아따따 지옥이 일 황련 지옥이고, 수행승들이여, 이십 황련 지옥이 일 백수련 지옥의 기간이고, 수행승들이여, 이십 백수련 지옥이 일 청련 지옥의 기간이고, 수행승들이여, 이십 청련 지옥이 일 백련 지옥의 기간이고, 수행승들이여, 이십 백련 지옥이 일 홍련지옥의 기간이다. 수행승들이여, 수행승 꼬깔리까는 싸리뿟따와 목

갈라나에게 적의를 품어서 홍련지옥에 떨어진 것이다."

세존께서는 이와 같이 말씀하셨다. 이처럼 말씀하시고 올바른 길로 잘 가신 님께서는 스승으로서 이와 같이 시로 말씀하셨다.

Sgv. 590. [세존]

"사람이 태어날 때 참으로
입에 도끼가 생겨난다.
어리석은 이는 나쁜 말을 하여
그것으로 자신을 찍는다.590)

Sgv. 591. [세존]

비난받아야 할 것을 찬양하고
찬양해야 할 것을 비난하니,
입으로써 불운을 쌓고
그 불운으로 안락을 얻지 못한다.591)

---

590) Sgv. 590 = Sgv. 586
591) Sgv. 591 = Sgv. 587

Sgv. 592. [세존]

도박으로 돈을 잃거나,
모든 재산과 함께 자신마저 잃어도,
그 불운은 오히려 작고,
올바른 길로 잘 가신 님에게 적의를 품는다면,
그 불운이야말로 참으로 큰 것이다.[592)]

Sgv. 593. [세존]

언어나 정신으로 악함을 기도하여,
거룩한 님을 비난하는 사람은
십만 [153] 삼천 니랍부다와
오 압부다의 시간을
지옥에 떨어져 고통을 받는다."[593)]

첫 번째 품, 「꼬깔리까의 품」이 끝났다. 그 목차는 차례로 '1) 하느님의 청원에 대한 경 2) 존중의 경 3) 브라흐마데바의 경 4) 하느님 바까의 경 5) 다른 견해의 경 6) 방일의 경 7) 꼬깔리까의 경 ① 8) 까따모라까띳싸의 경 9) 하느님 뚜두의 경 10) 꼬깔리까의 경 ②'으로 이루어졌다.

---

592) Sgv. 592 = Sgv. 588
593) Sgv. 593 = Sgv. 589

2. 완전한 열반의 품
(Parinibbāṇavagga)

6 : 11(2-1) 싸낭꾸마라의 경
[Sanaṅkumārasutta]

이와 같이 나는 들었다. 한때 세존께서 라자가하 시에 있는 쌉삐니 강 언덕에 계셨다.

그때 하느님 싸낭꾸마라가 깊은 밤중에 아름다운 빛으로 쌉삐니 강 언덕을 두루 밝히며 세존께서 계신 곳으로 찾아왔다. 가까이 다가와서 세존께 인사를 드리고 한쪽으로 물러나 섰다.

한쪽으로 물러나 서서 하느님 싸낭꾸마라는 세존 앞에서 이와 같은 시를 읊었다.

Sgv. 594. [싸낭꾸마라]

"왕족은 가문을 중히 여기는
사람들 가운데 최상이지만,
명지와 덕행을 갖춘 님은
하늘사람과 사람들 가운데 최상입니다."[594)]

---

594) Sgv. 594 khattiyo seṭṭho janetasmiṁ / ye gottapaṭisāri-

하느님 싸낭꾸마라는 이와 같이 읊었다. 스승께서는 그 시를 인가하셨다.

그때 하느님 싸낭꾸마라는 '스승께서 나를 인가하셨다.'라고 알고 세존께 인사를 드리고 오른쪽으로 돌고 나서 거기에서 사라졌다.

6 : 12(2-2) 데바닷따의 경 [Devadattasutta]

이와 같이 나는 들었다. 한때 세존께서 데바닷따가 떠난 지 얼마 되지 않아 라자가하 시의 깃자꾸따 산에 계셨다.

그때 하느님 싸함빠띠가 깊은 밤중에 아름다운 빛으로 깃자꾸따 산을 두루 밝히며 세존께서 계신 곳으로 찾아왔다. 가까이 다가와서 세존께 인사를 드리고 한쪽으로 물러나 섰다.

한쪽으로 [154] 물러나 서서 하느님 싸함빠띠는 데바닷따에 대해 세존 앞에서 이와 같은 시를 읊었다.

---

no / vijjācaraṇasampanno / so seṭṭho devamānuseti //'영원한 젊은이'라는 뜻으로 한역에서는 상동자라고 한다. 그는 어렸을 때에 빤짜씨카였는데, 전생에 선정을 닦다가 마지막 순간 삼매에 들어 하느님 세계에 태어났다.

Sgv. 595. [싸함빠띠]

"파초와 대나무와 갈대는
자신의 열매가 자신을 죽인다.
수태가 노새를 죽이듯,
명성이 악인을 죽인다."595)

6 : 13(2-3) 안다까빈다의 경 [Andhakavindasutta]

한때 세존께서 마가다 국의 안다까빈다 마을에 계셨다.

그때 세존께서는 밤의 칠흑 같은 어둠 속에 바깥에 앉아 계셨는데, 비가 계속 내리고 있었다.

마침 하느님 싸함빠띠가 깊은 밤중에 아름다운 빛으로 안다까빈다를 두루 밝히며 세존께서 계신 곳으로 찾아왔다. 가까이 다가와서 세존께 인사를 드리고 한쪽으로 물러나 섰다.

한쪽으로 물러나 서서 하느님 싸함빠띠는 세존 앞에서 이와 같은 시를 읊었다.

---

595) Sgv. 595 phalaṁ ve kadaliṁ hanti / phalaṁ veṇuṁ phalaṁ naḷaṁ / sakkāro kāpurisaṁ hanti / gabbho assatariṁ yathā ti // 노새는 수말과 암당나귀의 잡종으로 생식능력이 없다. 여기서는 민속적인 세계관에 따라 새끼가 잉태하면 노새는 죽는다고 표현한 것이다.

Sgv. 596. [싸함빠띠]

“인적이 없는 외딴 거처를 찾아라.
결박을 끊기 위해 유행하라.
만약 거기서 즐거움을 찾지 못하면,
자신을 수호하고 새김을 확립하여
참모임 속에 살라. 596)

Sgv. 597. [싸함빠띠]

감관을 수호하며 새김을 확립하고
이 집에서 저 집으로 걸행하며,
인적이 없는 외딴 곳을 찾아라.
두려움에서 벗어나 평안 속에 해탈한다. 597)

---

596) *Sgv. 596 sevetha pantāni senāsanāni / careyya saññojanavippamokkhā / save ratiṁ nādhigacchaye tattha / saṅghe vase rakkhitatto satīmā //*

597) *Sgv. 597 kulākulaṁ piṇḍikāya caranto / indriyagutto nipako satimā / sevetha pantāni senāsanāni / bhayā pamutto abhaye vimutto //*

Sgv. 598. [싸함빠띠]

무서운 괴물들이 있는 곳에
번개가 치고 천둥이 울고
칠흑 같은 어두운 밤에 두려움 없이
수행승은 태연히 앉아 있다.598)

Sgv. 599. [싸함빠띠]

확실히 나는 보았으니
단지 내가 들어서 아는 것이 아니다.
하나의 가르침을 설하니
천 명의 사람이 죽음을 극복했다.599)

---

598) *Sgv. 598 yattha bheravā siriṁsapā / vijju sañcarati thaneti devo / andhakāra timisāya rattiyā / nisīdi tattha bhikkhu vigatalomahaṁso //*
599) *Sgv. 599 idaṁ hi jātu me diṭṭhaṁ / nayidaṁ itihītihaṁ / ekasmiṁ brahmacariyasmiṁ / sahassaṁ maccuhāyinaṁ //*

Sgv. 600. [싸함빠띠]

제자가 오백 명보다 많아
백 명의 십 배의 십 배
모두 진리의 흐름에 들어
축생에는 결코 떨어지지 않는다.600)

Sgv. 601. [싸함빠띠]

또한 그 밖에 사람들
공덕을 믿는 사람들을 생각하면,
그 수를 헤아릴 수 없으니
헤아린다면, 거짓을 범하리."601)

6 : 14(2-4) 아루나바띠의 경
[Aruṇavatīsutta]

이와 같이 [155] 나는 들었다.

---

600) Sgv. 600 bhiyyo pañcasatā sekhā / dasā ca dasadhā dataṁ / sabbe sotasamāpannā / atiracchānagāmino //

601) Sgv. 601 athāyaṁ itarā pajā / puññabhāgāti me mano / saṅkhātuṁ nopi sakkomi / musāvādassa ottapeti //

한때 세존께서 싸밧티 시의 제따바나 숲에 있는 아나타삔디까 승원에 계셨다.

그때 세존께서 '수행승들이여'라고 수행승들을 부르셨다. 그러자 수행승들은 '세존이시여'라고 세존께 대답했다.

세존께서는 이와 같이 말씀하셨다.

[세존] "수행승들이여, 옛날 한때 아루나바라는 왕이 있었다. 수행승들이여, 아루나바 왕에게는 아루나바띠라는 왕도가 있었다. 수행승들이여 아루나바띠라고 하는 왕도에는 세상의 존귀한 님, 거룩한 님, 올바로 원만히 깨달은 님인 씨킨께서 계셨다.

그런데 세상의 존귀한 님, 거룩한 님, 올바로 원만히 깨달은 님인 씨킨께서는 아비부와 쌈바바라는 축복받은 한 쌍의 제자를 데리고 계셨다.

수행승들이여, 세상의 존귀한 님, 거룩한 님, 올바로 원만히 깨달은 님인 씨킨께서는 아비부를 부르셨다.

[씨킨] '바라문이여, 식사시간이 되었으니 다른 하느님의 세계가 있는 곳으로 가까이 가자.'

[아비부] '세존이시여, 그렇게 하겠습니다.'

수행승 아비부는 세상의 존귀한 님, 거룩한 님, 올바로 원만히 깨달은 님인 씨킨께 대답했다.

그래서 수행승들이여, 세상의 존귀한 님, 거룩한 님, 올바로 원만히 깨달은 님인 씨킨과 수행승 아비부는 마치 힘센 사람이 굽혀진 팔을 펴고 펴진 팔을 굽히는 듯한 사이에, 왕도 아루나바띠에서 모습을 감추고 하느님의 세계에 모습을 나타냈다.

그리고 수행승들이여, 세상의 존귀한 님, 거룩한 님, 올바로 원만히 깨달은 님인 씨킨께서는 수행승 아비부를 불렀다.

[씨킨] '바라문이여, 그대는 하느님과 하느님을 따르는 무리들과 하느님을 수행하는 무리들에게 가르침을 설하라.'

[아비부] '세존이시여, 그렇게 하겠습니다.'

수행승 아비부는 세상의 존귀한 님, 거룩한 님, 올바로 원만히 깨달은 님인 씨킨께 대답하고, 가르침을 설하여 하느님과 하느님을 따르는 무리들과 하느님을 수행하는 무리들을 교화하고 북돋우고 고무시키고 기쁘게 했다.

수행승들이여, 그러나 하느님과 하느님을 따르는 무리들과 하느님을 수행하는 [156] 무리들은 이것을 비난하고 투덜대고 불평하면서 이와 같이 말했다.

[하느님의 무리들] '제자가 스승의 면전에서 가르침을 설하다니 세존이시여, 참으로 드문 일입니다. 세존이시여, 일찍이 없었던 일입니다.'

그때 세상의 존귀한 님, 거룩한 님, 올바로 원만히 깨달은 님인 씨킨께서는 수행승 아비부에게 말씀하셨다.

[씨킨] '저들 하느님과 하느님을 따르는 무리들과 하느님을 수행하는 무리들이 '제자가 스승의 면전에서 가르침을 설하다니! 세존이시여, 참으로 드문 입니다. 세존이시여, 일찍이 없었던 일입니다.'라면서 불평하는구나. 그러므로 바라문이여, 그대는 하느님과 하느님을 따르는 무리들과 하느님을 수행하는 무리들에게 훨씬 더 긴장된 감정이 일게 하라.'

[아비부] '세존이시여, 그렇게 하겠습니다.'

수행승 아비부는 세상의 존귀한 님, 거룩한 님, 올바로 원만히 깨달은 님인 씨킨에게 대답하고, 자신의 모습을 보인 채로 가르침을 설하고, 자신의 모습을 숨긴 채로 가르침을 설하고, 그리고 하반신은 보이고 상반신은 감춘 채로 가르침을 설하고, 상반신은 보이고 하반신은 감춘 채로 가르침을 설했다.

수행승들이여, 그러자 참으로 하느님과 하느님을 따르는 무리들과 하느님을 수행하는 무리들에게 놀랍고 경이로운 마음이 생겨났다.

[하느님의 무리들] '세존이시여, 참으로 놀라운 일입니다. 세존이시여, 일찍이 없었던 일입니다. 수행자께서는 실로 위대한 신통과 크나큰 위력을 가졌습니다!'

그래서 수행승들이여, 수행승 아비부는 세상의 존귀한

님, 거룩한 님, 올바로 원만히 깨달은 님인 씨킨께 이와 같이 말했다.

[아비부] '세존이시여, 저는 수행승들의 참모임 가운데서 이와 같이 '벗이여, 내가 하느님의 세계에 서있더라도 내 목소리가 천(千)의 하느님의 세계에 들리도록 할 수 있다.' 라고 말을 했던 것이 생각납니다.'

[씨킨] '청정한 삶을 사는 자여, 지금이 바로 그때다. 청정한 삶을 사는 자여, 지금이 바로 그때다. 그대는 지금 하느님의 세계에 서있지만 그대 목소리가 천의 하느님의 세계에 들리도록 해야만 한다.'

수행승들이여, '세존이시여, 그렇게 하겠습니다.'라고 수행승 아비부는 세상의 존귀한 님, 거룩한 님, 올바로 원만히 깨달은 님인 씨킨께 대답하고, 하느님의 세계에 서서 이와 같이 시를 읊었다.

Sgv. 602. [아비부]

'힘써 노력하고 정진하라.
부처님의 가르침에 몰두하라.
코끼리가 갈대 오두막을 휩쓸듯이
죽음의 군대를 쳐부수어라. 602)

Sgv. 603. [아비부]

이 가르침과[157] 계율 안에서
방일하지 않게 사는 자는
태어남과 윤회를 버리고
괴로움의 소멸을 성취하리라.'603)

그래서 수행승들이여, 세상의 존귀한 님, 거룩한 님, 올바로 원만히 깨달은 님인 씨킨과 수행승 아비부는 하느님과 하느님을 따르는 무리들과 하느님을 수행하는 무리들을 놀라게 하고 마치 힘센 사람이 굽혀진 팔을 펴고 펴진 팔을 굽히는 듯한 사이에, 하느님의 세계에서 모습을 감추고 왕도 아루나바띠에 모습을 나타냈다.

그때 수행승들이여, 세상의 존귀한 님, 거룩한 님, 올바로 원만히 깨달은 님인 씨킨께서 수행승들에게 말씀하셨다.

[씨킨] '수행승들이여, 그대들은 수행승 아비부가 하느님의 세계에 서서 시를 읊을 때 그 소리를 들었는가?'

[수행승들] '세존이시여, 우리는 수행승 아비부가 하느님

---

602) Sgv. 602 ārabhatha nikkhamatha / yuñjatha buddhasāsane / dhunātha maccuno senaṁ / naḷāgāraṁva kuñjaro //

603) Sgv. 603 yo imasmiṁ dhammavinaye / appamatto vihassati / pahāya jātisaṁsāraṁ / dukkhassantaṁ karissatī ti //

의 세계에 서서 시를 읊을 때 그 소리를 들었습니다.'

[씨킨] '그런데 수행승들이여, 그대들은 수행승 아비부가 하느님의 세계에 서서 시를 읊을 때 어떻게 들었는가?'

[수행승들] '세존이시여, 우리들은 수행승 아비부가 하느님의 세계에 서서 시를 읊을 때에 이와 같이 들었습니다.

Sgv. 604. [아비부]

'힘써 노력하고 정진하라.
부처님의 가르침에 몰두하라.
코끼리가 갈대 오두막을 휩쓸 듯,
죽음의 군대를 쳐부수어라.[604)]

Sgv. 605. [아비부]

이 가르침과 계율 안에서
방일하지 않게 사는 자는
태어남과 윤회를 버리고
괴로움의 소멸을 성취하리라.'[605)]

---

604) Sgv. 604 =Sgv. 602
605) Sgv. 605 = Sgv. 603

세존이시여, 우리들은 수행승 아비부가 하느님의 세계에서서 시를 읊을 때 이와 같이 들었습니다.'

[씨킨] '수행승들이여, 훌륭하다. 수행승들이여, 훌륭하다. 그대들은 수행승 아비부가 하느님의 세계에 서서 시를 읊을 때 아주 잘 들었다.'"

세존께서 이와 같이 말씀하시자 수행승들은 세존의 말씀에 환희하고 기뻐했다.

6 : 15(2-5) 완전한 열반의 경
[Parinibbāṇasutta]

한때 세존께서 꾸씨나라 시에 있는 말라 족의 우빠밧따나 쌀라 나무 숲에서 두 그루 쌀라 나무 사이에서 완전한 열반에 들려고 하셨다.

그때 세존께서는 수행승들을 부르셨다.

[세존] "수행승들이여, [158] 나는 지금 너희들에게 말한다. 방일하지 말고 정진하라. 모든 형성된 것은 무상한 것이다. 이것이 여래의 마지막 유훈이다."

그리고 세존께서는 첫 번째의 선정에 드셨다. 첫 번째의 선정에서 나와서 두 번째의 선정에 드셨다. 두 번째의 선정에서 나와서 세 번째의 선정에 드셨다. 세 번째의 선정에서 나와서 네 번째의 선정에 드셨다. 네 번째의 선정에서 나와서 무한공간의 세계에 드셨다. 무한공간의 세계에서 나와서 무한의식의 세계에 드셨다. 무한의식의 세계에서 나와서 아무 것도 없는 세계에 드셨다. 아무 것도 없는 세계에서 나와서 지각하는 것도 아니고 지각하지 않는 것도 아닌 세계에 드셨다.

그리고 세존께서는 지각하는 것도 아니고 지각하지 않는 것도 아닌 세계에서 나와서 아무 것도 없는 세계에 드셨다. 아무 것도 없는 세계에서 나와서 무한의식의 세계에 드셨다. 무한의식의 세계에서 나와서 무한공간의 세계에 드셨다. 무한공간의 세계에서 나와서 네 번째의 선정에 드셨다. 네 번째의 선정에서 나와서 세 번째의 선정에 드셨다. 세 번째의 선정에서 나와서 두 번째의 선정에 드셨다. 두 번째의 선정에서 나와서 첫 번째의 선정에 드셨다. 첫 번째의 선정에서 나와서 두 번째의 선정에 드셨다. 두 번째의 선정에서 나와서 세 번째의 선정에 드셨다. 세 번째의 선정에서 나와서 네 번째의 선정에 드셨다. 네 번째 선정에서 나와서 곧바로 완전한 열반에 드셨다.

세존께서 완전한 열반에 드셨을 때 완전한 열반과 동시에 하느님 싸함빠띠가 이와 같이 시를 읊었다.

Sgv. 606. [싸함빠띠]

"세상에 견줄 데 없는
여기 계신 이 스승처럼,
세상의 모든 존재들은
누구나 몸을 버리지만,
여래는 위대한 힘을 성취하여
완전히 깨달은 님으로 열반하셨다."606)

세존께서 완전한 열반에 드셨을 때 완전한 열반과 동시에 신들의 제왕 제석천이 이와 같은 시를 읊었다.

Sgv. 607. [제석천]

"모든 형성된 것들은 무상하여
생겨나고 사라지니,
생겨나고 사라지는 것,
그것들의 지멸이야말로 지복이다."607)

---

606) Sgv. 606 sabbeva nikkhipissanti / bhūtā loke samussayaṁ / yathā etādiso satthā / loke appaṭipuggalo / tathāgato balappatto / sambuddho parinibbuto ti //

세존께서 완전한 열반에 드셨을 때 완전한 열반과 동시에 존자 아난다가 이와 같은 시를 읊었다.

Sgv. 608. [아난다]

"모든 탁월한 특징을 구족하신
완전히 깨달은 님께서 열반에 드시니,
이것이야말로 우리에게 두려운 일이고,
이것이야말로 우리에게 전율할 일이다."[608)]

세존께서 [159] 완전한 열반에 드셨을 때 완전한 열반과 동시에 존자 아누룻다가 이와 같은 시를 읊었다.

Sgv. 609. [아누룻다]

"확고한 마음을 지닌 완전한 분에게
들숨도 날숨도 더 이상 존재하지 않으니,

---

607) *Sgv. 607 aniccā vata saṅkhārā / uppādavayadhammino / uppajjitvā nirujjhanti / tesaṁ vūpasamo sukho ti //*

608) *Sgv. 608 tadāsi yaṁ bhiṁsanakaṁ / tadāsi lomahaṁsanaṁ / sabbākāravarūpete / sambuddhe parinibbute ti //*

욕망을 여읜 지멸을 성취하여
눈을 갖춘 님으로 완전한 열반에 드셨다.[609)]

Sgv. 610. [아누룻다]

물러서지 않는 단호한 마음으로
죽음의 고통을 이겨내었느니,
등불이 꺼지듯, 열반에 들어
그분의 마음은 해탈되었다."[610)]

두 번째 품, 「완전한 열반의 품」이 끝났다. 그 목차는 차례로 '1) 싸낭꾸마라의 경 2) 데바닷따의 경 3) 안다까빈다의 경 4) 아루나바띠의 경 5) 완전한 열반의 경'으로 이루어졌다. 「하느님의 쌍윳따」가 끝났다. 그 목차는 차례로 '1) 꼬깔리까의 품 2) 완전한 열반의 품'으로 이루어졌다. 이것으로 여섯 번째 쌍윳따, 「하느님의 쌍윳따」가 끝났다.

---

609) Sgv. 609 nāhu assāsapassāso / ṭhitacittassa tādino / anejo santimārabbha / cakkhumā parinibbuto // 네 번째 선정의 상태 또는 죽기 전에 이미 숨이 소멸하였고 주석서에 의하면, 완전한 열반인 무여의열반에 든 것을 의미한다.

610) Sgv. 610 asallīnena cittena / vedanaṁ ajjhavāsayi / pajjotass'eva nibbānaṁ / vimokkho cetaso ahū ti // 어떤 것에 의해서도 방해받을 수 없고 완전히 서술할 수 없는 상태에 들어서 등불처럼 꺼진 것이다.

제7장
바라문의 쌍윳따
(Brahmasaṁyutta)

1. 거룩한 님의 품
(Arahantavagga)

7 : 1(1-1) 다난자니의 경
[Dhanañjānīsutta]

이와 같이 [160] 나는 들었다. 한때 세존께서 라자가하 시의 벨루바나 숲에 있는 깔란다까니바빠 공원에 계셨다.

그런데 그때 바라드와자 가문의 바라문녀인 다난자니가 부처님과 가르침과 참모임을 신뢰하고 있었다.

그래서 바라문녀 다난자니는 바라드와자 가문의 바라문들에게 식사를 들고 가서 세 번이나 기쁜 목소리로 말했다.

[다난자니] "세상의 존귀한 님, 거룩한 님, 올바로 원만히 깨달은 님께 귀의합니다. 세상의 존귀한 님, 거룩한 님, 올바로 원만히 깨달은 님께 귀의합니다. 세상의 존귀한 님, 거룩한 님, 올바로 원만히 깨달은 님께 귀의합니다."

이와 같이 말하자, 바라드와자 가문의 바라문은 다난자니에게 이와 같이 말했다.

[바라문] "이 가엾은 여인은 언제 어느 때나 머리를 빡빡 깎은 수행자들을 칭찬한다. 가엾은 여인이여, 지금 내가 그대의 스승의 입을 닥치게 만들겠다."

[다난자니] "바라문이여, 안 될 것입니다. 저는 신들과 악

마들과 하느님들의 세계에서, 성직자들과 수행자들, 그리고 왕들과 백성들과 그 후예들의 세계에서, 세상의 존귀한 님, 거룩한 님, 올바로 원만히 깨달은 님을 논파할 수 있는 자를 보지 못했습니다. 그러나 그대 바라문이여, 가 보십시오. 가면 스스로 알게 될 것입니다."

그때 바라드와자 가문의 바라문은 분노하여 불만족스럽게 세존께서 계신 곳으로 찾아왔다. 가까이 다가와서 세존과 함께 인사를 나누고 안부를 주고받은 뒤 한쪽으로 물러나 앉았다.

한쪽으로 [161] 물러나 앉아서 바라드와자 가문의 바라문은 세존께 시로 여쭈었다.

Sgv. 611. [바라문]

"무엇을 없애면 편안히 잠자며
무엇을 없애면 슬프지 않은가?
어떤 하나의 성향을 죽이는 것을
고따마여, 당신은 가상히 여기는가?"611)

611) Sgv. 611 = Sgv. 221 = Sgv. 255 = Sgv. 937. *주석서에 따르면, 그는 다음과 같은 의도로 이러한 질문을 했다: 그가 '나는 이러이러한 죽임을 찬성한다.'고 말하면, 나는 그를 살해자라고 부르며 그의 수행자라는 주장에 도전할 것*

Sgv. 612. [세존]

"분노를 없애면 편안히 잠자고
분노를 없애면 슬프지 않네.
참으로 바라문이여, 뿌리에는 독이 있지만
꼭지에 꿀이 있는
분노를 죽이면 고귀한 님들은 가상히 여기니,
그것을 끊으면 슬픔을 여의기 때문이다."612)

이렇게 말씀하셨을 때 바라드와자 가문의 바라문은 세존께 이와 같이 말씀드렸다.

[바라문] "존자 고따마여, 훌륭하십니다. 존자 고따마여, 훌륭하십니다. 존자 고따마여, 넘어진 것을 일으켜 세우듯, 가려진 것을 열어 보이듯, 어리석은 자에게 길을 가리켜 주듯, 눈 있는 자는 형상을 보라고 어둠 속에 등불을 가져오듯, 존자 고따마께서는 이와 같이 여러 가지 방법으로

이다. 그러나 그가 어떠한 죽임에도 동의하지 않는다면, 나는 '그대가 탐욕을 죽이는 것을 원하지 않는다면, 왜 그대는 수행자로서 유행하는가?' 라고 말할 것이다. 그러면 수행자 고따마는 이 모순된 질문을 삼키지도 못하고 내뱉지도 못할 것이다

612) *Sgv. 612 = Sgv. 222 = Sgv. 256 = Sgv. 936*

진리를 밝혀 주셨습니다. 이제 저는 존자 고따마께 귀의합니다. 또한 그 가르침에 귀의합니다. 또한 그 수행승의 참모임에 귀의합니다. 저는 존자 고따마께 출가하여 구족계를 받겠습니다."

바라드와자 가문의 바라문은 세존 앞에 출가하여 구족계를 받았다. 존자 바라드와자는 구족계를 받은 지 얼마 되지 않아 홀로 떨어져서 방일하지 않고 열심히 정진하였다. 그는 오래지 않아, 그러기 위해 양가의 자제들이 당연히 집에서 집 없는 곳으로 출가했듯이, 그 위없는 청정한 삶을 바로 현세에서 스스로 곧바로 알고 깨달아 성취했다. 그는 '태어남은 부서졌고, 청정한 삶은 이루어졌고, 해야 할 일은 다 마쳤으니, 더 이상 윤회하지 않는다.'라고 곧바로 알았다.

마침내 존자 바라드와자는 거룩한 님 가운데 한 분이 되었다.

7 : 2(1-2) 악꼬싸까의 경
[Akkosakasutta]

한때 세존께서는 라자가하 시의 벨루바나 숲에 있는 깔란다까니바빠 공원에 계셨다.

그때 바라문 악꼬싸까 바라드와자가 바라드와자 가문의 한 바라문이 집에서 집 없는 곳으로 수행자 고따마에게 출가했다는 말을 들었다.

그는 화가 나서 불만스럽게 세존께서 계신 곳으로 찾아왔다. 가까이 다가와서 [162] 세존을 무례하고 추악한 말로 비난하고 모욕했다.

이와 같이 말하자, 세존께서는 바라문 악꼬싸까 바라드와자에게 이와 같이 말씀하셨다.

[세존] "바라문이여, 어떻게 생각합니까? 그대에게 친구나 동료 또는 친지나 친족 또는 손님들이 옵니까?"

[악꼬싸까] "그대 고따마여, 나에게 때때로 친구나 동료 또는 친지나 친족 또는 손님들이 찾아옵니다."

[세존] "바라문이여, 어떻게 생각합니까? 그들에게 그대는 단단하거나 부드러운 먹을 것과 마실 것을 제공합니까?"

[악꼬싸까] "고따마여, 나는 그들에게 단단하거나 부드러운 먹을 것과 마실 것을 제공합니다."

[세존] "바라문이여, 그런데 만약 그들이 그것들을 받지 않으면, 그것은 누구에게 돌아갑니까?"

[악꼬싸까] "그대 고따마여, 만약 그들이 그것을 받지 않는다면, 그것은 나에게 돌아옵니다."

[세존] "바라문이여, 그와 마찬가지로 그대는 비난하지 않는 우리를 비난하고 화내지 않는 우리에게 화내고 욕지거리하지 않는 우리에게 욕지거리를 합니다. 그것을 우리

가 받아들이지 않습니다. 바라문이여, 그것은 그대의 것이 됩니다. 바라문이여, 비난하는 사람을 다시 비난하고 화내는 사람에게 다시 화내고 욕지거리하는 자에게 다시 욕지거리를 한다면, 바라문이여, 함께 즐기고 서로 교환하는 것이라고 부를 수 있습니다. 나는 그대와 그것을 함께 즐기고 서로 교환하지 않습니다. 그러니 바라문이여, 그것은 그대의 것입니다. 바라문이여, 그것은 그대의 것입니다."

[악꼬싸까] "왕과 왕의 신하도 당신에 관해 '수행자 고따마는 거룩한 님이다.'라고 알고 있습니다. 그런데 존자 고따마는 여전히 화를 내고 있습니다."

Sgv. 613. [세존]

"분노하지 않는 님, 길들여진 님에게
올바로 사는 님, 바른 앎으로 해탈한 님,
고요한 그와 같은 님에게
어떻게 분노가 생겨나겠는가?[613]

---

613) Sgv. 613 akkodhassa kuto kodho / dantassa samajīvino / sammadaññā vimuttassa / upasantassa tādino //

Sgv. 614. [세존]

분노하는 자에게 다시 분노하는 자는
더욱 악한 자가 될 뿐,
분노하는 자에게 더 이상 화내지 않는 것은
이기기 어려운 싸움에 승리하는 것이다.614)

Sgv. 615. [세존]

다른 사람이 분노하는 것을 알고
새김을 확립하여 마음을 고요히 하는 자는
자신만이 아니라 남을 위하고
그 둘 다를 위하는 것이리.615)

---

614) Sgv. 614 tass'eva tena pāpiyo / yo kuddhaṁ paṭikujjhati / kuddhaṁ appaṭikujjhanto / saṅgāmaṁ jeti dujjayaṁ //

615) Sgv. 615 ubhinnam atthaṁ carati / attano ca parassa ca / paraṁ saṅkupitaṁ ñatvā / yo sato upasammati //

Sgv. 616. [세존]

자기 자신과 다른 사람
모두를 치료하는 사람을
가르침을 모르는 자들은
어리석은 사람이라고 생각한다."616)

이와 같이 말씀하시자 [163] 바라문 악꼬싸까 바라드와자는 세존께 이와 같이 말씀드렸다.

[악꼬싸까] "존자 고따마여, 훌륭하십니다. 존자 고따마여, 훌륭하십니다. 존자 고따마여, 넘어진 것을 일으켜 세우듯, 가려진 것을 열어 보이듯, 어리석은 자에게 길을 가리켜 주듯, 눈 있는 자는 형상을 보라고 어둠 속에 등불을 가져오듯, 존자 고따마께서는 이와 같이 여러 가지 방법으로 진리를 밝혀 주셨습니다. 이제 저는 존자 고따마께 귀의합니다. 또한 그 가르침에 귀의합니다. 또한 그 수행승의 참모임에 귀의합니다. 저는 존자 고따마께 출가하여 구족계를 받겠습니다."

바라문 악꼬싸까 바라드와자는 세존 앞에 출가하여 구족

---

616) Sgv. 616 ubhinnaṁ tikicchāntaṁ / attano ca parassa ca / janā maññanti bālo ti / ye dhammassa akovidā ti //

계를 받았다.

존자 악꼬싸까 바라드와자는 구족계를 받은 지 얼마 되지 않아 홀로 떨어져서 방일하지 않고 열심히 정진하였다. 그는 오래지 않아, 그러기 위해 양가의 자제들이 당연히 집에서 집 없는 곳으로 출가했듯이, 그 위없는 청정한 삶을 바로 현세에서 스스로 곧바로 알고 깨달아 성취했다. 그는 '태어남은 부서졌고, 청정한 삶은 이루어졌고, 해야 할 일은 다 마쳤으니, 더 이상 윤회하지 않는다.'라고 곧바로 알았다.

마침내 존자 악꼬싸까 바라드와자는 거룩한 님 가운데 한 분이 되었다.

7 : 3(1-3) 아쑤린다까의 경
[Asurindakasutta]

한때 세존께서는 라자가하 시의 벨루바나 숲에 있는 깔란다까니바빠 공원에 계셨다.

그때 바라문 아쑤린다까 바라드와자가 이와 같이 들었다. '바라드와자 가문의 한 바라문이 집에서 집 없는 곳으로 수행자 고따마의 앞에 출가했다.'

그는 화가 나서 불만스럽게 세존께서 계신 곳으로 찾아왔다. 가까이 다가와서 세존을 무례하고 추악한 말로 비난하고 모욕했다.

이와 같이 말하자, 세존께서는 침묵하셨다. 그러자 바라문 아쑤린다까 바라드와자는 세존께 이처럼 말했다.

[아쑤린다까] "수행자여, 그대가 졌다. 수행자여, 그대가 졌다."

Sgv. 617. [세존]

"말로 거칠게 꾸짖으면서
어리석은 자는 이겼다고 생각하지만
그러나 인내가 무엇인가 안다면,
승리는 바로 그의 것이다.617)

Sgv. 618. [세존]

분노하는 자에게 다시 분노하는 자는
더욱 악한 자가 될 뿐,
분노하는 자에게 더 이상 화내지 않는 것은
이기기 어려운 싸움에 승리하는 것이다.618)

---

617) Sgv. 617 jayaṁ ve maññati bālo / vācāya pharusaṁ bhaṇaṁ / jayaṁ ce'va'ssa taṁ hoti / yā titikkhā vijānato //

Sgv. 619. [세존]

다른 사람이 분노하는 것을 알고
새김을 확립하여 마음을 고요히 하는 자는
자신만이 아니라 남을 위하고
그 둘 다를 위하는 것이리.619)

Sgv. 620. [세존]

자기 자신과 다른 사람
모두를 치료하는 사람을
가르침을 모르는 자들은
어리석은 사람이라고 생각한다."620)

이와 같이 [164] 말씀하시자 바라문 아쑤린다까 바라드와자는 세존께 이와 같이 말씀드렸다.

---

618) Sgv. 618 tass'eva tena pāpiyo / yo kuddhaṁ paṭikujjhati / kuddhaṁ appaṭikujjhanto / saṅgāmaṁ jeti dujjayaṁ //

619) Sgv. 619 ubhinnam atthaṁ carati / attano ca parassa ca / paraṁ saṁkupitaṁ ñatvā / yo sato upasammati //

620) Sgv. 620 ubhinnaṁ tikicchantaṁ / attano ca parassa ca / janā maññanti bālo ti / ye dhammassa akovidā ti //

[아쑤린다까] "존자 고따마여, 훌륭하십니다. 존자 고따마여, 훌륭하십니다. 존자 고따마여, 넘어진 것을 일으켜 세우듯, 가려진 것을 열어 보이듯, 어리석은 자에게 길을 가리켜 주듯, 눈 있는 자는 형상을 보라고 어둠 속에 등불을 가져오듯, 존자 고따마께서는 이와 같이 여러 가지 방법으로 진리를 밝혀 주셨습니다. 이제 저는 존자 고따마께 귀의합니다. 또한 그 가르침에 귀의합니다. 또한 그 수행승의 참모임에 귀의합니다. 저는 존자 고따마께 출가하여 구족계를 받겠습니다."

바라문 아쑤린다까 바라드와자는 세존 앞에 출가하여 구족계를 받았다. 존자 아쑤린다까 바라드와자는 구족계를 받은 지 얼마 되지 않아 홀로 떨어져서 방일하지 않고 열심히 정진하였다. 그는 오래지 않아, 그러기 위해 양가의 자제들이 당연히 집에서 집 없는 곳으로 출가했듯이, 그 위없는 청정한 삶을 바로 현세에서 스스로 곧바로 알고 깨달아 성취했다. 그는 '태어남은 부서졌고, 청정한 삶은 이루어졌고, 해야 할 일은 다 마쳤으니, 더 이상 윤회하지 않는다.'라고 곧바로 알았다.

마침내 존자 아쑤린다까 바라드와자는 거룩한 님 가운데 한 분이 되었다.

7 : 4(1-4) 빌랑기까의 경
[Bilaṅgikasutta]

한때 세존께서 라자가하 시의 벨루바나 숲에 있는 깔란다까니바빠 공원에 계셨다.

그때 바라문 빌랑기까 바라드와자가 '바라드와자 가문의 한 바라문이 집에서 집 없는 곳으로 수행자 고따마에게 출가했다.'라고 들었다. 그래서 그는 화가 나서 불만스럽게 세존께서 계신 곳으로 찾아왔다. 가까이 다가와서 말없이 한쪽에 앉았다.

그때 세존께서는 바라문 빌랑기까 바라드와자의 생각을 마음으로 알아채고는 바라문 빌랑기까 바라드와자에게 시로 말씀하셨다.

Sgv. 621. [세존]

"죄악이 없고
참으로 허물이 없어
청정한 님에게 해를 끼치면,
티끌이 바람 앞에 던져진 것처럼,
악의 과보가
어리석은 그에게 돌아간다."[621]

---

621) Sgv. 621 = Sgv. 54

이와 같이 말씀하셨을 때 바라문 빌랑기까 바라드와자는 세존께 이와 같이 말씀드렸다.

[빌랑기까] "존자 고따마여, 훌륭하십니다. 존자 고따마여, 훌륭하십니다. 존자 고따마여, 넘어진 것을 일으켜 세우듯, 가려진 것을 열어 보이듯, 어리석은 자에게 길을 가리켜 주듯, 눈 있는 자는 형상을 보라고 어둠 속에 등불을 가져오듯, 존자 고따마께서는 이와 같이 여러 가지 방법으로 진리를 밝혀 주셨습니다. 이제 저는 존자 고따마께 귀의합니다. 또한 그 가르침에 귀의합니다. 또한 그 수행승의 참모임에 귀의합니다. 저는 존자 고따마께 출가하여 구족계를 받겠습니다."

바라문 빌랑기까 바라드와자는 세존 앞에 출가하여 구족계를 받았다. 존자 빌랑기까 바라드와자는 구족계를 받은 지 얼마 되지 않아 홀로 떨어져서 방일하지 않고 열심히 정진하였다. 그는 오래지 않아, 그러기 위해 양가의 자제들이 당연히 집에서 집 없는 곳으로 출가했듯이, 그 위없는 청정한 삶을 바로 현세에서 스스로 곧바로 알고 깨달아 성취했다. 그는 '태어남은 부서졌고, 청정한 삶은 이루어졌고, 해야 할 일은 다 마쳤으니, 더 이상 윤회하지 않는다.'라고 곧바로 알았다.

마침내 존자 빌랑기까 바라드와자는 거룩한 님 가운데 한 분이 되었다.

7 : 5(1–5) 아힝싸까의 경 [Ahiṁsakasutta]

한때 세존께서 싸밧티 시에 계셨다. 그때 바라문 아힝싸까 바라드와자가 세존께서 계신 곳으로 찾아왔다. 가까이 다가와서 세존과 함께 인사를 나누고 안부를 주고받은 뒤 한쪽으로 물러나 섰다.

한쪽으로 [165] 물러나 서서 바라문 아힝싸까 바라드와자는 세존께 이와 같이 말씀드렸다.

[아힝싸까] "고따마여, 저는 아힝싸까입니다. 고따마여, 저는 아힝싸까입니다."

Sgv. 622. [세존]

"그대의 이름처럼 그렇다면,
그대야말로 불살생자일 것이다.
신체적으로나 언어적으로나
정신적으로도 해치지 않는
참으로 남을 해치지 않는 사람
그 사람이 아힝싸까가 되리."622)

---

622) Sgv. 622 yathā nāmaṁ tathā c'assa / siyā kho tvaṁ

이와 같이 말씀하셨을 때 바라문 아힝싸까 바라드와자는 세존께 이와 같이 말씀드렸다.

[아힝싸까] "존자 고따마여, 훌륭하십니다. 존자 고따마여, 훌륭하십니다. 존자 고따마여, 넘어진 것을 일으켜 세우듯, 가려진 것을 열어 보이듯, 어리석은 자에게 길을 가리켜 주듯, 눈 있는 자는 형상을 보라고 어둠 속에 등불을 가져오듯, 존자 고따마께서는 이와 같이 여러 가지 방법으로 진리를 밝혀 주셨습니다. 이제 저는 존자 고따마께 귀의합니다. 또한 그 가르침에 귀의합니다. 또한 그 수행승의 참모임에 귀의합니다. 저는 존자 고따마께 출가하여 구족계를 받겠습니다."

바라문 아힝싸까 바라드와자는 세존 앞에 출가하여 구족계를 받았다. 존자 아힝싸까 바라드와자는 구족계를 받은 지 얼마 되지 않아 홀로 떨어져서 방일하지 않고 열심히 정진하였다. 그는 오래지 않아, 그러기 위해 양가의 자제들이 당연히 집에서 집 없는 곳으로 출가했듯이, 그 위없는 청정한 삶을 바로 현세에서 스스로 곧바로 알고 깨달아 성취했다. 그는 '태어남은 부서졌고, 청정한 삶은 이루어

---

ahiṁsako /yo ca kāyena vācāya /manasā ca na hiṁsati / sa ce ahiṁsako hoti /yo paraṁ na vihiṁsatī ti // 아힝싸까라는 빠알리어의 의미가 불살생자이므로 이렇게 설한 것이다.

졌고, 해야 할 일은 다 마쳤으니, 더 이상 윤회하지 않는다.'라고 곧바로 알았다.

마침내 존자 아힝싸까 바라드와자는 거룩한 님 가운데 한 분이 되었다.

7 : 6(1-6) 자따의 경
[Jaṭāsutta]

한때 세존께서 싸밧티 시에 계셨다. 그때 바라문 자따 바라드와자가 세존께서 계신 곳으로 찾아왔다. 가까이 다가와서 세존과 함께 인사를 나누고 안부를 주고받은 뒤 한쪽으로 물러나 앉았다.

한쪽으로 물러나 앉아서 자따 바라드와자는 세존께 시로 말했다.

Sgv. 623. [자따]

"안으로 묶이고 밖으로 묶였으니,
사람들은 매듭에 묶여 있다.
고따마께 이와 같이 여쭈어 보니
이 매듭을 풀 사람 누구입니까?"[623)]

---

623) Sgv. 623 = Sgv. 55

Sgv. 624. [세존]

"계행이 바로 서고 슬기롭고
선정과 지혜를 닦으면서
열심히 노력하고 사려 깊은
수행승이 이 얽매인 매듭을 풀리라. 624)

Sgv. 625. [세존]

탐욕과 그리고 성냄과
어리석음에 물들지 않고
번뇌가 다한 거룩한 님에게
이 얽매인 매듭이 풀리리. 625)

Sgv. 626. [세존]

명색(정신·신체적 과정)과
감각적 저촉과
미세한 물질계에 대한 지각마저

---

624) Sgv. 624 = Sgv. 56
625) Sgv. 625 = Sgv. 57

남김없이 부서지는 곳에
이 얽매인 매듭은 풀리리."[626]

이와 같이 말씀하셨을 때 바라문 자따 바라드와자는 세존께 이와 같이 말씀드렸다.

[자따] "존자 고따마여, 훌륭하십니다. 존자 고따마여, 훌륭하십니다. 존자 고따마여, 넘어진 것을 일으켜 세우듯, 가려진 것을 열어 보이듯, 어리석은 자에게 길을 가리켜 주듯, 눈 있는 자는 형상을 보라고 어둠 속에 등불을 가져오듯, 존자 고따마께서는 이와 같이 여러 가지 방법으로 진리를 밝혀 주셨습니다. 이제 저는 존자 고따마께 귀의합니다. 또한 그 가르침에 귀의합니다. 또한 그 수행승의 참모임에 귀의합니다. 저는 존자 고따마께 출가하여 구족계를 받겠습니다."

바라문 자따 바라드와자는 세존 앞에 출가하여 구족계를 받았다. 존자 자따 바라드와자는 구족계를 받은 지 얼마 되지 않아 홀로 떨어져서 방일하지 않고 열심히 정진하였다. 그는 오래지 않아, 그러기 위해 양가의 자제들이 당연히 집에서 집 없는 곳으로 출가했듯이, 그 위없는 청정한 삶을 바로 현세에서 스스로 곧바로 알고 깨달아 성취했다.

---

626) Sgv. 626 = Sgv. 58

그는 '태어남은 부서졌고, 청정한 삶은 이루어졌고, 해야 할 일은 다 마쳤으니, 더 이상 윤회하지 않는다.'라고 곧바로 알았다.

마침내 존자 자따 바라드와자는 거룩한 님 가운데 한 분이 되었다.

7 : 7(1-7) 쑷디까의 경
[Suddhikasutta]

한때 세존께서 싸밧티 시에 계셨다. 그때 바라문 쑷디까 바라드와자가 세존께서 계신 곳으로 찾아왔다. 가까이 다가와서 세존과 함께 인사를 나누고 안부를 주고받은 뒤 한쪽으로 물러나 앉았다.

한쪽으로 [166] 물러나 앉아서 바라문 쑷디까 바라드와자는 세존 앞에서 이와 같은 시로 말했다.

Sgv. 627. [쑷디까]

"계행을 지니고 고행을 하더라도
어떠한 바라문도 청정하지 못하니,
명지와 덕행을 갖춘 자만이 청정하며
그 밖에 다른 사람은 그렇지 못합니다."627)

Sgv. 628. [세존]

“많은 격언을 암송하더라도
안에는 쓰레기로 더럽혀지고
위선으로 둘러싸여 있으면,
가문이 좋다고 성직자가 될 수 없으리. 628)

Sgv. 629. [세존]

귀족과 사제와 평민의 계급이나
노예와 천민의 계급 누구나
열심히 노력하고 마음을 모으며
항상 견고하게 정진하면,
위없는 청정을 성취한다.
오 바라문이여, 그대는 알아야 하리.”629)

---

627) Sgv. 627 na brāhmaṇo sujjhati koci loke / sīlavā pi tapokaraṁ / vijjācaraṇasampanno so sujjhati / na aññā itarā pajā ti //

628) Sgv. 628 bahum pi palapaṁ jappaṁ / na jaccā hoti brāhmaṇo / anto kasambusaṁkiliṭṭho / kuhanaṁ upanissito //

629) Sgv. 629 khattiyo brāhmaṇo vesso / suddo caṇḍālapukkuso / āraddhaviriyo pahitatto / niccaṁ daḷhaparakkamo

이와 같이 말씀하셨을 때 바라문 쑷디까 바라드와자는 세존께 이와 같이 말씀드렸다.

[쑷디까] "존자 고따마여, 훌륭하십니다. 존자 고따마여, 훌륭하십니다. 존자 고따마여, 넘어진 것을 일으켜 세우듯, 가려진 것을 열어 보이듯, 어리석은 자에게 길을 가리켜 주듯, 눈 있는 자는 형상을 보라고 어둠 속에 등불을 가져오듯, 존자 고따마께서는 이와 같이 여러 가지 방법으로 진리를 밝혀 주셨습니다. 이제 저는 존자 고따마께 귀의합니다. 또한 그 가르침에 귀의합니다. 또한 그 수행승의 참모임에 귀의합니다. 저는 존자 고따마께 출가하여 구족계를 받겠습니다."

바라문 쑷디까 바라드와자는 세존 앞에 출가하여 구족계를 받았다. 존자 쑷디까 바라드와자는 구족계를 받은 지 얼마 되지 않아 홀로 떨어져서 방일하지 않고 열심히 정진하였다. 그는 오래지 않아, 그러기 위해 양가의 자제들이 당연히 집에서 집 없는 곳으로 출가했듯이, 그 위없는 청정한 삶을 바로 현세에서 스스로 곧바로 알고 깨달아 성취했다. 그는 '태어남은 부서졌고, 청정한 삶은 이루어졌고, 해야 할 일은 다 마쳤으니, 더 이상 윤회하지 않는다.'라고 곧바로 알았다.

마침내 존자 쑷디까 바라드와자는 거룩한 님 가운데 한 분이 되었다.

/ *pappoti paramaṁ suddhiṁ* / *evaṁ jānāhi brāhmaṇā ti* //

7 : 8(1-8) 악기까의 경
[Aggikasutta]

한때 세존께서 라자가하 시의 벨루바나 숲에 있는 깔란다까니바빠 공원에 계셨다.

그때 바라문 악기까 바라드와자가 '불의 신에게 공양하겠다. 불의 제사를 지내겠다.'라고 생각하고 버터로 유미죽을 준비하고 있었다.

그런데 그때 세존께서는 아침 일찍 옷을 입고 발우와 가사를 수하고 탁발하기 위해 라자가하 시로 들어가셨다. 라자가하 시에서 집집마다 탁발을 하면서 바라문 악기까 바라드와자가 있는 집으로 찾아가셨다. 가까이 다가가서 옆에 서 계셨다.

마침 악기까 바라드와자는 세존께서 탁발을 하는 것을 보았다. 보고 나서 세존께 시를 읊었다.

Sgv. 630. [악기까]

"세 가지 명지를 갖추고
훌륭한 가문에 속하며 많은 것을 배운
지혜와 실천을 두루 갖춘 님이
나의 유미죽을 즐겨야 하리."630)

Sgv. 631. [세존]

"많은 격언을 암송하더라도
안에는 쓰레기로 더럽혀지고
위선으로 둘러싸여 있으면,
가문이 좋다고 성직자가 될 수 없으리. 631)

Sgv. 632. [세존]

전생의 생존을 알고
천상과 지옥을 보는 성자는
태어남의 [167] 소멸을 성취하고
곧바른 앎을 완성했다. 632)

---

630) Sgv. 630 tīhi vijjāhi sampanno / jātimā sutavā bahu / vijjācaraṇasampanno / so maṁ bhuñjeyya pāyasan ti // 세 가지 명지는 세 가지 베다, 즉 리그 베다, 사마 베다, 야주르 베다에 대한 지식을 말한다.

631) Sgv. 631 bahum pi palapaṁ jappaṁ / na jaccā hoti brāhmaṇo / anto kasambusaṁkiliṭṭho / kuhanā parivārito //

632) Sgv. 632 pubbenivāsaṁ yo vedī / saggāpāyañ ca passati / atho jātikkhayaṁ patto / abhiññāvosito muni // 곧바른 앎에는 '여섯 가지 곧바른 앎' 즉 육신통이 있다.

Sgv. 633. [세존]

이 세 가지의 명지로
세 가지 학문을 아는 바라문이 되니,
지혜와 실천을 두루 갖춘 님이
'나의 유미죽'을 즐겨야 하리."[633]

[악기까] "존자 고따마께서는 드십시오. 그대야말로 바라문입니다."

Sgv. 634. [세존]

"시를 읊은 대가로 주는 것을
바라문이여, 향유하지 않으리.
그것은 올바로 보는 님에게 옳지 않으니,
시를 읊은 대가로 주는 것을
깨달은 님들은 물리친다.

---

633) Sgv. 633 etāhi tīhi vijjāhi / tevijjo hoti brāhmaṇo / vijjācaraṇasampanno / so maṁ bhuñjeyya pāyasan ti // 여기서 '나의 유미죽'이라고 한 것은 부처님이 바라문의 입장에서 그 시를 보정했기 때문이다.

바라문이여, 원리가 있는 한,
그것이 진솔한 삶이다.634)

Sgv. 635. [세존]

번뇌가 부서지고 회한이 소멸된
원만하고 위대한 선인에게
다른 음식과 음료수로 공양하라.
공덕을 바라는 자에게 공덕의 밭이 되리."635)

이와 같이 말씀하셨을 때 바라문 악기까 바라드와자는 세존께 이와 같이 말씀드렸다.

[악기까] "존자 고따마여, 훌륭하십니다. 존자 고따마여, 훌륭하십니다. 존자 고따마여, 넘어진 것을 일으켜 세우듯, 가려진 것을 열어 보이듯, 어리석은 자에게 길을 가리켜 주듯, 눈 있는 자는 형상을 보라고 어둠 속에 등불을 가져

---

634) Sgv. 634 gāthābhigītaṁ me abhojaneyyaṁ / sampassataṁ brāhmaṇa n'esa dhammo / gāthābhigītaṁ panudanti buddhā / dhamme sati brāhmaṇa vuttir esā //

635) Sgv. 635 aññena ca kevalinaṁ mahesiṁ / khīṇāsavaṁ kukkuccavūpasantaṁ / annena pānena upaṭṭhahassu / khettaṁ hi taṁ puññapekkhassa hotī ti //

오듯, 존자 고따마께서는 이와 같이 여러 가지 방법으로 진리를 밝혀 주셨습니다. 이제 저는 존자 고따마께 귀의합니다. 또한 그 가르침에 귀의합니다. 또한 그 수행승의 참모임에 귀의합니다. 저는 존자 고따마께 출가하여 구족계를 받겠습니다."

바라문 악기까 바라드와자는 세존 앞에 출가하여 구족계를 받았다. 존자 악기까 바라드와자는 구족계를 받은 지 얼마 되지 않아 홀로 떨어져서 방일하지 않고 열심히 정진하였다. 그는 오래지 않아, 그러기 위해 양가의 자제들이 당연히 집에서 집 없는 곳으로 출가했듯이, 그 위없는 청정한 삶을 바로 현세에서 스스로 곧바로 알고 깨달아 성취했다. 그는 '태어남은 부서졌고, 청정한 삶은 이루어졌고, 해야 할 일은 다 마쳤으니, 더 이상 윤회하지 않는다.'라고 곧바로 알았다.

마침내 존자 악기까 바라드와자는 거룩한 님 가운데 한 분이 되었다.

7 : 9(1-9) 쑨다리까의 경
[Sundarikasutta]

한때 세존께서 꼬쌀라 국의 쑨다리까 강 언덕에 계셨다. 그때 바라문 쑨다리까 바라드와자가 쑨다리까 강 언덕에서 불의 신에게 제물을 바치는 불의 제사를 준비하고 있었다.

그런데 바라문 쑨다리까 바라드와자는 불의 신에 제물을 바치는 불의 제사를 준비하면서 자리에서 일어나서 두루 사방을 살펴보았다.

[쑨다리까] "누가 제사를 지내고 남은 이 음식을 즐길 것인가?"

그때 바라문 쑨다리까 바라드와자는 세존께서 어떤 나무 밑에서 머리에 두건을 쓰고 앉아 계신 것을 보았다. 보고 나서 왼손으로 제사를 지내고 남은 음식을 들고 오른손으로 물병을 들고 세존께서 계신 곳으로 찾아왔다.

그때 세존께서는 바라문 쑨다리까 바라드와자의 발소리를 듣고 머리의 두건을 벗었다. 그러자 바라문 쑨다리까 바라드와자는 '이 자는 빡빡 깎은 까까중이네. [168] 이 자는 빡빡 깎은 까까중이네.'라고 생각했다. 그래서 다시 돌아가려고 했다.

그러나 바라문 쑨다리까 바라드와자에게 다시 '어떤 바라문은 빡빡 깎은 자도 있다. 가까이 다가가서 가문을 물어보는 것이 어떨까?'라는 생각이 떠올랐다. 그래서 바라문 쑨다리까 바라드와자는 세존께서 계신 곳으로 찾아왔다.

[쑨다리까] "그대는 어떤 가문 출신입니까?"

Sgv. 636. [세존]

"출생을 묻지 말고 행위를 물어야 하리.
어떠한 땔감에서도 불이 생겨나듯,
비천한 가문에도 지혜로운 현자가 생긴다.
부끄러움으로 자제하는 자가 고귀하다.[636)]

Sgv. 637. [세존]

진리로 길들여지고 감관의 제어를 갖추고
지혜를 성취하고 청정한 삶을 이룬 님,
제사가 정해졌으니 마땅히 그를 초빙하라.
올바른 때 공양 받을 만한 님에게 헌공하라."[637)]

---

636) Sgv. 636 mā jātiṁ puccha caraṇañ ca puccha / kaṭṭhā have jāyati jātavedo / nīcā kulīno pi munī dhitīmā / ājānīyo hoti hirīnisedho //

637) Sgv. 637 saccena danto damasā upeto / vedantagū vūsitabrahmacariyo / yaññūpanīto tam upavhayetha / kālena so juhati dakkhiṇeyyo ti // 인드라 신이나 바루나 신 등에 헌공하는 것은 소용이 없으며 '올바로 원만하게 깨달은 님'을 초빙해서 헌공해야 한다.

Sgv. 638. [쑨다리까]

"분명히 나는 제사를 잘 지내고
헌공을 잘 했습니다.
이같이 지혜의 완성자를 만났으니,
그대와 같은 자를 보지 못했다면,
그대는 다른 사람이 제사지내고
남은 음식을 즐겼을 것입니다.
고따마여, 드십시오
그대가 존귀한 님입니다."638)

Sgv. 639. [세존]

"시를 읊은 대가로 주는 것을
바라문이여, 향유하지 않으리.
올바로 보는 님에게 옳지 않으니.
시를 읊은 대가로 주는 것을
깨달은 님들은 물리친다.

---

638) Sgv. 638 addhā suyiṭṭhaṁ suhutaṁ mama yidaṁ / yaṁ tādisaṁ vedagum addasāmi / tumhādisānaṁ hi adassanena / añño jano bhuñjati havyasesanti //

바라문이여, 원리가 있는 한,
그것이 진솔한 삶이라.[639)]

Sgv. 640. [세존]

번뇌가 부서지고 회한이 소멸된
원만하고 위대한 선인에게
다른 음식과 음료수로 달리 다가가라.
공덕을 바라는 자에게 공덕의 밭이 되리."[640)]

[쑨다리까] "그러면 저는 누구에게 제사지내고 남은 이 음식을 주어야 합니까?"

[세존] "바라문이여, 나는 신들과 악마들과 하느님들의 세계에서, 성직자들과 수행자들, 그리고 왕들과 백성들과 그 후예들의 세계에서, 여래와 여래의 제자를 제외하고는 이 제사지내고 [169] 남은 음식을 들고 올바로 소화시킬 사람이 없다고 봅니다. 그러므로 바라문이여, 이 제사지내고 남은 음식을 풀 없는 곳에 던져버리거나 벌레가 없는 물에 부어 버리십시오."

---

639) Sgv. 639 = Sgv. 665 = Sgv. 634
640) Sgv. 640 = Sgv. 666 = Sgv. 634

그래서 바라문 쑨다리까 바라드와자는 제사지내고 남은 음식을 생명체가 없는 물속에 부어 버렸다. 그 제사지내고 남은 음식을 물속에 부어 버리자 지글지글 소리를 내면서 수증기를 내뿜었다. 마치 쟁기가 하루 종일 달구어졌다가 물속에 던져졌을 때 지글지글 소리를 내면서 수증기를 내뿜듯, 이와 같이 제사지내고 남은 음식물들은 물속에 던져져서 지글지글 소리를 내며 수증기를 내뿜었다.

그러자 바라문 쑨다리까 바라드와자는 놀래서 몸의 털을 곤두세우며 세존께서 계신 곳으로 찾아왔다. 가까이 다가와서 한쪽으로 물러나 섰다. 한쪽으로 물러나 선 바라문 쑨다리까 바라드와자에게 세존께서는 시로 말씀하셨다.

Sgv. 641. [세존]

"바라문이여, 땔나무를 지피어
청정함을 얻는다고 믿지 말라.
밖으로 청정함을 구한다면
청정함을 얻지 못한다고 현자들은 말한다.[641]

641) *Sgv. 641 mā brāhmaṇa dāru samādahāno / suddhiṁ amaññi bahiddhā hi etaṁ / na hi tena suddhiṁ kusalā vadanti / yo bāhirena parisuddhim icche //*

Sgv. 642. [세존]

바라문이여, 나무에 불을 피우는 것을 버리고,
항상하는 불꽃과 항상하는 삼매로써
나는 내부에 광명을 지피우고
거룩한 님으로서 청정한 삶을 이끈다. 642)

Sgv. 643. [세존]

바라문이여, 그대의 자만은 어깨의 짐이고
화냄은 연기가고 거짓말은 재이고
혀는 제사의 국자이고 심장은 제단이고
잘 길들여진 자아는 사람의 광명이다. 643)

---

642) *Sgv. 642 hitvā ahaṁ brāhmaṇa dāru dāhaṁ / ajjhattam eva jalayāmi jotiṁ / niccagginī niccasamāhitatto / arahaṁ ahaṁ bra- hmacariyaṁ carāmi // 항상 타오르는 불꽃은 '일체지의 불꽃을 말한다.*

643) *Sgv. 643 māno hi te brāhmaṇa khāribhāro / kodho dhūmo bhasmani mosavajjaṁ / jivhā sujā hadayaṁ jotiṭṭhānaṁ / attā sudanto purisassa joti // 제사를 잘 지내서 하늘나라로 올라가고 싶지만, 신분에 대한 교만이 그대를 짓눌러 무거운 짐이 되어 땅에 다시 떨어진다. 화냄이 연기인 것은 지혜의 불꽃은 분노의 연기에 오염되었을 때, 빛나*

Sgv. 644. [세존]

진리는 계행을 나루터로 하는 호수이고,
오염되지 않아 참사람에 의해
참사람에게 기려지니,
그곳에서 지혜의 완성자가 목욕을 하나니,
바라문이여, 몸을 적시지 않고
저 언덕으로 건너간다.644)

Sgv. 645. [세존]

진실과 명상과 자제와
순결한 삶과 중도를 실천하는 것,

지 않기 때문이고, 거짓말이 잿 속에 있는 이유는 지혜의 불꽃은 거짓말에 뒤덮였을 때, 불타지 않기 때문이다. 혀가 제사의 국자인 이유는 가르침의 제물을 담는 국자이기 때문이고 심장이 제단인 이유는 중생의 마음이 가르침의 제사를 드리는 제단이기 때문이다.

644) *Sgv. 644 dhammo rahado brāhmaṇa sīlatittho / anāvilo sabbhi sataṁ pasattho / yattha have vedaguno sinātā / anallīnagattā va taranti pāraṁ // 부처님에게는 여덟 가지 고귀한 길의 가르침은 호수인데, 그곳에서는 수많은 중생이 목욕을 한다.*

이것이 훌륭한 목표를 성취하는 것이다.
올바른 마음을 [170] 지닌 님에게 귀의하라.
그를 가르침을 따르는 님이라
바라문이여, 나는 부른다."645)

이와 같이 말씀하셨을 때 바라문 쑨다리까 바라드와자는 세존께 이와 같이 말씀드렸다.

[쑨다리까] "존자 고따마여, 훌륭하십니다. 존자 고따마여, 훌륭하십니다. 존자 고따마여, 넘어진 것을 일으켜 세우듯, 가려진 것을 열어 보이듯, 어리석은 자에게 길을 가리켜 주듯, 눈 있는 자는 형상을 보라고 어둠 속에 등불을 가져오듯, 존자 고따마께서는 이와 같이 여러 가지 방법으로 진리를 밝혀 주셨습니다. 이제 저는 존자 고따마께 귀의합니다. 또한 그 가르침에 귀의합니다. 또한 그 수행승의 참모임에 귀의합니다. 저는 존자 고따마께 출가하여 구

---

645) *Sgv. 645 saccaṁ dhammo saṁyamo brahmacariyaṁ / majjhesitā brāhmaṇa brahmapatti / satujjubhūtesu namo karohi / tam ahaṁ naraṁ dhammasārī ti brūmī ti // 진실('은 진실한 말 즉, 올바른 언어를 말하고, 명상은 올바른 견해, 올바른 사유, 올바른 정진, 올바른 집중을 말하고, '자제' 는 올바른 행위, 올바른 생활을 뜻하는 것이므로, 이상은 곧 팔정도를 말한다.*

족계를 받겠습니다."

바라문 쑨다리까 바라드와자는 세존 앞에 출가하여 구족계를 받았다. 존자 쑨다리까 바라드와자는 구족계를 받은 지 얼마 되지 않아 홀로 떨어져서 방일하지 않고 열심히 정진하였다. 그는 오래지 않아, 그러기 위해 양가의 자제들이 당연히 집에서 집 없는 곳으로 출가했듯이, 그 위없는 청정한 삶을 바로 현세에서 스스로 곧바로 알고 깨달아 성취했다. 그는 '태어남은 부서졌고, 청정한 삶은 이루어졌고, 해야 할 일은 다 마쳤으니, 더 이상 윤회하지 않는다.'라고 곧바로 알았다.

마침내 바라문 쑨다리까 바라드와자는 거룩한 님 가운데 한 분이 되었다.

7 : 10(1-10) 많은 딸들의 경
[Bahudhītusutta]

한때 세존께서는 꼬쌀라 국의 한 우거진 숲에 계셨다.

그때 바라드와자 가문의 한 바라문이 열네 마리의 황소를 잃어버렸다.

마침내 그 바라드와자 가문의 바라문은 그 황소들을 찾아서 우거진 숲 이 있는 곳까지 왔다. 거기서 세존께서 그 우거진 숲에 가부좌를 틀고 몸을 곧게 세우고 자기 앞으로 새김을 확립하고 앉아 계신 것을 보았다.

보고 나서 세존께서 계신 곳으로 찾아왔다. 가까이 다가와서 세존 앞에서 이와 같이 시로 말했다.

Sgv. 646. [바라문]

"이 수행자에게는 없으니
열네 마리의 황소가 없다.
오늘 엿새째 보이지 않으니
이 수행자는 행복하다.646)

Sgv. 647. [바라문]

지금 이 수행자에게는 없다.
한 잎의 참깨나 두 잎의 참깨
밭에서 참깨가 썩어감이 없으니
이 수행자는 행복하다.647)

---

646) Sgv. 646 na hi nūnimassa samaṇassa / balivaddā catuddasa / ajja saṭṭhi na dissanti / tenāyaṁ samaṇo sukhī //
647) Sgv. 647 na hi nūnimassa samaṇassa / tilā khettasmiṁ pāpikā / ekapaṇṇā dupaṇṇā ca / tenāyaṁ samaṇo sukhī //

Sgv. 648. [바라문]

지금 이 수행자에게는 없다.
텅 빈 창고 앞에서
열렬히 춤추는 쥐들이 없으니
이 수행자는 행복하다.648)

Sgv. 649. [바라문]

지금 이 수행자에게는 없다.
일곱 달이 지나면 금이 가서
깨어지는 마룻바닥이 없으니
이 수행자는 행복하다.649)

---

648) *Sgv. 648 na hi nūnimassa samaṇassa / tucchakoṭṭhasmiṁ mūsikā / ussoḷhikāya naccanti / tenāyaṁ samaṇo sukhī //*

649) *Sgv. 649 na hi nūnimassa samaṇassa / santhāro sattamāsiko / uppāṭakehi sañchanno / tenāyaṁ samaṇo sukhī //*

Sgv. 650. [바라문]

지금 이 수행자에게는 없다.
한 아들이나 두 아들과
일곱 명의 딸을 거느린 과부가 없으니
이 수행자는 행복하다.650)

Sgv. 651. [바라문]

지금 이 수행자에게는 없다.
잠든 자를 발로 깨우는
붉은 종기들이 쏘지 않으니
이 수행자는 행복하다.651)

---

650) Sgv. 650 na hi nūnimassa samaṇassa / vidhavā sattadhītaro / ekaputtā dviputtā ca / tenāyaṁ samaṇo sukhī //
651) Sgv. 651 na hi nūnimassa samaṇassa / piṅgalā tilakāhatā / sottaṁ pādena bodheti / tenāyaṁ samaṇo sukhī //

Sgv. 652. [바라문]

지금 이 수행자에게는 없다.
이른 아침에 빚쟁이들이
여기 달라 저기 달라 조르지 않으니
이 수행자는 행복하다."652)

Sgv. 653. [세존]

"바라문이여, 나에게는 없다.
열네 마리의 황소가 없다.
오늘 엿새째 보이지 않으니
오! 바라문이여, 나는 행복하다.653)

---

652) Sgv. 652 na hi nūnimassa samaṇassa / paccūsamhi Iṇāyikā / detha dethā ti codenti / tenāyaṁ samaṇo sukhī ti //
653) Sgv. 653 na hi mayhaṁ brāhmaṇa / balivaddā catuddasa / ajja saṭṭhiṁ na dissanti / tenāhaṁ brāhmaṇa sukhī //

Sgv. 654. [세존]

바라문이여, [171] 나에게는 없다.
한 잎의 참깨나 두 잎의 참깨
밭에서 참깨가 썩어감이 없으니
오! 바라문이여, 나는 행복하다. 654)

Sgv. 655. [세존]

바라문이여, 나에게는 없다.
텅 빈 창고 앞에서
열렬히 춤추는 쥐들이 없으니
오! 바라문이여, 나는 행복하다. 655)

---

654) Sgv. 654 na hi mayhaṁ brāhmaṇa / tilā khettasmiṁ pāpakā / ekapaṇṇā dupaṇṇā ca / tenāhaṁ brāhmaṇa sukhī //

655) Sgv. 655 na hi mayhaṁ brāhmaṇa / tucchakoṭ- ṭhasmiṁ mūsikā / ussoḷahikāya naccanti / tenāhaṁ brāhmaṇa sukhī //

Sgv. 656. [세존]

바라문이여, 나에게는 없다.
일곱 달이 지나면 금이 가서
깨어지는 마룻바닥이 없으니
오! 바라문이여, 나는 행복하다.[656)]

Sgv. 657. [세존]

바라문이여, 나에게는 없다.
한 아들이나 두 아들과
일곱 명의 딸을 거느린 과부가 없으니
오! 바라문이여, 나는 행복하다.[657)]

---

656) Sgv. 656 na hi mayhaṁ brāhmaṇa / santhāro sattamāsiko / uppāṭakehi sañchanno / tenāhaṁ brāhmaṇa sukhī //
657) Sgv. 657 na hi mayhaṁ brāhmaṇa / vidhavā sattadhītaro / ekaputtā dviputtā ca / tenāhaṁ brāhmaṇa sukhī //

Sgv. 658. [세존]

바라문이여, 나에게는 없다.
잠든 자를 발로 깨우는
붉은 종기들이 쏘지 않으니
오! 바라문이여, 나는 행복하다.658)

Sgv. 659. [세존]

바라문이여, 나에게는 없다.
이른 아침에 빚쟁이들이
여기 달라 저기 달라 조르지 않으니
오! 바라문이여, 나는 행복하다."659)

이와 같이 말씀하셨을 때 바라드와자 가문의 바라문은 세존께 이와 같이 말씀드렸다.

[바라문] "존자 고따마여, 훌륭하십니다. 존자 고따마여,

---

658) Sgv. 658 na hi mayhaṁ brāhmaṇa / piṅgalā tilakā hatā / sottaṁ pādena bodheti / tenāhaṁ brāhmaṇa sukhī //

659) Sgv. 659 na hi mayhaṁ brāhmaṇa / paccūsamhi iṇāyikā / detha dethāti codenti / tenāhaṁ brāhmaṇa sukhī ti //

훌륭하십니다. 존자 고따마여, 넘어진 것을 일으켜 세우듯, 가려진 것을 열어 보이듯, 어리석은 자에게 길을 가리켜 주듯, 눈 있는 자는 형상을 보라고 어둠 속에 등불을 가져오듯, 존자 고따마께서는 이와 같이 여러 가지 방법으로 진리를 밝혀 주셨습니다. 이제 저는 존자 고따마께 귀의합니다. 또한 그 가르침에 귀의합니다. 또한 그 수행승의 참모임에 귀의합니다. 저는 존자 고따마께 출가하여 구족계를 받겠습니다."

바라드와자 가문의 바라문은 세존 앞에 출가하여 구족계를 받았다. 그런데 구족계를 받은 지 얼마 되지 않은 바라드와자 가문의 바라문은 홀로 떨어져서 방일하지 않고 열심히 정진하였다. 그는 오래지 않아, 그러기 위해 양가의 자제들이 당연히 집에서 집 없는 곳으로 출가했듯이, 그 위없는 청정한 삶을 바로 현세에서 스스로 곧바로 알고 깨달아 성취했다. 그는 '태어남은 부서졌고, 청정한 삶은 이루어졌고, 해야 할 일은 다 마쳤으니, 더 이상 윤회하지 않는다.'라고 곧바로 알았다.

마침내 바라드와자 가문의 바라문은 거룩한 님 가운데 한 분이 되었다.

첫 번째 품, 「거룩한 님의 품」이 끝났다. 그 목차는 차례로 '1) 다난자니의 경 2) 악꼬싸까의 경 3) 아쑤린다까의 경 4) 빌랑기까의 경 5) 아힝싸까의 경 6) 자따의 경 7) 쑷디까의 경 8) 악기까의 경 9) 쑨다리까의 경 10) 많은 딸들의 경'으로 이루어졌다.

2. 재가신도의 품
(Upāsakavagga)

7 : 11(2-1) 까씨의 경
[Kasīsutta]

이와 같이 [172] 나는 들었다. 한때 세존께서 다끼나기리에 있는 에까날라라는 바라문 마을에서 마가다인들 사이에 계셨다.

그때 바라문 까씨 바라드와자가 파종할 때가 되어 오백 개 가량의 쟁기를 멍에에 묶고 있었다.

마침 세존께서는 아침 일찍 옷을 입고 발우와 가사를 수하고 탁발하기 위해 바라문 까씨 바라드와자가 일하는 곳으로 찾아가셨다. 바라문 까씨 바라드와자는 음식을 나누어 주고 있었다. 그래서 세존께서는 바라문 까씨 바라드와자가 음식을 나누어 주고 있는 곳으로 가서 한쪽에 서 계셨다.

마침내 바라문 까씨 바라드와자는 세존께서 탁발을 하려고 서 계신 것을 보았다. 보고 나서 세존께 이와 같이 말씀드렸다.

[까씨] "수행자여, 나는 밭을 갈고 씨를 뿌리며 밭을 갈고 씨를 뿌린 뒤에 먹습니다. 그대 수행자도 밭을 갈고 씨를

뿌린 뒤에 드십시오."

[세존] "바라문이여, 나도 밭을 갈고 씨를 뿌립니다. 밭을 갈고 씨를 뿌린 뒤에 먹습니다."

[까씨] "그러나 저는 그대 고따마의 멍에도, 쟁기도, 쟁기날도, 몰이막대도, 황소도 보지 못했습니다. 그런데 고따마여, 그대는 이렇게 '바라문이여, 나도 밭을 갈고 씨를 뿌립니다. 밭을 갈고 씨를 뿌린 뒤에 먹습니다.'라고 말했습니다."

그러자 바라문 까씨 바라드와자는 세존께 시로 말했다.

Sgv. 660. [까씨]

"그대는 밭을 가는 자라고 주장하지만,
나는 그대가 밭을 가는 것을 보지 못했다.
밭을 가는 자라면, 묻건대 대답하시오.
어떻게 그대가 경작하는 것을 알 수 있는가?"660)

---

660) Sgv. 660 kassako paṭijānāsi na ca passāma te kasiṁ / kasiṁ no pucchito brūhi yathā jānemu te kasiṁ //

Sgv. 661. [세존]

"믿음이 씨앗이고 감관의 제어가 빗물이며,
지혜가 나의 멍에와 쟁기라.
부끄러움이 자루이고 정신이 끈이고
새김이 나의 쟁깃날과 몰이막대이다."661)

Sgv. 662. [세존]

"몸을 수호하고 말을 수호하고
배에 맞는 음식의 양을 알고
나는 진리를 잡초를 제거하는 낫으로 삼는다.
나에게는 온화가 멍에를 내려놓는 것이다.662)

Sgv. 663. [세존]

---

661) *Sgv. 661 saddhā bījaṁ tapo vuṭṭhi / paññā me yuganaṅgalaṁ / hirī īsā mano yottaṁ / sati me phālapācanaṁ //*

662) *Sgv. 662 kāyagutto vacīgutto / āhāre udare yato / saccaṁ karomi niddānaṁ / soraccaṁ me pamocanaṁ. // 진리는 사성제, 온화는 거룩한 경지에서 열반을 즐기는 것을 말한다.*

멍에로부터의 [173] 안온으로 이끄는
정진이 내게는 짐을 싣는 황소이고
슬픔이 없는 곳으로 도달해서
거기에 가서 되돌아오지 않는다.663)

Sgv. 664. [세존]

이와 같이 밭을 갈면,
불사의 열매를 거두고,
이렇게 밭을 갈고 나면,
모든 고통으로부터 해탈한다."664)

이 때 바라문 까씨 바라드와자는 커다란 청동 그릇에 유미죽을 하나 가득 담아 스승에게 올렸다.

[까씨] "고따마께서는 유미죽을 드십시오. 왜냐하면 당신은 진실로 밭을 가는 분이시니, 당신 고따마께서는 불사의

---

663) *Sgv. 663 viriyaṁ me dhuradhorayhaṁ / yogakkhemādhivāhanaṁ / gacchati anivattantaṁ, / yattha gantvā na socati //* 멍에로부터의 안온은 열반을 말한다.

664) *Sgv. 664 evam esā kasī kaṭṭhā / sā hoti amatapphalā / etaṁ kasiṁ kasitvāna / sabbadukkhā pamuccatī ti //*

과보를 가져다주는 밭을 갈기 때문입니다."

Sgv. 665. [세존]

"시를 읊은 대가로 주는 것을
바라문이여, 향유하지 않으리.
그것은 바로 보는 이에게 옳지 않다.
시를 읊은 대가로 주는 것을
깨달은 님들은 물리치니,
바라문이여, 원리가 있는 한,
그것이 진솔한 삶이다.665)

Sgv. 666. [세존]

번뇌가 부서지고 회한이 소멸된
원만하고 위대한 선인에게
다른 음식과 음료수로 달리 다가가라.
공덕을 바라는 자에게 공덕의 밭이 되리."666)

---

665) Sgv. 665 = Sgv. 639 = Sgv. 634
666) Sgv. 666 = Sgv. 640 = Sgv. 635

이와 같이 말씀하셨을 때 까씨 바라드와자는 세존께 이와 같이 말씀드렸다.

[까씨] "존자 고따마여, 훌륭하십니다. 존자 고따마여, 훌륭하십니다. 존자 고따마여, 넘어진 것을 일으켜 세우듯, 가려진 것을 열어 보이듯, 어리석은 자에게 길을 가리켜 주듯, 눈 있는 자는 형상을 보라고 어둠 속에 등불을 가져오듯, 존자 고따마께서는 이와 같이 여러 가지 방법으로 진리를 밝혀 주셨습니다. 이제 저는 존자 고따마께 귀의합니다. 또한 그 가르침에 귀의합니다. 또한 그 수행승의 참모임에 귀의합니다. 존자 고따마께서는 저를 재가신자로 받아 주십시오. 오늘부터 목숨이 다하도록 귀의하겠습니다."

7 : 12(2-2) 우다야의 경
[Udayasutta]

한때 세존께서 싸밧티 시에 계셨다.

그때 세존께서는 아침 일찍 옷을 입고 발우와 가사를 수하고 바라문 우다야의 처소로 찾아가셨다. 그래서 바라문 우다야는 세존의 발우를 밥으로 채워 드렸다.

두 번째 날에도 세존께서는 아침 일찍 옷을 입고 발우와 가사를 수하고 바라문 우다야의 처소로 찾아가셨다. 그래서 바라문 우다야는 세존의 발우를 밥으로 채워 드렸다.

세 번째 날에도 바라문 우다야는 세존의 발우를 [174] 밥으로 채워 드리고 이와 같이 말했다.

[우다야] "귀찮은 수행자 고따마가 자꾸만 오는구나."

Sgv. 667. [세존]

"자꾸만 사람들은 씨앗을 뿌리고
자꾸만 하늘의 왕은 비를 내린다.
자꾸만 농부가 밭을 갈면,
자꾸만 하늘의 왕은 다른 나라로 간다.667)

Sgv. 668. [세존]

자꾸만 거지는 빌어먹고
자꾸만 시주들은 보시한다.
자꾸만 시주들이 보시하면,

---

667) Sgv. 667 punappunaṁ c'eva vapanti bījaṁ /punappunaṁ vassati devarājā /punappunaṁ khettaṁ kasanti kassakā /punappunaṁ dhaññam upeti raṭṭhaṁ // 하늘의 왕은 다른 나라로 간다는 것은 하늘의 축복이 만방에 미친다는 것이다.

자꾸만 그들은 하늘나라로 간다.[668)]

Sgv. 669. [세존]

자꾸만 목우는 젖을 짜고
자꾸만 송아지는 어미를 찾는다.
자꾸만 사람들은 지치고 두려워하고
자꾸만 어리석은 자는 모태에 든다.
자꾸만 사람들은 태어나서 죽으니,
자꾸만 사람들은 시체를 묘지로 옮긴다.[669)]

Sgv. 670. [세존]

그러나 더 이상 태어나지 않기 위해
길을 성취한 님,

---

668) Sgv. 668 punappunaṁ yācakā yācayanti /punappunaṁ dānapatī dadanti /punappunaṁ dānapatī daditvā /punappunaṁ saggam upeti ṭhānaṁ /

669) Sgv. 669 punappunaṁ khīranikā duhanti /punappunaṁ vaccho upeti mātaraṁ /punappunaṁ kilamati phandati ca /punappunaṁ gabbham upeti mando /punappunaṁ jāyati mīyati ca /punappunaṁ sīvathikaṁ haranti //

광대한 지혜를 얻은 님은
결코 자꾸만 태어나지 않는다."670)

이와 같이 말씀하셨을 때 바라문 우다야는 세존께 이와 같이 말씀드렸다.

[우다야] "존자 고따마여, 훌륭하십니다. 존자 고따마여, 훌륭하십니다. 존자 고따마여, 넘어진 것을 일으켜 세우듯, 가려진 것을 열어 보이듯, 어리석은 자에게 길을 가리켜 주듯, 눈 있는 자는 형상을 보라고 어둠 속에 등불을 가져오듯, 존자 고따마께서는 이와 같이 여러 가지 방법으로 진리를 밝혀 주셨습니다. 이제 저는 존자 고따마께 귀의합니다. 또한 그 가르침에 귀의합니다. 또한 그 수행승의 참모임에 귀의합니다. 존자 고따마께서는 저를 재가신자로 받아 주십시오. 오늘부터 목숨이 다하도록 귀의하겠습니다."

7 : 13(2-3) 데바히따의 경
[Devahitasutta]

한때 세존께서 싸밧티 시에 계셨다. 그때 세존께서는 풍

---

670) Sgv. 670 maggañ ca laddhā / apunabbhavāya / na punappunaṁ / jāyati bhūripañño ti //

병으로 괴로워하셨다.

마침 존자 우빠바나가 세존의 시자로 있었다. 세존께서는 존자 우빠바나를 부르셨다.

[세존] "자 우빠바나여, 더운 물을 가져와라."

존자 우빠바나는 '세존이시여, 그렇게 하겠습니다.'라고 세존께 대답하고 옷을 입고 발우와 가사를 수하고 바라문 데바히따의 처소로 찾아갔다. 가까이 다가가서 침묵하고 한쪽으로 물러나 섰다.

바라문 데바히따는 존자 우빠바나가 침묵하고 한쪽으로 물러나 서있는 것을 보았다. 보고 나서 존자 우빠바나에게 시로 말했다.

Sgv. 671. [데바히따]

"침묵하여 [175] 그대는 서 있다.
머리를 깎고 가사를 걸치고
무엇을 걸치고 무엇을 찾는가?
무엇을 얻으러 왔는가?"671)

---

671) Sgv. 671 tuṇhībhuto bhavaṁ tiṭṭhaṁ / muṇḍo saṅghāṭipāruto / kiṁ patthayāno kiṁ esaṁ / kinnu yācitum āgato ti //

Sgv. 672. [우빠바나]

"거룩한 님, 올바른 길로 잘 가신 님,
현자께서 풍병으로 고생하시니,
만약에 더운 물이 있으면
바라문이여, 현자의 제왕에게 주시오.[672)]

Sgv. 673. [우빠바나]

공양받아야 할 분들에게 공양하고,
존경받아야 할 분들에게 존경하며
공경받아야 할 분들에게 공경하니,
그분에게 가져가길 나는 바란다."[673)]

그러자 바라문 데바히따는 더운 물을 하인에게 가져오게 하고 당밀 한 자루를 존자 우빠바나에게 주었다.

그래서 존자 우빠바나는 세존께서 계신 곳으로 돌아왔다.

---

672) Sgv. 672 arahaṁ sugato loke / vātehābādhiko muni / sace uṇhodakaṁ atthi / munino dehi brāhmaṇa //

673) Sgv. 673 pūjito pūjaneyyānaṁ / sakkareyyāna sakkato / apacito apaceyyānaṁ / tassa icchāmi hātave ti //

가까이 다가와서 세존께 더운 물로 목욕시켜드리고 더운 물로 당밀을 타서 세존께 드렸다.

그러자 세존께서 지닌 그 병은 치유되었다.

마침 바라문 데바히따가 세존께서 계신 곳으로 찾아왔다. 가까이 다가와서 세존과 함께 인사를 나누고 안부를 주고받은 뒤 한쪽으로 물러나 앉았다.

한쪽으로 물러나 앉아 바라문 데바히따는 세존께 시로 말했다.

Sgv. 674. [데바히따]

"줄 것을 어디에 주어야 하며,
어디에 주어진 보시가 큰 공덕을 낳습니까?
어떻게 공양하는 자에게
어떻게 바쳐진 것이 축복 받습니까?"[674)]

674) Sgv. 674 kattha dajjā deyyadhammaṁ / kattha dinnaṁ mahapphalaṁ / kathaṁ hi yajamānassa / katthaṁ ijjhati dakkhiṇā ti //

Sgv. 675. [세존]

"전생의 생존을 알고
천상과 지옥을 보는 성자는
태어남의 소멸을 성취하고
곧바른 앎을 완성했다.675)

Sgv. 676. [세존]

그분에게 줄 것을 주어야 하며
그분에게 주어진 것이
크나큰 열매를 가져오니,
이처럼 공양하는 자에게
이처럼 바쳐진 것이 축복을 받으리."676)

이와 같이 말씀하셨을 때 바라문 데바히따는 세존께 말했다.

[데바히따] "존자 고따마여, 훌륭하십니다. 존자 고따마

675) *Sgv. 675 = Sgv. 632*

676) *Sgv. 676 ettha dajjā deyyadhammaṁ / ettha dinnaṁ mahapphalaṁ / evaṁ hi yajamānassa / evaṁ ijjhati dakkhiṇā ti //*

여, 훌륭하십니다. 존자 고따마여, 넘어진 것을 일으켜 세우듯, 가려진 것을 열어 보이듯, 어리석은 자에게 길을 가리켜 주듯, 눈 있는 자는 형상을 보라고 어둠 속에 등불을 가져오듯, 존자 고따마께서는 이와 같이 여러 가지 방법으로 진리를 밝혀 주셨습니다. 이제 저는 존자 고따마께 귀의합니다. 또한 그 가르침에 귀의합니다. 또한 그 수행승의 참모임에 귀의합니다. 존자 고따마께서는 저를 재가신자로 받아 주십시오. 오늘부터 목숨이 다하도록 귀의하겠습니다."

7 : 14(2-4) 대부호의 경
[Mahāsālasutta]

한때 세존께서 싸밧티 시에 계셨다. 그때 어떤 대부호인 바라문이 비천하고 초라한 옷을 입고 [176] 세존께서 계신 곳으로 찾아왔다. 가까이 다가와서 세존과 함께 인사를 나누고 안부를 주고받은 뒤 한쪽으로 물러나 앉았다.

한쪽으로 물러나 앉은 대부호 바라문에게 세존께서는 이와 같이 말씀하셨다.

[세존] "바라문이여, 그대는 왜 비천하고 초라한 옷을 입었습니까?"

[바라문] "존자 고따마여, 저에게는 네 명의 아들이 있습니다. 자식들이 그 아내들과 모반하여 저를 집에서 쫓아냈

습니다."

[세존] "그러면 바라문이여, 많은 사람들이 모이고 자식들이 함께 앉아 있는 모임의 자리에서 이와 같은 시를 잘 배워서 읊으시오.

Sgv. 677. [세존]

'내가 그들의 탄생을 기뻐하고
내가 그들의 성장을 원했지만,
그들은 자신의 아내들과 모반하여
나를 개가 돼지를 몰아내듯 몰아내었다. 677)

Sgv. 678. [세존]

착하지도 못한 비열한 자들이
나를 아버지, 아버지라고 부르니,
아들의 형상을 한 야차들이
나이든 늙은이를 버린다. 678)

---

677) Sgv. 677 yehi jātehi nandissaṁ / yesañ ca bhavamicchisaṁ / te maṁ dārehi sampuccha / sāva vārenti sūkaraṁ //
678) Sgv. 678 asantā kira maṁ jammā / tāta tātāti bhāsare

Sgv. 679. [세존]

늙은 말이 여물도 없이
말구유에서 쫓겨나듯,
나는 자식들의 늙은 아버지이지만
다른 집에서 밥을 빈다.679)

Sgv. 680. [세존]

불효한 자식들이 있는 것보다
지팡이가 나에게 더욱 나으니,
사나운 황소도 몰아내고
사나운 개도 몰아낸다.680)

/rakkhasā puttarūpena /pajahanti vayogataṁ //

679) *Sgv. 679 assova jiṇṇo nibbhogo /khādanā apanīyati / bālakānaṁ pitā thero /parāgāresu bhikkhati //*

680) *Sgv. 680 daṇḍo va kira me seyyo /yañ ce puttā anassavā /caṇḍampi goṇaṁ vāreti /atho caṇḍampi kukkuraṁ //*

Sgv. 681. [세존]

어둠 속에서 앞으로 가고
심연에서 바닥을 찾으니
지팡이의 힘에 의지해서
넘어져도 다시 일어난다."681)

그러자 그 대부호 바라문은 세존 앞에서 이 시를 잘 배워서 많은 사람들이 모이고 자식들이 함께 앉아 있는 모임의 자리에서 읊었다.

Sgv. 682. [바라문]

"내가 그들의 탄생을 기뻐하고
내가 그들의 성장을 원했지만,
그들은 자신의 아내들과 모반하여
나를 개가 돼지를 몰아내듯 몰아내었다. 682)

---

681) Sgv. 681 andhakāre pure hoti / gambhīre gādha medhati / daṇḍassa anubhāvena / khalitvā paṭitiṭṭhatī ti //
682) Sgv. 682 = Sgv. 677

Sgv. 683. [바라문]

착하지도 못한 비열한 자들이
나를 아버지, 아버지 부르니,
아들의 형상을 한 야차들이
나이든 늙은이를 버린다.[683)]

Sgv. 684. [바라문]

늙은 말이 여물도 없이
말구유에서 쫓겨나듯,
나는 자식들의 늙은 아버지이지만
다른 집에서 밥을 빈다.[684)]

---

683) Sgv. 683 = Sgv. 678
684) Sgv. 684 = Sgv. 679

Sgv. 685. [바라문]

불효한 자식들이 있는 것보다
지팡이가 나에게 더욱 나으니,
사나운 황소도 몰아내고
사나운 개도 몰아낸다.685)

Sgv. 686. [바라문]

어둠 속에서 앞으로 가고
심연에서 바닥을 찾으니,
지팡이의 힘에 의지해서
넘어져도 다시 일어난다."686)

그러자 [177] 아들들은 대부호 바라문을 집으로 데려가서 목욕을 시키고 각각 한 쌍의 옷으로 갈아 입혔다.

그 후에 대부호 바라문은 한 쌍의 옷을 가지고 세존께서 계신 곳으로 찾아왔다. 가까이 다가와서 세존과 함께 인사

---

685) Sgv. 685 = Sgv. 680
686) Sgv. 686 = Sgv. 681

를 나누고 안부를 주고받은 뒤 한쪽으로 물러나 섰다.

한쪽으로 물러나 선 대부호 바라문은 세존께 이와 같이 말씀드렸다.

[바라문] "존자 고따마여, 우리 바라문들은 스승에 대해 스승으로서의 대가를 받기를 요청합니다. 존자 고따마께서는 스승으로서의 대가를 받으십시오."

세존께서는 측은히 여겨 그것을 받으셨다. 그러자 대부호 바라문은 세존께 이와 같이 말씀드렸다.

[바라문] "존자 고따마여, 훌륭하십니다. 존자 고따마여, 훌륭하십니다. 존자 고따마여, 넘어진 것을 일으켜 세우듯, 가려진 것을 열어 보이듯, 어리석은 자에게 길을 가리켜 주듯, 눈 있는 자는 형상을 보라고 어둠 속에 등불을 가져오듯, 존자 고따마께서는 이와 같이 여러 가지 방법으로 진리를 밝혀 주셨습니다. 이제 저는 존자 고따마께 귀의합니다. 또한 그 가르침에 귀의합니다. 또한 그 수행승의 참모임에 귀의합니다. 존자 고따마께서는 저를 재가신자로 받아 주십시오. 오늘부터 목숨이 다하도록 귀의하겠습니다."

7 : 15(2-5) 마낫탓다의 경
[Mānatthaddhasutta]

한때 세존께서 싸밧티 시에 계셨다.

그때 바라문 마낫탓다가 싸밧티 시에 살고 있었다. 그는 어머니를 공경하지 않고 아버지도 공경하지 않았다. 스승도 공경하지 않고 나이든 현자도 공경하지 않았다.

그런데 마침 세존께서 많은 무리에 둘러싸여 가르침을 설하고 계셨다.

그때 바라문 마낫탓다에게 '수행자 고따마는 많은 사람에게 둘러싸여 가르침을 설하고 있다. 수행자 고따마가 있는 곳으로 가보면 어떨까? 만약 수행자 고따마가 나에게 말을 건네면, 나도 또한 그에게 말을 건넬 것이다. 만약 수행자 고따마가 나에게 말을 건네지 않는다면, 나도 또한 그에게 말을 건네지 않을 것이다.'라는 생각이 떠올랐다.

그래서 바라문 마낫탓다는 세존께서 계신 곳으로 찾아왔다. 가까이 다가와서 침묵하고 한쪽으로 물러나 섰다.

그때 세존께서는 그에게 말을 건네지 않았다. 그래서 바라문 마낫탓다는 '이 수행자 고따마는 아무 것도 모른다.' 라고 생각하고는 다시 돌아가려고 했다.

마침 [178] 세존께서는 바라문 마낫탓다의 생각을 마음으로 알아채고 바라문 마낫탓다에게 시로 말을 건넸다.

Sgv. 687. [세존]

"바라문이여, 교만함은 옳지 않다.

여기 누구에게 왔는지,
어떠한 목적을 가지고
그대가 왔는지 말해 보시오."687)

그러자 바라문 마낫탓다는 '수행자 고따마는 나의 마음을 알고 있다.'라고 생각했다. 그래서 세존의 두 발에 머리를 조아려 경의를 표하고 세존의 두 발에 입을 맞춘 뒤 두 손으로 합장한 채 이름을 말했다.

[마낫탓다] "존자 고따마여, 저는 마낫탓다라고 합니다. 존자 고따마여, 저는 마낫탓다라고 합니다."

그때 그 무리들은 일찍이 없었던 일이라고 마음속으로 생각했다.

[무리들] '세존이시여, 참으로 드문 일입니다. 세존이시여, 일찍이 없었던 일입니다. 이 바라문 마낫탓다는 결코 어머니도 공경하지 않고 아버지도 공경하지 않으며 스승도 공경하지 않고 나이든 현자도 공경하지 않습니다. 그러나 이와 같이 수행자 고따마에게 엎드려 최상의 존경을 표하고 있습니다.'

그러자 세존께서는 바라문 마낫탓다에게 이와 같이 말씀

687) *Sgv. 687 na māna brūhaṇā sādhu / atthikassīdha brāhmaṇā / yena atthena āgañji / tam evam anubrūhaye ti //*

하셨다.

[세존] "바라문이여, 그대가 나에게 믿음을 열어 보였습니다. 일어나 당신 자리에 앉으십시오."

그래서 바라문 마낫탓다는 자신의 자리에 앉아서 세존께 시로 말했다.

Sgv. 688. [마낫탓다]

"누구에게 교만을 부리면 안 될까?
누구에게 경의를 표해야 할까?
누구에게 존경심을 품어야 할까?
누가 잘 공양받는 것이 옳을까?"688)

Sgv. 689. [세존]

"어머니와 아버지와 나이든 형제와
네 번째로 스승,
이 분들에게 교만을 부려서는 안 되리.
이들에게 경의를 표해야 하고

---

688) Sgv. 688 kesu na mānaṁ kayirātha / kesu assa sagāravo / kyassa apacitā assu / kyassa sādhu supūjitā //

존경심을 품어야 하며,
이들이 잘 공양받는 것이 옳은 것이다.689)

Sgv. 690. [세존]

평온을 성취한 님들, 거룩한 님들,
번뇌 없는 님들, 할 일을 다 마친 님들,
위없는 님들에게 교만을 누르고
겸손하게 공경해야만 하리."690)

이와 같이 말씀하시자 바라문 마낫탓다는 세존께 이와 같이 말씀드렸다.

[마낫탓다] "존자 고따마여, 훌륭하십니다. 존자 고따마여, 훌륭하십니다. 존자 고따마여, 넘어진 것을 일으켜 세우듯, 가려진 것을 열어 보이듯, 어리석은 자에게 길을 가리켜 주듯, 눈 있는 자는 형상을 보라고 어둠 속에 등불을

---

689) Sgv. 689 mātari pitari vāpi / atho jeṭṭhamhi bhātari / ācariye catutthamhi / tesu na mānaṁ kayirātha / tesu assa sagāravo / tyassu apacitā assu / tyassu sādhu pūjitā //
690) Sgv. 690 arahante sītibhūte / katakicce anāsave / nihacca mānaṁ atthaddho / te namassa anuttare ti //

가져오듯, 존자 고따마께서는 이와 같이 여러 가지 방법으로 진리를 밝혀 주셨습니다. 이제 저는 존자 고따마께 귀의합니다. 또한 그 가르침에 귀의합니다. 또한 그 수행승의 참모임에 귀의합니다. 존자 고따마께서는 저를 재가신자로 받아 주십시오. 오늘부터 목숨이 다하도록 귀의하겠습니다."

7 : 16(2-6) 빳짜니까의 경
[Paccanīkasutta]

한때 [179] 세존께서 싸밧티 시에 계셨다. 그때 빳짜니까싸따라는 이름의 바라문이 싸밧티 시에 살고 있었다.

그 바라문 빳짜니까싸따에게 '존자 고따마를 찾아가 보는 것이 어떨까? 수행자 고따마가 말할 때마다 나는 거기에 반박하겠다.'라고 생각이 떠올랐다.

그때 세존께서는 바깥에서 거닐고 계셨다. 때마침 바라문 빳짜니까싸따가 세존께서 계신 곳으로 찾아왔다. 가까이 다가와서 세존께서 산책하시는 길을 따라 산책하며 세존께 이와 같이 말씀드렸다.

[빳짜니까싸따] "수행자여, 가르침을 주십시오."

Sgv. 691. [세존]

"마음이 오염되고
분노가 많고
적대를 일삼는 사람은
잘 설해진 가르침을
제대로 알 수 없다.691)

Sgv. 692. [세존]

마음의 불신을 제거하고
분노를 없애고
악의를 여읜 님만이
잘 설해진 가르침을
제대로 알 수 있다."692)

이와 같이 말씀하시자 바라문 빳짜니까싸따는 세존께 이

---

691) *Sgv. 691 na paccanīkasātena / suvijānaṁ subhāsitaṁ / upakkiliṭṭhacittena / sārambhabahulena ca //*
692) *Sgv. 692 yo ca vineyya sārambhaṁ / appasādañca cetaso / āghātaṁ paṭinissajja / sa ve jaññā subhāsitan ti //*

와 같이 말씀드렸다.

[빳짜니까싸따] "존자 고따마여, 훌륭하십니다. 존자 고따마여, 훌륭하십니다. 존자 고따마여, 넘어진 것을 일으켜 세우듯, 가려진 것을 열어 보이듯, 어리석은 자에게 길을 가리켜 주듯, 눈 있는 자는 형상을 보라고 어둠 속에 등불을 가져오듯, 존자 고따마께서는 이와 같이 여러 가지 방법으로 진리를 밝혀 주셨습니다. 이제 저는 존자 고따마께 귀의합니다. 또한 그 가르침에 귀의합니다. 또한 그 수행승의 참모임에 귀의합니다. 존자 고따마께서는 저를 재가신자로 받아 주십시오. 오늘부터 목숨이 다하도록 귀의하겠습니다."

7 : 17(2-7) 나바깜미까의 경
[Navakammikasutta]

한때 세존께서 꼬쌀라 국에 있는 어느 우거진 숲에 계셨다. 그런데 그때 바라문 나바깜미까 바라드와자가 그 우거진 숲에서 일을 하고 있었다.

마침 바라문 나바깜미까 바라드와자는 세존께서 어떤 쌀라 나무 아래 가부좌를 틀고 몸을 곧게 세우고 자기 앞으로 새김을 확립하고 앉아 계신 것을 보았다. 보고 나서 그에게 이와 같은 생각이 떠올랐다. '나는 이 우거진 숲에서 일을 하며 즐기고 있다. 저 수행승 고따마는 무엇을 하면

서 즐기고 있는가?'

그래서 바라문 나바깜미까 바라드와자는 세존께서 [180] 계신 곳으로 다가왔다. 가까이 다가와서 세존께 시로 말했다.

Sgv. 693. [나바깜미까]

"수행자여, 쌀라 나무 숲속에서
그대는 무엇을 하고 있는가?
홀로 숲속에 머물며
고따마여, 어떠한 즐거움을 찾는가?"[693)]

Sgv. 694. [세존]

"나에게는 숲속에서 해야 할 일이 없으니,
숲도 덤불도 나에게 뿌리를 뽑혔다.
여기 숲속에서 숲도 없이 화살에도 맞지 않고
홀로 불만을 여의고 즐거워한다."[694)]

---

693) Sgv. 693 ke nu kammantā kayiranti / bhikkhu sālavane tava / yad ekako araññasmiṁ / ratiṁ vindasi gotamā ti //

694) Sgv. 694 na me vanasmiṁ karaṇīyam atthi / ucchin-

이와 같이 말씀하시자

바라문 나바깜미까 바라드와자는 세존께 이와 같이 말씀드렸다.

[나바깜미까] "존자 고따마여, 훌륭하십니다. 존자 고따마여, 훌륭하십니다. 존자 고따마여, 넘어진 것을 일으켜 세우듯, 가려진 것을 열어 보이듯, 어리석은 자에게 길을 가리켜 주듯, 눈 있는 자는 형상을 보라고 어둠 속에 등불을 가져오듯, 존자 고따마께서는 이와 같이 여러 가지 방법으로 진리를 밝혀 주셨습니다. 이제 저는 존자 고따마께 귀의합니다. 또한 그 가르침에 귀의합니다. 또한 그 수행승의 참모임에 귀의합니다. 존자 고따마께서는 저를 재가신자로 받아 주십시오. 오늘부터 목숨이 다하도록 귀의하겠습니다."

7 : 18(2-8) 나무꾼의 경
[Kaṭṭhahārasutta]

한때 세존께서 꼬쌀라 국의 어느 우거진 숲에 계셨다.

---

namūlaṁ me vanaṁ visūkaṁ / svāhaṁ vane nibbanatho visallo / eko rame aratiṁ vippahāyā ti // 숲과 덤불은 오염으로서의 번뇌를 상징하고 화살은 탐욕·성냄·어리석음의 삼독이나 자만, 견해를 상징한다.

그런데 그때 바라드와자 가문의 바라문의 많은 젊은 제자들이 땔감을 가지러 그 우거진 숲으로 찾아왔다. 가까이 다가와서 세존께서 그 우거진 숲에서 가부좌를 틀고 몸을 곧게 세우고 자기 앞으로 새김을 확립하고 앉아 계신 것을 보았다. 보고 나서 바라드와자 가문의 바라문이 있는 곳으로 돌아갔다.

돌아가서 바라드와자 가문의 바라문에게 이와 같이 말했다.

[제자들] "아무쪼록 스승께서는 한 수행자가 우거진 숲에서 가부좌를 틀고 몸을 곧게 세우고 자기 앞으로 새김을 확립하고 앉아 계신 것을 아셔야 합니다."

그래서 바라드와자 가문의 바라문은 그 젊은 제자들과 함께 우거진 숲으로 찾아왔다. 그는 세존께서 우거진 숲에서 가부좌를 틀고 몸을 곧게 세우고 자기 앞으로 새김을 확립하고 앉아 계신 것을 보았다. 보고 나서 세존께서 계신 곳으로 다가왔다.

가까이 다가와서 세존께 시로 여쭈었다.

Sgv. 695. [바라문]

"깊숙해서 많은 위험이 도사린
텅 빈 숲속에 홀로 들어

동요하지 않고 [181] 확고하고 아름답고
단정하게, 수행자여, 명상에 들었다.695)

Sgv. 696. [바라문]

노래도 없고 음악도 없는 곳에
홀로 숲속에 사는구려. 현자여,
홀로 기꺼이 숲속에 살다니
나로서는 참으로 놀라운 일이다.696)

Sgv. 697. [바라문]

생각하건데 위없는 세 하느님의 세계의
주재자와 하나가 되길 나는 원하는데,
왜 그대는 홀로 숲속에서 지내길 원하는가?
하느님이 되려고 여기 고행하는가?"697)

---

695) *Sgv. 695 gamhīrarūpe bahubherave vane / suññaṁ araññaṁ vijanaṁ vigāhiya / aniñjamānena ṭhitena vaggunā / sucārurūpaṁ vata bhikkhu jhāyasi //*

696) *Sgv. 696 na yattha gītā na pi yattha vāditaṁ / eko araññe vanavasito muni / accherarūpaṁ paṭibhāti maṁ idaṁ / yad ekako pītimano vane vase //*

Sgv. 698. [세존]

"사람에게 소망이나 기쁨이 되는 것은
무엇이든 여러 대상에 항상 집착되어 있다.
무지의 뿌리에서 생겨난 갈망들,
그 모든 것들은 나에게 뿌리째 제거되었다.[698]

Sgv. 699. [세존]

소망도 없고 갈망도 없고 집착도 없으니,
모든 존재에게 청정한 시선을 보낸다.
위없는 깨달음의 지복을 얻으니,
바라문이여, 두려움 없이 홀로 선정에 든다."[699]

---

697) *Sgv. 697 maññāmahaṁ lokādhipatisahavyataṁ / ākaṅkhamāno tidivaṁ anuttaraṁ / kasmā bhavaṁ vijanam araññamassito / tapo idha kubbasi brahmapattiyā ti // 세 하느님의 세계는 범중천·범보천·대범천의 세 부류의 신들로 구성되어 있다. 이 책의 부록을 살펴보라.*

698) *Sgv. 698 yā kāci kaṅkhā abhinandanā vā / anekadhātusu puthū sadā sitā / aññāṇamūlappabhavā pajappitā / sabbā mayā byantikatā samūlikā //*

699) *Sgv. 699 svāhaṁ akaṅkho apito anūpayo / sabbesu dhammesu visuddhadassano / pappuyya sambodhim anuttaraṁ*

이와 같이 말씀하시자 바라드와자 가문의 바라문은 세존께 이와 같이 말씀드렸다.

[바라문] "존자 고따마여, 훌륭하십니다. 존자 고따마여, 훌륭하십니다. 존자 고따마여, 넘어진 것을 일으켜 세우듯, 가려진 것을 열어 보이듯, 어리석은 자에게 길을 가리켜 주듯, 눈 있는 자는 형상을 보라고 어둠 속에 등불을 가져오듯, 존자 고따마께서는 이와 같이 여러 가지 방법으로 진리를 밝혀 주셨습니다. 이제 저는 존자 고따마께 귀의합니다. 또한 그 가르침에 귀의합니다. 또한 그 수행승의 참모임에 귀의합니다. 존자 고따마께서는 저를 재가신자로 받아 주십시오. 오늘부터 목숨이 다하도록 귀의하겠습니다."

7 : 19(2-9) 효자의 경
[Mātuposakasutta]

한때 세존께서 싸밧티 시에 계셨다. 그때 어머니를 부양하는 바라문이 세존께서 계신 곳으로 찾아왔다. 가까이 다가와서 세존과 함께 인사를 나누고 안부를 주고받은 뒤 한쪽으로 물러나 앉았다.

한쪽으로 물러나 앉아서 어머니를 부양하는 바라문은 세

---

sivaṁ / jhāyāmahaṁ brāhmaṇa raho vīsārado ti //

존께 이와 같이 말씀드렸다.

[바라문] "존자 고따마여, 저는 올바로 음식을 구합니다. 저는 올바로 음식을 구해서 부모를 공양합니다. 존자 고따마여, 이와 같이 하면 제가 해야 할 일을 하는 것입니까?"

[세존] "물론 바라문이여, 그대는 해야 할 일을 하고 있는 것이다. 올바로 음식을 찾고 올바로 음식을 구해서 [182] 부모를 공양하면 많은 공덕을 낳는다.

Sgv. 700. [세존]

사람이 부모를 바르게 봉양하면,
어머니와 아버지에 대한 훌륭한 시중으로
현자들이 이 세상에서 그를 찬양하고
죽어서는 하늘나라에 태어난다."700)

이와 같이 말씀하시자 어머니를 봉양하는 바라문은 세존께 이와 같이 말씀드렸다.

[바라문] "존자 고따마여, 훌륭하십니다. 존자 고따마여,

---

700) Sgv. 700 yo mātaraṁ vā pitaraṁ vā / macco dhammena poseti / tāya naṁ pāricariyāya / mātāpitusu paṇḍitā / idh'eva naṁ pasaṁsanti / pecca sagge pamoditā ti //

훌륭하십니다. 존자 고따마여, 넘어진 것을 일으켜 세우듯, 가려진 것을 열어 보이듯, 어리석은 자에게 길을 가리켜 주듯, 눈 있는 자는 형상을 보라고 어둠 속에 등불을 가져오듯, 존자 고따마께서는 이와 같이 여러 가지 방법으로 진리를 밝혀 주셨습니다. 이제 저는 존자 고따마께 귀의합니다. 또한 그 가르침에 귀의합니다. 또한 그 수행승의 참모임에 귀의합니다. 존자 고따마께서는 저를 재가신자로 받아 주십시오. 오늘부터 목숨이 다하도록 귀의하겠습니다."

7 : 20(2-10) 걸식자의 경
[Bhikkhakasutta]

한때 세존께서 싸밧티 시에 계셨다. 그때 바라문인 걸식자가 세존께서 계신 곳으로 찾아왔다. 가까이 다가와서 세존과 함께 인사를 나누고 안부를 주고받은 뒤 한쪽으로 물러나 앉았다.

한쪽으로 물러나 앉아서 바라문 걸식자는 세존께 이와 같이 말씀드렸다.

[바라문] "존자 고따마여, 저도 걸식자이고 그대도 걸식자입니다. 우리 사이에 어떤 차이가 있습니까?"

Sgv. 701. [세존]

"다른 사람에게 걸식을 한다고
그 때문에 수행자가 아니니,
악취가 나는 가르침을 따른다면,
참다운 수행승이 아니다.701)

Sgv. 702. [세존]

공덕마저 버리고 악함도 버려
청정하게 삶을 살며,
지혜롭게 세상을 사는 자가
그야말로 참다운 수행승이다."702)

이와 같이 말씀하시자 걸식자인 바라문은 세존께 이와

---

701) Sgv. 701 na tena bhikkhako hoti / yāvatā bhikkhate pare / vissaṁ dhammaṁ samādāya / bhikkhu hoti na tāvatā // 악취가 나는 것은 악하고 불건전한 것'을 뜻한다.

702) Sgv. 702 yodha puññañ ca pāpañ ca / bāhitvā brahmacariyavā / saṅkhāya loke carati / sa ve bhikkhū ti vuccati // 공덕을 닦아 천상계에 태어나는 것마저 버리는 것은 아라한의 경지에 이른 수행승을 두고 말하는 것이다.

같이 말씀드렸다.

[바라문] "존자 고따마여, 훌륭하십니다. 존자 고따마여, 훌륭하십니다. 존자 고따마여, 넘어진 것을 일으켜 세우듯, 가려진 것을 열어 보이듯, 어리석은 자에게 길을 가리켜 주듯, 눈 있는 자는 형상을 보라고 어둠 속에 등불을 가져오듯, 존자 고따마께서는 이와 같이 여러 가지 방법으로 진리를 밝혀 주셨습니다. 이제 저는 존자 고따마께 귀의합니다. 또한 그 가르침에 귀의합니다. 또한 그 수행승의 참모임에 귀의합니다. 존자 고따마께서는 저를 재가신자로 받아 주십시오. 오늘부터 목숨이 다하도록 귀의하겠습니다."

7 : 21(2-11) 쌍가라바의 경
[Saṅgāravasutta]

한때 세존께서 싸밧티 시에 계셨다.

그때 '쌍가라바'라는 바라문이 싸밧티 시에 살고 있었는데, 그는 물속에서 청정함을 보고 물속에서 청정함을 구했다. 그는 아침저녁으로 물에 들어가 규칙적으로 목욕을 했다.

그때 존자 아난다가 아침 일찍 옷을 입고 발우와 가사를 수하고 탁발하기 위해 싸밧티 시로 들어갔다. 싸밧티 시에서 탁발을 하고 식사를 마친 뒤, 탁발에서 돌아와 세존께서 계신 곳으로 찾아왔다. 가까이 다가와서 세존께 인사를 드리고 한쪽으로 물러나 앉았다.

한쪽으로 [183] 물러나 앉아서 존자 아난다는 세존께 이와 같이 말씀드렸다.

[아난다] "세존이시여, 세상에 '쌍가라바'라는 바라문이 살고 있습니다. 그는 물속에서 청정함을 보고 물속에서 청정함을 구하고 있습니다. 그는 아침저녁으로 물에 들어가 규칙적으로 목욕을 하고 있습니다. 세존이시여, 세존께서는 그 '쌍가라바'라는 바라문을 가엾게 여겨 그가 사는 곳을 방문하시면 좋겠습니다."

세존께서는 침묵으로 허락하셨다. 그래서 세존께서는 아침 일찍 옷을 입고 발우와 가사를 수하고 쌍가라바라는 바라문이 사는 곳으로 찾아가셨다. 그리고 마련된 자리에 앉으셨다.

그때 바라문 쌍가라바가 세존께 다가왔다. 가까이 다가와서 세존과 함께 인사를 나누고 안부를 주고받은 뒤 한쪽으로 물러나 섰다.

한쪽으로 물러나 선 바라문 쌍가라바에게 세존께서는 이와 같이 말씀하셨다.

[세존] "참으로 바라문이여, 그대가 물속에서 청정함을 보고 물속에서 청정함을 구하고 아침저녁으로 물속에 들어가 규칙적으로 목욕을 하는 것이 사실입니까?"

[쌍가라바] "존자 고따마여, 그렇습니다."

[세존] "바라문이여, 그대는 어떠한 유익함을 보고 물속에서 청정함을 보고 물속에서 청정함을 구하고 아침저녁으로 물속에 들어가 규칙적으로 목욕을 합니까?"

[쌍가라바] "존자 고따마여, 바로 제가 낮에 악한 일을 하면 그것을 저녁에 목욕으로 제거합니다. 밤에 악한 일을 하면 그것을 아침에 목욕하여 제거합니다. 참으로 존자 고따마여, 이러한 유익함을 보고 저는 물속에서 청정함을 보고 물속에서 청정함을 구하고 아침저녁으로 물속에 들어가 규칙적으로 목욕을 합니다."

Sgv. 703. [세존]

진리는 계행을 나루터로 하는 호수이고,
오염되지 않아 참사람에 의해
참사람에게 기려지니,
그곳에서 지혜의 완성자가 목욕을 하나니,
바라문이여, 몸을 적시지 않고
저 언덕으로 건너간다.703)

---

703) Sgv. 703 = Sgv. 644

이와 같이 말씀하시자 바라문 쌍가라바는 세존께 이와 같이 말씀드렸다.

[쌍가라바] "존자 고따마여, 훌륭하십니다. 존자 고따마여, 훌륭하십니다. 존자 고따마여, 넘어진 것을 일으켜 세우듯, 가려진 것을 열어 보이듯, 어리석은 자에게 길을 가리켜 주듯, 눈 있는 자는 형상을 보라고 어둠 속에 등불을 가져오듯, 존자 고따마께서는 이와 같이 여러 가지 방법으로 진리를 밝혀 주셨습니다. 이제 저는 존자 고따마께 귀의합니다. 또한 그 가르침에 귀의합니다. 또한 그 수행승의 참모임에 귀의합니다. 존자 고따마께서는 저를 재가신자로 받아 주십시오. 오늘부터 목숨이 다하도록 귀의하겠습니다."

7 : 22(2-12) 코마듯싸의 경
[Khomadussasutta]

이와 같이 [184] 나는 들었다.

한때 세존께서 싸끼야 족이 사는 코마듯싸라는 싸끼야 족의 마을에 계셨다.

그때 세존께서는 아침 일찍 옷을 입고 발우와 가사를 수하고 탁발하기 위해 코마듯싸 마을로 들어가셨다. 그런데 그때 코마듯싸 마을 출신의 바라문 장자들이 일이 있어 마을회관에 모여 있었는데, 보슬비가 내리고 있었다.

그때 세존께서는 그 마을회관으로 찾아가셨다. 코마듯싸의 바라문 장자들은 세존께서 멀리서 오시는 것을 보았다. 보고 나서 이와 같이 말했다.

[바라문] "빡빡 깎은 수행자가 마을회관의 규칙을 이해할까?"

그러자 세존께서는 코마듯싸의 바라문 장자들에게 시로 말씀하셨다.

Sgv. 704. [세존]

"참사람이 없는 곳에 바른 집회가 없고,
진리를 말하지 않는 자들은 참사람이 아니니,
탐욕과 성냄과 어리석음을 버리고
진리를 말하는 이들이 참사람이다."[704)]

이와 같이 말씀하시자 코마듯싸의 바라문 장자들은 세존께 이와 같이 말씀드렸다.

[바라문] "존자 고따마여, 훌륭하십니다. 존자 고따마여,

---

704) Sgv. 704 nesā sabhā yattha na santi santo / santo na te ye na vadanti dhammaṁ / rāgañ ca dosañ ca pahāya mohaṁ / dhammaṁ vadantā va bhavanti santo ti //

훌륭하십니다. 존자 고따마여, 넘어진 것을 일으켜 세우듯, 가려진 것을 열어 보이듯, 어리석은 자에게 길을 가리켜 주듯, 눈 있는 자는 형상을 보라고 어둠 속에 등불을 가져 오듯, 존자 고따마께서는 이와 같이 여러 가지 방법으로 진리를 밝혀 주셨습니다. 이제 저희들은 존자 고따마께 귀의합니다. 또한 그 가르침에 귀의합니다. 또한 그 수행승의 참모임에 귀의합니다. 존자 고따마께서는 저희들을 재가신도로 받아 주십시오. 오늘부터 목숨이 다하도록 귀의하겠습니다."

두 번째 품, 「재가신도의 품」이 끝났다. 그 목차는 차례로 '1) 까씨의 경 2) 우다야의 경 3) 데바히따의 경 4) 대부호의 경 5) 마낫탓다의 경 6) 빳짜니까의 경 7) 나바깜미까의 경 8) 나무꾼의 경 9) 효자의 경 10) 걸식자의 경 11) 쌍가라바의 경 12) 코마둣싸의 경'으로 이루어졌다. 「바라문의 쌍윳따」가 끝났다. 그 목차는 차례로 '1) 거룩한 님의 품 2) 재가신도의 품'으로 이루어졌다. 이것으로 일곱 번째 쌍윳따, 「바라문의 쌍윳따」가 끝났다.

제8장
방기싸의 쌍윳따
(Vaṅgīsasaṁyutta)

1. 방기싸의 품

(Vaṅgīsavagga)

8 : 1(1-1) 출가의 경
[Nikkhantasutta]

이와 같이 [185] 나는 들었다. 한때 방기싸 존자가 알라비국에 있는 악갈라바 승원에서 그의 존경하는 스승 니그로다 깝빠와 함께 있었다.

그런데 그때 존자 방기싸는 출가한 지 얼마 되지 않은 새내기 수행승으로서 승원을 지키는 사람이 되었다.

그때 많은 여인들이 잘 차려 입고 승원을 보기 위해 승원이 있는 곳으로 찾아왔다. 바로 그 여인들을 보고 나서 존자 방기싸에게 좋지 않은 생각이 일어나 욕정이 그의 마음을 괴롭혔다.

그래서 존자 방기싸는 '내게 좋지 않은 생각이 일어나 욕정이 내 마음을 괴롭히는 것은 참으로 나에게 해롭다. 참으로 나에게 유익함이 없는 것이다. 참으로 나에게 나쁜 일이 닥친 것이다. 참으로 나에게 좋은 일이 닥친 것이 아니다. 어떻게 다른 사람이 나를 위해서 좋지 않은 생각을 없애고 좋은 생각을 일으킬 수 있는가? 내가 스스로 자신을 위해 나의 좋지 않은 생각을 없애고 좋은 생각을 일으키면 어떨까?'라고 생각했다.

그리고 존자 방기싸는 스스로 자신을 위해 좋지 않은 생각을 없애고 좋은 생각을 일으켰는데 그때 이와 같은 시를 읊었다.

Sgv. 705. [방기싸]

"집에서 집 없는 곳으로
내가 출가한 뒤에,
어둠에서 오는 이러한 생각들이
완강하게 나를 엄습하고 있다. 705)

---

705) Sgv. 705 nikkhantaṁ vata maṁ santaṁ / agārasmānagāriyaṁ / vitakkā upadhāvanti / pagabbhā kaṇhato ime // 방기싸는 바라문 가문에 태났다. 그는 사람의 두개골 형상을 관찰하고 전생의 그 소유자의 윤회에 관해 알아맞추는 능력을 가지고 있었다. 그래서 그는 전 인도를 유행하며 많은 재물을 모았다. 부처님은 그에게 완전한 열반에 든 거룩한 님의 두개골을 보여주고, 그의 윤회에 관해 알아낼 수 있는지를 시험했다. 방기싸는 물론 알아내지 못했다. 아라한은 윤회하지 않기 때문이다. 그래서 방기싸는 부처님의 제자인 니그로다 깝빠를 친교사로 하여 출가하여 피부-오개조 – 두발, 몸털, 손발톱, 이빨, 피부 –에 대한 명상을 전수 받아 아라한의 경지에 오른다. 그리고 나서 부처님을 다시 방문하여 아름다운 비유와 은유로서 부처님을 찬양한다. 그래서 그는 시인으로서 이름을 떨친다.

Sgv. 706. [방기싸]

훌륭한 사수인 귀공자들로서
잘 숙련된 강한 활을 가진 자들로
겁이 없는 사람 천 명이
나를 모든 방향에서 에워싼다 하더라도,706)

Sgv. 707. [방기싸]

또한 만약 그 이상의
여인들이 오더라도,
나를 괴롭게 하지 못할 것이니,
나는 가르침에 확고하게 서 있다.707)

---

706) *Sgv. 706 uggaputtā mahissāsā / sikkhitā daḷhadhammino / samantā parikireyyuṁ / sahassaṁ apalāyinaṁ //*

707) *Sgv. 707 sace pi ettato bhīyo / āgamissanti itthiyo / n'eva maṁ byādhayissanti / dhamme s'amhi patiṭṭhitaṁ //* *천 명의 궁수가 모든 방향에서 활을 쏘더라도 잘 훈련된 사람은 화살을 맞기 전에 봉으로써 모든 화살을 쳐서 발아래에 떨어뜨린다. 한 궁수가 한 번에 한 화살보다 더 많이 쏠 수가 없지만, 여인들은 형상과 다른 감각적 대상을 통해서 한 번에 다섯 가지 화살을 쏠 수 있다. 이러한 여인들이 천 명이상 온다고 해도, 그녀들은 나를 동요시킬 수 없다.*

Sgv. 708. [방기싸]

태양신의 [186] 후예인 부처님에게서
그 자신의 입을 통해 나는 들었다.
열반으로 이르는 길을,
내 마음은 그곳에 머물러 즐겁다.708)

Sgv. 709. [방기싸]

이처럼 살고 있는 나에게,
악마여, 그대가 다가오더라도
그때 그대가 나의 길을
악마여, 그대는 알지 못할 것이다."709)

---

708) Sgv. 708 sakkhī hi me sutaṁ etaṁ / buddhassādicca-bandhuno / nibbāṇagamanaṁ maggaṁ / tattha me nirato mano //

709) Sgv. 709 evañ ce maṁ viharantaṁ / pāpima upa-gacchasi / tathā maccu karissāmi / na me maggam pi dak-khisī ti // 나의 길은 '존재의 자궁 등으로 가는 길'을 말한다. 아라한에 도달한 자는 윤회하지 않으므로 그 윤회의 길이 알려지지 않는다.

8 : 2(1-2) 좋지 않음의 경
[Aratisutta]

한때 존자 방기싸는 알라비 국에 있는 악갈라바 승원에서 그의 존경하는 스승 니그로다 깝빠와 함께 있었다.

그런데 그때 존자 니그로다 깝빠는 탁발을 하고 식사를 마친 뒤, 탁발에서 돌아와 승방으로 들어왔다가 저녁 무렵인지 다음날 아침인지 밖으로 나갔다.

그때 존자 방기싸에게 좋지 않은 생각이 일어나 욕정이 그의 마음을 괴롭혔다. 그래서 존자 방기싸는 '내게 좋지 않은 생각이 일어나 욕정이 내 마음을 괴롭히는 것은 참으로 나에게 해롭다. 참으로 나에게 유익함이 없는 것이다. 참으로 나에게 나쁜 일이 닥친 것이다. 참으로 나에게 좋은 일이 닥친 것이 아니다. 어떻게 다른 사람이 나를 위해서 좋지 않은 생각을 없애고 좋은 생각을 일으킬 수 있는가? 내가 스스로 자신을 위해 나의 좋지 않은 생각을 없애고 좋은 생각을 일으키면 어떨까?'라고 생각했다.

그래서 존자 방기싸는 스스로 자신을 위해 좋지 않은 생각을 없애고 좋은 생각을 일으켰는데, 그때 이와 같은 시를 읊었다..

Sgv. 710. [방기싸]

"즐겁지 않은 것과 즐거운 것과
집에 매인 걱정을 모두 버리고,
어떠한 것에서도 욕망의 숲을 짓지 않아
욕망의 숲도 경향도 없는 님,
그야말로 참으로 수행승이다. 710)

Sgv. 711. [방기싸]

땅과 하늘과 용궁에 이르기까지의
모든 모습을 지닌 것들 가운데
어떤 것도 모두 덧없으며 퇴락해 간다.
성자들은 그렇게 알아서 유행한다. 711)

---

710) Sgv. 710 aratiñca ratiñca pahāya / sabbaso gehasitañ ca vitakkaṁ / vanathaṁ na kareyya kuhiñci / nibbanatho anato sa hi bhikkhu // 즐겁지 않은 것은 승원생활의 즐거움이 없음과 즐거운 것은 감각적 쾌락의 즐거움을 말한다.

711) Sgv. 711 yamidha puthuviñca vehāsaṁ / rūpagatañ ca jagatogadhaṁ / kiñci parijīyati sabbamaniccaṁ / evaṁ samecca caranti mutattā //

Sgv. 712. [방기싸]

사람들은 모든 집착의 대상,
보고 듣고 닿고 인식한 것에 묶여 있으나,
바라는 바 없이 세상에서 욕망을 없애
거기에 물들지 않는 님을 성자라 부른다.712)

Sgv. 713. [방기싸]

여섯 감각에 [187] 집착하여 사유하며
범부인 까닭에 가르침이 아닌 것에 집착한다.
그러나 그에게는 어디에도 파벌이 없으며,
또한 그 수행승은 번뇌에 사로잡히지 않는다.713)

---

712) Sgv. 712 upadhīsu janā gadhitāse / diṭṭhasute paṭighe ca mute ca / ettha vinodaya chandamanejo / yo ettha na limpati taṁ munimāhu //

713) Sgv. 713 atha saṭṭhinissitā savitakkā / puthujanatāya adhammā niviṭṭhā / na ca vaggagatassa kuhiñci / no pana duṭṭhullabhāṇī sa bhikkhu // 가르침에 대한 견해 차이로 승단의 붕괴를 초래하는 파벌이 없다.

Sgv. 714. [방기싸]

유능하고 오랜 세월 선정을 닦은
거짓 없이 총명하고 탐욕이 없는
성자는 평안의 경지를 성취해
그것에 의지하여
완전한 적멸에 들어 그때를 기다린다."714)

8 : 3(1–3) 예의바른 자를 경멸하는 것에 대한 경 [Pesalātimaññanāsutta]

한때 존자 방기싸는 알라비 국에 있는 악갈라바 승원에서 그의 존경하는 스승 니그로다 깝빠와 함께 있었다.

그런데 그때 존자 방기싸는 자신의 말재주 때문에 다른 예의바른 수행승들을 얕잡아 보았다.

마침 존자 방기싸에게 '내가 자신의 말재주 때문에 다른 예의바른 수행승들을 얕잡아 보는 것은 참으로 나에게 해롭다. 참으로 나에게 유익함이 없는 것이다. 참으로 나에게 나쁜 일이 닥친 것이다. 참으로 나에게 좋은 일이 닥친

---

714) Sgv. 714 dabbo cirarattasamāhito / akuhako nipako apihālu / santaṁ padaṁ ajjhagamā muni paṭicca / parinibbuto kaṅkhati kālan ti // 그때란 완전한 열반을 말한다.

것이 아니다.'라는 생각이 떠올랐다.

그래서 존자 방기싸는 스스로 자신을 위해서 참회하며 이와 같은 시를 읊었다.

Sgv. 715. [방기싸]

"고따마의 제자여, 교만의 마음을 버리고
교만의 길을 결코 걷지 말라.
교만의 길에서 방황하는 자는
오랜 세월 동안 후회했다.[715)]

Sgv. 716. [방기싸]

위선으로 더럽혀진 사람들
교만한 사람들은 지옥에 떨어지고,
오랜 세월에 걸쳐 괴로워하니
교만한 사람들은 지옥에 태어난다.[716)]

---

715) *Sgv. 715 mānaṁ pajahassu gotama / mānapatthaṁ ca jahassu asesaṁ / mānapatthasmiṁ samucchito / vipaṭisār'ahuvā cirarattharṁ //*

716) *Sgv. 716 makkhena makkhitā pajā / mānahatā nirayaṁ*

Sgv. 717. [방기싸]

올바로 실천하는 수행자,
길의 승리자인 수행승은 결코 슬프지 않다.
명예와 지복을 누리니 진실로
가르침을 즐기는 님이라 일컬어진다.717)

Sgv. 718. [방기싸]

그러므로 [188] 황무지 없이
정진하여 장애를 제거하고 청정하게 하며
교만을 남김없이 없애고
명지로써 멸진하여 적정을 얻는다."718)

---

papatanni / socanti janā cirarattaṁ / mānahatā nirayaṁ upapannā //

717) *Sgv. 717 na hi socati bhikkhu kadāci / maggajino sammāpaṭipanno / kittiñ ca sukhañ c'anubhoti / dhammarato ti tam āhu tathattaṁ //*

718) *Sgv. 718 tasmā akhilo dha padhānavā / nīvaraṇāni pahāya visuddho / mānañ ca pahāya asesaṁ / vijjāyantakaro samitāvī ti //* 세 가지 황무지란 탐욕·성냄·어리석음을 말하고 청정하게 하는 것은 삼매를 뜻한다.

8 : 4(1-4) 아난다의 경
[Ānandasutta]

한때 존자 아난다가 싸밧티 시의 제따바나 숲에 있는 아나타삔디까 승원에 있었다.

그때 존자 아난다가 아침 일찍 옷을 입고 발우와 가사를 수하고 탁발하기 위해 존자 방기싸를 동료 수행자로 삼아 싸밧티 시로 들어갔다.

그런데 그때 존자 방기싸에게 좋지 않은 생각이 일어나 욕정이 마음을 괴롭혔다.

그래서 존자 방기싸는 존자 아난다에게 시로 말했다.

Sgv. 719. [방기싸]

"나는 감각적 탐욕에 불타고 있고,
내 마음은 그 불에 삼켜졌다.
자 고따마의 제자여, 연민을 베풀어
탐욕을 끄는 법을 말해주소서."719)

719) *Sgv. 719 kāmarāgena ḍayhāmi / cittaṁ me pariḍayhati / sādhu nibbāpanaṁ brūhi / anukampāya gotamā ti //*

Sgv. 720. [아난다]

"지각의 전도에 의해서
그대의 마음이 불에 삼켜지니,
감각적 탐욕을 자극하는
아름다운 인상을 피하라.[720)]

Sgv. 721. [방기싸]

형성된 것들을 타자로 보고
괴로운 것으로 보고 자기로 보지 말라.
커다란 감각적 탐욕의 불을 꺼서
결코 다시는 타오르지 않도록 하라.[721)]

---

720) *Sgv. 720 saññāya vipariyesā / cittaṁ te pariḍayhati / nimittaṁ parivajjehi / subhaṁ rāgūpasaṁhitaṁ // 불(火)에 닿으면 우리는 고통스럽지만, 감관의 조건이 달라진 문둥병 환자에게는 즐겁게 느껴진다. 그래서 문둥병 환자는 '즐겁다'라고 전도된 지각을 얻는다. 우리는 '괴롭고 무상하고 실체가 없는 것'을 '즐겁고 영원하고 실체가 있는 것'으로 여기는 지각의 전도를 일으키고 있다.*

721) *Sgv. 721 saṅkhāre parato passa / dukkhato mā ca attato / nibbāpehi mahārāgaṁ / mā ḍayhittho punappunaṁ //*

Sgv. 722. [방기싸]

부정관을 닦고, 마음을 통일하고
잘 삼매에 들라.
몸에 대한 새김을 확립하고
싫어하여 떠남에 전념하라.722)

Sgv. 723. [방기싸]

인상을 여의는 명상을 닦고
망상의 경향을 버려라.
망상을 부수어 버리면
그대는 적멸에 든 자가 되리."723)

8 : 5(1-5) 훌륭한 가르침의 경
[Subhāsitasutta]

한때 세존께서 싸밧티 시에 계셨다. 그때 세존께서는 '수

---

722) Sgv. 722 asubhāya cittaṁ bhāvehi / ekaggaṁ susamāhitaṁ / sati kāyagatā tyatthu / nibbidābahulo bhava //
723) Sgv. 723 animittañ ca bhāvehi / mānānusayam ujjaha / tato mānābhisamayā / upasanto carissasīti //

행승들이여'라고 수행승들을 부르셨다. 수행승들은 세존께 '세존이시여'라고 대답했다.

세존께서는 이와 같이 말씀하셨다.

[세존] "수행승들이여, 네 가지 특징을 갖춘 말은 잘 설해진 것이지 나쁘게 설해지지 않은 것이며, 슬기로운 사람에 의해 비난받지 않고 질책당하지 않는다. 그 네 가지란 무엇인가? 수행승들이여, 여기서 수행승이 잘 설해진 것만을 말하고 잘못 설해진 것은 말하지 않으며, 가르침만을 말하고 가르침이 아닌 것은 말하지 않으며, 자애로운 것만을 [189] 말하고 자애롭지 않은 것은 말하지 않으며, 진실만을 말하고 거짓은 말하지 않으면, 수행승들이여, 그 네 가지 특징을 갖추고 있는 말은 잘 설해진 것이고 나쁘게 설해지지 않은 것이며 슬기로운 사람에 의해 비난받지 않고 질책당하지 않는다."

세상의 존귀한 님께서는 이와 같이 말씀하셨다. 이처럼 말씀하시고 올바른 길로 잘 가신 님께서는 스승으로서 이와 같이 시로 말씀하셨다.

Sgv. 724. [세존]

"참사람은 첫째,
잘 설해진 것만을 말하고,

둘째, 가르침만을 말하고
가르침이 아닌 것은 말하지 않으며,
셋째, 자애로운 것만을 말하고,
자애롭지 않은 것은 말하지 않고,
넷째, 진실한 것만을 말하고,
거짓은 말하지 않는다."[724]

그때 존자 방기싸가 자리에서 일어나서 한쪽 어깨에 가사를 걸치고 세존께서 계신 곳을 향해 합장하고 세존께 이와 같이 말씀드렸다.

[방기싸] "세상의 존귀한 님이여, 생각이 떠오릅니다. 올바른 길로 잘 가신 님이여, 생각이 떠오릅니다."

세존께서 말씀하셨다.

[세존] "방기싸여, 그 생각을 표현해 보게."

그러자 존자 방기싸는 세존 앞에서 이러한 아름다운 시를 읊었다.

724) *Sgv. 724 subhāsitaṁ uttamam āhu santo, dhammaṁ bhaṇe nādhammaṁ taṁ dutiyaṁ / piyaṁ bhaṇe nāppiyaṁ taṁ tatiyaṁ, saccaṁ bhaṇe nālikaṁ, taṁ catutthan ti //*

Sgv. 725. [방기싸]

"스스로를 괴롭히지 않고,
다른 사람을 다치게 하지 않는
그러한 말을 해야 하리.
그것이 정말 잘 설해진 말이요.725)

Sgv. 726. [방기싸]

오직 자애로운 말을 해야 하니,
그러한 말은 기꺼이 환영을 받고.
사람들에게 악함을 초래하지 않으니,
그 말은 다른 사람에게 기쁨이 된다.726)

---

725) Sgv. 725 tam eva vācaṁ bhāseyya / yāy'attānaṁ na tāpaye / pare ca na vihiṁseyya / sa ve vācā subhāsitā //

726) Sgv. 726 piyavācam eva bhāseyya / yā vācā paṭinanditā / yaṁ anādāya pāpāni / paresaṁ bhāsate piyaṁ //

Sgv. 727. [방기싸]

진리는 참으로 불사의 말이니,
그것은 태고의 원리이며,
참다운 이익과 가르침은
진리 위에 있다고 참사람들은 말한다.727)

Sgv. 728. [방기싸]

열반을 성취하기 위하여,
괴로움을 종식시키기 위하여,
부처님께서 설하신 안온한 말씀,
그것은 참으로 말씀 가운데 최상이다."728)

8 : 6(1-6) 싸리뿟따의 경 [Sāriputtasutta]

한때 존자 싸리뿟따가 싸밧티 시의 제따바나 숲에 있는

---

727) *Sgv. 727 saccaṁ ve amatā vācā / esa dhammo sanantano / sacce atthe ca dhamme ca / āhu santo patiṭṭhitā //*
728) *Sgv. 728 yaṁ buddho bhāsatī vācaṁ / khemaṁ nibbānapattiyā / dukkhass'antakiriyāya / sā ve vācānam uttamā ti //*

아나타삔디까 승원에 있었다.

그런데 그때 존자 싸리뿟따는 수행승들을 우아하고 유창하고 명료하고 뜻을 잘 전달하는 법문으로 교화하고 북돋우고 고무시키고 기쁘게 했다. 그래서 그 수행승들은 그 뜻을 이해하고 숙고하고 모든 마음을 집중하여 귀를 기울이고 가르침을 들었다.

마침 존자 방기싸에게 '존자 싸리뿟따는 [190] 수행승들을 우아하고 유창하고 명료하고 뜻을 잘 전달하는 법문으로 교화하고 북돋우고 고무시키고 기쁘게 했다. 그래서 그 수행승들은 그 뜻을 이해하고 숙고하고 모든 마음을 집중하여 귀를 기울이고 가르침을 듣는다. 내가 존자 싸리뿟따 앞에서 어울리는 시로 그를 칭송하는 것이 어떨까?'라는 생각이 떠올랐다.

그래서 존자 방기싸는 자리에서 일어나서 왼쪽 어깨에 가사를 걸치고 존자 싸리뿟따가 있는 곳을 향해 합장하고 존자 싸리뿟따에게 이와 같이 말했다.

[방기싸] "존자 싸리뿟따여, 저에게 생각이 떠올랐습니다. 존자 싸리뿟따여, 저에게 생각이 떠올랐습니다."

[싸리뿟따] "존자 방기싸여, 그 생각을 표현해 보시오."

그래서 존자 방기싸는 존자 싸리뿟따 앞에서 어울리는 시로 그를 칭송했다.

Sgv. 729. [방기싸]

"지혜가 깊고 슬기롭고
길과 길 아님을 잘 알며
크나큰 지혜를 가진 싸리뿟따는
수행승들에게 가르침을 설한다.729)

Sgv. 730. [방기싸]

간략하게 가르치기도 하고
상세하게 가르치기도 한다.
구관조의 목소리처럼
자유자재한 말솜씨를 발휘한다.730)

---

729) *Sgv. 729 gambhīrapañño medhāvī / maggāmaggassa kovido / sāriputto mahāpañño / dhammaṁ deseti bhikkhunaṁ //*

730) *Sgv. 730 saṅkhittena'pi deseti / vitthārena'pi bhāsati / sāḷikāyiva nigghoso / paṭibhānaṁ udīrayi //*

Sgv. 731. [방기싸]

매혹적이고 듣기에 즐거운
미묘한 목소리로
가르침을 설할 때
그 감미로운 말소리를 듣고
수행승들은 한껏 고무되어
기뻐하며 귀를 기울인다."[731)]

8 : 7(1-7) 참회의 모임에 대한 경
[Pavāraṇasutta]

한때 세존께서 싸밧티 시의 뿝바라마 승원에 있는 미가라마뚜 강당에 모두가 거룩한 님들인 오백 명의 많은 수행승 무리와 함께 계셨다.

그때 세존께서는 보름날인 포살일에 참회의 모임을 위하여 바깥에서 수행승의 무리에 둘러싸여 앉아 계셨다.

그때 세존께서는 고요한 수행승들의 무리를 둘러보고 나서 수행승들에게 말씀하셨다.

---

731) Sgv. 731 tassa taṁ desayantassa / suṇanti madhuraṁ giraṁ / sarena rajanīyena / savaṇīyena vaggunā / udaggacittā muditā / sotaṁ odhenti bhikkhavo ti //

[세존] "자 수행승들이여, 지금 그대들은 마음 편히 말하라. 그대들이 볼 때 내가 몸이나 말로 행한 것에 무언가 비난받아야 할 것이 있는가?"

이와 같이 말하자, 존자 싸리뿟따가 자리에서 일어나서 왼쪽 어깨에 가사를 걸치고 세존께서 계신 곳을 향해 합장하고 세존께 이와 같이 말씀드렸다.

[싸리뿟따] "세존이시여, 저희들이 볼 때, 세존께서는 몸이나 말로 행한 것에 아무 것도 비난받아야 할 것이 없습니다. 세존이시여, 세존께서는 [191] 아직 생겨나지 않은 길을 생겨나게 하고, 아직 만들어지지 않은 길을 만들어지게 하고, 아직 알려지지 않은 길을 알려주는 분으로 길을 아시는 분, 길을 찾으신 분, 길을 꿰뚫어 보시는 분입니다. 그리고 세존이시여, 제자들은 지금 길을 좇아서 나중에 그 길을 구현하는 자로 살 것입니다. 세존이시여, 세존께서는 마음 편히 말씀하십시오. 세존께서는 제가 몸이나 말로 행한 것에 무언가 비난받아야 할 것이 있습니까?"

[세존] "싸리뿟따여, 내가 볼 때 그대에게는 그대의 몸이나 말로 행한 것에 아무 것도 비난받아야 할 것이 없다. 싸리뿟따여, 그대는 슬기로운 사람이며 싸리뿟따여, 그대는 크나큰 지혜를 가진 사람이며 싸리뿟따여, 그대는 광박한 지혜를 가진 사람이며 싸리뿟따여, 그대는 민첩한 지혜를 가진 사람이며 싸리뿟따여, 그대는 포착적 지혜를 가진 사람

이며 싸리뿟따여, 그대는 예리한 지혜를 가진 사람이며 싸리뿟따여, 그대는 통찰의 지혜를 가진 사람이다. 싸리뿟따여, 마치 왕의 큰아들이 아버지에 의해서 굴려진 수레바퀴를 그대로 바르게 굴리는 것처럼 싸리뿟따여, 그대는 내가 굴린 위없는 가르침의 수레바퀴를 그대로 바르게 굴리고 있다."

[싸리뿟따] "세존이시여, 만약 세존께서 제가 몸이나 말로 행한 것에 아무 것도 비난받아야 할 것이 없다면, 세존께서 보실 때 저들 오백 명의 수행승들이 몸이나 말로 행한 것에도 아무 것도 비난받아야 할 것이 없습니까?"

[세존] "싸리뿟따여, 내가 볼 때 저들 오백 명의 수행승들이 몸이나 말로 행한 것에도 아무런 비난받아야 할 것이 없다. 싸리뿟따여, 저들 오백 명의 수행승들 가운데 육십 명의 수행승들은 세 가지의 명지에 정통한 님이며, 육십 명의 수행승들은 여섯 가지 곧바른 앎을 성취한 님이고, 육십 명의 수행승들은 지혜에 의한 해탈과 마음에 의한 해탈을 함께 성취한 님이고 있으며, 또한 다른 사람들은 지혜에 의한 해탈만을 성취한 자이다."

그때 존자 방기싸가 자리에서 일어나서 왼쪽 어깨에 가사를 걸치고 세존께서 계신 곳을 향해 합장하고 세존께 이와 같이 말씀드렸다.

[방기싸] "세상의 존귀한 님이여, 저에게 생각이 떠오릅

니다. 올바른 길로 잘 가신 님이여, 저에게 생각이 떠오릅니다."

세존께서 말씀하셨다.

[세존] "방기싸여, 그 생각을 표현해 보게."

그래서 존자 방기싸는 세존 앞에서 적당한 시를 읊었다.

Sgv. 732 [방기싸]

"오늘 보름밤에 청정을 위해서
오백 명의 수행승들이 모였는데,
결박과 속박을 끊고서 동요하지 않고
다시 태어나지 않는 선인들입니다. 732)

---

732) Sgv. 732 ajja paṇṇarase visuddhiyā / bhikkhupañcasatā samāgatā / saññojanabandhanacchidā / anīghā khīṇapunabbhavā isī // 여기 청정자자를 위해 모인 오백명의 수행승이 모였는데, 그 가운데 육십 명은 세 가지 명지를 지닌 자 즉, 자신의 전생에 대한 새김, 타인의 업과 과보를 아는 하늘눈을 지니고, 번뇌 부숨에 대한 궁극의 앎을 터득한 자를 말하며, 육십 명은 여섯 가지 곧바른 앎 즉, 육신통을 지닌 자들이다 : ① 여덟 가지 종류의 초월적 능력 ② 멀고 가까운 소리를 들을 수 있는 하늘귀 ③ 타자의 마음을 꿰뚫는 앎 ④ 자신의 전생에 대한 새김 ⑤ 타인의 업과 과보를 아는 하늘눈 ⑥ 번뇌 부숨에 대한 궁극의 앎이 있다. 이 가운

Sgv. 733. [방기싸]

마치[192] 전륜성왕이
대신들에게 둘러싸여
바다로 이어진
대륙을 둘러보는 것과 같습니다.[733)]

Sgv. 734. [방기싸]

전쟁에서의 승리자,
카라반의 지도자, 위없는 님에게
세 가지 명지를 지니고
죽음을 극복한 제자들이 예배합니다.[734)]

데 첫 다섯 가지 곧바른 앎은 세속적인 것이고 명상수행자의 장식물로서는 바람직 할지 몰라도 해탈에 필수적인 것은 아니다. 마지막의 번뇌의 소멸에 대한 곧바른 앎 즉, 누진통만이 출세간적인 것이고 점진적인 수행의 절정에 해당하는 것이다. 육십 명의 수행승은 지혜와 마음에 의한 양면해탈자이고 나머지 삼백이십 명은 지혜에 의한 해탈자였다.

733) *Sgv. 733 cakkavattī yathā rājā / amaccaparivārito / samantā anupariyeti / sāgarantaṁ mahiṁ imaṁ //*

734) *Sgv. 734 evaṁ vijitasaṅgāmaṁ / satthavāhaṁ anut-*

Sgv. 735. [방기싸]

모두가 세존의 아들이며
거기에 쭉정이는 없으니,
저는 태양의 후예이신
갈애의 화살을 부순 님께 예배합니다."735)

8 : 8(1-8) 천 명 이상의 경
[Parosahassasutta]

한때 세존께서 싸밧티 시의 제따바나 숲에 있는 아나타삔디까 승원에서 많은 수행승의 무리 천 이백 오십 명과 함께 계셨다.

그런데 그때 세존께서는 열반에 관한 법문으로 수행승들을 교화하고 북돋우고 고무시키고 기쁘게 하셨다. 그래서 그 수행승들은 그 뜻을 이해하고 숙고하고 모든 마음을 집중하여 귀를 기울이고 가르침을 들었다.

---

taraṁ / sāvakā payirupāsanti / tevijjā maccuhāyino // 전쟁의 승리자란 탐욕과 성냄과 어리석음과의 전쟁에서 승리한 자라는 뜻이다.

735) Sgv. 735 sabbe bhagavato puttā / palāpettha na vijjati / taṇhāsallassa hantāraṁ / vande ādiccabandhunan ti //

마침 존자 방기싸에게 '세존께서는 열반에 관한 법문으로 수행승들을 교화하고 북돋우고 고무시키고 기쁘게 하신다. 그래서 수행승들은 그 뜻을 이해하고 숙고하고 모든 마음을 집중하여 귀를 기울이고 가르침을 듣는다. 내가 세존 앞에서 적당한 시구로 예찬하면 어떨까?'라는 생각이 떠올랐다.

그래서 존자 방기싸는 자리에서 일어나 왼쪽 어깨에 가사를 걸치고 세존께서 계신 곳을 향해 합장하고 세존께 이와 같이 말씀드렸다.

[방기싸] "세상의 존귀한 님이여, 저에게 생각이 떠올랐습니다. 올바른 길로 잘 가신 님이여, 저에게 생각이 떠올랐습니다."

세존께서 말씀하셨다.

[세존] "방기싸여, 그 생각을 표현해 보게."

그래서 존자 방기싸는 세존 앞에서 적당한 시로 스승을 찬양했다.

Sgv. 736. [방기싸]

"천 명 이상의 수행승들이
아무런 두려움이 없는 열반,

탐욕을 떠난 진리를 가르치는
올바른 길로 잘 가신 님을 모십니다.[736)]

Sgv. 737. [방기싸]

올바로 깨달은 님이 가르치신
티끌 없는 가르침을 경청하니,
참으로 올바로 깨달은 님은
수행승의 무리로부터 존경받아 빛납니다.[737)]

Sgv. 738. [방기싸]

세존이시여, 용왕으로 불리니
선인 가운데 가장 선인이니,
마치 크나큰 구름처럼
제자들에게 비를 내립니다.[738)]

---

736) Sgv. 736 parosahassaṁ bhikkhūnaṁ / sugataṁ payirupāsati / desentaṁ virajaṁ dhammaṁ / nibbāṇaṁ akutobhayaṁ //

737) Sgv. 737 suṇanti dhammaṁ vimalaṁ / sammāsambuddha- desitaṁ / sobhati vata sambuddho / bhikkhusaṅghapurakkhato //

Sgv. 739. [방기싸]

대낮의 [193] 처소에서 빠져나와
스승을 뵙고 싶은 열망에
위대한 영웅이여, 그대의 두 발에.
제자 방기싸가 예배드립니다."739)

[세존] "방기싸여, 이 시들은 전에 생각해낸 것인가 또는 즉흥적으로 생각해낸 것인가?"

[방기싸] "이 시들은 전에부터 생각해온 것이 아니라 여기서 즉흥적으로 제게 떠오른 것입니다."

[세존] "그러면 방기싸여, 전에부터 생각해온 것이 아닌 시들을 그대는 더 많이 떠올릴 수 있겠는가?"

[방기싸] "세존이시여, 그렇게 하겠습니다."

존자 방기싸는 세존께 대답하고 전에부터 생각해온 것이 아닌 시들로써 더 많이 세존을 찬양했다.

---

738) *Sgv. 738 nāganāmosi bhagavā / isīnaṁ isisattamo / mahāmeghova hutvāna / sāvake abhivassati //*

739) *Sgv. 739 divāvihārā nikkhamma / satthudassanakamyatā / sāvako te mahāvīra / pāde vandati vaṅgīso ti //*

Sgv. 740. [방기싸]

"죽음의 신의 사악한 길을 극복하여
마음의 황무지를 부수고 지낸다.
속박에서의 해탈을 만들고 집착 없이
필요에 따라 나누어 주는 그를 보라.[740)]

Sgv. 741. [방기싸]

거센 흐름에서 벗어나도록
여러 가지 길을 가르쳤으니,
이러한 그가 가르친 불사의 세계에서
진리를 보는 님은 흔들림 없이 살아간다.[741)]

---

740) *Sgv. 740 ummaggapathaṁ mārassa abhibhuyya / carasi pa- bhijja khilāni / taṁ passatha bandhapamuñcakaraṁ / asitaṁ bhāgaso pavibhajjaṁ // 사악한 길이란 윤회하는 존재의 세계로 인도하는 역할을 하는 '헤아릴 수 없는 오염의 출현의 길'을 말한다.*

741) *Sgv. 741 oghassa hi nittharaṇatthaṁ / anekavihitaṁ maggaṁ akkhāsi / tasmiṁ te amate akkhāte / dhammad- dasā ṭhitā asaṁhīrā //*

Sgv. 742. [방기싸]

꿰뚫어 빛을 비추는 님은
모든 주처를 초월하는 것을 보았다.
그것을 알고 실행한 뒤에
다섯 가지 힘 가운데 최상을 말씀하셨다.[742)]

Sgv. 743. [방기싸]

이처럼 진리를 잘 말씀하셨을 때
진리를 이해하는 님이라면
누가 나태할 것인가?
그러므로 나는 세존의 가르침에 관해
부지런히 항상 예배하며 따라 배운다."[743)]

---

742) *Sgv. 742 pajjotakaro ativijjha dhammaṁ / sabbaṭṭhitīnaṁ atikkamam addasa / ñatvā ca sacchikatvā ca / aggaṁ so desayi dasaṭṭhānaṁ //* *여기서 주처는 견해의 주처나 의식의 주처를 의미하고 다섯 가지 힘은 즉 믿음·정진·새김·집중·지혜의 힘인데, 그 가운데 지혜가 최상이라는 의미를 함축한다.*

743) *Sgv. 743 evaṁ sudesite dhamme / ko pamādo vijānataṁ / tasmā hi tassa bhagavato sāsane / appamatto sadā namassam anusikkhe ti //*

8 : 9(1-9) 꼰당냐의 경
[Koṇḍaññasutta]

한때 세존께서 라자가하 시의 벨루바나 숲에 있는 깔란다까니바빠 공원에 계셨다.

그때 존자 앙냐 꼰당냐가 오랜만에 세존께서 계신 곳으로 찾아왔다. 가까이 다가와서 세존의 두 발에 머리를 조아려 경의를 표하고 두 발에 입을 맞추고 [194] 두 손으로 끌어안았다. 그리고 자신의 이름을 알렸다.

[꼰당냐] "세상의 존귀한 님이여, 저는 꼰당냐입니다. 올바른 길로 잘 가신 님이여, 저는 꼰당냐입니다."

마침 존자 방기싸에게 '참으로 이 앙냐 꼰당냐는 오랜만에 세존께서 계신 곳으로 찾아왔다. 가까이 다가와서 세존의 두 발에 머리를 조아려 경의를 표하고 두 발에 입을 맞추고 두 손으로 끌어안았다. 그리고 자신의 이름을 이와 같이 '세상의 존귀한 님이여, 저는 꼰당냐입니다. 올바른 길로 잘 가신 님이여, 저는 꼰당냐입니다.'라고 알렸다. 내가 앙냐 꼰당냐를 세존 앞에서 어울리는 시로 칭송하면 어떨까?'라는 생각이 떠올랐다.

그래서 존자 방기싸는 자리에서 일어나서 왼쪽 어깨에 가사를 걸치고 세존께서 계신 곳을 향해 합장하고 세존께 이와 같이 말씀드렸다.

[방기싸] "세존이시여, 저에게 생각이 떠올랐습니다. 행복한 분이시여, 저에게 생각이 떠올랐습니다."

세존께서 말씀하셨다.

[세존] "방기싸여, 그 생각을 표현해 보게"

그래서 존자 방기싸는 앙냐 꼰당냐를 세존 앞에서 어울리는 시로 칭송했다.

Sgv. 744. [방기싸]

"부처님을 따라 깨달은 님,
장로 꼰당냐는 열심히 정진하고
지금 여기에서의 행복한 삶을 사는 님으로
멀리 여읨의 삶을 거듭한다.744)

---

744) Sgv. 744 buddhānubuddho so thero / koṇḍaññā tibbanikkamo / lābhī sukhavihārānaṁ / vivekānaṁ abhiṇhaso // 멀리 여읨의 삶'은 '홀로 사는 삶'이라고도 번역할 수 있다. 멀리 여읨에는 세 가지 멀리 여읨 즉, 신체적 멀리 여읨, 정신적 멀리 여읨, 제어적 멀리 여읨 = 선정을 통한 일시적 제어에 의한 멀리 여읨이 있다.

Sgv. 745. [방기싸]

스승의 가르침을 따르는
학인이 성취할 수 있는 어떠한 것도
정진하며 따라 배웠기 때문에
그 모든 것이 이루어진 것이다.745)

Sgv. 746. [방기싸]

세 가지 명지에 정통하고
타인의 생각을 꿰뚫어 보는 능력을 지닌,
부처님의 제자 꼰당냐가
스승의 두 발에 예배드린다."746)

---

745) *Sgv. 745 yaṁ sāvakena pattabbaṁ / satthusāsanakāriṇā / sabbassa taṁ anuppattaṁ / appamattassa sikkhato //*

746) *Sgv. 746 mahānubhāvo tevijjo / cetopariyāyakovido / koṇ- ḍañño buddhasāvako / pāde vandati satthuno ti //* *꼰당냐는 최초의 오비구 가운데 한 사람이었다. 그는 자신의 완전한 열반이 다가오는 것을 깨닫고 부처님을 떠났다. 그는 이 만남 이후에 히말라야로 돌아가 자신의 암자에서 열반에 들었다. 코끼리들이 그의 죽음을 슬퍼해서 그의 시체를 들고 히말라야 산을 돌며 그를 기렸다.*

8 : 10(1-10) 목갈라나의 경
[Moggallānasutta]

한때 세존께서 라자가하 시에 있는 이씨길리 산 중턱의 검은 바위 위에 오백 명의 수행승의 많은 무리와 함께 계셨다. 그들은 모두가 거룩한 님들이었다.

그때 존자 마하 목갈라나가 그들의 마음을 심중으로 살펴서 그 마음이 해탈하여 장애가 없는 것을 알았다.

존자 방기싸에게 이와 같은 생각이 떠올랐다.

[방기싸] '여기 세존께서는 라자가하 시에 있는 이씨길리 산 중턱의 검은 바위 위에서 오백 명의 수행승의 많은 무리와 함께 계신다. 그들은 모두가 거룩한 님들이다. 그런데 존자 마하 목갈라나가 그들의 마음을 심중으로 살펴서 그 마음이 해탈하여 장애가 없는 것을 알고 있다. 내가 존자 마하 목갈라나를 세존 앞에서 알맞은 시로 찬탄하면 어떨까?'

그래서 [195] 존자 방기싸는 자리에서 일어나서 왼쪽 어깨에 가사를 걸치고 세존께서 계신 곳을 향해 합장하고 세존께 이와 같이 말씀드렸다.

[방기싸] "세상의 존귀한 님이여, 저에게 생각이 떠올랐습니다. 올바른 길로 잘 가신 님이여, 저에게 생각이 떠올랐습니다."

세존께서 말씀하셨다.

[세존] "방기싸여, 그 생각을 떠올려 보게."

그러자 존자 방기싸는 존자 마하 목갈라나를 세존 앞에서 어울리는 시로 찬탄했다.

Sgv. 747. [방기싸]

"산허리의 길에 앉아 계신
괴로움을 극복한 슬기로운 님을
세 가지 명지를 갖추고
죽음을 이겨낸 학인들이 공경하여 모신다.747)

Sgv. 748. [방기싸]

위대한 신통을 지닌 목갈라나는
그들의 마음을 살펴서
그들의 마음이 완전히 해탈하여
집착의 대상이 없다는 것을 알고 있다.748)

---

747) Sgv. 747 nagassa passe āsīnaṁ / muniṁ dukkhassa pāraguṁ / sāvakā payirupāsanti / tevijjā maccuhāyino //

748) Sgv. 748 te cetasā anupariyeti / moggallāno mahiddhiko / cittan nesaṁ samannesaṁ / vippamuttaṁ nirupa-

Sgv. 749. [방기싸]

일체의 덕성을 갖추고
괴로움의 피안에 도달하여,
무수한 행상(行相)을 갖춘
고따마 붓다를 그들은 공경하여 모신다."749)

8 : 11(1-11) 각가라의 경
[Gaggarāsutta]

한때 세존께서 짬빠 시의 각가라 연못가에서 칠백 명의 남자 재가신도들과 칠백 명의 여자 재가신도들과 수천 명의 하늘사람을 거느리고 오백 명의 수행승의 많은 무리와 함께 계셨다. 세존께서는 참으로 모습으로나 명성으로나 그들을 뛰어넘어 빛나고 있었다.

마침 존자 방기싸에게 '세존께서 짬빠 시의 각가라 연못가에서 칠백 명의 남자 재가신도들과 칠백 명의 여자 재가신도들과 수천 명의 하늘사람을 거느리고 오백 명의 수행

---

dhiṁ //

749) *Sgv. 749 evaṁ sabbaṅgasampannaṁ / muniṁ dukkhassa pāraguṁ / anekākārasampannaṁ / payirupāsanti gotaman ti //*

승의 많은 무리와 함께 계신다. 세존께서는 참으로 모습으로나 명성으로나 그들을 뛰어넘어 빛나고 계신다. 내가 세존 앞에서 어울리는 시구로 그분을 찬탄하면 어떨까?'라는 생각이 떠올랐다.

그래서 존자 방기싸는 일어나서 왼쪽 어깨에 가사를 걸치고 세존께서 계신 곳을 향해 합장하고 세존께 이와 같이 말씀드렸다.

[방기싸] "세상의 존귀한 님이여, 제게 생각이 떠올랐습니다. 올바른 길로 잘 가신 님이여, 제게 생각이 떠올랐습니다."

세존께서 말씀하셨다.

[세존] "방기싸여, 그 생각을 표현해 보라."

그래서 존자 방기싸는 세존 앞에서 어울리는 시로 세존을 찬탄했다.

Sgv. 750. [방기싸]

"구름이[196] 걷힌 하늘의 달처럼,
오염되지 않은 태양처럼 빛나니
그대, 위대한 성자 앙기라싸는
영광스럽게 온 세상을 비춘다."750)

8 : 12(1-12) 방기싸의 경
[Vaṅgīsasutta]

한때 세존께서 싸밧티 시의 제따바나 숲에 있는 아나타삔디까 승원에 계셨다.

그때 존자 방기싸는 거룩한 님이 된 지가 오래되지 않았다. 그래서 그는 해탈의 행복을 즐기면서 마침 이와 같은 시를 읊었다.

Sgv. 751. [방기싸]

"마을에서 마을로, 도시에서 도시로
일찍이 시짓기에 도취되어 방랑했으나,
마침 올바로 깨달은 님을 만나서
그분에 대한 믿음이 우리에게 일어났다.[751)]

---

750) Sgv. 750 cando yathā vigatavalāhake nabhe / virocati vītamalo ca bhāṇumā / evam pi aṅgīrasa tvaṁ mahāmuni / atirocasi yasasā sabbalokan ti //

751) Sgv. 751 kāveyyamattā vicarimha pubbe / gāmā gāmaṁ purāpuraṁ / ath'addasāma sambuddhaṁ / saddhā no udapajjatha // '시짓기'는 방기싸가 종사했던 두개골 형상을 관찰하고 전생의 그 소유자의 윤회에 관해 알아맞히는 점술을 말한다.

Sgv. 752. [방기싸]

그분은 나에게 가르침을 설하셨다.
존재의 다발과 감역에 관해
나는 그분의 가르침을 듣고 나서
집 없는 삶으로 출가했다.752)

Sgv. 753. [방기싸]

참으로 많은 사람의 이익을 위하여
올바른 자제를 알고 있는
수행승과 수행녀들을 위하여
현자는 올바른 깨달음을 얻으셨다.753)

Sgv. 754. [방기싸]

내가 부처님 곁에 있을 때

---

752) Sgv. 752 so me dhammamadesesi / khandhāyatana-dhātuyo / tassāhaṁ dhamamaṁ sutvāna / pabbajiṁ anagāriyaṁ //

753) Sgv. 753 bahunnaṁ vata atthāya / bodhiṁ ajjhagamā muni / bhikkhūnaṁ bhikkhunīnañ ca ye niyāmagataddasā //

그분은 나에게 아름다운 벗이었으니,
나는 세 가지의 초월적 지혜를 체득하고,
부처님의 가르침을 실천에 옮겼다.754)

Sgv. 755. [방기싸]

나는 전생의 삶을 알고 있고,
하늘눈은 맑아졌고,
세 가지 명지에 정통하고, 신통을 갖추어
타인의 마음을 꿰뚫어 본다."755)

첫 번째 품, 「방기싸의 품」이 끝났다. 그 목차는 차례로 '1) 출가의 경 2) 좋지 않음의 경 3) 예의바른 자를 경멸하는 것에 대한 경 4) 아난다의 경 5) 훌륭한 가르침의 경 6) 싸리뿟따의 경 7) 참회의 모임에 대한 경 8) 천 명 이상의 경 9) 꼰당냐의 경 10) 목갈라나의 경 11) 각가라의 경 12) 방기싸의 경'으로 이루어졌다. 이것으로 여덟 번째 쌍윳따, 「방기싸의 쌍윳따」가 끝났다.

---

754) Sgv. 754 svāgataṁ vata me āsi / mama buddhassa santike / tisso vijjā anuppattā / kataṁ buddhassa sāsanan ti //

755) Sgv. 755 pubbenivāsaṁ jānāmi / dibbacakkhuṁ visodhitaṁ / tevijjo iddhippattomhi / cetopariyāya kovido ti // 여기에 언급되지 않았지만, 하늘귀가 생략된 것으로 모두 합하여 여섯 가지 곧바른 앎, 즉 육신통을 갖춘 것을 말하는 것이다.

제9장 숲의 쌍윳따

(Vanasaṁyutta)

1. 숲의 품
(Vanavagga)

9 : 1(1-1) 멀리 여읨의 경
[Vivekasutta]

이와 같이 [197] 나는 들었다. 한때 한 수행승이 꼬쌀라국에 있는 한 우거진 숲에 머물고 있었다.

그때 그 수행승은 대낮의 휴식을 취하면서 세속적인 죄악에 가득한 나쁜 생각을 일으켰다.

마침 그 우거진 숲에 살고 있던 하늘사람이 그 수행승을 가엾게 여겨 그의 이익을 위해서 수행승을 일깨우고자 수행승이 있는 곳으로 찾아왔다. 가까이 다가와서 그 수행승에게 시로 말했다.

Sgv. 756. [하늘사람]
"그대는 홀로 있고자 숲으로 들어왔으나
그대의 마음은 밖으로 흔들리네.
사람으로서 사람에 대한 욕망을 제거하면,
탐욕을 떠나 즐겁게 되리라. 756)

---

756) Sgv. 756 vivekakāmo si vanaṁ paviṭṭho / atha te mano

Sgv. 757. [하늘사람]

불만족을 버리고 새김을 확립하라.
그대를 새김을 확립한
참사람으로 기억하리라.
지옥의 티끌은 제거하기 아주 어려우니
감각적 쾌락의 욕망이라는
티끌로 자신을 타락시키지 말라.757)

Sgv. 758. [하늘사람]

먼지로 뒤덮인 새가 날개에 붙어 있는
먼지를 털어 버리듯,
올바른 새김으로 정진하는 수행승들은
몸에 붙어 있는 먼지를 털어 버린다."758)

---

niccharatī bahiddhā / jano janasmiṁ vinayassu chandaṁ / tato sukhī hohisi vītarāgo //

757) *Sgv. 757 aratiṁ pajahāsi sato / bhavāsi sataṁ taṁ sād- ayāmase / pātālarajo hi duruttamo / mā taṁ kāmar- ajo avāhari //* 지옥의 티끌이란 의지할 곳이 없다는 뜻에서 지옥이라고 불리는 번뇌의 티끌을 말한다.

758) *Sgv. 758 sakuṇo yathā paṁsukuṇḍito / vidhūnaṁ*

그러자 수행승은 그 하늘사람에게 깨우침을 받고 정신을 바짝 차렸다.

9 : 2(1-2) 일깨우기의 경
[Upaṭṭhānasutta]

한때 한 수행승이 꼬쌀라 국의 한 우거진 숲에 머물고 있었다.

그때 [198] 그 수행승은 대낮의 휴식을 취하며 자고 있었다. 마침 그 우거진 숲에 살고 있던 하늘사람이 그 수행승을 가엾게 여겨 그의 이익을 위해서 수행승을 일깨우고자 수행승이 있는 곳으로 찾아왔다. 가까이 다가와서 그 수행승에게 시로 말했다.

Sgv. 759. [하늘사람]

"수행승이여, 일어나라. 왜 누워 있는가?
잠잔들 무슨 소용이 있는가?
독화살을 맞아 상처받은 자,
병든 자에게 잠이란 무엇인가?759)

---

pātayati sitaṁ rajaṁ / evaṁ bhikkhu padhānavā satimā / vidhūnaṁ pātayati sitaṁ rajan ti //

Sgv. 760. [하늘사람]

집에서 집 없는 곳으로
출가하게 한 그 신념
그 믿음을 키워야지
잠에 사로잡히면 안 된다."[760]

Sgv. 761. [수행승]

"우둔한 사람은 감각적 욕망에 묶이지만
감각적 욕망은 무상하고 부서지기 쉽다.
모든 속박에서 해탈하여 집착이 없는
출가자를 잠이 어떻게 괴롭힐 것인가?[761]

---

759) *Sgv. 759 uṭṭhehi bhikkhu kiṁ sesi / ko attho supinena te / āturassa hi kā niddā / sallaviddhassa ruppato // 세 가지 종류의 병든 자 즉, 환자가 있다. 늙음에 의한 환자, 질병에 의한 환자, 번뇌에 의한 환자이다.*

760) *Sgv. 760 yāya saddhā pabbajito / agārasmānagāriyaṁ / tam eva saddhaṁ brūhehi / mā niddāya vasaṅgamī ti //*

761) *Sgv. 761 aniccā addhuvā kāmā / yesu mando'va mucchito / khandhesu muttaṁ asitaṁ / kasmā pabbajitaṁ tape // 이 이하 네 개의 시는 하늘사람의 시인가 수행승의 시인가 불분명하다. 따라서 화자를 누구로 잡는가에 따라 번역*

Sgv. 762. [수행승]

욕망과 탐욕을 없애고
어둠을 뛰어넘어
그 지혜가 맑아진
출가자를 잠이 어떻게 괴롭힐 것인가?[762)]

Sgv. 763. [수행승]

밝음으로 어둠을 부수고
모든 번뇌를 완전히 부수어
슬퍼하지 않고 절망하지 않는
출가자를 그것이 어떻게 괴롭힐 것인가?[763)]

이 달라질 수 있다. 이하는 수행승인 것을 가정하고 번역한 것이다.

762) Sgv. 762 chandarāgassa vinayā / avijjāsamatikkamā / tañ ñāṇaṁ paramavodānaṁ / kasmā pabbajitaṁ tape // 여기서 지혜는 네 가지 거룩한 진리를 말한다.

763) Sgv. 763 bhetvā avijjaṁ vijjāya / āsavānaṁ parikkhayā / asokaṁ anupāyāsaṁ / kasmā pabbajitaṁ tape //

Sgv. 764. [수행승]

정진을 일으켜 스스로 노력하고
항상 견고하게 힘쓰며
열반을 바라는 출가자를
그것이 어떻게 괴롭힐 것인가?"764)

9 : 3(1-3) 깟싸빠곳따의 경 [Kassapagottasutta]

한때 존자 깟싸빠곳따가 꼬쌀라 국에 있는 한 우거진 숲에 머물고 있었다.

그때 존자 깟싸빠곳따는 대낮의 휴식을 취하면서 어떤 체따 족을 가르치고 있었다.

마침 그 우거진 숲에 살고 있던 하늘사람이 깟싸빠곳따를 가엾게 여겨 그의 이익을 위해서 깟싸빠곳따를 일깨우고자 깟싸빠곳따가 있는 곳으로 찾아왔다. 가까이 다가와서 존자 깟싸빠곳따에게 시로 말했다.

---

764) Sgv. 764 āraddhaviriyaṁ pahitattaṁ / niccaṁ daḷhaparakkamaṁ / nibbānaṁ abhikaṅkhantaṁ / kasmā pabbajitaṁ tapeti //

Sgv. 765. [하늘사람]

"산의 덤불길을 걷는 지혜가 없고
무자비한 사냥꾼을
때가 아닌 때에 가르치고자 하는
수행승은 생각하건대 참으로 어리석다.[765)]

Sgv. 766. [하늘사람]

그는 듣지만 깨닫지 못하고
쳐다보지만 알아보지 못하니
가르침을 설해도
어리석은 자는 그 뜻을 모른다.[766)]

---

765) *Sgv. 765 giriduggacaraṁ chetaṁ / appapaññaṁ acetasaṁ / akāle ovadaṁ bhikkhu / mando'va paṭibhāti maṁ //*
체따 족을 사냥꾼들이었다.

766) *Sgv. 766 suṇāti na vijānāti / āloketi na passati / dhammasmiṁ bhaññamānasmiṁ / atthaṁ bālo na bujjhati //*

Sgv. 767. [하늘사람]

오! 깟싸빠여, [199] 그대가
열 손가락에 횃불을 들더라도,
그 모습을 보지 못하니
그에게는 눈이 없기 때문이다."767)

그러자 존자 깟싸빠곳따는 그 하늘사람에게 깨우침을 받고 정신이 번쩍 들었다.

9 : 4(1-4) 많은 수행승의 경 [Sambahulabhikkhusutta]

한때 많은 수행승들이 꼬쌀라 국에 있는 한 우거진 숲에 머물고 있었다.

그때 그 수행승들은 우기에 접어든 지 삼 개월이 지난 뒤라 편력수행을 떠나버렸다. 마침 그 우거진 숲에 살고 있던 어떤 하늘사람들이 그 수행승들이 보이지 않으므로 슬퍼하면서 그때 이와 같은 시를 읊었다.

---

767) Sgv. 767 sace pi dasa pajjote / dhārayissasi kassapa / n'eva dakkhiti rūpāni / cakkhu hi'ssa na vijjatī ti //

Sgv. 768. [하늘사람]

"오늘 불쾌한 생각이 드니,
여기 많은 빈 자리가 보인다.
훌륭하게 말하고 학식이 많은
고따마의 그 제자들은 어디로 갔는가?"[768]

이렇게 말하자 다른 하늘사람이 그 하늘사람에게 시로 응답했다.

Sgv. 769. [다른 하늘사람]

"그들은 마가다 국이나 꼬쌀라 국으로
일부는 밧지 국의 땅으로 갔다.
사슴처럼 자유롭게 다니며
수행승들은 집 없이 살아간다."[769]

---

768) Sgv. 768 arati viya me'jja khāyati / bahuke disvāna vivittena āsane / te cittakathā bahussutā / ko'me gotamasāvakā gatā ti // 하늘사람은 수행승들이 수행자로서의 삶을 버린 줄 알고 불쾌하게 생각했다.

769) Sgv. 769 magadhaṁ gatā kosalaṁ gatā / ekacciyā pana vajjibhūmiyā / magā viya asaṅgacārino / aniketā viharanti

9 : 5(1-5) 아난다의 경
[Ānandasutta]

한때 존자 아난다가 꼬쌀라 국에 있는 한 우거진 숲에 머물고 있었다.

그때 존자 아난다는 재가신도들을 위로하는 데 지나치게 많은 시간을 보냈다. 마침 그 우거진 숲에 살고 있던 하늘사람이 존자 아난다를 가엾게 여겨, 그의 이익을 위해서 존자 아난다를 일깨우고자 존자 아난다가 있는 곳으로 찾아왔다. 가까이 다가와서 존자 아난다에게 시로 말했다.

Sgv. 770. [하늘사람]

"나무뿌리가 무성한 곳에 들어가
마음에 열반을 새겨 명상하라.
고따마의 제자여, [200] 방일하지 말라.
걱정한들 그대에게 무슨 소용이 될까?"770)

---

bhikkhavo ti // *사슴처럼 산록이나 숲속을 거닐며, 부모의 재산이나 가문의 유산에 집착하지 않고 안락하고 위험이 없는 초원을 발견하면 그곳에서 거닐듯, 집 없는 수행승은 정해진 거처가 없이 스승이나 친교사의 재산이나 가문의 유산에 집착하지 않고, 그들이 쉽게 적당한 기후, 적당한 음식, 적당한 가르침의 청문을 발견할 수 있는 곳을 거닌다.*

그러자 존자 아난다는 그 하늘사람에게 깨우침을 받고 정신이 번쩍 들었다.

9 : 6(1-6) 아누룻다의 경
[Anuruddhasutta]

한때 존자 아누룻다가 꼬쌀라 국의 한 우거진 숲에 머물고 있었다.

그때 서른셋 신들의 하늘나라에 사는 존자 아누룻다의 전생의 아내였던 잘리니란 이름의 하늘여인이 존자 아누룻다가 있는 곳으로 찾아왔다. 그녀는 가까이 다가와서 존자 아누룻다에게 시로 말했다.

---

770) Sgv. 770 rukkhamūlagahaṇaṁ pasakkiya / nibbānaṁ hadaya- smiṁ opiya / jhāya gotama mā ca pamādo / kiṁ te biḷibiḷikā karissatī ti // 부처님께서 열반에 드신 후 마하 깟싸빠는 아난다로 하여금 아라한이 되어 라자가하의 경전 제일결집에 참여하도록 유도했다. 그러나 아난다는 밤낮 마을에서나 숲에서 오직 신도들에게 무상을 설하며 신도들이 부처님이 돌아가신 것을 슬퍼하는 것을 위로하는 데 급급해서 자신의 임무를 잃어버렸다. 그래서 하늘사람이 아난다에게 최종적인 깨달음을 얻어 아라한이 되어 결집에 참여하라고 종용하는 시이다.

Sgv. 771. [잘리니]

"모든 소원을 이루어 주는
서른셋 신들의 하늘나라로
당신이 전생에 살던 곳으로
마음을 돌리시오.
하늘여인에게 둘러싸여 시중을 받으며
당신은 빛나리라."771)

Sgv. 772. [아누룻다]

"하늘여인은 불행하다.
개체 가운데 살기 때문이니.
하늘여인을 탐하는 사람들
그 사람들도 역시 불행하다."772)

---

771) *Sgv. 771 tattha cittaṁ paṇidhehi / yattha te vusitaṁ pure / tāvatiṁsesu devesu / sabbakāmasamiddhisu / purakkhato parivuto / devakaññāhi sobhasīti //*

772) *Sgv. 772 duggatā devakaññāyo / sakkāyasmiṁ patiṭṭhitā / te cāpi duggatā sattā / devakaññāhi patthitāti // 하늘여인들은 탐욕과 성냄과 어리석음과 견해와 경향과 자만과 회의적 의심과 흥분의 여덟 가지 이유로 개체가 있다*

Sgv. 773. [잘리니]

“영예로운 서른셋 신들의 하늘나라의
하늘사람이 살고 있는
환희의 동산을 보지 못한 사람은
행복을 알지 못한다.”773)

Sgv. 774. [아누룻다]

“어리석은 자여, 그대는 알지 못하니
거룩한 님께서 말씀하셨다.
모든 형성된 것들은 무상하여
생겨나고 사라지는 것이니
곧, 생겨나고 사라지는
그 현상의 적멸이야말로 지복이다. 774)

는 생각 속에 자신을 정립한다.
773) Sgv. 773 = Sgv. 20
774) Sgv. 774c-f = Sgv. 21

Sgv. 775. [아누룻다]

잘리니여, 하늘사람 무리 속에
이제 내가 살 새로운 터전은 없다.
윤회의 삶은 소멸해 버렸으니
이제 다시 태어남은 존재하지 않는다."775)

9 : 7(1-7) 나가닷따의 경
[Nāgadattasutta]

한때 존자 나가닷따가 꼬쌀라 국에 있는 한 우거진 숲에 머물고 있었다.

그때 존자 나가닷따는 아침 일찍 마을로 들어가서 오후 늦게 돌아왔다. 마침 그 우거진 숲에 살고 있던 하늘사람이 존자 나가닷따를 가엾게 여겨 그의 이익을 위해서 존자 나가닷따를 일깨우고자 존자 나가닷따가 있는 곳으로 찾아왔다. 가까이 다가와서 [201] 존자 나가닷따에게 시로 말했다.

---

775) *Sgv. 775 natthi dāni punāvāso / devakāyasmiṁ jālinī / vi- kkhīṇo jātisaṁsāro / natthi dāni punabbhavo ti //*

Sgv. 776. [하늘사람]

"그대는 너무 일찍 마을에 들어
나가닷따여, 너무 늦게 돌아오니
기쁨과 슬픔을 같이 나누면서
너무 오랜 시간 동안 마을사람과 사귄다.776)

Sgv. 777. [하늘사람]

나는 무모한 나가닷따가
재가의 집에 묶이는 것을 두려워한다.
강력한 죽음의 왕에 의해
악마의 영토에 떨어지지 말아야 하리."777)

그러자 존자 나가닷따는 하늘사람에게 깨우침을 받고 정신이 번쩍 들었다.

---

776) *Sgv. 776 kāle pavissa nāgadatta / divā ca āgantvā ati-vela- / cārī saṁsaṭṭho gahaṭṭhehi / samānasukhadukkho //*

777) *Sgv. 777 bhāyāmi nāgadattaṁ suppagabbhaṁ / kule-su vinibaddhaṁ / mā heva maccurañño balavato / anta-kassa vasam eyyā ti //*

9 : 8(1-8) 가정주부의 경
[Kulagharaṇīsutta]

한때 한 수행승이 꼬쌀라 국에 있는 한 우거진 숲에 머물고 있었다.

그때 그 수행승은 한 가정과 너무 오랫동안 밀접한 관계를 맺고 지냈다. 마침 그 우거진 숲에 살고 있던 하늘사람이 그 수행승을 가엾게 여겨 그의 이익을 위해서 수행승을 일깨우고자 그 집 가정주부의 모습으로 나타나 그 수행승이 있는 곳으로 찾아왔다. 가까이 다가와서 그 수행승에게 시로 말했다.

Sgv. 778. [하늘사람]

"강가에서나 장터에서나
집회당에서나 길 위에서나
사람들이 함께 모여 당신과 나 사이에
무슨 일이 있는지 떠든다."778)

---

778) Sgv. 778 nadītīresu saṇṭhāne / sabhāsu rathiyāsu ca / janā saṅgamma mantenti / mañ ca tañ ca kim antaran ti // 한 수행승이 마을에서 걸식을 하는데 한 가정주부가 그 상호가 단정한 것을 보고 기뻐하며 집으로 초대했고 공양 후에 법문을 듣고 감동하여 보시를 했다. 그래서 그 수행승은

Sgv. 779. [수행승]

"세상에는 귀에 거슬리는 말이 많으니,
고행자들은 참아야 하리.
그 때문에 부끄러워해서는 안 되니
그로 인해 때 묻지는 않기 때문이다.779)

Sgv. 780. [수행승]

바람을 두려워하는 숲속의 사슴처럼
거슬리는 말을 두려워하는 자는
경박한 자라고 부르니,
그런 사람의 서원은 완성되지 않으리."780)

더욱 정진해서 아라한이 되었다. 그 후 그 은혜에 보답하려고 다시 그 집에 탁발하러 다녔다. 그러나 하늘사람은 이 수행승이 선악을 초월한 거룩한 님이라는 사실을 알지 못했고 수행승과 가정주부의 관계를 사악한 것으로 보고 가정주부로 화현하여 수행승을 일깨우고자 한 것이다.

779) Sgv. 779 bahū hi saddā paccūhā / khamitabbā tapassinā / na tena maṅku hotabbo / na hi tena kilissati //

780) Sgv. 780 yo ca saddaparittāsī / vane vātamigo yathā / lahucitto ti taṁ āhu / nāssa sampajjate vatan ti //

9 : 9(1-9) 밧지 족 사람의 경 [Vajjiputtasutta]

한때 어떤 밧지 족의 수행승이 베쌀리 시에 있는 한 우거진 숲에 머물고 있었다.

그때 베쌀리 시에는 밤새 계속되는 축제가 열리고 있었다. 마침 그 수행승은 [202] 거문고나 동자와 같은 악기가 울리는 소리를 듣고 슬퍼져서 마침 이와 같은 시를 읊었다.

Sgv. 781. [수행승]

"숲속에 버려진 나무 조각처럼
홀로 우리는 숲에서 사니
이와 같은 밤에 우리보다
비참한 사람이 누가 있을까?"781)

그때 그 우거진 숲에 살고 있던 하늘사람이 그 수행승을 가엾게 여겨 그의 이익을 위해서 수행승을 일깨우고자 그 수행승이 있는 곳으로 찾아왔다. 가까이 다가와서 그 수행승에게 시로 말했다.

---

781) Sgv. 781 ekakā mayaṁ araññe viharāma / apaviddhaṁ va vanasmiṁ dārukaṁ / etādisikāya rattiyā / ko sunāma amhehi pāpiyo ti //

Sgv. 782. [하늘사람]

"숲속에 버려진 나무 조각처럼
홀로 당신은 숲속에 살지만,
많은 사람이 오히려 당신을 부러워한다.
지옥의 뭇삶이 하늘사람을 부러워하듯."782)

그러자 그 수행승은 하늘사람에게 깨우침을 받고 정신을 바짝 차렸다.

9 : 10(1-10) 경전 읊기의 경
[Sajjhāyasutta]

한때 한 수행승이 꼬쌀라 국에 있는 한 우거진 숲에 머물고 있었다.

그런데 이전에는 꽤 오랫동안 경전을 읊으면서 지냈던 그 수행승이 나중에는 아무 것도 하지 않고 침묵하며 움츠러들었다. 마침 그 우거진 숲에 살고 있던 하늘사람이 그 수행승의 가르침을 듣지 못하게 되어 그 수행승이 있는 곳으로 찾아왔다. 가까이 다가와서 그 수행승에게 시로 말했다.

---

782) Sgv. 782 ekako tvaṁ araññe viharasi / apaviddhaṁ va vanasmiṁ dārukaṁ / tassa te bahukā pihayan ti / nerayikā viya saggagāminan ti //

Sgv. 783. [하늘사람]

"수행승이여, 왜 다른 수행승들과 함께
가르침의 말씀을 배우지 않는가?
가르침을 들으면 청정한 기쁨을 얻고
살아 있을 때에 칭찬을 받는다."783)

Sgv. 784. [수행승]

"욕망의 여읨을 이루기까지
일찍이 가르침의 말씀을 원했다.
이제 [203] 욕망의 여읨을 이루었으니,
참사람으로서 우리는
보거나 듣거나 감지한 것마다
알고 나면, 버려야 할 것이라 일컫는다."784)

---

783) *Sgv. 783 kasmā tuvaṁ dhammapadāni bhikkhu / nādhīyasi bhikkhūhi saṁvasanto / sutvāna dhammaṁ labhatippasādaṁ / diṭṭheva dhamme labhatippasaṁsan ti //*

784) *Sgv. 784 ahu pure dhammapadesu chando / yāva virāgena samāgamimha / yato virāgena samāgamimha / yaṁ kiñci diṭṭhaṁ va sutaṁ va mutaṁ / aññāya nikkhepanam āhu santo ti //* 모든 현상세계 즉, 존재의 다발로 구성된 세

9 : 11(1-11) 악하고 불건전한 사유의 경
[Akusalavitakkasutta]

한때 한 수행승이 꼬쌀라 국에 있는 한 우거진 숲에 머물고 있었다.

그런데 그때 대낮의 휴식을 취하고 있던 그 수행승이 감각적 쾌락의 욕망에 매인 사유, 분노에 매인 사유, 폭력에 매인 사유와 같은 악하고 불건전한 사유를 일으켰다. 마침 그 우거진 숲에 살고 있던 하늘사람이 그 수행승을 가엾게 여겨 그의 이익을 위해서 수행승을 일깨우고자 그 수행승이 있는 곳으로 찾아왔다. 가까이 다가와서 그 수행승에게 시로 말했다.

Sgv. 785. [하늘사람]

"이치에 맞게 성찰하지 않아서
그대는 사유에 취해 있다.
이치에 맞지 않는 것을 버리고
이치에 맞게 성찰하시오. 785)

계는 깨달은 자에게 '버려져야 할 것'으로 인식된다.

785) *Sgv. 785 ayoniso manasikārā / bho vitakkehi majjasi / ayoniso paṭinissajja / yoniso anuvicintaya //*

Sgv. 786. [하늘사람]

스승과 가르침과 참모임에 관해서
계율을 어기지 않으면,
당신은 의심할 바 없이
행복과 기쁨과 즐거움을 얻으리라.
그리하여 지복에 넘쳐
괴로움의 종식을 성취하리라."[786)]

그러자 그 수행승은 하늘사람에게서 깨우침을 받고 정신을 바짝 차렸다.

9 : 12(1-12) 정오의 경
[Majjhantikasutta]

한때 한 수행승이 꼬쌀라 국에 있는 한 우거진 숲에 머물고 있었다.

그때 그 우거진 숲에 살고 있던 하늘사람이 그 수행승이

---

786) Sgv. 786 satthāraṁ dhammam ārabbha / saṅghaṁ sīlānivattano / adhigacchasi pāmojjaṁ / pītisukham asaṁsayaṁ / tato pāmojjabahulo / dukkhass'antaṁ karissasī ti //

있는 곳으로 찾아왔다. 찾아와서 그 수행승 앞에서 이와 같은 시를 읊었다.

Sgv. 787. [하늘사람]

"한낮 정오의 시간에
새는 조용히 앉아 있는데,
바람이 불어 큰 숲이 울리니
나에게 두려움이 생겨난다."787)

Sgv. 788. [수행승]

"한낮 정오의 시간에
새는 조용히 앉아 있는데,
바람이 불어 큰 숲이 울리니
나에게 즐거움이 생겨난다."788)

9 : 13(1-13) 야생의 감각을 지닌 자들의 경
[Pākatindriyasutta]

---

787) Sgv. 787 = Sgv. 28
788) Sgv. 788 = Sgv. 29

이와 같이 나는 들었다. 한때 많은 수행승들이 꼬쌀라 국에 있는 한 우거진 숲에서 살았다.

그들은 교만하여 허세를 부리고 경솔하여 농담을 하며 시끄럽고 [204] 새김도 잃어버리고 알아차림도 없고 집중하지도 못하고 마음이 혼미하고 야생의 감각을 지닌 채 살았다. 그때 그 우거진 숲에서 살고 있던 하늘사람이 그 수행승들을 가엾게 여겨 그들의 이익을 위해서 그 수행승들을 일깨우고자 그 수행승들이 있는 곳으로 찾아왔다. 가까이 다가와서 그 수행승들에게 시로 말했다.

Sgv. 789. [하늘사람]

"예전에 고따마의 제자들인
수행승들은 만족하게 지내며,
바라는 마음 없이
음식을 구하고
바라는 마음 없이
잠자리를 구했다.
세상의 덧없음을 잘 알았기 때문에
진실로 괴로움의 종식을 보았다. 789)

Sgv. 790. [하늘사람]

그러나 지금 수행승들은
스스로 자제하지 못해
마을의 우두머리와 같이,
남의 집에서 분별을 잃은 채로
먹고 마시고 드러눕는다.[790]

Sgv. 791. [하늘사람]

수행승의 참모임에
공손하게 예경하면서
내 여기서 몇 마디만 말하니,
그들은 버림받고 주인을 잃었으니
흡사 아귀와 같다.[791]

---

789) Sgv. 79 = Sgv. 351
790) Sgv. 790 = Sgv. 352
791) Sgv. 791 = Sgv. 353

Sgv. 792. [하늘사람]

내가 말한 것은
방일하게 살아가는 이들에 관한 것이니
방일하지 않게 사는 이들께는
극진하게 예경을 올린다."[792)]

그러자 그 수행승들은 하늘사람에게 깨우침을 받고 정신을 바짝 차렸다.

9 : 14(1-14) 향기 도둑의 경
[Gandhatthenasutta]

한때 한 수행승이 꼬쌀라 국에 있는 한 우거진 숲에 머물고 있었다.

그때 그 수행승은 탁발에서 돌아와 공양을 한 뒤에 연못으로 들어가서 붉은 연꽃의 향기를 맡곤 했다. 마침 그 우거진 숲에 살고 있던 하늘사람이 그 수행승을 가엾게 여겨 그의 이익을 위해서 수행승을 일깨우고자 그 수행승이 있는 곳으로 찾아왔다. 가까이 다가와서 그 수행승에게 시로 말했다.

---

792) Sgv. 792 = Sgv. 354

Sgv. 793. [하늘사람]

"그대가 이 연꽃의 향기를 맡을 때
그것은 주어진 것이 아니다.
이것은 도둑질의 한 가지이니,
벗이여, 그대는 향기 도둑이다."[793)]

Sgv. 794. [수행승]

"나는 연꽃을 취하지도 않았고
꺾지도 않았고 떨어져서 향기만 맡았네.
그런데 무슨 이유로 그대는
나를 향기 도둑이라고 하는가?[794)]

---

793) Sgv. 793 yam etaṁ vārijaṁ pupphaṁ / adinnaṁ upasiṅghasi / ekaṅgam etaṁ theyyānaṁ / gandhattheno'si mārisā ti // 수행승이 향기가 마음에 든다면, 다음 날도 다시 꽃냄새를 맡게 되고, 그러한 마음이 자라 탐욕이 되고 갈애가 된다. 갈애는 해탈에 장애가 된다.

794) Sgv. 794 na harāmi na bhañjāmi / ārā siṅghāmi vārijaṁ / atha kena nu vaṇṇena / gandhattheno'ti vuccati //

Sgv. 795. [수행승]

연 줄기를 잡아 뽑고,
연꽃을 꺾고, 그와 같이
거친 행위를 하는 자에게는
왜 그렇게 말하지 않는가?"795)

Sgv. 796. [하늘사람]

"어떤 사람이[205] 거칠고 흉폭하고,
하녀의 옷처럼 심하게 더럽혀졌다면,
나는 그에게 말할 것이 없지만,
지금은 그대에게 말하는 것이다. 796)

---

795) *Sgv. 795 yavāyaṁ bhisāni khaṇati / puṇḍarīkāni bhuñjati / evaṁ ākiṇṇakammanto / kasmā eso na vuccatīti //* 여기서 거친 행위를 하는 자는 업을 쌓아가는 자를 말한다.

796) *Sgv. 796 ākiṇṇaluddo puriso / dhāti celaṁ va makkhito / tasmiṁ me vacanaṁ natthi / tañ ca arahāmi vattave //*

Sgv. 797. [하늘사람]

때 묻지 않은 사람,
언제나 청정함을 구하는 사람에게는
머리털만큼의 죄악이라도
구름처럼 크게 보이는 것이다."797)

Sgv. 798. [수행승]

"참으로 야차여, 그대는 나를 알고
나를 가엾게 여긴다.
야차여, 그대가 그러한 행위를
볼 때마다 다시 말해주시오."798)

---

797) *Sgv. 797 anaṅgaṇassa posassa / niccaṁ sucigavesino / vāḷa- ggamattaṁ pāpassa / abbhāmattaṁ'va khāyatī ti //*

798) *Sgv. 798 addhā maṁ yakkha jānāsi / atho maṁ anu- kampasi / punapi yakkha vajjesi / yadā passasi edisan ti //* *야차는 우리말에서처럼 나쁜 의미로 쓰이는 것이 아니라, 다소 이상한 존재나 초인간적인 존재에 대한 일반적인 표현이다. 부처님조차 당시에 야차로 불리기도 했다.*

Sgv. 799. [하늘사람]

"우리는 그대에 의지해 살지 않고
또한 당신에게 고용된 하인도 아니다.
행복한 세계로 가는 길을,
수행승이여, 그대가 스스로 알아야 한다."799)

첫 번째 품, 「숲의 품」이 끝났다. 그 목차는 차례로 '1) 멀리 여읨의 경 2) 일깨우기의 경 3) 깟싸빠곳따의 경 4) 많은 수행승의 경 5) 아난다의 경 6) 아누룻다의 경 7) 나가닷따의 경 8) 가정주부의 경 9) 밧지 족 사람의 경, 10) 경전 읊기의 경, 11) 악하고 불건전한 사유의 경, 12) 정오의 경, 13) 야생의 감각을 지닌 자들의 경, 14) 향기 도둑의 경'으로 이루어졌다. 이것으로 아홉 번째 쌍윳따, 「숲의 쌍윳따」가 끝났다.

---

799) Sgv. 799 n'eva taṁ upajīvāmi / na pi te katakāmmase / tvam eva bhikkhu jāneyya / yena gaccheyya suggatin ti //

제10장
야차의 쌍윳따
(Yakkhasaṁyutta)

1. 야차의 품
(Yakkhavagga)

10 : 1(1-1) 인다까의 경
[Indakasutta]

이와 같이 [206] 나는 들었다. 한때 세존께서 라자가하 시의 '인다까'라는 야차의 처소인 인다 산봉우리에 계셨다.

그때 인다까 야차가 세존께서 계신 곳으로 찾아왔다. 가까이 다가와서 세존께 시로 말했다.

Sgv. 800. [인다까]
"부처님들은 물질은 영혼이 아니라 한다.
그렇다면 어떻게 이 육신을 얻는가?
뼈와 살을 이루는 덩어리는
어디서 오며 어떻게 모태에 안착하는가?"800)

---

800) Sgv. 800 rūpaṁ na jīvanti vadanti buddhā / kathaṁ nvayaṁ vindati'maṁ sarīraṁ / kut'assa aṭṭhīyakapiṇḍam eti / kathaṁ tvayaṁ sajjati gabbharasmin ti // 야차는 '인다'라는 산봉우리에 살았는데, 산봉우리가 야차의 이름에 따라 불리기도 했고, 야차가 산봉우리 이름에 따라 불리기도 했다. 그는 '존재는 단 한 번의 타격으로 자궁에서 생산된다'

Sgv. 801. [세존]

"최초로 깔랄라가 생겨나고
깔랄라에서 압부다가 되고
압부다에서 빼씨가 생겨나고
빼씨가 가나로 발전하고
가나에서 빠싸카가 생겨나고
머리카락과 털과 손톱 발톱이 생겨난다.801)

라는 견해를 지닌 개체주의자였다.

801) Sgv. 801 paṭhamaṁ kalalaṁ hoti / kalalā hoti abbudaṁ / abbudā jāyate pesī pesī / nibbattati ghano / ghanā pasākhā jāyanti / kesā lomā nakhāni ca // 부처님은 '존재는 점차적으로 성장하면서 생겨난다.'고 주장하면서 야차의 신념을 비판하고자 했다. 태내오위(胎內五位)를 나타낸다. 즉, ① 임신 직후의 1주가 '깔랄라'라고 하는데, 세 가닥의 양모로 이루어진 실타래의 끝에 놓인 기름방울 크기이다. ② 임신 후 2~3주가 '압부다'라고 하는데, 고기 씻은 물의 색깔을 하고 있다. ③ 임신 후 3~4주는 '빼씨'라고 하는데, 용해된 주석 모양이며 색깔은 핑크색이다. ④ 임신 후 4~5주는 '가나'라고 하는데, 달걀 모양을 하고 있다. ⑤ 임신 후 6주 이상은 '빠싸카'라고 하는데, 두 팔, 두 다리, 머리의 기초가 되는 다섯 개의 돌기가 생겨난 상태를 말한다. 그러나 머리카락, 몸털, 손발톱은 42주가 지나야 생겨난다.

Sgv. 802. [세존]

먹을 것과 마실 것으로
그의 어머니가 섭취한 것
모태 안에 있는 사람은
그것으로 거기에서 산다."802)

10 : 2(1-2) 싹까의 경
[Sakkasutta]

한때 세존께서 라자가하 시에 있는 깃자꾸따 산에 계셨다.

그때 '싹까'라고 하는 야차가 세존께서 계신 곳으로 찾아 왔다. 가까이 다가와서 세존께 시로 말했다.

Sgv. 803. [싹까]

"그대가 모든 계박에서 벗어나
완전히 해탈한 수행자라면,

---

802) Sgv. 802 yañ c'assa bhuñjate māta / annaṁ pānañ ca bhojanaṁ / tena so tattha yāpeti / mātukucchigato naro ti // '모태 안에 있는 태아'가 아니라 '모태 안에 있는 사람'이라고 되어 있다.

다른 사람을 가르치는 것은
그대에게 옳은 일이 아니다."[803)]

Sgv. 804. [세존]

"싹까여, 어떠한 이유로든
어떤 사람과 친밀함이 일어난다면,
슬기로운 사람이라면 그에 대한 동정으로
마음이 동요해선 안 되리.[804)]

Sgv. 805. [세존]

그러나 깨끗하고 청정한 마음으로
그가 다른 사람을 가르친다면,
그는 연민과 동정 때문에
사슬에 묶이지는 않으리."[805)]

---

803) Sgv. 803 sabbaganthappahīnassa / vippamuttassa te sato / samaṇassa na taṁ sādhu / yadaññamanusāsatī ti //

804) Sgv. 804 yena kenaci vaṇṇena / saṁvāso sakka jāyati / na taṁ arahati sappañño / manasā anukampituṁ //

805) Sgv. 805 manasā ce pasannena / yad aññam anusāsati

10 : 3(1-3) 쑤찔로마의 경
[Sūcilomasutta]

한때 [207] 세존께서 가야 마을에 있는 쑤찔로마라는 야차의 처소인 땅끼따만짜에 계셨다.

그런데 그때 '카라'라는 야차와 '쑤찔로마'라는 야차가 세존께서 계신 곳에서 멀지 않은 곳을 지나고 있었다. 그때 야차 카라는 야차 쑤찔로마에게 이와 같이 말했다.

[카라] "이 분은 수행자이다."

[쑤찔로마] "아니다. 그는 수행자가 아니다. 적어도 그가 수행자인지 거짓 수행자인지 내가 알 때까지는 그는 거짓 수행자이다."

곧바로 야차 쑤찔로마는 세존께서 계신 곳으로 찾아왔다. 가까이 다가와서 세존께 몸을 구부렸다. 그래서 세존께서는 몸을 젖혔다.

/ na tena hoti saṁyutto / sānukampā anuddayā ti // 야차는 이렇게 생각했다 : 부처님과 같은 수행승은 해탈의 상태에 있더라도 다른 사람을 가르쳐서는 안 된다. 그들과 관계를 맺게 되면, 다시 세상에 묶이게 되기 때문이다. 이에 대해 부처님은 이렇게 대답했다 ; 현자가 다른 사람을 가르치는 것은 그와 밀접한 관계를 갖는 것이 아니다. 현자는 삿된 욕망이 없이 오직 자비심으로 상대방에게 해탈의 길을 열어줄 뿐이기 때문이다.

그때 야차 쑤찔로마는 세존께 이와 같이 말씀드렸다.

[쑤찔로마] "수행자여, 그대는 내가 두려운가?"

[세존] "벗이여, 나는 결코 그대를 두려워하지 않는다. 그대와 부딪치는 것이 싫을 뿐이다."

[야차 쑤찔로마] "수행자여, 나는 그대에게 질문을 하고자 한다. 만약 그대가 나에게 대답하지 못하면, 나는 당신의 마음을 미치게 하거나 심장을 찢어 버리거나 또는 두 발을 붙잡아 갠지스 강 저 쪽으로 던져버릴 것이다."

[세존] "벗이여, 나는 이 신들과 악마들과 하느님들의 세계에서, 성직자들과 수행자들, 그리고 왕들과 백성들과 그 후예들의 세계에서, 나의 마음을 미치게 하고 나의 심장을 찢어 버리고 나의 두 발을 붙잡아 갠지스 강 저 쪽으로 던질 수 있는 사람을 나는 보지 못했다. 그렇지만 벗이여, 네가 원하는 것을 한 번 질문해 보라."

그래서 야차 쑤찔로마는 세존께 이와 같이 시로 질문했다.

Sgv. 806. [쑤찔로마]

"탐욕과 성냄의 원천은 무엇인가?
불쾌함, 즐거움, 소름끼치는 전율은

어디에서 솟아나는가?
어린 아이들이 다리를 묶은
까마귀를 날리듯,
마음의 상념이 생겨나는 곳은 어디인가?"806)

Sgv. 807. [세존]

"탐욕과 성냄은 여기에 원천이 있다.
불쾌함, 즐거움, 소름돋는 전율은
여기에서 솟아난다.
어린 아이들이 다리를 묶은 까마귀를 날리듯,
마음의 상념은 여기에서 생겨난다. 807)

---

806) Sgv. 806 rāgo ca doso ca kutonidāno / aratī ratī lomahaṁso kutojā / kuto samuṭṭhāya manovitakkā / kumārakā dhaṅkam iv' ossajanti // 아이들이 까마귀의 한 다리를 실로 묶은 다음에 놓아 주면 까마귀는 멀리 가지 못하고 다시 돌아온다. 우리의 사유도 마찬가지로 부메랑의 효과가 있다.

807) Sgv. 807 rāgo ca doso ca ito nidāno / aratī ratī lomahaṁso itojā / ito samuṭṭhāya manovitakkā / kumārakā dhaṅkam iv'ossajanti // 여기라는 것은 자기의 존재 즉, 자신의 몸을 말한다.

Sgv. 808. [세존]

애욕에서 솟아나고,
자신에게서 생겨난다.
뱅골 보리수의 줄기에 난 싹들처럼.
감각적 쾌락에 매달려서
겹겹이 얽혀 있다.
칡넝쿨이 숲속에 온통 퍼져 있듯이.808)

Sgv. 809. [세존]

그것들의 [208] 원천을
밝게 아는 님들은 그것을 없애버린다.
야차여, 들으라.
그들은 다시 태어나지 않기 위해,
건넌 적 없고, 건너기 어려운
거센 흐름을 건넌다."809)

---

808) Sgv. 808 snehajā attasambhūtā / nigrodhassevi khandhajā / puthu visattā kāmesu / māluvā'va vitatā vane //

809) Sgv. 809 ye naṁ pajānanti yato nidānaṁ / te naṁ vinodenti suṇohi yakkha / te duttaraṁ ogham imaṁ taranti /

10 : 4(1-4) 마니밧다의 경
[Maṇibhaddasutta]

한때 세존께서 '마니밧다'라는 야차의 집인 마니말라까 탑묘에서 마다가 인들과 함께 계셨다.

그때 야차 마니밧다가 세존께서 계신 곳으로 찾아왔다. 가까이 다가와서 세존 앞에서 이와 같은 시를 읊었다.

Sgv. 810. [마니밧다]

"새김을 확립하면 언제나 복되고
새김을 확립하면 즐거움을 얻는다.
새김을 확립하여 날마다 잘 지내면,
원한에서 벗어난다."[810)]

Sgv. 811. [세존]

---

atiṇṇapubbaṁ apunabbhavāyā ti //

810) Sgv. 810 satīmato sadā bhaddaṁ / satimā sukhamedhati / satīmato suve seyyo / verā ca parimuccatī ti //

"새김을 확립하면 언제나 복되고
새김을 확립하면 즐거움을 얻는다.
새김을 확립하여 날마다 잘 지내더라도,
원한에서 벗어나지 못한다.811)

Sgv. 812. [세존]

날마다 언제나 정신으로
분노를 여읨에 기뻐하고,
모든 존재에게 자애를 베푸는 님은
어떠한 원한도 여읜다."812)

10 : 5(1-5) 싸누의 경
[Sānusutta]

한때 세존께서 싸밧티 시의 제따바나 숲에 있는 아나타삔디까 승원에 계셨다.

---

811) *Sgv. 811 satīmato sadā bhaddaṁ / satimā sukhamedhati / satīmato suve seyyo / verā na parimuccatī ti //*
812) *Sgv. 812 yassa sabbam ahorattaṁ / ahiṁsāya rato mano / mettaṁso sabbabhūtesu / veraṁ tassa na kenacī ti //*

그런데 그때 어떤 재가 여자신도의 아들인 '싸누'라고 하는 사람이 야차에게 사로잡혔다. 그 재가의 여자신도는 가슴아파하면서 마침 이와 같은 시를 읊었다.

Sgv. 813. [싸누의 어머니]

"야차는 희롱하지 않는다고
이처럼 거룩한 님에게 들었다.
그런데 오늘 나는 목격한다.
야차들이 싸누를 희롱하는 것을. 813)

Sgv. 814. [싸누의 어머니]

---

813) Sgv. 813 na tehi yakkhā kīḷanti / iti me arahataṁ sutaṁ / sādāni ajja passāmi yakkhā kīḷanti sānunā ti // 싸누는 어렸을 때 벌써 출가승이 되었다. 그러나 나중에 수행생활에 만족을 느끼지 못하고 의무를 게을리 하다 마침내 승단을 떠나 어머니의 집으로 돌아갔다. 어머니는 아들을 보고 그의 기분을 전환시키려고 노력했다. 그런데 바로 전생에 그의 어머니였던 야차녀도 깜짝 놀랐다. 사미승이 너무 경건해서 어머니였던 자신도 하늘사람과 야차들 사이에 존경을 받고 있었기 때문에 이제 그러한 존경을 이제 잃게 되는 것이 두려웠다. 그녀는 사미승에게 환속을 단념하도록 하기 위해 경련을 일으키게 만들었다. 그러자 금생의 어머니가 달려와서 아픈 아들을 끌어안았다.

열나흘 째와 열닷새 째 날
그리고 보름의 여덟째 날과
신변의 힘을 얻는 재일에
여덟 가지 계행을 잘 지켜야 하리.[814)]

Sgv. 815. [싸누의 어머니]

포살을 행하고 청정한 삶을 사는 자를
야차는 희롱하지 않는다고
나는 이처럼 거룩한 님에게 들었다.
그런데 오늘 나는 목격한다.

---

814) Sgv. 814 cātuddasiṁ pañcadasiṁ / yāva pakkhassa aṭṭhamī / pāṭihāriyapakkhañ ca / aṭṭhaṅgasusamāhitaṁ // 보름의 여덟째 날과 열네번째와 열 다섯 번째 날은 포살일인데, 불가사의한 신변의 힘을 얻는다는 재일은 포살일의 전후일, 안거 후의 자자일의 전후일에 해당한다. 포살일에서는 수행승들이 의무계율을 외우고, 일반신도들은 여덟 가지 계행을 지켜야 한다 : ① 살아있는 것을 죽이지 않고 ② 주지 않은 것을 빼앗지 않고 ③ 사랑을 나눔에 잘못을 범하지 않고 ④ 거짓말을 하지 않고 ⑤ 취하는 것을 마시지 않고 ⑥ 오후에는 아무 것도 먹지 않고 ⑦ 가무, 음악, 연극, 치장, 화장을 하지 않고 ⑧ 높고 사치스러운 침상이나 와좌구를 사용하지 않는다.

야차들이 싸누를 희롱하는 것을."815)

Sgv. 816. [싸누 속의 야차]

"열나흘 째와 열닷새 째 날
그리고 보름의 여덟째 날과
신변의 힘을 얻는 특별한 날에
여덟 가지 계행을 잘 지켜야 하리.816)

Sgv. 817. [싸누 속의 야차]

포살을 [209] 거행하고
청정한 삶을 사는 자를,
야차는 희롱하지 않는다고
나는 거룩한 님에게서 들었다.817)

---

815) Sgv. 815 na tehi yakkhā kīḷanti / iti me arahataṁ sutaṁ / sā dāni ajja passāmi / yakkhā kīḷanti sānunā ti //
816) Sgv. 816 cātuddasiṁ pañcadasiṁ / yāva pakkhassa aṭṭhamī / pāṭihāriyapakkhañ ca / aṭṭhaṅgasusamāhitaṁ //
817) Sgv. 817 uposathaṁ upavasanti / brahmacariyaṁ caranti ye / na tehi yakkhā kīḷanti / sāhu te arahataṁ sutaṁ //

Sgv. 818. [싸누 속의 야차]

싸누가 정신을 차리면,
야차의 이와 같은 말을 전하라.
드러나거나 드러나지 않거나
나쁜 짓을 하지 마라.[818)]

Sgv. 819. [싸누 속의 야차]

당신이 나쁜 짓을 해야만 하거나
지금 하고 있다면,
아무리 날고 도망쳐도
괴로움에서 벗어나지 못하리."[819)]

---

818) *Sgv. 818 sānuṁ pabuddhaṁ vajjāsi / yakkhānaṁ vacanaṁ idaṁ / mā kāsi pāpakaṁ kammaṁ āviṁ vā yadi vā raho //*

819) *Sgv. 819 saceva pāpakaṁ kammaṁ / karissasi karosi vā / na te dukkhā pamutyatthi / uppaccāpi palāyato ti //*

Sgv. 820. [정신 차린 싸누]

"어머니, 죽은 사람 또는
살아있어도 볼 수 없는 사람 때문에 울지요.
내가 살아있는 것을 보면서,
어머니, 왜 나 때문에 우시나요?"[820)]

Sgv. 821. [싸누의 어머니]

"아들아, 사람들은 죽은 사람
또는 살아있어도
볼 수 없는 사람 때문에 운다.
그러나 누군가
감각적 쾌락의 욕망을 버린 후
다시 세속으로 돌아온다면,
사람들은 이런 이유로도 운단다.
아들아, 살아 있어도
실제로는 죽었기 때문이지.[821)]

---

820) Sgv. 820 mataṁ vā amma rodanti / yo vā jīvaṁ na dissati / jīvantaṁ amma passantī / kasmā maṁ amma rodasī ti //

Sgv. 822. [싸누의 어머니]

아이야, 뜨거운 숯불에서 나왔으면서
숯불 속에 다시 뛰어들길 원하는구나.
아이야, 지옥에서 나왔으면서
지옥에 다시 떨어지길 원하는구나.[822]

Sgv. 823. [싸누의 어머니]

멀리 달아나라, 행운이 함께 하리니!
우리의 불행을 누구에게 하소연하겠는가?
불 속에서 건진 것들이 있는데
너는 다시 그것이 불타길 원하는구나."[823]

---

821) *Sgv. 821 mataṁ vā puttaṁ rodanti / yo vā jīvaṁ na dissati / yo ca kāmeva jitvāna / punar āgacchate idha / taṁ vāpi putta rodanti / puna jīvaṁ mato hi so //*

822) *Sgv. 822 kukkuḷā ubbhato tāta / kukkuḷaṁ patitum icchasi / narakā ubbhato tāta / narakaṁ patitum icchasi //* 뜨거운 숯불은 열회지옥의 이름이기도 하다. 재가생활의 위험은 뜨거운 숯불과 같다.

823) *Sgv. 823 abhidhāvatha bhaddan te / kassa ujjhāpayāmase / ādittā nīhataṁ bhaṇḍaṁ / puna ḍayhitum icchasī ti //* 전생의 어머니인 야차의 개입은 성공적이었다. 현생의

10 : 6(1-6) 삐양까라의 경
[Piyaṅkarasutta]

한때 존자 아누룻다가 싸밧티 시의 제따바나 숲에 있는 아나타삔디까 승원에 있었다.

그때 존자 아누룻다는 깊은 새벽녘에 일어나 진리의 시구를 암송하고 있었다. 그때 삐양까라의 어머니인 야차녀가 자기 아들에게 이와 같은 말로 조용히 시켰다.

Sgv. 824. [야차녀]

"소리 내지 마라. 삐양까라야,
수행승이 진리의 시구를 암송하는구나.
진리의 시구를 이해해서
우리의 행복을 위해 실천해야 한단다. 824)

어머니의 충고를 들은 뒤에 싸누는 환속할 것을 그만두고 구족계를 받고 부처님의 가르침을 공부하여 얼마 되지 않아 거룩한 님의 경지에 올랐다. 그는 백이십 세까지 살아서 가르침을 전했다.

824) Sgv. 824 *mā saddaṁ kari piyaṅkara / bhikkhu dhammapadāni bhāsati / api ca dhammapadāni vijāniya / paṭipajjema hitāya no siyā //* *그녀는 아들 삐양까라를 등에 업고 제따바나 숲에서 음식을 찾다가 장로가 가르침을 암송하는 소리를 듣고 감동하여 넋을 잃은 채 듣고 있다가 음식에 대한 생각은 까마득*

Sgv. 825. [야차녀]

뭇삶을 해치는 것을 삼가고
고의로 거짓말을 하지 않으며
우리가 착한 계행을 익힌다면,
악귀의 존재에서 벗어날 것이다."825)

10 : 7(1-7) 뿌납바쑤의 경
[Punabbasusutta]

한때 세존께서 싸밧티 시의 제따바나 숲에 있는 아나타삔디까 승원에 계셨다.

그런데 [210] 그때 세존께서 수행승들을 열반에 관한 법문으로 수행승들을 교화하고 북돋우고 고무시키고 기쁘게 했다. 또한 수행승들은 그 뜻을 이해하고 숙고하고 모든 마음을 집중하여 귀를 기울이고 가르침을 들었다. 그때 뿌납바쑤의 어머니인 야차녀가 자기 아들을 이와 같이 훈계하며 만족해했다.

히 잊어버렸다. 그러나 아들은 그 가르침을 듣기에는 너무 어려서 배고픔 때문에 보채길 계속했다.

825) Sgv. 825 *pāṇesu ca saṁyamāmase / sampajānamusā na bha- ṇāmase / sikkhema susīliyam attano / api muccema pisācayoniyā ti //*

Sgv. 826. [뿌납바쑤의 어머니]

"조용히 해라, 웃따라야,
조용히 해라, 뿌납바쑤야,
나는 최상의 깨달은 님인
스승의 가르침을 듣고 싶구나.[826)]

Sgv. 827. [뿌납바쑤의 어머니]

세존께서 모든 계박에서의 해탈,
열반에 대해 말씀하실 때,
이미 오래 전부터 이 가르침에 대해
깊은 감동이 내 안에 솟구쳤단다.[827)]

---

826) Sgv. 826 tuṇhī uttarike hohi / tuṇhī hohi punabbasu / yāvāhaṁ buddhaseṭṭhassa / dhammaṁ sossāmi satthano // 야차녀의 딸은 웃따라였고 아들은 뿌납바쑤였다.

827) Sgv. 827 nibbāṇaṁ bhagavā āhu / sabbaganthappamocanaṁ / ativelā ca me hoti / asmiṁ dhamme piyāyanā //

Sgv. 828. [뿌납바쑤의 어머니]

세상에서는 자신의 아들이 사랑스럽고,
세상에서는 자신의 남편이 사랑스럽지만
나에게는 이 가르침을 추구하는 것이
그것보다 훨씬 더 마음에 든단다.828)

Sgv. 829. [뿌납바쑤의 어머니]

아들이나 남편을 사랑하더라도
괴로움에서 해탈하지 못하지만,
올바른 가르침을 들으면,
뭇삶은 괴로움에서 해탈하기 때문이란다.829)

---

828) *Sgv. 828 piyo loke sako putto / piyo loke sako pati / tato piyatarā mayhaṁ / assa dhammassa magganā //*
829) *Sgv. 829 na hi putto pati vā pi / piyo dukkhā pamocaye / yathā saddhammasavaṇaṁ / dukkhā moceti pāṇinaṁ //*

Sgv. 830. [뿌납바쑤의 어머니]

괴로움에 빠지고 늙음과 죽음으로
묶인 세상에서
늙음과 죽음에서 해탈하기 위해
올바로 원만히 깨달은
그분의 가르침을 듣고 싶으니,
뿌납바쑤야, 조용히 해라."830)

Sgv. 831. [뿌납바쑤]

"어머니, 나는 말하지 않아요,
이 웃따라도 역시 잠자코 있어요.
오로지 가르침 귀를 기울여
참다운 가르침을
듣는 것은 즐겁습니다.
참다운 가르침을 알지 못했기 때문에,
어머니, 우리는 가련하게 살아왔습니다. 831)

---

830) Sgv. 830 loke dukkhaparetasmiṁ / jarāmaraṇasaṁyutte / jarāmaraṇamokkhāya / yaṁ dhammaṁ abhisambuddhaṁ / taṁ dhammaṁ sotumicchāmi / tuṇhī hoti punabbasū ti //

Sgv. 832. [뿌납바쑤]

그분은 미혹한 신들과 사람들을 위해
빛을 비추시는 분,
마지막 육신을 나투어
지혜로운 깨달은 님께서 가르침 설하십니다."[832)]

Sgv. 833. [뿌납바쑤의 어머니]

"내 가슴에서 낳고 기른
내 아들이 이토록 슬기롭다니 훌륭하도다.
내 아들은 깨달은 님 가운데
가장 높은 이의 청정한 가르침을 좋아한다.[833)]

---

831) Sgv. 831 amma na byāharissāmi / tuṇhībhūtāyam uttarā / dhammam eva nisāmehi saddhammasavaṇaṁ sukhaṁ / saddhammassa anaññāya / amma dukkhaṁ carāmase //

832) Sgv. 832 esa devamanussānaṁ / sammūḷhānaṁ pabhaṅkaro / buddho antimasārīro / dhammaṁ deseti cakkhumā ti //

833) Sgv. 833 sādhu kho paṇḍito nāma / putto jāto ure seyyo / putto me buddhaseṭṭhassa / dhammaṁ suddhaṁ piyāyati //

Sgv. 834. [뿌납바쑤의 어머니]

뿌납바쑤야, 행복해라.
오늘 나는 마침내 미혹에서 벗어났으니,
웃따라도 내 말을 들어라.
거룩한 진리가 보이는구나!"834)

10 : 8(1-8) 쑤닷따의 경
[Sudattasutta]

한때 세존께서 라자가하 시에 있는 씨따바나 숲에 계셨다.

그런데 그때 장자 아나타삔디까가 어떤 용무로 라자가하 시에 도착했다.

그리고 장자 아나타삔디까는 '참으로 부처님께서 세상에 출현했다.'는 소문을 들었다. 그래서 곧 세존을 뵈러 가고 싶은 마음이 생겨났다.

그러나 [211] 장자 아나타삔디까에게 '지금은 세존을 뵈러 가기에 알맞은 때가 아니다. 나는 내일 알맞은 때에 세존을 뵈러 가야겠다.'라는 생각이 들었다. 그리고 세존을 생각하

---

834) Sgv. 834 punabbasu sukhī hohi / ajjāhamhi samuggatā / diṭṭhāni ariyasaccāni / uttarā pi suṇātu me ti //

며 잠자리에 들었으나 밤중에 새벽인줄 알고 세 번이나 잠이 깼다.

마침내 장자 아나타삔디까는 씨따바나 숲에 이르는 문이 있는 곳으로 찾아갔다. 하늘사람들이 문을 열었다.

아나타삔디까가 읍내에서 밖으로 나왔을 때, 밝음은 사라지고 어둠이 나타났다. 두려움과 전율과 공포가 일어나서 그는 되돌아가려고 했다.

그때 야차 씨바까가 몸을 감추고 목소리를 들려주었다.

Sgv. 835. [야차 씨바까]

"백 마리의 코끼리와 백 마리의 말과
백 마리의 노새가 끄는 수레,
보석과 귀고리로 장식한 십만 명의 처녀도,
여기 내딛는 한 발자국의
십육 분의 일에도 못 미친다."[835)]

---

835) Sgv. 835 sataṁ hatthī sataṁ assā / sataṁ assatarī rathā / sataṁ kaññāsahassāni / āmuttamaṇikuṇḍalā / ekassa padavītihārassa / kalaṁ nāgghanti soḷasiṁ // 아나타삔디까는 밤의 초야에 부처님을 생각하며 일어났는데, 믿음과 기쁨에 넘쳐 광명이 나타나고 어둠이 사라졌다. 그는 벌써 날이 밝았다고 생각하여 성문을 나섰는데, 밖에 나가서 아

[야차 씨바까] "장자여, 앞으로 나아가라. 장자여, 앞으로 나아가라. 앞으로 나아가면 좋고 뒤로 물러서면 좋지 않다."

그러자 장자 아나타삔디까에게 어둠이 사라지고 밝음이 나타났다. 그리고 그에게 일어났던 두려움과 전율과 공포가 없어졌다.

다시 두 번째로 아나타삔디까에게 밝음은 사라지고 어둠이 나타났다. 두려움과 전율과 공포가 일어나서 되돌아가려고 했다.

그때 두 번째로 야차 씨바까가 몸을 감추고 목소리를 들려주었다.

Sgv. 836. [야차 씨바까]

"백 마리의 코끼리와 백 마리의 말과
백 마리의 노새가 끄는 수레,
보석과 귀고리로 장식한 십만 명의 처녀도

니라는 것을 깨달았다. 밤의 중야에도 똑같은 상황이 벌어졌다. 야차 씨바까는 그러한 상황에 관해 말하는 것이다. 여기 내딛는 한 발자국이란 부처님 앞으로 내딛는 발자국을 말한다.

여기서 내딛는 한 발자국의
십육 분의 일에도 못 미친다."836)

[야차 씨바까] "장자여, 앞으로 나아가라. 장자여, 앞으로 나아가라. 앞으로 나아가면 좋고 뒤로 물러서면 좋지 않다."

그러자 장자 아나타삔디까에게 어둠이 사라지고 밝음이 나타났다. 그에게 일어났던 두려움과 전율과 공포가 없어졌다.

다시 세 번째로 아나타삔디까에게 밝음은 사라지고 어둠이 나타났다. 두려움과 전율과 공포가 일어나서 되돌아가려고 했다.

그때 세 번째로 야차 씨바까가 몸을 감추고 목소리를 들려주었다.

Sgv. 837. [야차 씨바까]

"백 마리의 코끼리와 백 마리의 말과
백 마리의 노새가 끄는 수레,
보석 귀고리를 장식한 십만 명의 처녀도

---

836) Sgv. 836 = Sgv. 837 = Sgv. 835

여기 내딛는 한 발자국의
십육 분의 일에도 못 미친다."837)

[야차 씨바까] "장자여, 앞으로 나아가라. 장자여, 앞으로 나아가라. 앞으로 나아가면 좋고 뒤로 물러서면 좋지 않다."

그러자 장자 아나타삔디까에게 어둠이 사라지고 [212] 밝음이 나타났다. 그에게 두려움과 전율과 공포가 없어졌다.

그래서 장자 아나타삔디까는 세존께서 계시는 씨따바나 숲으로 찾아왔다. 그런데 그때 세존께서는 날이 밝아 일어나셔서 바깥을 거닐고 계셨다.

세존께서는 장자 아나타삔디까가 멀리서 오고 있는 것을 보셨다. 보고 나서 걸음을 멈추고 펼쳐진 자리에 앉으셨다. 앉아서 장자 아나타삔디까에게 '쑤닷따여, 어서 오시오.'라고 말씀하셨다.

그때 장자 아나타삔디까는 '세존께서 내 이름을 불러주셨다.'고 감동하여 그 자리에서 세존의 두 발에 머리를 조아려 경의를 표하고 세존께 이와 같이 말했다.

[아나타삔디까] "스승이시여, 세존께서는 편히 주무셨습니까?"

---

837) Sgv. 837 = Sgv. 836 = Sgv. 835

Sgv. 838. [세존]

"완전한 열반을 성취한 존귀한 님은
언제나 참으로 편히 잠잔다.
감각적 쾌락에 더럽혀지지 않은 님은
청량해서 집착의 대상이 없다.[838)]

Sgv. 839. [세존]

모든 집착을 자르고
마음의 근심을 제거하고
마음의 적멸을 얻어서
고요한 님은 안락하게 잠잔다."[839)]

10 : 9(1-9) 쑥까의 경 ①
[Paṭhamasukkāsutta]

한때 세존께서 라자가하 시의 벨루바나 숲에 있는 깔란

---

838) Sgv. 838 sabbadā ve sukhaṁ seti / brāhmaṇo parinibbuto / yo na limpati kāmesu / sītibhuto nirupadhi //
839) Sgv. 839 sabbā āsattiyo chetvā / vineyya hadaye daraṁ / upasanto sukhaṁ seti / santiṁ pappuyya cetasā ti //

다까니바빠 공원에 계셨다.

그런데 그때 수행녀 쑥까가 많은 무리에 둘러싸여 가르침을 설하고 있었다.

마침 수행녀 쑥까에 대해 청정한 믿음을 가진 야차가 라자가하 시를 거리에서 거리로 네거리에서 네거리로 돌아다니며 마침 이와 같은 시를 읊었다.

Sgv. 840. [야차]

"감미로운 술에 취한 듯 지내는
라자가하 시의 사람들은 무엇을 하는가?
불사의 삶에 이르는 길을 가르치는
쑥까에게 귀를 기울이는 자가 없다.840)

Sgv. 841. [야차]

그녀의 가르침은 참으로 물리지 않고

---

840) Sgv. 840 *kimme katā rājagahe manussā / madhupītāva acchare ye / ye sukkaṁ na payirupāsanti / desentiṁ amatam padaṁ* // *쑥까는 전생에 오백 명 수행녀의 지도자로서 위대한 법사였다. 금생에 수행녀가 되어 짧은 시간에 거룩한 경지에 올랐고 유창한 법사가 되었다.*

고갈되지 않는 감로수이다.
생각하건대 슬기로운 사람이라면,
나그네가 구름을 마시듯 그것을 마시리."841)

10 : 10(1-10) 쑥까의 경 ②
[Dutiyasukkāsutta]

한때 세존께서는 라자가하 시의 벨루바나 숲에 있는 깔란다까니바빠 공원에 계셨다.

그런데 [213] 그때 어떤 재가신도가 수행녀 쑥까에게 공양을 올렸다.

마침 수행녀 쑥까에게 청정한 믿음을 갖고 있는 야차가 라자가하 시를 거리에서 거리로 네거리에서 네거리로 돌아다니면서 마침 이와 같은 시를 읊었다.

Sgv. 842. [야차]

"모든 속박에서 벗어난
쑥까에게 공양을 올린 재가신도는

---

841) Sgv. 841 tañ ca pana appaṭivānīyaṁ / asecanakam ojavaṁ / pivanti maññe sappaññā / valāhakamivaddhagū ti //

참으로 슬기롭다.
그야말로 참으로 많은 공덕을 낳으리.”842)

10 : 11(1-11) 찌라의 경
[Cīrāsutta]

한때 세존께서는 라자가하 시의 벨루바나 숲에 있는 깔란다까니바빠 공원에 계셨다.

그런데 그때 어떤 재가신자가 수행녀 찌라에게 옷을 보시했다.

그때 수행녀 찌라에게 청정한 믿음을 갖고 있는 야차가 라자가하 시를 거리에서 거리로 네거리에서 네거리로 돌아다니면서 마침 이와 같은 시를 읊었다.

Sgv. 843. [야차]
“모든 얽매임에서 벗어난
찌라에게 옷을 보시한 재가신도는
참으로 슬기롭다.

---

842) Sgv. 842 puññaṁ vata pasavi bahuṁ / sappañño vatāyam upāsako / yo sukkāya adāsi bhojanaṁ / sabbaganthehi vippamuttāyā ti //

그야말로 참으로 많은 공덕을 낳으리."843)

10 : 12(1-12) 알라바까의 경
[Aḷāvakasutta]

이와 같이 나는 들었다. 한때 세존께서는 알라비 국의 '알라바까'라는 야차의 처소에 계셨다.

이 때 야차 알라바까는 세존께서 계신 곳으로 찾아갔다. 가까이 다가가서 세존께 이와 같이 말씀드렸다.

[알라바까] "수행자여, 나가시오."

[세존] "벗이여, 좋습니다."

세존께서는 나가셨다. 또 야차는 말했다.

[알라바까] "수행자여, 들어오시오."

[세존] "벗이여, 좋습니다."

세존께서는 들어오셨다.

두 번째에도 야차 알라바까는 말했다.

[알라바까] "수행자여, 나가시오."

[세존] "벗이여, 좋습니다."

---

843) Sgv. 843 puññaṁ vata pasavi bahuṁ / sappañño vatāyam upāsako / yo cīrāya adāsi cīvaraṁ / sabbayogehi vippamuttāyā ti //

다시 세존께서는 나가셨다. 다시 야차는 말했다.

[알라바까] "수행자여, 들어오시오."

[세존] "벗이여, 좋습니다."

다시 세존께서는 들어오셨다.

세 번째에도 [214] 야차 알라바까는 말했다.

[알라바까] "수행자여, 나가시오."

[세존] "벗이여, 좋습니다."

또 다시 세존께서는 나가셨다. 또 다시 야차는 말했다.

[알라바까] "수행자여, 들어오시오."

[세존] "벗이여, 좋습니다."

또 다시 세존께서는 들어오셨다.

네 번째에도 야차 알라바까는 말했다.

[알라바까] "수행자여, 나가시오."

그러자 세존께서는 말씀하셨다.

[세존] "나는 더 이상 나가지 않겠소. 그대 할 일이나 하시오."

[알라바까] "수행자여, 그대에게 묻겠습니다. 만일 그대가 내게 대답을 못하면, 당신의 마음을 산란케 하고 당신의 심장을 찢은 뒤, 두 다리를 잡아 갠지스 강 건너로 내던지겠소."

세존께서는 말씀하셨다.

[세존] "벗이여, 신들과 악마들과 하느님들의 세계에서, 성직자들과 수행자들, 그리고 왕들과 백성들과 그 후예들의 세계에서, 내 마음을 산란케 하고 내 심장을 찢고 두 다리를 잡아 갠지스 강 건너로 내던질만한 자를 나는 아직 보지 못했소. 친구여, 그대가 물어 보고 싶은 것이 있거든 무엇이나 물어 보시오."

야차 알라바까는 세존께 다음의 시로 말을 걸었다.

Sgv. 844. [알라바까]

"세상에서 사람의 으뜸가는 재산은 무엇이고,
무엇을 잘 닦아 안락을 가져오나?
무엇이 참으로 가장 감미로운 맛이며,
어떠한 삶이 최상의 삶이라 일컬어지는가?"[844)]

Sgv. 845. [세존]

"믿음이 세상에서 으뜸가는 재산이고,
가르침을 잘 닦아 안락을 얻으며,

---

844) Sgv. 844 = Sgv. 225

진리가 참으로 가장 감미로운 맛이고,
지혜로운 삶이 최상의 삶이라 일컬어진다."[845)]

Sgv. 846. [알라바까]

"사람은 어떻게 거센 흐름을 건너는가?
어떻게 커다란 바다를 건너는가?
어떻게 괴로움을 뛰어넘는가?
그리고 어떻게 완전히 청정해지는가?"[846)]

Sgv. 847. [세존]

"사람은 믿음으로 거센 흐름을 건너고,
방일하지 않음으로 커다란 바다를 건넌다.
정진으로 괴로움을 뛰어넘고,
지혜로 완전히 청정해진다."[847)]

---

845) Sgv. 845 = Sgv. 226

846) Sgv. 846 kathaṁ su taratī oghaṁ, kathaṁ su tarati aṇṇavaṁ / kathaṁ su dukkhaṁ acceti, kathaṁ su parisujjhati //

847) Sgv. 847 saddhāya taratī oghaṁ / appamādena aṇṇa-

Sgv. 848. [알라바까]

"사람은 어떻게 해서 지혜를 얻는가?
어떻게 해서 재물을 얻는가?
어떻게 해서 명성을 떨치는가?
어떻게 해서 친교를 맺는가?
어떻게 이 세상에서 저 세상으로
또한 가서 슬픔을 여의는가?"848)

Sgv. 849. [세존]

"열반에 도달하기 위하여
거룩한 님의 가르침을 믿고
방일하지 않고 현명한 자라면,
배우려는 열망을 통해 지혜를 얻는다. 849)

---

vaṁ / viriyena dukkham acceti / paññāya parisujjhati //

848) Sgv. 848 kathaṁ su labhate paññaṁ / kathaṁ su vindate dhanaṁ / kathaṁ su kittiṁ pappoti / kathaṁ mittāni ganthati / asmā lokā paraṁ lokaṁ / kathaṁ pecca na socati //

849) Sgv. 849 saddāhāno arahataṁ / dhammaṁ nibbānapattiyā / sussūsā labhate paññaṁ / appamatto vicakkhaṇo //

Sgv. 850. [세존]

알맞은 일을 하고 멍에를 지고
열심히 노력하는 자는 재물을 얻고,
그는 진실함으로 [215] 명성을 떨치고,
보시함으로 친교를 맺는다.850)

Sgv. 851. [세존]

가정생활을 하는 신도일지라도,
진실, 진리, 결단, 보시의
이 네 가지 원리를 갖추면,
내세에 가서도 걱정이 없다.851)

---

850) *Sgv. 850 patirūpakārī dhuravā / uṭṭhātā vindate dhanaṁ / saccena kīttiṁ pappoti / dadaṁ mittāni ganthati //* *알맞는 일을 한다는 것은 장소와 시간 등을 벗어나지 않고 세간적, 혹은 출세간적인 재산 — 예를 들어 아라한의 경지 — 을 얻는 데 알맞은 수단을 강구하는 것을 말한다. 멍에를 진다는 것은 책임으로써의 멍에를 의미한다.*

851) *Sgv. 851 yass'ete caturo dhammā / saddhassa gharamesino / saccaṁ dhammo dhiti cāgo / sa ve pecca na socati //*

Sgv. 852. [세존]

그리고 진실과 자제,
또한 보시와 인내보다 세상에
더 나은 것이 있다면,
그것을 널리 수행자나 성직자에게 물어 보라."852)

Sgv. 853. [알라바까]

"어찌 다른 수행자들이나 성직자들에게
내가 물을 필요가 있겠습니까?
미래의 삶에 유익한 것을
나는 오늘 분명히 알았습니다.853)

---

852) *Sgv. 852 iṅgha aññe pi pucchassu / puthū samaṇa-brāhmaṇe / yadi saccā damā cāgā / khantyā bhiyyo'dha vijjati //*

853) *Sgv. 853 kathan nu dāni puccheyyaṁ / puthu samaṇa-brāhmaṇe / so'haṁ ajja pajānāmi / yo attho samparāyiko //*

Sgv. 854. [세존]

깨달은 님께서 알라비에서 지내려고
오신 것은 참으로 저에게 유익했으니,
커다란 과보가 있는 가르침을 받았음을
나는 오늘 분명히 알았습니다.854)

Sgv. 855. [세존]

올바로 깨달은 님과 잘 설해진
뛰어난 가르침에 예경하면서,
저는 이 마을에서 저 마을로,
이 산에서 저 산으로 돌아다니겠습니다."855)

첫 번째 품, 「야차의 품」이 끝났다. 그 목차는 차례로 '1) 인다까의 경 2) 싹까의 경 3) 쑤찔로마의 경 4) 마니받다의 경 5) 싸누의 경 6) 삐양까라의 경 7) 뿌납비쑤의 경 8) 쑤닷따의

---

854) Sgv. 854 atthāya vata me buddho / vāsāy'āḷavim āgamā / so'haṁ ajja pajānāmi / yattha dinnaṁ mahapphalaṁ //

855) Sgv. 855 so ahaṁ vicarissāmi / gāmā gāmaṁ purā puraṁ / namassamāno sambuddhaṁ / dhammassa ca sudhammatan ti // 여기서 부처님과 가르침에 대한 귀의만 있는 것을 볼 수 있어서 초기불경 가운데서도 고층의 경임을 알 수 있다.

경 9) 쑥까의 경 ① 10) 쑥까의 경 ② 11) 찌라의 경 12) 알라비까의 경'으로 이루어졌다.
이것으로 열 번째 쌍윳따, 「야차의 쌍윳따」가 끝났다.

제11장
제석천의 쌍윳따
(Sakkasaṁyutta)

1. 쑤비라의 품

(Suvīravagga)

11 : 1(1-1) 쑤비라의 경
[Suvīrasutta]

이와 같이 [216] 나는 들었다. 한때 세존께서 싸밧티 시의 제따바나 숲에 있는 아나타삔디까 승원에 계셨다.

그때 세존께서는 '수행승들이여'라고 수행승들을 부르셨다. 수행승들은 '세존이시여'라고 대답했다.

세존께서는 이와 같이 말씀하셨다.

[세존] "수행승들이여, 옛날 아수라들이 하늘사람들을 공격했다. 그래서 수행승들이여, 신들의 제왕 제석천은 하늘사람 쑤비라에게 말했다. '그대 쑤비라여, 아수라가 신들을 공격하고 있다. 그대 쑤비라여, 나아가서 아수라에 대항하라.' 수행승들이여, 하늘사람 쑤비라는 '전하, 그렇게 하겠습니다.'라고 신들의 제왕 제석천에게 대답하고는 그만 방일에 빠졌다.

수행승들이여, 두 번째로 신들의 제왕 제석천은 하늘사람 쑤비라에게 말했다. '그대 쑤비라여, 아수라가 신들을 공격하고 있다. 그대 쑤비라여, 나아가서 아수라에 대항하라.' 수행승들이여, 하늘사람 쑤비라는 '전하, 그렇게 하겠습니다.'라고 신들의 제왕 제석천에게 대답하고는 그만 방일에 빠졌다.

수행승들이여, 세 번째로 신들의 제왕 제석천은 하늘사람 쑤비라에게 말했다. '그대 쑤비라여, 아수라가 신들을 공격하고 있다. 그대 쑤비라여, 나아가서 아수라에 대항하라.' 수행승들이여, 하늘사람 쑤비라는 '전하, 그렇게 하겠습니다.'라고 신들의 제왕 제석천에게 대답하고는 그만 방일에 빠졌다.

수행승들이여, [217] 그래서 신들의 제왕 제석천은 하늘사람 쑤비라에게 말을 건넸다.

Sgv. 856. [제석천]

'애쓰지 않고 정진하지 않고
안락을 얻을 수 있는 곳이 있다면,
쑤비라여, 그곳으로 가라.
나도 또한 그곳으로 데려 가다오.'856)

---

856) *Sgv. 856 anuṭṭhahaṁ avāyamaṁ / sukhaṁ yatrādhigacchati / suvīra tattha gacchāhi / mañca tatth'eva pāpayā ti //* *쑤비라는 제석천의 마부 마딸리의 이름이다.*

Sgv. 857. [쑤비라]

'방일하면서 애쓰지 않고
해야 할 일을 수행하지 않고서도
모든 욕구를 성취할 수 있다면, 제석천이여,
그 궁극을 내게 가르쳐 주십시오.'857)

Sgv. 858. [제석천]

'방일하면서 애쓰지 않고
지극한 안락을 성취할 수 있는 곳이 있다면,
쑤비라여, 그곳으로 가라.
나도 또한 그곳으로 데려 가다오.'858)

---

857) *Sgv. 857 alasassa anuṭṭhātā / na ca kiccāni kāraye / sabbakāmasamiddhassa / taṁ me sakka varaṁ disā ti //*

858) *Sgv. 858 yatthālaso anuṭṭhātā / accantaṁ sukham edha ti / suvīra tattha gacchāhi / mañ ca tatth'eva pāpayā ti //*

Sgv. 859. [쑤비라]

'제석천이여, 신들 가운데 높으신 님이여,
해야 할 일이 없고 안락한,
제석천이여, 절망이 없고 슬픔도 없는
그 궁극을 내게 가르쳐 주십시오.'859)

Sgv. 860. [제석천]

'해야 할 일이 없고 쇠퇴하지 않는 곳이
어느 곳 어디인가에 있다면,
그것은 실로 열반의 길이니
쑤비라여 그곳으로 가라.
나도 또한 그곳으로 데려 가다오.'860)

그와 같이 수행승들이여, 신들의 제왕이며, 자신의 공덕

---

859) Sgv. 859 akammanā devaseṭṭha / sakka vindemu yaṁ sukhaṁ / asokaṁ anupāyāsaṁ / tam me sakka varaṁ disā ti //

860) Sgv. 860 sa ce atthi akammena / koci kvaci na jīyati / nibbānassa hi so maggo / suvīra tattha gacchāhi / mañ ca tattheva pāpayā ti //

의 과보로 존재하고, 서른 셋 신들의 하늘에 대해 최고 지배자이고 통치자인 제석천은 노력과 정진을 칭송하는 자일 것이다. 수행승들이여, 그렇다면, 잘 설해진 가르침과 계율로 출가하여 아직 얻지 못한 것을 얻기 위해, 아직 성취하지 못한 것을 성취하기 위해, 아직 실현하지 못한 것을 실현하기 위해 애쓰고 노력하고 정진하는 여기 그대들에 대해서는 더 말할 나위가 있겠는가?"

11 : 2(1-2) 쑤씨마의 경
[Susīmasutta]

한때 세존께서 싸밧티 시의 제따바나 숲에 있는 아나타삔디까 승원에 계셨다.

그때 세존께서는 '수행승들이여'라고 수행승들을 부르셨다. 수행승들은 '세존이시여'라고 대답했다.

세존께서는 이와 같이 말씀하셨다.

[세존] "수행승들이여, 옛날 아수라들이 신들을 공격했다. 그래서 수행승들이여, 신들의 제왕 제석천은 하늘사람 쑤씨마에게 말했다. '그대 쑤씨마여, 아수라가 신들을 공격하고 있다. 그대 쑤씨마여, 나아가서 아수라에 대항하라.' 수행승들이여, 하늘사람 쑤씨마는 '전하, 그렇게 하겠습니다.'라고 신들의 제왕 제석천에게 대답하고는 그만 방일에 빠졌다.

수행승들이여, [218] 두 번째로 신들의 제왕 제석천은 하늘사람 쑤씨마에게 말했다. '그대 쑤씨마여, 아수라가 신들을 공격하고 있다. 그대 쑤씨마여, 나아가서 아수라에 대항하라.' 수행승들이여, 하늘사람 쑤씨마는 '전하, 그렇게 하겠습니다.'라고 신들의 제왕 제석천에게 대답하고는 그만 방일에 빠졌다.

수행승들이여, 세 번째로 신들의 제왕 제석천은 하늘사람 쑤씨마에게 말했다. '그대 쑤씨마여, 아수라가 신들을 공격하고 있다. 그대 쑤씨마여, 나아가서 아수라에 대항하라.' 수행승들이여, 하늘사람 쑤씨마는 '전하, 그렇게 하겠습니다.'라고 신들의 제왕 제석천에게 대답하고는 그만 방일에 빠졌다.

수행승들이여, 그래서 신들의 제왕 제석천은 하늘사람 쑤씨마에게 말을 건넸다.

Sgv. 861. [제석천]

'애쓰지 않고 정진하지 않고
안락을 얻을 수 있는 곳이 있다면,
쑤씨마여, 그곳으로 가라.
나도 또한 그곳으로 데려 가다오.'[861]

Sgv. 862. [쑤씨마]

'방일하면서 애쓰지 않고
해야 할 일을 수행하지 않고서도
모든 욕구를 성취할 수 있다면, 제석천이여,
그 궁극을 내게 가르쳐 주십시오.'[862)]

Sgv. 863. [제석천]

'방일하면서 애쓰지 않고
지극한 안락을 성취할 수 있는 곳이 있다면,
쑤씨마여, 그곳으로 가라.
나도 또한 그곳으로 데려 가다오.'[863)]

---

861) Sgv. 861 = Sgv. 856 쑤씨마는 당시에 흔한 이름이지만 이 경에서만 하늘사람으로 나온다.

862) Sgv. 862 = Sgv. 857

863) Sgv. 863 = Sgv. 858

Sgv. 864. [쑤씨마]

'제석천이여, 신들 가운데 높으신 님이여,
해야 할 일이 없고 안락한,
제석천이여, 절망이 없고 슬픔도 없는
그 궁극을 내게 가르쳐 주십시오.'864)

Sgv. 865. [제석천]

'해야 할 일이 없고 쇠퇴하지 않는 곳이
어느 곳 어디인가에 있다면,
그것은 실로 열반의 길이니
쑤비라여 그곳으로 가라.
나도 또한 그곳으로 데려 가다오.'865)

그와 같이 수행승들이여, 신들의 제왕이며, 자신의 공덕의 과보로 존재하고, 서른 셋 신들의 하늘에 대해 최고 지배자이고 통치자인 제석천은 노력과 정진을 칭송하는 자

---

864) Sgv. 864 = Sgv. 859
865) Sgv. 865 = Sgv. 860

일 것이다. 수행승들이여, 그렇다면, 잘 설해진 가르침과 계율로 출가하여 아직 얻지 못한 것을 얻기 위해, 아직 성취하지 못한 것을 성취하기 위해, 아직 실현하지 못한 것을 실현하기 위해 애쓰고 노력하고 정진하는 여기 그대들에 대해서는 더 말할 나위가 있겠는가?"

11 : 3(1-3) 깃발의 경
[Dhajaggasutta]

한때 세존께서는 싸밧티 시의 제따바나 숲에 있는 아나타삔디까 승원에 계셨다.

그때 세존께서는 '수행승들이여'라고 수행승들을 부르셨다. 수행승들은 '세존이시여'라고 대답했다. 세존께서는 이와 같이 말씀하셨다.

[세존] "수행승들이여, 오랜 옛날에 신들과 아수라들 사이에 전쟁이 일어났다.

수행승들이여, 신들의 제왕 제석천이 서른셋 신들의 하늘나라의 하늘사람들에게 말했다.

1) '벗들이여, 하늘사람들이 전쟁에 말려들어 공포나 [219] 전율이나 소름끼치는 두려움이 생겨나면, 그때 나의 깃발을 쳐다보아라. 그대들이 나의 깃발을 쳐다볼 수 있다면, 공포나 전율이나 소름끼치는 두려움이 사라질 것이다.

2) 그러나 그대들이 만약에 나의 깃발을 쳐다볼 수 없다면, 빠자빠띠의 깃발을 쳐다보아라. 그대들 신왕인 빠자빠띠의 깃발을 쳐다볼 수 있다면, 공포나 전율이나 소름끼치는 두려움이 사라질 것이다.

3) 그러나 그대들이 만약에 빠자빠띠의 깃발을 쳐다볼 수 없다면, 바루나의 깃발을 쳐다보아라. 그대들 신왕인 바루나의 깃발을 쳐다볼 수 있다면, 공포나 전율이나 소름끼치는 두려움이 사라질 것이다.

4) 그러나 그대들이 만약에 바루나의 깃발을 쳐다볼 수 없다면, 이싸나의 깃발을 쳐다보아라. 그대들 신왕인 이싸나의 깃발을 쳐다볼 수 있다면, 공포나 전율이나 소름끼치는 두려움이 사라질 것이다.'

그러나 수행승들이여, 신들의 제왕 제석천의 깃발을 쳐다보더라도, 신왕인 빠자빠띠의 깃발을 쳐다보더라도, 신왕인 바루나의 깃발을 쳐다보더라도, 신왕인 이싸나의 깃발을 쳐다보더라도, 공포나 전율이나 소름끼치는 두려움이 사라지기도 하고 사라지지 않기도 할 것이다.

그것은 무엇 때문인가? 신들의 제왕 제석천은 탐욕에서 벗어나지 못하고 성냄에서 벗어나지 못하고 어리석음에서 벗어나지 못했기 때문에 두려워하고 전율하며 불안해하고 무서워하는 것이다. 그러나 수행승들이여, 나는 너희들에게 이와 같이 말한다.

1) 수행승들이여, 그대들이 숲속에 들어가 나무 아래서나 빈 집에서 머물 때, 공포나 전율이나 소름끼치는 두려움이 생겨나면, 그때는 '이와 같이 그분 세존께서는 거룩한 님, 올바로 원만히 깨달은 님, 명지와 덕행을 갖춘 님, 올바른 길로 잘 가신 님, 세상을 아는 님, 위없이 높은 님, 사람을 길들이는 님, 신들과 인간의 스승이신 님, 깨달은 님, 세상의 존귀한 님이다.'라고 나를 생각하라. 수행승들이여, 그대들이 진실로 나를 생각하면 공포나 전율이나 소름끼치는 두려움이 사라질 것이다.

2) 만약에 [220] 나를 생각할 수 없다면, 그때는 '세존께서 선설하신 가르침은 현세의 삶에서 유익한 가르침이며, 시간을 초월하는 가르침이며, 와서 보라고 할 만한 가르침이며, 최상의 목표로 이끄는 가르침이며, 슬기로운 자라면 누구나 알 수 있는 가르침이다.'라고 가르침을 생각하라. 수행승들이여, 그대들이 진실로 가르침을 생각하면, 공포나 전율이나 소름끼치는 두려움이 사라질 것이다.

3) 만약에 가르침을 생각할 수 없다면, 그대들은 '세존의 제자들의 모임은 훌륭하게 실천한다. 세존의 제자들의 모임은 정직하게 실천한다. 세존의 제자들의 모임은 현명하게 실천한다. 세존의 제자들의 모임은 조화롭게 실천한다. 곧, 세존의 제자들의 모임은 네 쌍으로 여덟이 되

는 참사람으로 이루어졌으니, 공양받을 만하고 대접받을 만하며 보시받을 만하고 예경받을 만하며 세상의 위없는 공덕의 밭이다.'라고 참모임에 관해 생각하라. 수행승들이여, 그대들이 진실로 참모임을 생각하면 공포나 전율이나 소름끼치는 두려움이 사라질 것이다.

그것은 무엇 때문인가? 수행승들이여, 여래는 거룩한 님, 올바로 원만히 깨달은 님으로 탐욕에서 떠나고 성냄에서 떠나고 어리석음에서 떠나서 두려움이 없고 전율이 없고 불안이 없고 무서움이 없기 때문이다."

세존께서는 이와 같이 말씀하셨다. 이처럼 말씀하시고 올바른 길로 잘 가신 님께서는 스승으로서 이와 같이 시로 말씀하셨다.

Sgv. 866. [세존]

"숲속의 나무 밑이나 빈 집에서
수행승들이여,
올바로 원만히 깨달은 님을 생각하라.
그대들에게 공포는 사라지리라.866)

---

866) *Sgv. 866 araññe rukkhamūle vā / suññāgāreva bhikkhavo / anussaretha sambuddhaṁ / bhayaṁ tumahāka no siyā //* *이수라와의 전장에서 신들이 두려움을 없애기 위해 제석천*

Sgv. 867. [세존]

만약에 세상에서 최상이며,
인간 가운데 황소인
깨달은 님을 생각할 수 없으면,
해탈로 이끄는 잘 설해진
가르침을 그때에 생각하라.867)

Sgv. 868. [세존]

만약에 해탈로 이끄는 잘 설해진
가르침을 생각할 수 없다면,
최상의 공덕의 밭이 되는
참모임에 관해 그때에 생각하라.868)

의 깃발을 바라보거나 창조신인 빠자빠띠의 깃발을 바라보거나, 사법신인 바루나의 깃발을 바라보거나 루드라-시바신인 이싸나의 깃발을 바라보는처럼, 부처님의 제자들은 숲속의 명상에서 두려움을 없애기 위해 부처님을 생각하거나, 가르침을 생각하거나 참모임을 생각하여야 한다.

867) *Sgv. 867 no ce buddhaṁ sareyyātha / lokajeṭṭhaṁ narāsabhaṁ / atha dhammaṁ sareyyātha / niyyānikaṁ sudesitaṁ //*

Sgv. 869. [세존]

이와 같이 그대들이 깨달은 님과
가르침과 참모임을 새기면,
공포나 또는 전율이나
소름끼치는 두려움이 사라지리라."869)

11 : 4(1-4) 베빠찟띠의 경
[Vepacittisutta]

한때 세존께서 싸밧티 시의 제따바나 숲에 있는 아나타삔디까 승원에 계셨다.

그때 세존께서는 '수행승들이여'라고 수행승들을 부르셨다. 수행승들은 '세존이시여'라고 대답했다. 세존께서는 이와 같이 말씀하셨다.

[세존] "수행승들이여, [221] 오랜 옛날에 신들과 아수라들 사이에 전쟁이 일어났다.

---

868) Sgv. 868 no ce dhammaṁ sareyyātha / niyyānikaṁ sudesitaṁ / atha saṅghaṁ sareyyātha / puññakkhettaṁ anuttaraṁ //

869) Sgv. 869 evaṁ buddhaṁ sarantānaṁ / dhammaṁ saṅghañ ca bhikkhavo / bhayaṁ vā chambhitattaṁ vā / lomahaṁso na hessatī ti //

수행승들이여, 아수라의 제왕인 베빠찟띠는 아수라들에게 말했다.

[베빠찟띠] '벗들이여, 만약에 신들과 아수라들이 전쟁을 일으켰을 때, 아수라들이 이기고 하늘사람들이 지게 되면, 신들의 제왕 제석천의 목을 다섯 번째의 밧줄로 묶어서 아수라의 도시에 있는 내 앞으로 끌고 오라.'

또한 수행승들이여, 신들의 제왕 제석천도 서른셋 신들의 하늘나라의 하늘사람들에게 말했다.

[제석천] '벗들이여, 만약에 신들과 아수라들이 전쟁을 일으켰을 때, 하늘사람들이 이기고 아수라들이 지게 되면, 아수라의 제왕인 베빠찟띠를 붙잡아 목을 다섯 번째의 밧줄로 묶어서 쑤담마 집회장에 있는 내 앞으로 끌고 오라.'

그런데 수행승들이여, 그 전쟁에서 하늘사람들이 이기고 아수라들이 졌다. 그래서 수행승들이여, 서른셋 신들의 하늘나라의 하늘사람들은 아수라의 제왕인 베빠찟띠의 목을 다섯 번째의 밧줄로 묶어서 쑤담마 집회장에 있는 신들의 제왕 제석천 앞으로 끌고 왔다.

그때 수행승들이여, 아수라의 제왕인 베빠찟띠는 목을 다섯 번째의 밧줄로 묶인 채 쑤담마 집회장에 들어서면서 신들의 제왕 제석천에게 무례하고 거친 말로 비난하고 비방했다.

그때 수행승들이여, 전차의 마부인 마딸리가 신들의 제왕 제석천에게 시로 말했다.

Sgv. 870. [마딸리]

'위대한 제석천이여, 두려움 때문인가?
아니면, 힘이 약해서 참아내는가?
베빠찟띠의 입에서 나오는 거친
욕지거리를 왜 듣고만 있는가?'[870)]

Sgv. 871. [제석천]

'나는 두려워하거나 힘이 약해,
베빠찟띠에 대해 참는 것이 아니다.
어떻게 나와 같은 현자가
어리석은 자와 함께 하겠는가?'[871)]

---

870) Sgv. 870 bhayā nu mathavā sakka / dubbalyā no titikkhasi / suṇanto pharusaṁ vācaṁ / sammukhā vepacittino ti //
871) Sgv. 871 nāhaṁ bhayā na dubbalyā / khamāmi vepacittino / kathaṁ hi mādiso viññū / bālena paṭisaṁyuje ti //

Sgv. 872. [마딸리]

'제어하는 자가 아무도 없으면,
어리석은 자들은 전보다 더욱 화를 낸다.
그러므로 강력한 처벌로 현자는
어리석은 자를 눌러야 하리.'[872)]

Sgv. 873. [제석천]

'다른 사람이 화내는 것을 보고,
새김을 확립하여 고요함에 이르면
내가 생각하건대, 그것이야말로
어리석은 자를 누르는 것이다.'[873)]

---

872) Sgv. 872 bhiyyo bālā pabhijjeyyuṁ / no c'assa paṭisedhako / tasmā bhūsena daṇḍena / dhīro bālaṁ nisedhaye ti //
873) Sgv. 873 etad eva ahaṁ maññe / bālassa paṭisedhanaṁ / paraṁ saṅkupitaṁ ñatvā / yo sato upasammatī ti //

Sgv. 874. [마딸리]

'바싸바여, 인내를 닦는 데서
나는 이와 같은 허물을 본다오.
어리석은 자가 그대를 두고
'그는 나를 두려워 인내한다.'라고 생각하면,
소가 도망가는 자에게 그러하듯,
어리석은 자는 더욱 달려들 것이다.'874)

Sgv. 875. [제석천]

'나를 [222] 두려워하여 그것을 참는다고
제 맘대로 생각하든 말든
참사람이 최상의 이익을 성취하려면,
인내보다 더 좋은 것은 없다. 875)

---

874) *Sgv. 874 etad eva titikkhāya / vajjaṁ passāmi vāsava / yadā naṁ maññati bālo / bhayā myāyaṁ titikkhati / ajjhārūhati dummedho / go va bhiyyo palāyinanti //*

875) *Sgv. 875 kāmaṁ maññatu vā mā vā / bhayā myāyaṁ titikkhati / sadatthaparamā atthā / khantyā bhiyyo na vijjati //*

Sgv. 876. [제석천]

참으로 힘 있는 사람이 있다면,
힘없는 자에게 인내한다.
그것을 최상의 인내라 부른다.
힘 있는 자는 항상 참아낸다.[876)]

Sgv. 877. [제석천]

어리석은 자의 힘은
힘없는 자의 힘이라.
진리를 수호하는 힘 있는 자에게
대적할 사람은 없다.[877)]

---

876) Sgv. 876 yo have balavā santo / dubbalassa titikkhati / tam āhu paramaṁ khantiṁ / niccaṁ khamati dubbalo //

877) Sgv. 877 abalan taṁ balaṁ āhu / yassa bālabalaṁ balaṁ / balassa dhammaguttassa / paṭivattā na vijjati //

Sgv. 878. [제석천]

분노하는 자에게 분노하면,
그 때문에 그는 더욱 악해지리.
분노하는 자에게 분노하지 않는 것이
이기기 어려운 전쟁에서 승리하는 것이다.[878]

Sgv. 879. [제석천]

다른 사람이 화내는 것을 보고
새김을 확립하여 고요히 하면,
자신을 위하고 또 남을 위하고
둘 다의 이익을 위한 것이다.[879]

---

878) Sgv. 878 = Sgv. 614 = Sgv. 618 = Sgv. 887
879) Sgv. 879 = Sgv. 615 = Sgv. 619 = Sgv. 888

Sgv. 880. [제석천]

자기 자신과 다른 사람
모두를 치료하는 사람을
가르침을 모르는 자들은
어리석은 사람이라고 생각한다.'880)

수행승들이여, 신들의 제왕 제석천은 스스로의 공덕의 과보로 태어나 서른셋 신들의 하늘나라에서 주권을 확립하고 통치하며 인내와 화평을 기리려 한다.

수행승들이여, 하물며 이와 같이 잘 설해진 가르침과 계율 가운데 출가하여 그대들이 세상에서 인내하고 화평해야 한다는 것은 더 말해서 무엇하겠는가?"

11 : 5(1-5) 잘 읊어진 시에 의한 승리의 경
[Subhāsitajayasutta]

한때 세존께서 싸밧티 시의 제따바나 숲에 있는 아나타삔디까 승원에 계셨다.

그때 세존께서는 '수행승들이여'라고 수행승들을 부르셨

880) *Sgv. 880 = Sgv. 616 = Sgv. 620 = Sgv. 889*

다. 수행승들은 '세존이시여'라고 대답했다. 세존께서는 이와 같이 말씀하셨다.

[세존] "수행승들이여, 오랜 옛날에 하늘사람과 아수라 사이에 전쟁이 일어났다.

그때 수행승들이여, 아수라의 제왕 베빠찟띠가 신들의 제왕 제석천에게 이와 같이 말했다.

[베빠찟띠] '신들의 제왕이여, 잘 읊어진 시로 겨누자.'

[제석천] '베빠찟띠여, 잘 읊어진 시로 겨누자.'

그래서 수행승들이여, 신들과 아수라들은 무리들을 내세웠다. '이들이 잘 읊었는지 못 읊었는지 판단하리라.'

그러자 수행승들이여, 아수라의 제왕 베빠찟띠는 신들의 제왕 제석천에게 이와 같이 말했다.

[베빠찟띠] '신들의 제왕이여, 시를 읊어라.'

이와 같이 말하자, 수행승들이여, 신들의 제왕 제석천은 아수라의 제왕 베빠찟띠에게 이와 같이 말했다.

[제석천] '베빠찟띠여, 그대는 예전의 하늘사람, 베빠찟띠여, 그대가 먼저 시를 읊어라.'

이렇게 말하자 수행승들이여, 아수라의 제왕 베빠찟띠는 이와 같은 시를 읊었다.

Sgv. 881. [베빠찟띠]

'제어하는 자가 아무도 없으면,
어리석은 자들은 전보다 더욱 화를 낸다.
그러므로 강력한 처벌로 현자는
어리석은 자를 눌러야 하리.'881)

그때 수행승들이여, 아수라의 제왕 베빠찟띠가 그 시를 읊자 아수라들은 기뻐했으나 하늘사람들은 침묵을 지켰다.

그러자 수행승들이여, 아수라의 제왕 베빠찟띠는 신들의 제왕 제석천에게 이와 같이 말했다.

[베빠찟띠] '신들의 제왕이여, 그대가 읊어 보라.'

이렇게 말하자 [223] 수행승들이여, 신들의 제왕 제석천은 이와 같은 시를 읊었다.

Sgv. 882. [제석천]

'다른 사람이 화내는 것을 보고
새김을 확립하여 고요히 하면,

---

881) Sgv. 881 = Sgv. 872

내가 생각하건대, 그것이야말로
어리석은 자를 누르는 것이다.'882)

그러나 수행승들이여, 신들의 제왕 제석천이 그 시를 읊자 하늘사람들은 기뻐했으나 아수라들은 침묵을 지켰다.

그래서 수행승들이여, 신들의 제왕 제석천은 아수라의 제왕 베빠찟띠에게 이와 같이 말했다.

[제석천] '베빠찟띠여, 그대가 시를 읊어 보라.'

이렇게 말하자 수행승들이여, 아수라의 제왕 베빠찟띠는 이와 같은 시를 읊었다.

Sgv. 883. [베빠찟띠]

'그와 같이 인내하는 데서
나는 허물을 본다. 바싸바여
어리석은 자가 그대를 두고
'그는 나를 두려워하여 인내한다.'
라고 생각하면,
소가 도망가는 자에게 더욱 맹렬히 달려들 듯,

---

882) Sgv. 882 = Sgv. 873

어리석은 자는 더욱 그대를 좇으리.'[883]

그때 수행승들이여, 아수라의 제왕 베빠찟띠가 그 시를 읊자 아수라들은 기뻐했으나 하늘사람들은 침묵을 지켰다.

그러자 수행승들이여, 아수라의 제왕 베빠찟띠는 신들의 제왕 제석천에게 이와 같이 말했다.

[베빠찟띠] '신들의 제왕이여, 그대가 읊어 보라.'

이렇게 말하자 수행승들이여, 신들의 제왕 제석천은 이와 같은 시를 읊었다.

Sgv. 884. [제석천]

'나를 두려워하여 그것을 참는다고
제 맘대로 생각하든 말든
참사람이 최상의 이익을 성취하려면,
인내보다 더 좋은 것은 없다.[884]

---

883) *Sgv. 883 = Sgv. 874*
884) *Sgv. 884 = Sgv. 875*

Sgv. 885. [제석천]

참으로 힘 있는 사람이 있다면,
힘없는 자에게 인내한다.
그것을 최상의 인내라 부른다.
힘 있는 자는 항상 참아낸다.885)

Sgv. 886. [제석천]

어리석은 자의 힘은
힘없는 자의 힘이니,
진리를 수호하는 힘 있는 자에게
대적할 사람은 없다.886)

---

885) Sgv. 885 = Sgv. 876
886) Sgv. 886 = Sgv. 877

Sgv. 887. [제석천]

분노하는 자에게 분노하면,
그 때문에 그는 더욱 악해지리.
분노하는 자에게 분노하지 않는 것이
이기기 어려운 전쟁에서 승리하는 것이다.887)

Sgv. 888. [제석천]

다른 사람이 화내는 것을 알고
새김을 확립하여 고요히 하면,
자신을 위하고 또 남을 위하고
둘 다의 이익을 위한 것이다.888)

---

887) Sgv. 887 = Sgv. 878 = Sgv. 614
888) Sgv. 888 = Sgv. 879 = Sgv. 615

Sgv. 889. [제석천]

자기 자신과 [224] 다른 사람
모두를 치료하는 사람을
가르침을 모르는 자들은
어리석은 사람이라고 생각한다.'889)

그러나 수행승들이여, 신들의 제왕 제석천이 그 시를 읊자 하늘사람들은 기뻐했으나 아수라들은 침묵을 지켰다.

그때 수행승들이여, 하늘사람과 아수라의 무리들이 이와 같이 말했다.

[무리] '아수라의 제왕 베빠찟띠가 시들을 읊었는데, 그것들은 폭력에 속하고 무기에 속하고 싸움에 속하고 불화와 전쟁에 속하는 것들이다.

신들의 제왕 제석천이 시들을 읊었는데, 그것들은 폭력에 속하지 않고 무기에 속하지 않고 싸움에 속하지 않고 불화와 전쟁에 속하지 않는 것들이다.'

그래서 수행승들이여, 신들의 제왕 제석천이 잘 읊은 말에 승리가 돌아갔다."

---

889) Sgv. 889 = Sgv. 880 = Sgv. 616

11 : 6(1-6) 새 보금자리의 경
[Kulāvakasutta]

한때 세존께서 싸밧티 시에 계셨다.

[세존] "수행승들이여, 오랜 옛날에 하늘사람과 아수라 사이에 전쟁이 일어났다. 그런데 그때 수행승들이여, 전쟁에서 아수라들이 이기고 하늘사람들이 패했다. 수행승들이여, 패배한 하늘사람들은 북쪽으로 퇴각하고 아수라들은 그들을 좇았다.

그때 수행승들이여, 신들의 제왕 제석천이 마부 마딸리에게 시로 말했다.

Sgv. 890. [제석천]

'마딸리여, 씸발리 나무 위의
어린 새들을 수레 채의 끝으로부터 지켜라.
새들이 보금자리를
약탈당하지 않도록 하라.
차라리 아수라에게 목숨을 기꺼이 희생하리.'[890)]

---

890) Sgv. 890 kulāvakā mātali simbalismiṁ / īsāmukhena parivajjayassu / kāmaṁ cajāma asuresu pāṇaṁ / māyime dijā vikulāvakā ahesun ti // 제석천은 퇴각하다가 씸발리 나

수행승들이여, '존자여, 그렇게 하겠습니다.'라고 마부 마딸리는 신들의 제왕 제석천에게 대답하고 천 마리의 준마가 이끄는 수레를 돌렸다.

그러자 수행승들이여, 아수라들에게 이와 같이 '지금 신들의 제왕 제석천은 천 마리의 준마가 이끄는 수레를 돌렸다. 다시 [225] 한 번 하늘사람들은 아수라들과 싸울 것이다.'라는 생각이 떠올랐다. 그래서 그들은 두려워하며 아수라의 도시로 돌아갔다.

이렇게 해서 수행승들이여, 신들의 제왕 제석천은 정의롭게 승리를 거두었다."

11 : 7(1-7) 해치지 않음의 경 [Nadubbhiyasutta]

한때 세존께서 싸밧티 시에 계셨다.

[세존] "수행승들이여, 오랜 옛날 신들의 제왕 제석천이 한적한 곳에서 홀로 고요히 명상을 하는데 이와 같은 생각이 마음속에 떠올랐다.

무 숲을 스쳐 지나갔다. 전차와 말들이 굉음을 내면서 나무들을 쓰러뜨렸다. 힘센 금시조는 날아갔지만, 늙고 병든 새들과 어린 새들은 두려워 떨면서 울었다. 제석천이 자초지종을 묻자 마딸리가 대답했다. 제석천은 새들에게 동정심을 느끼고 이렇게 말한 것이다.

[제석천] '누군가 나의 적이 되더라도 나는 결코 그를 해치지 않을 것이다.'

그때 수행승들이여, 아수라의 제왕 베빠찟띠가 신들의 제왕 제석천의 생각을 마음속으로 알아차리고 신들의 제왕 제석천이 있는 곳으로 찾아왔다.

마침 수행승들이여, 신들의 제왕 제석천은 아수라의 제왕 베빠찟띠가 멀리서 오고 있는 것을 보았다. 보고 나서 아수라의 제왕 베빠찟띠에게 이와 같이 말했다.

[제석천] '베빠찟띠여. 멈추어라. 그대는 사로잡혔다.'

[베빠찟띠] '벗이여, 그대가 방금 생각한 것을 잊지 말라.'

[제석천] '베빠찟띠여, 그대는 나에게 해를 끼치지 않을 것을 맹세하라.'

Sgv. 891. [베빠찟띠]

'거짓말을 해도 그 과보가,
고귀한 님을 비방해도 그 과보가,
친구를 배반해도 그 과보가,
은혜를 몰라도 그 과보가 있으니,
쑤잠빠띠여, 그대를 해쳐도
그 죄악의 과보가 있으리.'[891]"

11 : 8(1-8) 아수라의 제왕 베로짜나의 경
[Verocanâsurindasutta]

한때 세존께서 싸밧티 시에 계셨다. 그때 세존께서는 한낮을 보내기 위해 홀로 고요히 명상에 드셨다.

그때 신들의 제왕 제석천과 아수라의 제왕 베로짜나가 세존께서 계신 곳으로 찾아왔다. 가까이 다가와서 각각 문 기둥에 기대어 섰다.

그리고 아수라의 제왕 베로짜나가 세존 앞에서 이와 같은 시를 읊었다.

Sgv. 892. [베로짜나]

"목표를 성취할 때까지
사람들은 노력해야 하리.

---

891) Sgv. 891 yaṁ musābhaṇato pāpaṁ / yaṁ pāpaṁ ariyūpa- vādino / mittadduno ca yaṁ pāpaṁ / yaṁ pāpaṁ akataññuno / tam eva pāpaṁ phusati / yo te dubbhe sujampatī ti // 거짓말을 하면, 그 과보가 이 우주기의 최초의 거짓말쟁이인 쩨띠 왕과 같고, 고귀한 님을 비방하면, 그 과보가 꼬깔리까와 같고, 친구를 배반하면, 그 과보가 마하 까빠-자따까의 내용과 같아지고, 은혜를 모르면 그 과보가 데바닷따와 같아지는 것이다.

목표는 완성을 통해 빛나니
이것이야말로 베로짜나의 말이다."[892]

Sgv. 893. [제석천]

"목표를 [226] 성취할 때까지
사람들은 노력해야 하리.
목표는 완성을 통해 빛나니
인내보다 나은 것은 없다."[893]

Sgv. 894. [베로짜나]

"모든 존재는 가치에 따라
여기저기에서 자신의 목표로 향하니
모든 살아있는 존재 가운데
결합이야말로 최상의 향락이라
목표는 완성을 통해 빛나니
이것이야말로 베로짜나의 말이다."[894]

---

892) Sgv. 892 vāyameth'eva puriso / yāva atthassa nipphadā / nipphannasobhino atthā / verocanavaco idan ti //
893) Sgv. 893 vāyameth'eva puriso / yāva atthassa nipphadā / nipphannasobhaṇo attho / khantyā bhiyyo na vijjatī ti //

Sgv. 895. [제석천]

"모든 존재는 가치에 따라
여기저기에서 자신의 목표로 향하니
모든 살아있는 존재에게
결합이야말로 최상의 향락이지만,
목표는 완성을 통해 빛나니
인내보다 나은 것은 없다."895)

11 : 9(1-9) 숲속 선인의 경
[Araññāyatanisisutta]

한때 세존께서 싸밧티 시에 계셨다.

[세존] "수행승들이여, 오랜 옛날 많은 선인들이 계행을

---

894) Sgv. 894 sabbe sattā atthajātā / tattha tattha yathārahaṁ / saṁyogaparamā tveva / sambhogā sabbapāṇinaṁ / nipphannasobhino atthā / verocanavaco idan ti // 결합과 관련해서 이 시와 다음 시의 전체적 의미가 불분명하다. 모든 살아있는 존재는 향수를 추구한다. 그 목표는 향락의 대상과의 접촉 또는 결합을 통해서 이루어진다.

895) Sgv. 895 sabbe sattā atthajātā / tattha tattha yathārahaṁ / saṁyogaparamā tveva / sambhogā sabbapāṇinaṁ / nipphannasobhino atthā / khantyā bhiyo na vijjatī ti //

지키며 착한 성품을 지니고 숲속의 초암에서 평화롭게 살고 있었다.

그때 수행승들이여, 신들의 제왕 제석천이 아수라의 제왕 베빠찟띠와 함께 그들 선인들이 계행을 지키며 착한 성품을 지니고 사는 곳으로 찾아왔다.

그런데 수행승들이여, 아수라의 제왕 베빠찟띠는 단단한 신발을 신고 칼을 차고 양산을 쓰고 정문으로 초암에 들어가 그들 계행을 지키고 착한 성품을 지닌 선인들을 한길 떨어져 지나쳤다.

그때 수행승들이여, 신들의 제왕 제석천은 단단한 신발을 벗고 칼을 다른 사람에게 주고 양산을 내려놓고 옆문으로 초암에 들어가 그들 계행을 지키고 착한 성품을 지닌 선인을 공경하며 바람을 마주하여 섰다.

그때 수행승들이여, 그 계행을 지키고 착한 성품을 지닌 선인들은 신들의 제왕 제석천에게 시를 읊었다.

Sgv. 896. [선인]

'오랫동안 수행한
선인들의 향기가
몸에서 나와 바람을 타고 간다.

천 개의 눈을 가진 자여,
여기서 돌아가라.
선인의 향기도
하늘의 제왕에게 더러운 것이리.'896)

Sgv. 897. [제석천]

'오랫동안 수행한
선인들의 향기가
몸에서 나와 바람을 타고 간다.
머리 위의 천연색 화관을 원하듯,
존자들이여,
이 향기를 [227] 우리는 원하니,
하늘사람들에게
그것을 싫어하는 마음이 없다.'"897)

---

896) Sgv. 896 gandho isīnaṁ ciradikkhitānaṁ / kāyā cuto gacchati mālutena / ito paṭikkama sahassanetta / gandho isīnaṁ asuci devarājā ti // 천개의 눈을 가진 자란 제석천의 별칭이다. 이러한 이미지는 대승불교의 천수천안의 관세음에 동화되어 버린다.

897) Sgv. 897 gandho isīnaṁ ciradikkhitānaṁ / kāyā cuto

11 : 10(1-10) 바닷가 선인의 경
[Samuddakasutta]

한때 세존께서 싸밧티 시에 계셨다.

[세존] "수행승들이여, 오랜 옛날 많은 선인들이 계행을 지키며 착한 성품을 지니고 바닷가의 초암에서 살고 있었다.

그런데 그때 수행승들이여, 하늘사람과 아수라 사이에 전쟁이 일어났다. 그래서 수행승들이여, 계행을 지키며 착한 성품을 지닌 선인들은 이와 같이 생각했다. '하늘사람들은 옳고 아수라들은 옳지 못하다. 우리에게 아수라의 위협이 있을지 모른다. 우리가 아수라의 제왕인 쌈바라에게 찾아가서 안전을 보장받으면 어떨까?'

그래서 수행승들이여, 그들 계행을 지키며 착한 성품을 지닌 선인들은 마치 힘센 사람이 굽혀진 팔을 펴고 펴진 팔을 굽히는 듯한 사이에, 바닷가의 초암에서 모습을 감추고 아수라의 제왕 쌈바라 앞에 모습을 나타냈다.

그리고 수행승들이여, 그들 계행을 지키며 착한 성품을 지닌 선인들은 아수라의 제왕 쌈바라에게 시를 읊었다.

---

gacchatu mālutena / sucitrapupphaṁ sirasmiṁ va mālaṁ / gandhaṁ etaṁ paṭikaṅkhāma bhante / na hettha devā paṭikkūlasaññino ti // 하늘사람들은 계행을 지키는 자의 향기를 사랑스럽고 마음에 드는 것으로 느낀다.

Sgv. 898. [선인]

'선인들이 쌈바라에게 와서
안전의 보장을 구한다.
안전을 보장하든 위협하든
그대들은 임의로 결정하시오.'[898)]

Sgv. 899. [쌈바라]

'제석천을 섬기는 나쁜 자들인
선인들에게 안전은 없다.
그대들은 안전을 구하지만
나는 그대들을 위협한다.'[899)]

---

898) Sgv. 898 isayo sambaraṁ pattā / yācanti abhayadakkhiṇaṁ / kāmaṁ karohi te dātuṁ / bhayassa abhayassa vā ti // 신들과 아수라들 간에 전쟁이 커다란 바다를 두고 벌어졌는데, 자주 아수라들이 패하여 신들에게서 도망쳐 선인의 초암이 있는 곳을 지나게 되었다. 그들은 선인들이 제석천의 편으로 그들의 충고로 자신들이 패했다고 생각하여 선인이 사는 집이나 길을 파손하였다. 그래서 선인들이 우려하는 것은 아수라들이 패하면, 분노하여 초암을 때려 부술지 모른다는 사실이었다. 그래서 그들의 제왕에게 안전을 보장받으려고 하고 있는 것이다.

Sgv. 900. [선인]

'안전을 구하는데도 불구하고,
그대가 우리를 위협한다면,
우리는 그대에게 그것을 돌려주니
그대에게 끝없는 위협이 되리.[900]

Sgv. 901. [선인]

씨를 뿌리는 그대로 그 열매를 거두나니,
선을 행하면 선한 결과가
악을 행하면 악한 결과가 있으리.
사랑하는 이여, 씨앗이 뿌려지면
그대는 그 과보를 받으리라.'[901]

---

899) Sgv. 899 isīnaṁ abhayaṁ natthi / duṭṭhānaṁ sakkasevinaṁ / abhayaṁ yācamānānaṁ / bhayam eva dadāmi vo ti //

900) Sgv. 900 abhayaṁ yācamānānaṁ / bhayam eva dadāsi no / paṭigaṇhāma te etaṁ / akkhayaṁ hoti te bhayaṁ //

901) Sgv. 901 yādisaṁ vapate bījaṁ / tādisaṁ harate phalaṁ / kalyāṇakārī kalyāṇaṁ / pāpakārī ca pāpakaṁ / pavuttaṁ vappate te bījaṁ / phalaṁ paccanubhossasī ti //

그리고 수행승들이여, 그 계행을 지키고 착한 성품을 지닌 선인들은 아수라의 제왕 쌈바라를 저주하고 마치 힘센 사람이 굽혀진 팔을 펴고 펴진 팔을 굽히는 듯한 사이에, 아수라의 제왕 쌈바라의 앞에서 모습을 감추고 바닷가의 초암에 모습을 나타냈다.

그때 [228] 수행승들이여, 아수라의 제왕 쌈바라는 그 계행을 갖추고 착한 성품을 지닌 선인들에 의해서 저주받아 밤에 세 번이나 잠을 설쳤다."

첫 번째 품, 「쑤비라의 품」이 끝났다. 그 목차는 차례로 '1) 쑤비라의 경 2) 쑤씨마의 경 3) 깃발의 경 4) 베빠찟띠의 경 5) 잘 읊어진 시에 의한 승리의 경 6) 새 보금자리의 경 7) 해치지 않음의 경 8) 아수라의 제왕 베로짜나의 경 9) 숲속 선인의 경 10) 바닷가 선인의 경'으로 이루어졌다.

2. 일곱 가지 서원의 품
(Sattavatavagga)

11 : 11(2-1) 서원의 경
[Vatapadasutta]

한때 세존께서 싸밧티 시의 제따바나 숲에 있는 아나타삔디까 승원에 계셨다.

그때 세존께서는 '수행승들이여'라고 수행승들을 부르셨

다. 수행승들은 '세존이시여'라고 대답했다. 세존께서는 이와 같이 말씀하셨다.

[세존] "수행승들이여, 신들의 제왕 제석천이 예전에 사람이었을 때, 일곱 가지 서원을 받아서 지켰다. 그것들을 지켰기 때문에 제석천은 제석천의 지위를 얻었다.

일곱 가지 서원이란 무엇인가?

1) 나는 살아있는 한 아버지와 어머니를 부양하리라.

2) 나는 살아있는 한 가문의 연장자를 공경하리라.

3) 나는 살아있는 한 온화하게 말하리라.

4) 나는 살아있는 한 모함하지 않으리라.

5) 나는 살아있는 한 번뇌와 간탐에서 벗어난 마음과 관대하고 청정한 손으로 주는 것을 좋아하고 탁발하는 자가 접근하기 쉽게 보시하는 것을 즐거워하며 집에서 살리라.

6) 나는 살아있는 한 진실을 말하리라.

7) 나는 살아있는 한 화내지 않으며 만약 나에게 화가 나면 곧바로 그것을 제거하리라.

수행승들이여, 신들의 제왕 제석천은 예전에 사람이었을 때, 이러한 일곱 가지 서원을 받아 지켰다. 그것들을 지켰기 때문에 제석천은 제석천의 지위를 얻은 것이다.

Sgv. 902. [세존]

어머니와 아버지를 부양하고
가문의 어른들을 공경하고
부드럽고 상냥하게 말하고
남을 모함하지 않는 사람.[902)]

Sgv. 903. [세존]

간탐을 억제하려 노력하고
진실하고 분노를 이겨낸 사람을
서른셋 하늘나라의 신들은
참사람이라고 부르리."[903)]

11 : 12(2-2) 제석천의 이름에 대한 경
[Sakkanāmasutta]

한때 [229] 세존께서 싸밧티 시의 제따바나 숲에 있는 아

---

902) *Sgv. 902 mātāpettibharaṁ jantuṁ / kulejeṭṭhāpacāyinaṁ / saṇhaṁ sakhilasambhāsaṁ / pesuṇeyyappahāyinaṁ //*
903) *Sgv. 903 maccheravinaye yuttaṁ / saccaṁ kodhābhibhūṁ naraṁ / taṁ ve devā tāvatiṁsā / āhu sappuriso itī ti //*

나타뻰디까 승원에 계셨다.

그때 세존께서는 '수행승들이여'라고 수행승들을 부르셨다. 수행승들은 '세존이시여'라고 대답했다. 세존께서는 이와 같이 말씀하셨다.

[세존] "수행승들이여, 신들의 제왕 제석천은 예전에 사람이었을 때, 수행자로서 마가바라고 일컬어지는 학생이었다. 그래서 그는 마가바라고 일컬어진다.

수행승들이여, 신들의 제왕 제석천이 예전에 사람이었을 때, 수행자로서 이 도시에서 저 도시로 다니며 보시를 행했다. 그래서 뿌린다다라고도 일컬어진다.

수행승들이여, 신들의 제왕 제석천이 예전에 사람이었을 때, 수행자로서 올바른 방법으로 보시를 행했다. 그래서 그는 싹까라고 일컬어진다.

수행승들이여, 신들의 제왕 제석천이 예전에 사람이었을 때, 수행자로서 머물 장소를 보시했다. 그래서 그는 바싸바라고 일컬어진다.

수행승들이여, 신들의 제왕 제석천은 천 가지 사물이라도 순식간에 생각한다. 그래서 그는 싸하싹까라고 일컬어진다.

수행승들이여, 신들의 제왕 제석천에게 쑤자라고 하는 아수라의 딸인 아내가 있다. 그래서 그는 쑤잠빠띠라고 일컬어진다.

수행승들이여, 신들의 제왕 제석천은 서른셋 신들의 하늘나라의 신들을 지배하고 통치한다. 그래서 그는 신들의 제왕이라고 일컬어진다.

수행승들이여, 신들의 제왕 제석천이 예전에 사람이었을 때, 일곱 가지 서원을 받아 지켰다. 그것들을 지켰기 때문에 제석천은 제석천의 지위를 얻었다.

일곱 가지 서원이란 무엇인가?

1) 나는 살아있는 한 아버지와 어머니를 부양하리라.

2) 나는 살아있는 한 가문의 연장자를 공경하리라.

3) 나는 살아있는 한 온화하게 말하리라.

4) 나는 살아있는 한 모함하지 않으리라.

5) 나는 살아있는 한 번뇌와 간탐에서 벗어난 마음과 관대하고 청정한 손으로 주는 것을 좋아하고 탁발하는 자가 접근하기 쉽게 보시하는 것을 즐거워하며 집에서 살리라.

6) 나는 살아있는 한 진실을 말하리라.

7) 나는 살아있는 한 화내지 않으며 만약 나에게 화가 나면 곧바로 그것을 제거하리라.

수행승들이여, 신들의 제왕 제석천은 예전에 사람이었을 때, 이러한 일곱 가지 서원을 받아 지켰다. 그것들을 지켰기 때문에 제석천은 제석천의 지위를 얻은 것이다."

Sgv. 904. [세존]

"어머니와 [230] 아버지를 부양하고
가문의 어른들을 공경하고
부드럽고 상냥하게 말하고
남을 모함하지 않는 사람.904)

Sgv. 905. [세존]

간탐을 억제하려 노력하고
진실하고 분노를 이겨낸 사람을
서른셋 신들의 하늘나라의 하늘사람들은
참사람이라고 부르리."905)

11 : 13(2-3) 마할리의 경
[Mahālisutta]

이와 같이 나는 들었다. 한때 세존께서 베쌀리 시의 마하바나 숲에 있는 꾸따가라 강당에 계셨다.

---

904) Sgv. 904 = Sgv. 906 = Sgv. 902
905) Sgv. 905 = Sgv. 907 = Sgv. 903

그때 릿차비 족의 마할리가 세존께서 계신 곳으로 찾아 왔다. 가까이 다가와서 세존께 인사를 드리고 한쪽으로 물러나 앉았다.

한쪽으로 물러나 앉아서 릿차비 족의 마할리는 세존께 이와 같이 말씀드렸다.

[마할리] "세존이시여, 세존께서는 신들의 제왕 제석천을 보았습니까?"

[세존] "마할리여, 나는 신들의 제왕 제석천을 보았다."

[마할리] "세존이시여, 그는 제석천과 닮은 자일 것입니다. 세존이시여, 신들의 제왕 제석천은 실로 보기 어렵기 때문입니다."

[세존] "마할리여, 나는 제석천을 잘 알 뿐만 아니라, 제석천이 진리를 성취하여 제석천의 지위를 얻게 된 그 이유에 관해서도 잘 안다.

마할리여, 신들의 제왕 제석천은 예전에 사람이었을 때, 수행자로서 마가바라고 일컬어지는 학생이었다. 그래서 그는 마가바라고 일컬어진다.

마할리여, 신들의 제왕 제석천이 예전에 사람이었을 때, 수행자로서 이 도시에서 저 도시로 다니며 보시를 행했다. 그래서 뿌린다다라고 일컬어진다.

마할리여, 신들의 제왕 제석천이 예전에 사람이었을 때,

수행자로서 올바른 방법으로 보시를 행했다. 그래서 그는 싹까라고 일컬어진다.

마할리여, 신들의 제왕 제석천이 예전에 사람이었을 때, 수행자로서 머물 장소를 보시했다. 그래서 그는 바싸바라고 일컬어진다.

마할리여, 신들의 제왕 제석천은 천 가지 사물이라도 순식간에 생각한다. 그래서 그는 싸하싹까라고 일컬어진다.

마할리여, 신들의 제왕 제석천에게 쑤자라고 하는 아수라의 딸인 아내가 있다. 그래서 그는 쑤잠빠띠라고 일컬어진다.

마할리여, 신들의 제왕 제석천은 서른셋 신들의 하늘나라의 하늘사람들을 [231] 지배하고 통치한다. 그래서 그는 신들의 제왕이라고 일컬어진다.

마할리여, 신들의 제왕 제석천이 예전에 사람이었을 때, 일곱 가지 서원을 받아 지켰다. 그것들을 지켰기 때문에 제석천은 제석천의 지위를 얻었다.

일곱 가지 서원이란 무엇인가?

1) 나는 살아있는 한 아버지와 어머니를 부양하리라.

2) 나는 살아있는 한 가문의 연장자를 공경하리라.

3) 나는 살아있는 한 온화하게 말하리라.

4) 나는 살아있는 한 모함하지 않으리라.

5) 나는 살아있는 한 번뇌와 간탐에서 벗어난 마음과 관대하고 청정한 손으로 주는 것을 좋아하고 탁발하는 자가 접근하기 쉽게 보시하는 것을 즐거워하며 집에서 살리라.

6) 나는 살아있는 한 진실을 말하리라.

7) 나는 살아있는 한 화내지 않으며 만약 나에게 화가 나면 곧바로 그것을 제거하리라.

마할리여, 신들의 제왕 제석천은 예전에 사람이었을 때, 이러한 일곱 가지 서원을 받아 지켰다. 그것들을 지켰기 때문에 제석천은 제석천의 지위를 얻은 것이다."

Sgv. 906. [세존]

"어머니와 아버지를 부양하고
가문의 어른들을 공경하고,
부드럽고 상냥하게 말하고
남을 모함하지 않는 사람. 906)

---

906) Sgv. 906 = Sgv. 904 = Sgv. 902 이 시와 다음 시는 부처님께서 마할리에게 한 설법인데 마할리는 릿차비 족의 족장으로서 딱까씰라 대학에서 배운 지성인이었다. 그는 베쌀리 시에서 돌아와 릿차비 족의 젊은이들을 가르쳤다. 그러나 너무 과로한 나머지 눈이 멀었다. 그는 빔비싸라 왕이 총애하는 신하이기도 했고, 씨발리 존자의 아버지였다.

Sgv. 907. [세존]

간탐을 억제하려 노력하고
진실하고 분노를 이겨낸 사람을
서른셋 신들의 하늘나라의
하늘사람들은 참사람이라고 일컫는다."907)

11 : 14(2-4) 가난한 사람의 경
[Daḷiddasutta]

한때 세존께서 라자가하 시의 벨루바나 숲에 있는 깔란다까니바빠 공원에 계셨다.

그때 세존께서 '수행승들이여'라고 부르셨다. 수행승들은 '세존이시여'라고 세존께 대답했다.

세존께서는 이와 같이 말씀하셨다.

[세존] "수행승들이여, 오랜 옛날에 어떤 사람이 이곳 라자가하 시에서 가난하고 빈곤하고 불행한 사람으로 살았다.

그는 여래께서 설한 가르침과 계율에 대한 믿음을 닦고 덕성을 닦고 관용을 닦고 지혜를 닦았다.

그는 여래께서 설한 가르침과 계율에 대한 믿음을 닦고

907) *Sgv. 907 = Sgv. 905 = Sgv. 903*

덕성을 닦고 관용을 닦고 지혜를 닦고 나서 몸이 파괴되어 죽은 뒤에 좋은 곳, 하늘나라, 서른셋 신들의 하늘나라의 하늘사람으로 태어났다. 그는 용모나 명성에서 다른 하늘사람보다 뛰어나게 빛났다.

그래서 수행승들이여, 서른셋 신들의 하늘나라의 하늘사람들은 시기하고 실망하고 화를 냈다.

[하늘사람] '참으로 놀라운 일이다. 일찍이 없었던 일이다. 이 하늘아들은 예전에 사람이었을 때, 수행자로서 가난하고 곤궁하고 불행한 사람이었는데, 몸이 파괴되어 죽은 뒤에 좋은 곳, 하늘나라, [232] 서른셋 신들의 하늘사람으로 태어났다. 그는 용모나 명성에서 다른 하늘사람보다 뛰어나게 빛난다.'

그러나 수행승들이여, 신들의 제왕 제석천은 서른셋 신들의 하늘나라의 하늘사람들에게 경고했다.

[제석천] '벗이여, 그대들은 이 하늘아들에게 시기하지 말라. 벗이여, 이 하늘아들은 옛날에 사람이었을 때, 수행자로서 여래께서 설한 가르침과 계율에 대한 믿음을 닦고 덕성을 닦고 관용을 닦고 지혜를 닦고 나서 몸이 파괴되어 죽은 뒤에 좋은 곳, 하늘나라, 서른셋 신들의 하늘나라의 하늘사람들의 세계에 태어났다. 그는 용모나 명성에서 다른 하늘사람보다 뛰어나게 빛난다.'

그리고 수행승들이여, 신들의 제왕 제석천은 서른셋 신들의 하늘나라의 하늘사람들에게 호의적인 마음으로 그때 이와 같은 시를 읊었다.

Sgv. 908. [제석천]

'여래에 대한 흔들리지 않는
믿음이 잘 정립되고
고귀한 님들이 사랑하고 찬탄하는
훌륭한 계행을 잘 지키고.[908)]

Sgv. 909. [제석천]

참모임에 청정한 믿음을 지니고
통찰이 올바른 자는
가난하다고 불리지 않으니
그 삶은 헛되지 않다.[909)]

---

908) *Sgv. 908 yassa saddhā tathāgate / acalā suppatiṭṭhitā / sīlañca yassa kalyāṇaṁ / ariyakantaṁ pasaṁsitaṁ //*

909) *Sgv. 909 saṅghe pasādo yassatthī / ujubhūtañca dassanaṁ / adaḷiddoti taṁ āhu / amoghaṁ tassa jīvitaṁ // 이 하늘사람은 전생에 바라나씨 왕이었다. 그러나 그는 한때 나이든 연각불에게 악의를 갖고 욕설을 퍼부어 사후에 지옥*

Sgv. 910. [제석천]

그러므로 지혜로운 자라면,
부처님의 가르침을 새겨
믿음과 계행과 청정, 그리고
가르침에 대한 통찰에 전념해야 하리.'"910)

11 : 15(2-5) 즐길만한 곳의 경 [Rāmaṇeyyakasutta]

한때 세존께서는 싸밧티 시의 제따바나 숲에 계셨다. 그때 신들의 제왕 제석천이 세존께서 계신 곳으로 찾아왔다. 가까이 다가와서 세존께 인사를 드리고 한쪽으로 물러나 섰다.

한쪽으로 물러나 서서 신들의 제왕 제석천은 세존께 이

에 태어났다. 지옥에서 대가를 치른 뒤 라자가하 시의 가난한 사람의 아들로 태어나서 문둥병에 걸려 큰 고통을 겪었다. 그런데 어느 날 부처님의 설법을 듣고 곧 진리에 흐름에 든 님이 되었다. 그리고 돌아다니던 소에 받혀 죽었다. 그러나 죽어서 자신의 믿음 때문에 하늘나라에 태어났다.

910) Sgv. 910 tasmā saddhañca sīlañca / pasādaṁ dhammadassanaṁ / anuyuñjetha medhāvī saraṁ / buddhānasāsananti //

와 같이 말씀드렸다.

[제석천] "세존이시여, 즐길 만한 곳이 어디에 있습니까?"

Sgv. 911. [세존]

"승원의[233] 성소, 숲속의 성소
아름답게 꾸며진 연못은
사람들이 즐길 만한 곳 가운데
십육 분의 일의 가치도 못된다.[911)]

Sgv. 912. [세존]

마을이든 또는 숲속이든
습지이든 또는 육지이든
거룩한 님이 사는
그곳이 즐길 만한 곳이다."[912)]

---

911) Sgv. 911 ārāmacetyā vanacetyā / pokkharaññā sunimmitā / manussarāmaṇeyyassa / kalaṁ nāgghanti soḷasiṁ //

912) Sgv. 912 gāme vā yadivāraññe / ninne vā yadivā thale / yattha arahanto viharanti / taṁ bhūmirāmaṇeyyakan ti //

11 : 16(2-6) 제사 지내는 자의 경 [Yajamānasutta]

한때 세존께서 라자가하 시의 깃자꾸따 산에 계셨다.

그때 신들의 제왕 제석천이 세존께서 계신 곳으로 찾아왔다. 가까이 다가와서 세존께 인사를 드리고 한쪽으로 물러나 섰다.

한쪽으로 물러나 서서 신들의 제왕 제석천은 세존 앞에서 이와 같은 시를 읊었다.

Sgv. 913. [제석천]

"제사를 지내는 사람들에게,
공덕을 기대하는 뭇삶들에게
공덕은 다시 태어남의 토대가 되리.
어디에 보시하면,
커다란 열매를 맺는가?"913)

---

913) *Sgv. 913 yajamānānaṁ manussānaṁ / puññapekkhānapāṇinaṁ / karotaṁ opadhikaṁ puññaṁ / kattha dinnaṁ mahapphalan ti //*

Sgv. 914. [세존]

"길을 실천하는 네 종류의 사람들과
경지를 성취한 네 종류의 사람들,
이 무리들이 참사람으로
지혜와 계행을 갖추었다.914)

Sgv. 915. [세존]

제사를 지내는 사람들에게
공덕을 기대하는 뭇삶들에게
공덕은 다시 태어날 토대가 되리.
참사람에 보시하면, 커다란 열매를 맺으리."915)

11 : 17(2-7) 부처님에 대한 예경의 경
[Buddhavandanāsutta]

---

914) Sgv. 914 cattāro ca paṭipannā / cattāro ca phale ṭhitā / esa saṅgho ujubhūto / paññāsīlasamāhito // 네 쌍으로 여덟이 되는 참사람 즉, 사쌍팔배를 말한다.

915) Sgv. 915 yajamānānaṁ manussānaṁ / puññapekkhāna pāṇinaṁ / karotaṁ opadhikaṁ puññaṁ / saṅghe dinnaṁ mahapphalan ti //

한때 세존께서는 싸밧티 시의 제따바나 숲에 계셨다. 그 때 세존께서는 대낮을 보내기 위해 홀로 고요히 명상에 드셨다.

마침 신들의 제왕 제석천과 하느님 싸함빠띠가 세존께서 계신 곳으로 찾아왔다. 가까이 다가와서 각각 문기둥에 기대어 섰다.

그러자 신들의 제왕 제석천이 세존 앞에서 이와 같은 시를 읊었다.

Sgv. 916. [제석천]

"보름날 밤에
떠오르는 달처럼 그대의 마음은
완전히 해탈되었으니,
일어서소서 영웅이여,
전쟁의 승리자여, 세상을 거니소서.
짐을 놓아 버린 님이여,
허물없는 님이여."[916)]

---

916) *Sgv. 916 uṭṭhehi vīra vijitasaṅgāma / pannabhāra anaṇa vicara loke / cittañ ca te suvimuttaṁ / cando yathā paṇṇarasāya rattin ti //*

Sgv. 917. [싸함빠띠]

"신들의[234] 제왕이여,
그와 같이 여래께 예경 말고
이와 같이 여래께 예경하라.
'일어서소서. 영웅이여,
전쟁의 승리자여, 세상을 거니소서.
카라반의 지도자여,
허물없는 님이여,
알아듣는 자가 반드시 있으리니,
세존께서는 가르침을 설하여 주소서.'"917)

11 : 18(2-8) 재가자에 대한 예경의 경
[Gahaṭṭhavandanāsutta]

한때 세존께서는 싸밧티 시의 제따바나 숲에 계셨다. 그 때 세존께서는 이와 같이 말씀하셨다.

[세존] "수행승들이여, 오랜 옛날 신들의 제왕 제석천이 마부 마딸리에게 '벗이여 마딸리여, 천 마리의 준마를 마차에 묶어라. 정원으로 가서 그 아름다움을 보고 싶다.'라

917) *Sgv. 917 = Sgv. 558*

고 말했다.

수행승들이여, '주인이여, 그렇게 하겠습니다.'라고 마부 마딸리는 신들의 제왕 제석천에게 대답하고 천 마리의 준마를 마차에 묶고 신들의 제왕 제석천에게 '주인이여, 천 마리의 준마를 마차에 묶었습니다. 지금이 알맞은 때라고 생각되면 타십시오.'라고 보고했다.

그러자 수행승들이여, 신들의 제왕 제석천은 베자얀따 궁전에서 내려와서 합장하고 진실로 사방팔방에 예경을 했다.

그때 수행승들이여, 마부 마딸리는 신들의 제왕 제석천에게 시로 말했다.

Sgv. 918. [마딸리]

'세 가지 명지를 갖춘 사람들,
모든 지상에 사는 귀족들,
네 위대한 왕들의 하늘나라의 신들과
영예로운 서른셋 하늘나라의 신들이
당신께 예경하지만, 제석천이여,
당신이 예경하는 그 야차는 대체 누구입니까?'918)

---

918) *Sgv. 918 taṁ namassanti tevijjā / sabbe bhūmmā ca khattiyā / cattāro ca mahārājā / tidasā ca yasassino / atha*

Sgv. 919. [제석천]

'세 가지 명지를 갖춘 사람들,
모든 지상에 사는 귀족들,
네 위대한 왕들의 하늘 신들과
영예로운 서른셋 하늘 신들이
나에게 예경하지만.919)

Sgv. 920. [제석천]

그러나 나는 계행을 갖추고
또한 오랜 세월 삼매를 닦은 님,
올바로 출가한 님,
청정한 삶을 궁극으로 하는 님께 예경한다.920)

---

kho nāma so yakkho / yaṁ tvaṁ sakkanamassasī ti // 네 문을 지키는 세상의 수호신은 사천왕을 말한다. ① 쿠베라 신은 부의 신으로 북방을 수호신으로 다문천 또는 비사문천이라고 한다. ② 닷따랏타 신은 동방의 수호신으로 지국천이라고 번역된다. ③ 비루빡카 신은 서방의 수호신으로 입을 벌린 채 눈을 부릅뜨고 있어 광목천이라고도 한다. ④ 비룰라카 신은 남방의 수호신으로 남섬부주를 수호하는데 증장천이라고도 한다.

919) Sgv. 919 maṁ namassanti tevijjā / sabbe bhummā ca khattiyā / cattāro ca mahārājā / tidasā ca yassasino //

Sgv. 921. [제석천]

또한 공덕을 쌓는 재가자와
계행을 갖춘 재가신도와
올바로 아내를 부양하는 사람들에게
마딸리여, 나는 예경한다.'921)

Sgv. 922. [마딸리]

'제석천이여, 당신이 예경하는 님들이
세상에서 진실로 가장 훌륭하니
바싸바여, 당신이 예경하는 님들,
그들에게 나도 또한 예경하리라.'922)

---

920) Sgv. 920 ahañ ca sīlasampanne / cirarattasamāhite / sammā pabbajite vande / brahmacariyaparāyane //

921) Sgv. 921 ye gahaṭṭhā puññakarā / sīlavanto upāsakā / dhammena dāraṁ posenti / te namassāmi mātalī ti //

922) Sgv. 922 seṭṭhā hi kira lokasmiṁ / ye tvaṁ sakka namassasi / aham pi te namassāmi / ye namassasi vāsavā ti //

Sgv. 923. [세존]

이와 같이 말하고 나서 마가바,
하느님의 제왕, 쑤자의 남편은
사방팔방으로 예경을 하고
최상의 신으로 마차에 올라탔다."[923]

11 : 19(2-9) 제석천의 예경에 대한 경
[Sakkanamassanasutta]

한때 [235] 세존께서는 싸밧티 시의 제따바나 숲에 계셨다.

[세존] "수행승들이여, 오랜 옛날 신들의 제왕 제석천이 마부 마딸리에게 '벗이여 마딸리여, 천 마리의 준마를 마차에 묶어라. 정원으로 가서 그 아름다움을 보고 싶다.'라고 말했다.

수행승들이여, '주인이여, 그렇게 하겠습니다.'라고 마부 마딸리는 신들의 제왕 제석천에게 대답하고 천 마리의 준마를 마차에 묶고 신들의 제왕 제석천에게 '주인이여, 천 마리의 준마를 마차에 묶었습니다. 지금이 알맞은 때라고 생각되면 타십시오.'라고 보고했다.

---

923) Sgv. 923 idaṁ vatvāna maghavā / devarājā sujampati / puthuddisā namassitvā / pamukho ratham āruhī ti //

그러자 수행승들이여, 신들의 제왕 제석천은 베자얀따 궁전에서 내려와서 합장하고 진실로 세존께 예경했다.

그때 수행승들이여, 마부 마딸리는 신들의 제왕 제석천에게 시로 말했다.

Sgv. 924. [마딸리]

'하늘사람들과 사람들이
바싸바여, 당신을 공경합니다.
제석천이여, 당신이 예경하는
그 야차는 대체 누구입니까?'924)

Sgv. 925. [제석천]

'이 세상과 하늘사람의 세계에서
그는 바로 올바로 원만히 깨달은 님,
숭고한 이름을 지닌 스승,
마딸리여, 나는 그분에게 예경한다.925)

---

924) *Sgv. 924 yaṁ hi devā manussā ca / taṁ namassanti vāsava / atha ko nāma so yakkho / yaṁ tvaṁ sakka namassasī ti //*

Sgv. 926. [제석천]

탐욕과 성냄이 사라지고
무명이 소멸된 님들,
번뇌가 없어진 거룩한 님들,
마딸리여, 나는 그분들께 예경한다.926)

Sgv. 927. [제석천]

탐욕과 성냄을 극복하고
무명을 초월해 버린 님들,
버리고 없애는 것을 즐기는 님들
방일함이 없이 수행하는 님들,
마딸리여, 나는 그분들께 예경한다.'927)

---

925) *Sgv. 925 yo idha sammāsambuddho / asmiṁ loke sadevake / anomanāmaṁ satthāraṁ / taṁ namassāmi mātali //*

926) *Sgv. 926 yesaṁ rāgo ca doso ca / avijjā ca virājitā / khīṇāsavā arahanto / te namassāmi mātali //*

927) *Sgv. 927 ye rāgadosavinayā / avijjāsamatikkamā / sekhā apacayārāmā / appamattānusikkhare / te namassāmi mātalī ti //*

Sgv. 928. [마딸리]

'제석천이여, 당신이 예경하는 님들이
세상에서 진실로 가장 훌륭하니
바싸바여, 당신이 예경하는 님들,
그들에게 나도 또한 예경하리라.'928)

Sgv. 929. [세존]

이와 같이 말하고 나서 마가바,
신들의 제왕, 쑤자의 남편은
세존께 예경을 하고
최상의 신으로서 마차에 올라탔다."929)

11 : 20(2-10) 참모임에 대한 예경의 경
[Saṅghavandanāsutta]

한때 세존께서 싸밧티 시의 제따바나 숲에 있는 아나타삔디까 승원에 계셨다.

---

928) Sgv. 928 = Sgv. 935 = Sgv. 922
929) Sgv. 929 = Sgv. 936 = Sgv. 923

그때 세존께서는 '수행승들이여'라고 수행승들을 부르셨다. 수행승들은 '세존이시여'라고 대답했다. 세존께서는 이와 같이 말씀하셨다.

[세존] "수행승들이여, 오랜 옛날 신들의 제왕 제석천이 마부 마딸리에게 '벗이여 마딸리여, 천 마리의 준마를 마차에 묶어라. 정원으로 가서 그 아름다움을 보고 싶다.'라고 말했다.

수행승들이여, [236] '주인이여, 그렇게 하겠습니다.'라고 마부 마딸리는 신들의 제왕 제석천에게 대답하고 천 마리의 준마를 마차에 묶고 신들의 제왕 제석천에게 '주인이여, 천 마리의 준마를 마차에 묶었습니다. 지금이 알맞은 때라고 생각되면 타십시오.'라고 보고했다.

그때 수행승들이여, 신들의 제왕 제석천은 베자얀따 궁전에서 내려와서 합장하고 진실로 수행승들의 참모임에 예경을 했다.

그때 수행승들이여, 마부 마딸리는 신들의 제왕 제석천에게 시로 말했다.

Sgv. 930. [마딸리]

'썩어 빠진 몸속에서 살며
존재의 다발 속에 가라앉아
굶주림과 목마름에 괴로워하는 사람들,
이들이 당신께 예경해야 하리. 930)

Sgv. 931. [마딸리]

집 없는 자들에게,
바싸바여, 당신은
그들에게 무엇을 갈망하는가?
선인들의 삶에 관해 말하라.
우리는 당신의 말을 들으리다.'931)

---

930) Sgv. 930 taṁ hi ete namasseyyuṁ / pūtidehasayā narā / nimuggā kuṇapesvete / khuppipāsā samappitā // 여기서 분명히 '시체 속에 가라 앉아'라는 뜻으로 되어 있다. 그러나 존재의 다발이 죽음의 신으로 여겨지는 것으로 보아 그것으로 이루어진 우리 자신을 '시체'라고 한 것이므로 역자는 존재의 다발이라고 번역한다.

931) Sgv. 931 kin nu tesaṁ pihayasi / anāgārāna vāsava / ācāraṁ isīnaṁ brūhi / taṁ suṇoma vaco tavā ti //

Sgv. 932. [제석천]

'마딸리여, 출가한 자들에게
나는 이와 같은 것을 갈망한다.
마을을 떠나면
돌아보지 않고 길을 가고,932)

Sgv. 933. [제석천]

헛간이나 항아리나 바구니에
아무 것도 모으지 않으며,
다른 사람이 만들어낸 것을 찾아
그것으로 계율에 맞게 생활한다.
그들은 지혜로워 훌륭한 말을 하고,
침묵을 지키며 올바로 유행한다.933)

---

932) *Sgv. 932 etaṁ tesaṁ pihayasi / anāgārāna mātali / yamhā gāmā pakkamanti / anapekkhā vajanti te //*

933) *Sgv. 934 na tesaṁ koṭṭhe openti / na kumbhā na khalopiyaṁ / paraniṭṭhitam esānā / tena yāpenti subbatā / sumantamantīno dhīrā / tuṇhībhūtā samañcarā // 가르침에 대해서는 밤새도록 우레와 같이 말하지만, '침묵을 지키며 유행한다.'고 하는 것은 모든 쓸모없는 말을 피하기 때문이다.*

Sgv. 934. [제석천]

마딸리여, 범부들도 항상 싸우고
하늘사람들도 아수라들과 싸우지만,
전쟁 가운데서도 싸우지 않고
폭력을 행사하는 자들 가운데 평온한 님들
집착하는 자 가운데 집착하지 않는 님들
마딸리여, 나는 그분들께 예경한다.'[934)]

Sgv. 935. [마딸리]

'제석천이여, 당신이 예경하는 님들이
세상에서 진실로 가장 훌륭하니
바싸바여, 당신이 예경하는 님들,
그들에게 나도 또한 예경하리라.'[935)]

---

934) Sgv. 934 devā viruddhā asurehi / puthumaccā ca mātali / aviruddhā viruddhesu / attadaṇḍesu nibbutā / sādānesu anādānā / te namassāmi mātalī ti //

935) Sgv. 935 = Sgv. 922 = Sgv. 928

Sgv. 936. [세존]

이와 같이 말하고 나서
마가바, 신들의 제왕, 쑤자의 남편은
수행승의 참모임에 예경을 하고
최상의 신으로 마차에 올라탔다."936)

두 번째 품, 「일곱 가지 서원의 품」이 끝났다. 그 목차는 차례로 '1) 서원의 경 2) 제석천의 이름에 대한 경 3) 마할리의 경 4) 가난한 사람의 경 5) 즐길만한 곳의 경 6) 제사 지내는 자의 경 7) 부처님에 대한 예경의 경 8) 재가자에 대한 예경의 경 9) 제석천의 예경에 대한 경 10)) 참모임에 대한 예경의 경'으로 이루어졌다.

3. 제석천의 다섯 경의 품

(Sakkapañcakavagga)

11 : 21(3-1) 끊어서의 경
[Chetvāsutta]

한때 [237] 세존께서는 싸밧티 시의 제따바나 숲에 계셨다. 그때 신들의 제왕 제석천이 세존께서 계신 곳으로 찾아 왔다. 가까이 다가와서 세존께 인사를 드리고 한쪽으로 물

936) *Sgv. 935 = Sgv. 923 = Sgv. 929*

러나 섰다.

한쪽으로 물러나 서서 신들의 제왕 제석천은 세존 앞에서 이와 같은 시를 읊었다.

Sgv. 937. [제석천]

"무엇을 끊어서 편안히 잠자고
무엇을 끊어서 슬프지 않는가?
어떤 하나의 성향을 죽이는 것을
고따마여, 당신은 가상히 여기는가?"937)

Sgv. 938. [세존]

"분노를 끊어 편안히 잠자고
분노를 끊어 슬프지 않네.
참으로 하늘사람들이여,
뿌리엔 독이 있지만 꼭지에 꿀이 있는
분노를 죽이면 고귀한 님들은 가상히 여기니,
그것을 끊으면 슬픔을 여의기 때문이다."938)

---

937) Sgv. 937 = Sgv. 611 = Sgv. 221

11 : 22(3-2) 추악한 용모의 경
[Dubbaṇṇiyasutta]

한때 세존께서는 싸밧티 시의 제따바나 숲에 계셨다. 그 때 세존께서는 이와 같이 말씀하셨다.

[세존] "오랜 옛날에 수행승들이여, 어떤 추악하고 왜소한 야차가 신들의 제왕 제석천의 보좌에 앉았다.

그때 수행승들이여, 서른셋 신들의 하늘나라의 하늘사람들은 참으로 싫어하고 실망하고 분노했다.

[하늘사람들] '참으로 놀라운 일이다. 일찍이 없었던 일이다. 추악하고 왜소한 야차가 신들의 제왕 제석천의 보좌에 앉았다.'

그런데 수행승들이여, 서른셋 신들의 하늘나라의 하늘사람들이 싫어하고 실망하고 분노할수록 야차는 보다 아름다워지고 보기 좋아지고 용모가 단정해졌다.

그래서 수행승들이여, 서른셋 신들의 하늘나라의 하늘사람들은 신들의 제왕 제석천이 있는 곳으로 찾아갔다.

가까이 다가가서 신들의 제왕 제석천에게 이와 같이 말했다.

[하늘사람들] '존자여, 어떤 추악하고 왜소한 야차가 당신의 보좌에 앉았습니다. 그래서 존자여, 서른셋 신들의 하

938) *Sgv. 938 = Sgv. 612 = Sgv. 222*

늘나라의 하늘사람들은 참으로 싫어하고 실망하고 분노했습니다. 참으로 놀라운 일입니다. 일찍이 없었던 일입니다. 추악하고 왜소한 야차가 신들의 제왕 제석천의 [233] 보좌에 앉았습니다. 그런데 존자여, 서른셋 신들의 하늘나라의 하늘사람들이 싫어하고 실망하고 분노할수록 야차는 보다 아름다워지고 보기 좋아지고 용모가 단정해졌습니다. 그는 참으로 존자여, 분노를 먹고 사는 야차일 것입니다.'

그래서 수행승들이여, 신들의 제왕 제석천은 분노를 먹고 사는 야차가 있는 곳으로 찾아갔다. 가까이 다가가서 한쪽 어깨에 옷을 걸치고 오른쪽 무릎을 땅에 대고 그 분노를 먹고 사는 야차에게 합장하고 세 번 자신의 이름을 불렀다.

[제석천] '벗이여, 나는 신들의 제왕 제석천입니다. 벗이여, 나는 신들의 제왕 제석천입니다. 벗이여, 나는 신들의 제왕 제석천입니다.'

그런데 수행승들이여, 신들의 제왕 제석천이 자신의 이름을 부르면 부를수록 그 야차는 더욱 추악해지고 더욱 왜소하기 짝이 없어졌다. 점점 추악하고 왜소해져서 그곳에서 사라졌다. 그래서 수행승들이여, 신들의 제왕 제석천은 자신의 보좌에 앉아 서른셋 하늘나라의 신들에게 즐거운 마음으로 이와 같은 시들을 읊었다.

Sgv. 939. [제석천]

'나는 쉽게 마음을 상하지 않고
쉽게 소용돌이에 휘말리지 않는다.
그대들에게 화내지 않은 지가 오래 되었고,
분노는 나에게 생겨나지 않는다.939)

Sgv. 940. [제석천]

결코 화를 내어 거친 말을 하지 않고
자신의 덕을 칭찬하지 않고,
자신에게 유익한가를 살펴서
나는 자신을 잘 제어할 뿐이리.'"940)

11 : 23(3-3) 쌈바리의 환술에 대한 경
[Sambaramāyāsutta]

한때 세존께서 싸밧티 시에 계셨다. 그때 세존께서는 이

---

939) Sgv. 939 na sūpahatacitto'mhi / nāvattena suvānayo / na vo cirāhaṁ kujhāmi / kodho mayi nāvatiṭṭhati //
940) Sgv. 940 kuddho'haṁ na pharusaṁ brūmi / na ca dhammāni kittaye / sanniggaṇhāmi attānaṁ / sampassaṁ attham attano ti //

와 같이 말씀하셨다.

[세존] "오랜 옛날에 수행승들이여, 아수라의 제왕 베빠찟띠가 병이 들어 괴로워했는데 아주 중병이었다. 그때 수행승들이여, 신들의 제왕 제석천이 아수라의 제왕 베빠찟띠가 있는 곳으로 병문안을 갔다.

마침 수행승들이여, 아수라의 제왕 베빠찟띠는 신들의 제왕 제석천이 멀리서 오고 있는 것을 보았다. 보고 나서 신들의 제왕 제석천에게 말했다.

[베빠찟띠] '신들의 제왕이여, 나를 치료해주시오.'

[제석천] '베빠찟띠여, [239] 쌈바라의 환술에 관해 내게 가르쳐주게.'

[베빠찟띠] '벗이여, 나는 그대에게 가르쳐줘도 되는지 아수라들에게 물어보아야 한다오.'

그리고 수행승들이여, 아수라의 제왕 베빠찟띠는 아수라들에게 물었다.

[베빠찟띠] '벗이여, 내가 신들의 제왕 제석천에게 쌈바라의 환술을 가르쳐줘도 될까?'

[아수라들] '벗이여, 신들의 제왕 제석천에게 쌈바라의 환술을 가르쳐주지 마오.'

그래서 수행승들이여, 아수라의 제왕 베빠찟띠는 신들의 제왕 제석천에게 시를 읊었다.

Sgv. 941. [베빠찟띠]

'제석천이여, 마가바여,
하늘사람의 왕이여, 쑤자의 남편이여!
쌈바라의 백 년처럼
환술은 지옥으로 이끈다오.'"941)

11 : 24(3-4) 허물의 경
[Accayasutta]

한때 세존께서 싸밧티 시의 제따바나 숲에 있는 아나타삔디까 승원에 계셨다.

그런데 그때 두 수행승이 서로 다투었다. 한 수행승이 잘

---

941) Sgv. 941 māyāvī maghavā sakka / devarājā sujampati / upeti nirayaṁ ghoraṁ / sambaro'va sataṁ saman ti // 환술을 사용한 아수라의 제왕 쌈바라는 백 년 동안 지옥에서 괴로움을 당했다. 그런데 제석천은 베빠찟띠의 병을 치유할 수 있었을까? 그는 치유할 방법이 있었다. 베빠찟띠의 질병은 선인들이 베빠찟띠를 저주하였기 때문에 생긴 것이었다. 그리고 그 당시에 선인들은 아직 살아 있었다. 그래서 제석천은 베빠찟띠를 선인들에게 데리고 가서 사과를 시키려고 했다. 그러면 베빠찟띠에게 평안이 찾아올 수 있었으나 베빠찟띠는 그의 사악한 성격 때문에 그것에 동의하지 않고 그곳을 떠났다.

못을 행했다. 그래서 그 수행승은 다른 수행승에게 허물을 허물로 고백했으나 그 수행승은 받아들이지 않았다.

그래서 많은 수행승들이 세존께서 계신 곳으로 찾아왔다. 가까이 다가와서 세존께 인사를 드리고 한쪽으로 물러나 앉았다. 한쪽으로 물러나 앉아 수행승들은 세존께 이와 같이 말씀드렸다.

[수행승들] "세존이시여, 여기서 두 수행승들이 서로 다투었습니다. 그때 한 수행승이 잘못을 행했습니다. 그래서 그 수행승은 다른 수행승에게 허물을 허물로 고백했으나 다른 수행승은 받아들이지 않았습니다."

[세존] "수행승들이여, 이와 같은 둘은 참으로 어리석은 자들이다. 허물을 허물이라고 보지 못하는 자와 계율에 위배되는 자신의 허물만 사죄하는 자, 수행승들이여, 이 둘은 참으로 어리석다.

수행승들이여, 이와 같은 둘은 참으로 슬기로운 자들이다. 허물을 허물이라고 보는 자와 계율에 위배되지 않는 자신의 허물도 사죄하는 자, 수행승들이여, 이 둘은 참으로 슬기로운 자들이다.

오랜 옛날에 수행승들이여, 신들의 제왕 제석천이 쑤담마 집회장에서 서른셋 신들의 하늘나라의 하늘사람들에게 즐거운 마음으로 이와 같은 시를 읊었다.

Sgv. 942. [제석천]

'그대들은 [240] 분노를 극복하고
우정을 상하게 하지 말라.
꾸짖을 가치 없는 자를 꾸짖지 말고
모함하는 말을 지껄이지 말라.
산사태가 일어나는 것처럼,
분노는 악한 사람을 부숴버린다.'"942)

11 : 25(3-5) 분노 없음의 경 [Akkodhasutta]

이와 같이 나는 들었다. 한때 세존께서 싸밧티 시의 제따바나 숲에 있는 아나타삔디까 승원에 계셨다.

그때 세존께서 '수행승들이여'라고 수행승들을 부르셨다. 수행승들은 '세존이시여'라고 세존께 대답했다. 세존께서는 이와 같이 말씀하셨다.

[세존] "오랜 옛날에 수행승들이여, 신들의 제왕 제석천이 쑤담마 집회장에서 서른셋 신들의 하늘나라의 하늘사

942) *Sgv. 942 kodho vo vasam āyātu / mā ca mitte hi vo jarā / agarahiyaṁ mā garahittha / mā ca bhāsittha pesuṇaṁ / atha pāpajanaṁ kodho / pabbato cābhimaddatī ti //*

람들에게 즐거운 마음으로 마침 이와 같은 시를 읊었다.

Sgv. 943. [제석천]

'분노가 그대를
이기게 하지 말고
분노하는 자에게 분노하지 말라.
분노가 없고
해침이 없는 사람은
항상 거룩한 님 가운데 산다.
산사태가 일어나는 것처럼,
분노는 악한 사람을 부숴버린다.'"943)

세 번째 품, 「제석천의 다섯 경의 품」이 끝났다. 그 목차는 차례로 '1) 끊어서의 경 2) 추악한 용모의 경 3) 쌈바라의 환술에 대한 경 4) 허물의 경 5) 분노 없음의 경'으로 이루어졌다. 「제석천의 쌍윳따」가 끝났다. 그 목차는 차례로 '1) 쑤비라의 품 2) 일곱 가지 서원의 품 3) 제석천의 다섯 경의 품'으로 이루어졌다. 이것으로 열한 번째 쌍윳따, 「제석천의 쌍윳따」가 끝났다. 마침내 『시와 함께 모아엮음』이 끝났다. 그 목차는 차례로 '1. 하늘사람의 쌍윳따 2. 하늘아들의 쌍윳따 3. 꼬쌀라의 쌍윳따 4. 악마의 쌍윳따 5. 수행녀의 쌍윳따 6. 하느님의 쌍윳따 7. 바라문의 쌍윳따 8. 방기싸의 쌍윳따 9. 숲의 쌍윳따 10. 야차의 쌍윳따 11. 제석천의 쌍윳따'로 이루어졌다. 이것으로 ≪쌍윳따니까야≫ 제1권 『시와 함께 모아엮음』이 끝났다.

---

943) *Sgv. 943 mā vo kodho ajjhabhavi / mā ca kujjhittha kujjhataṁ / akkodho avihiṁsā ca / ariyesu vasati sadā / atha pāpajanaṁ kodho / pabbato vābhimaddatī ti //*

시와 함께 – 붓다의 대화

부 록

약어표
참고문헌
빠알리어의 한글표기법
불교의 세계관
주요번역술어
고유명사와 비유의 색인
빠알리성전협회안내

참 고 문 헌

● 원전류(쌍윳따니까야)

『Saṁyutta Nikāya』 ① Roman Script. ed. by L. Feer, 6vols (Ee1 : London : PTS, 1884~1904; Ee2 : 1998)

② Burmese Script. Chaṭṭhasaṅgāyana-edition, 3 vols. Ranggoon : Buddhasāsana Samiti, 1954.

『The Connected Discourse of the Buddha(A New Translation of the Saṃyuttanikāya)2vols.』 tr. by Bodhi Bhikkhu, (Boston : Wisdom Publication, 2000)

『The Book of the Kindered Sayings, 5vols.』 tr. by C. A. F. Rhys Davids & F. L. Woodward, (London : PTS, 1917~1930)

『Die in Gruppen geordnete Sammlung(Saṁyuttanikāya) aus dem Pāli-Kanon der Buddhisten. 2vols.』 übersetzt von W. Geiger. (Munich-Neubiberg. Oskar Schloss Verlag. 1925)

『Die Reden des Buddha-Gruppierte Sammlung aus dem Pāli-Kanon』 übersetzt von W. Geiger, Nyāponika Mahāthera, H. Hecker. (Herrnschrott. Verlag Beyerlein & Steinschulte 2003)

『On a Sanskrit Version of the Verahaccāni Sutta of the Saṁyutta-nikāya』 by E. Waldschmidt. Nachrichiten der Akademie der Wissenschaften in Göttingen Philologisch-Historische Klasse. Göttingen : Vandenhoeck and Ruprecht, 1980.

『Nidāna Saṁyutta』 edited by Myanmar Pitaka Association, Yangon, 1992.

『相應部經典(南傳大藏經 第12-17卷)』 赤沼智善 外 譯 (大正新修大藏經刊行會 昭和12年)

● 원전류(비쌍윳따니까야)

『Aṅguttara Nikāya』 ed. by R. Moms & E. Hardy, 5vols(London : PTS, 1885~1900) tr. by F. L. Woodward & E. M. Hare, 『The Book of the Gradual Sayings』 5vols(London : PTS, 1932~1936), übersetzt von Nyanatiloka. 『Die Lehrreden des Buddha aus Angereihten Sammlung : Aṅguttara Nikāya』 5vols (Braunschweig Aurum Verlag : 1993)

『Abhidhammatthasaṅgaha(Comprehensiv Manual of Abhidhamma)』 tr.by Bodhi Bhikkhu.(Kandy : Bud- dhist Publication Society, 1993)

『Abhidharmakośabhasyam of Vasubandhu』 ed. by Pradhan, P. (Patna : K. P. Jayaswal Research Institute, 1975) tr. by Louis de la Vallée Poussin, 4vols, eng. tr. by Pruden, L. M. (Berkeley : Asian Humanities Press, 1988)

『Abhidharmasamuccayabhāṣya』 ed. by Tatia, N. Tibetan Sanskrit Works Series, 17(Patna : 1976)

『Avadānaśataka 2vols.』 Bibliotheca Buddhica 3. ed. by Speyer, J. S.(St. Petesburg : PTS, 1902-1909)

『Āyuṁparyantasūtra』 ed. by Enomoto, F. Hartman, J-U. and Matsumura, H. Sanskrit-Texte aus dem buddhistischen Kanon : Neuentdeckungen und Neueditionen, 1.(Göttingen : 1989)

『Catuṣpariṣatsūtra』(Abhandlung der Deutschen Akademie der Wissenschaften zu Berlin, Kalsse für Sprachen, Literatur, und Kunst) ed. and tr. by Waldschmidt, E.(Berlin : 1952-1962)

『Chandrasūtra-Buddha Frees the Disc of the Moon』 ed. and tr. by Waldschmidt, E. (Bulletin of the School of Oriental and African Studies. 33 : 1 1976)

『Dhammapada』 ed. by S. Sumangala(London : PTS, 1914)

『Dīgha Nikāya』 ed. by T. W. Rhys Davids & J. E. Carpenter, 3vols(London : PTS, 1890~1911) tr. by T. W. & C. A. F. Rhys

Davids, 『Dialogues of the Buddha』 3vols(London : PTS, 1899~1921)

『Divyāvadāna』 ed. by Cowell. E. B. and R. A. Neil. (London : PTS, 1914)

『The Gilgit Manuscript of Saṅghabhedavastu』 ed. Gnoli, R. Serie Orientale Roma, 49 2parts. (Rome : 1077-1978)

『Gāndhārī Dhammapada』 ed. by Brough. John(London : Oxford University, 1962)

『Itivuttaka』 ed. by E. Windish(London : PTS, 1889)

『The Jātakas or Stories of the Buddha's Former Births 6vols.』 ed. by Cowell. E. B.(London : PTS, 1969)

『Majjhima Nikāya』 ed. by V. Trenckner & R. Chalmers, 3vols (London : PTS, 1887~1901) tr. I. B. Homer, 『Middle Length Sayings』 3vols(London : PTS, 1954~1959), tr. by Bhikkhu Ñāṇamoli and Bhikkhu Bodhi 『The Middle Length Discourse of the Buddha』(Massachusetts : Wisdom Publication 1995)

『Manorathapūraṇī』 ed. by M. Walleser & H. Kopp, 5vols (London : PTS, 1924~1926)

『Mahāvastu』 ed. by Senart, E. 3 parts. (Paris 1882-1897); tr. by John, J. J., 3vols(London : Luzac, 1949~1956)

『Maha Pirit Pota(The Great Book of Protection)』 tr. by Lokuliyana, Lionel.(Colombo : Mrs. H. M. Gunasekera Trust, n.d)

『Mahāparinirvāṇasūtra』(Abhandlungen der Deutschen Akademie der Wissenschaften zu Berlin, Kalsse für Sprachen, Literatur, und Kunst) ed. and tr. by Waldschmidt, E.(Berlin : 1950-1951)

『Mahāsamājasūtra』 inclided in 『Central Asian Sūtra Fragments and their Relations to the Chinese Āgamas』 in Bechert 1980.

『Milindapañha』 ed. by V Trenckner(London : PTS, 1928) tr. by I. B. Horner, 『Milinda's Questions』 2vols(London : PTS, 1963~1964)

『Mūlasarvāstivādavinayavastu』 Part III of Gilgit Manuscript. ed. by Dutt, Nalinaksha.(Calcutta, Srinagar : 1939-1959)

『Niddesa I = Mahāniddesa I. II』 ed. by De La Vallée Poussin and E. J. Thomas (London : PTS, 1916, 1917)

『Niddesa II = Cullaniddesa』 ed. by W. Stede (London : PTS, 1918)

『On a Sanskrit Version of the Verahaccāni Sutta of the Saṁyuttanikāya』(Nachrichten der Akademie der Wissenschaften in Göttingen : Vandenhoeck and Ruprecht, 1980)

『Papañcasūdanī』 ed. by J. H. Woods, D. Kosambi & I. B. Horner, 5vols (London : PTS, 1922~1938)

『Paramatthajotikā I.(= The Khuddakapāṭha)』 ed. by Helmer Smith (London : PTS, 1978)

『Paramatthajotikā II.』 ed. by Helmer Smith vols. I. II. III(London : PTS, 1989)

『Patna-Dhammapada』 ed. by Cone, Margaret. Journal of the Pali Text Society 13 : 101-217(London : PTS, 1989)

『Paṭisambhidāmagga I. II』 ed. by Taylor. (London : PTS, 1905 ~1907)

『Sanskithandschriften aus den Turfanfunden』(Verzeichnis der Orientalischen Handschriften in Deutschland, 10)(Wiesbaden, Stuttgart : 1965)

『Sāratthappakāsinī : Saṁyuttanikāyaṭṭhakathā』 ed. by Woodward, F. L. 3vols.(London : PTS, 1977)

『Sputārthā Abhidharmakośavākhyā』 ed. by Wogihara und Yaśomitra 2parts.(Tokyo : 1032-1936)

『Sumaṅgalavilāsini』 ed. by T. W. Rhys Davids, J. E. Carpenter & W. Stede, 3vols(London : PTS, 1886~1932)

『Suttanipata』 ed. by Andersen, D. & Smith, H.(London : PTS, 1984)

『Suttanipāta Aṭṭhakathā』 ed. by H. Smith, 2vols(London : PTS, 1916 ~1917)

『Suttanipāta』, edited by Dines Andersen& Helmer Smith. first published in 1913. published for PTS. by Routledge & Kegan Paul. 1965. London.

『Suttanipāta』, edited by Ven. Suriya Sumangala P. V. Bapat, Deva-nagari characters. Bibliotheca Indo Buddhica 75, Sri Satguru Publications, Poona 1924, Delhi, 1990.

『Suttanipāta』 Pali Text with Translation into English and notes by N. A. Jayawickrama Post-Graduate Institude of Pali & Buddhist Studies. University of Kelaniya, Srilanka. 2001.

『The Suttanipāta』. tr. by Saddhatissa Ven. H. Curzon Press Ltd. London 1985.

『Śrāvakabhūmi』 ed. by Shukla, K. Tibetan Sanskrit Works Series, 14(Patna : 1973)

『Thera-Theri-Gathā』 tr. by A. F. Rhys Davids, 『Psalms of the Early Buddhists』 2vols(London : PTS, 1903~1913); tr. by Norman. K. P. 『Elders' Verses I. II』(London : PTS, 1969~1971)

『Udāna』 ed. by Steinthal, P.(London : PTS, 1982) tr. by Masefield, P.(London : PTS, 1994)

『Udānavarga』 ed. by Bernhard, Franz, Sanskrittexte aus den Turfanfunden, 10; Abhandlungen der Akademie der Wissenschaften in Göttingen, 54(Göttingen : Vandenhoeck and Ruprecht, 1965-1968)

『Śarīrārthagāthā of the Yogācārabhūmi』 in F. Enomoto, J-U Har-tman, and Matsumura, Sanskrit Texte aus dem buddhistischen Kanaon : Neuentdeckung und Neuedition, 1. (Göttingen. 1989)

『Vimānavatthu』 ed. by Jayawickrama, N. A.(London : PTS, 1977)

『Visuddhimagga of Buddhaghosa』 ed. by Rhcys Davids, C. A. F.(London : PTS, 1975)

『Vibhaṅga』 tr. by Thittila, Ashin 『The Book of Analysis』 (Lon-don : PTS, 1969)

『Upanisads』 ed. & tr. by S. Radhakrishnan, 『The Principal Upaniṣads』 2nd ed.(London : George Allen & Unwin, 1953) : tr. by R. E. Hume, 『The Thirteen Principal Upaniṣads』 2nd ed.(London : Oxford University Press, 1934)
『長阿含經』 22권 大正新修大藏經 一卷
『中阿含經』 60권 大正新修大藏經 一卷
『雜阿含經』 50권 大正新修大藏經 二卷
『增一阿含經』 51권 大正新修大藏經 二卷
『別譯雜阿含經』 16권 大正新修大藏經 二卷

● 일반단행본(동서양서)

Barua, D. K. 『An Analytical Study of Four Nikāyas』 (Delhi : Munshiram Manoharlal Publisher. 2003)
Basham, A. L. 『History and Doctrine of the Ājīvikas』(Delhi : Motilal Banarsidass. 1981)
Bodhi Bhikkhu. 『The Noble Eightfold Path』(Kandy : Buddhist Publication Society, 1984)
Bodhi Bhikkhu. 『Transcendental Dependent Arising』(Kandy : Buddhist Publication Society, 1980)
Bechert, Heinz. 『Buddhism in Ceylon and Studies in Religious Syncretism in Buddist Countries』 (Göttingen : Vandenhoeck and Ruprecht, 1978)
Bunge, M. 『Causality and Modern Science』(New York : Dover Publications Inc., 1986)
Enomoto, Fumio. A Comprehensive Study of the Chinese Saṁyuktāgama (Kyoto 1994)
Fahs, A. 『Grammatik des Pali』(Leipzig : Verlag Enzyklopädie, 1989)
Frauwallner, E. 『Die Philosophie des Buddhismus』 (Berlin : Akademie Verlag, 1958)
Gethin, R. M. L. 『The Buddhist Path to Awakening : A Study of the

Bodhipakkhiyā Dhammā』 Leiden : Brill, 1992.
Gombrich, Richard F. 『How Buddhism Began : The Conditioned Genesis of the Early Teachings』 (Athlone : London & Atlantic Highlands, N. J. 1996.)
Glasenapp, H. V. 『Pfad zur Erleuchtung(Das Kleine, das Grosse und das Diamant Fahrzeug)』 (Köln : Eugen Diederichs Verlag, 1956)
Goleman, D. 『The Buddha on Meditation and Higher States of Consciousness』 The Wheel Publication no.189/190 (Kandy : Buddhist Publication Society, 1980)
Hamilton, Sue. 『Identity and Experience : The Constitution of the Human Being according to Early Buddhism』(London : Luzac, 1996)
Hinüber, Oskar von. 『A Handbook of Pāli Literature』(Berlin,New York : Walter de Guyter, 1996)
Hiriyanna, M. 『Outlines of Indian Philosophy』(London : George Allen &Unwin, 1932)
Hoffman, F. J. 『Rationality and Mind in Early Buddhism』 (Delhi : Motilal Banarsidass, 1987)
Htoon, U. C. 『Buddhism and the Age of Science』 『The Wheel』 Publication no.36/37(Kandy : Buddhist Publication Society, 1981)
Jayatilleke, K. N. 『Early Buddhist Theory of Knowlege』 (Delhi : Motilal Banarsidass, 1963)
Jayatilleke, K. N. etc, 『Buddhism and Science』 『The Wheel』 Pub-lication no.3(Kandy : Buddhist Publication Society, 1980)
Johansson, R. E. A. 『The Dynamic Psychology of Early Buddhism』 (London : Curzon Press Ltd., 1979)
Johansson, R. E. A. 『The Psychology of Nirvana』(London : George Allen & Unwin Ltd., 1969)

Kalupahana, D. J. 『Causality : The Central philosophy of Buddhism』(Honolulu : The University Press of Hawai, 1975)

Kalupahana, D. J. 『Buddhist Philosophy, A Historical Analysis』 (Honolulu : The University Press of Hawaii, 1976)

Karunaratne, W. S. 『The Theory of Causality in Early Buddhism』(Colombo : Indumati Karunaratne, 1988)

Kim, Jaegwon. 『Supervenience and Mind』(New York : Cambridge Press, 1933)

Kirfel, W. 『Die Kosmographie der Inder』(Bonn : Schroeder, 1920)

Knight, C. F. etc, 『Concept and Meaning』 『The Wheel』 Publication no.250(Kandy : Buddhist Publication Society, 1977)

Malalasekera, G. P. & Jayatilleke, K. N. 『Buddhism and Race Question』(Paris : UNESCO, 1958)

Macdonell, A. A. 『A Vedic Reader for Students』(Oxford : Oxford University Press, 1917)

Macy, J. 『Mutual Causality in Buddhism and General Systems Theory』(New York : State University of New York Press, 1992)

Narada, Maha Thera. 『The Buddha and His Teaching』(Kuala Lumpur : Buddhist Missionary Society, 1964)

Murti, T. R. V. 『The Central Philosophy of Buddhism』 (London : George Allen & Unwin Ltd., 1955)

Nyanoponika Thera, 『The Heart of Buddhist Meditation』 (London : Rider, 1962)

Nyanaponika. 『The Five Mental Hindrances and their Conquest』 Wheel no. 26(Kandy : Buddhist Publication Society, 1961)

Nyanaponika. 『The Four Nutritments of Life』 Wheel no. 105/106 (Kandy : Buddhist Publication Society, 1961)

Nyanaponika Thera & Helmut Hecker. 『Great Disciples of the Buddha : Their Lives, Their Works, Their Legacy』 (Boston : Wisdom Publication, 1997)

Norman, K. R. 『Pāli Literature, including the Canonical Literature in Prakrit and Sanskrit of the Hīnayāna Schools of Buddhism』 (Wiesbaden : Otto Harrassowitz, 1983)

Norman, K. R. 『The Group of Discourses』 – Revised Translation with Introduction and Notes. PTS. London. 1992

Oldenberg, H. 『Buddha : sein Leben, seine Lehre, seine Gemeinde』 (Stuttgart : Magnus Verlag, 1881)

Oldenberg, H. 『Religion des Veda』 3Aufl. (Stuttgart und Berlin : Magnus Verlag. 1923)

Chakravarti, U. 『The Social Dimensions of Early Buddhism』(Oxford : Oxford University Press, 1987)

Ñāṇamoli, Bhikkhu. 『The Life of Buddha according to the Pāli Canon』 (Kandy : Buddhist Publication Society, 1992)

Ñāṇananda, Bhikkhu. 『Concept and Reality in Early Buddhist Thought』 (Kandy : Buddhist Publication Society, 1971)

Pande, G. C. 『Studies in the Origins of Buddhism』 (Allahabad : University of Allahabad, 1957)

Piyananda, D. 『The Concept of Mind in Early Buddhism』(Cathoric University of America, 1974)

Rahula, W. S. 『What the Buddha Taught』(London & Bedford : Gar–don Fraser, 1978)

Rahula, W. S. 『History of Budddism in Ceylon』 (Colombo, 1956)

Sayādaw, Mahāsi, 『The Great Discourse on the Wheel of Dhamma』 tr. by U Ko Lay(Rangoon : Buddhasāsana Nuggaha Organization, 1981)

Sayādaw, Mahāsi, 『Pāticcāsamuppāda(A Discourse)』 tr. by U Aye Maung(Rangoon : Buddasāsana Nuggaha Organization, 1982)

Schumann, H. W. 『The Historical Buddha』 tr. by M. O'C Walshe Arkana(London : Penguin Group, 1989)

Stebbing, L. S. 『A Modern Introduction to Logic』(London : Metuen

& Co, 1962)
Soma Thera, 『The Way of Mindfulness : The Satipaṭṭhāna Sutta and its Commentary』(Kandy : BPS, 1975)
Story, F. 『Dimensions of Buddhist Thought』 『The Wheel』 Publication no.212/213/214(Kandy : Buddhist Publication Society)
Varma, V. P. 『Early Buddhism and It's Origin』(Delhi : Munshiram Monoharlal, 1973)
Watanabe, F. 『Philosophy and Its Development in the Nikāyas and Abhidhamma』(Delhi : Motilal Banarsidass, 1983)
Wettimuny, R. G. de S. 『The Buddha's Teaching』(Colombo : M. D. Gunasena & Co. Ltd., 1977)
Wettimuny, R. G. de S. 『The Buddha's Teaching and the Ambiguity of Existence』(Colombo : M. D. Gunasena & Co. Ltd., 1977)
Wijesekera, O. H. 『Knowledge & Conduct : Buddhist Contributions to Philosophy and Ethics』(Kandy : Buddhist Publication Society, 1977)
Wijesekera, O. H. 『Buddhist and Vedic Studies』(Delhi : Motilal Banarsidass, 1994)
Wittgenstein, L. 『Philosophische Untersuchungen』 『Ludwig Wittgenstein Werkausgabe』 Band,I (Frankfurt am Main, 1984)
Winternitz, M. 『History of Indian Literature』 vol.2(Dheli : Motilal Banarsidass, 1963)

● **일반단행본(한국, 일본)**

김동화, 『원시불교사상』(서울 : 보련각, 1988)
김재권 외, 『수반의 형이상학』(서울 : 철학과 현실사, 1994)
김재권, 『수반과 심리철학』(서울 : 철학과 현실사, 1994)
길희성, 『인도철학사』(서울 : 민음사, 1984)
원의범, 『인도철학사상』(서울 : 집문당, 1980)

이중표, 『아함의 중도체계』(서울 : 불광출판부, 1991)
전재성, 『범어문법학』(서울 : 한국빠알리성전협회, 2002)
정태혁, 『인도철학』(서울 : 학연사, 1988)
정태혁, 『인도종교철학사』(서울 : 김영사, 1985)
中村元, 『原始佛教の思想』上,下(東京 : 春秋社, 昭和45)
中村元, 『原始佛教の生活倫理』(東京 : 春秋社, 昭和47)
中村元, 『ブッダの ことば』, 東京 岩波書店, 1981年
和什哲郎, 『原始佛教の實踐哲學』(東京 : 岩波書店, 昭和15)
木村泰賢, 『原始佛教思想論』(東京 : 大法倫閣, 昭和43)
木村泰賢, 『印度六派哲學』 『木村泰賢全集』第2卷(昭和43)
舟橋一哉, 『原始佛教思想の硏究』(京都 : 法藏館, 昭和27)
水野弘元, 『原始佛教』(京都 : 平樂寺書店, 1956)

● **논문류(동서양)**

Chatallian, G., 「Early Buddhism and the Nature of Philosophy」 『Journal of Indian philosophy』 vol.11 no.2(1983)

Franke, R. O., 「Das einheitliche Thema des Dighanikāya : Gotama Buddha ist ein Tathāgata」 「Die Verknüpfung der Dīghanikāya-Suttas untereinander」 「Majjhimanikāya und Suttanipāta, Die Zusammenhänge der Majjhimanikāyasuttas」 「Der einheitliche Grundgedanke des Majjhimanikāya : Die Erziehung gemass der Lehre(Dhamma-Vinaya)」 「Der Dogmatische Buddha nach dem Dīghanikāya」 「Die Buddhalehre in ihrer erreichbarältesten Ges-talt im Dīghanikāya」 「Die Buddhlehre in ihrer erreichbarältesten Gestalt」 『Kleine Schliften』(Wiesbaden : Franz Steiner Verlag, 1978)

Fryba, M., 「Suññatā : Experience of Void in Buddhist Mind Training」 SJBS. vol.11(1988)

Geiger, W., 「Pāli Dhamma」 『Kleine Schriften』(Wiesbaden : Franz Steiner Verlag, 1973)

Gethin, R., 「The Five Khandhas : Their Treatment in the Nikāyas and Early Abhidhamma」『Journal of Indian Philosophy』 vol.14 no.1(1986)

Heimann, B., 「The Significance of Prefixes in Sanskrit Philosophical Terminology」 RASM vol.25(1951)

Hoffman, E. J., 「Rationablity in Early Buddhist Four Fold Logic」『Journal of Indian Philosophy』 vol.10 no.4(1982)

Karunadasa, Y., 「Buddhist Doctrine of Anicca」『The Basic Facts of Existence』(Kandy : Buddhist Publication Society, 1981)

Premasiri, P. D., 「Early Buddhist Analysis of Varieties of Cognition」 SJBS vol.1(1981)

Wijesekera, O. H. de A., 「Vedic Gandharva and Pali Gandhabba」『Ceyron University Review』 vol.3 no.1(April, 1945)

洪淳海, 「印度哲學에서의 正에 관한 考察」 석사학위 논문, 동국대학교 대학원 인도철학과 1983.

● 사전류

Childers, R. C., 『A Dictionary of the Pali Language』(London : 1875)

Anderson, D., 『A Pāli Reader with Notes and Glossary』 2parts (London & Leipzig : Copenhagen, 1901~1907)

Rhys Davids, T. W. and Stede, W., 『Pali-English Dictionary』 (London : PTS, 1921~1925)

Buddhadatta, A. P., 『Concise Pāli-English Dictionary』 (Colombo : 1955)

Malalasekera, G. P., 『Dictionary of Pāli Proper Names』 vol.1, 2 (London : PTS, 1974)

雲井昭善, 『巴和小辭典』(京都 : 法藏館, 1961)

水野弘元, 『パーリ語辭典』(東京 : 春秋社, 1968, 二訂版 1981)

全在星, 『개정판 빠알리-한글사전』(서울 : 한국빠알리성전협회, 2005)

Bothlingk, O. und Roth, R., 『Sanskrit-Wörterbuch』 7Bande(St. Petersburg : Kaiserischen Akademie der Wissenschaften, 1872~1875)
Monier Williams, M., 『A Sanskrit-English Dictionary』(Oxford, 1899)
Uhlenbeck, C. C., 『Etymologisches Wörterbuch des Alt-Indischen Sprache』(Osnabrück, 1973)
Edgerton, F., 『Buddhist Hybrid Sanskrit Grammar and Dictionary』 2vols(New Haven : Yale Univ., 1953)
V. S. Apte, 『The Practical Sanskrit-English Dictionary』 (Poona : Prasad Prakshan, 1957)
鈴木學術財團, 『梵和大辭典』(東京 : 講談社, 1974, 增補改訂版 1979)
織田得能, 『佛教大辭典』(東京 : 大藏出版株式會社, 1953)
耘虛龍夏, 『佛敎辭典』(서울 : 東國譯經院, 1961)
中村元, 『佛敎語大辭典』(東京 : 東京書籍, 1971)
弘法院 編輯部, 『佛敎學大辭典』(서울 : 弘法院, 1988)
Nyanatiloka, 『Buddhistisches Wörterbuch』(Konstanz : Christiani Konstanz, 1989)
Malalasekera, G. P. 『Encyclopadia of Buddhism』(Ceylon : The Government of Sri Lanka, 1970~)
Glare 『Oxford Latin Dictionary』(Oxford : The Clarendon Press, 1983)
Hermann Krings usw. 『Handbuch Philosophischer Grundbegriffe』 (München : Kösel Verlag, 1973)

● 문법류

Buddhadatta, A P. : The New Pali Course I, II, Colombo, 1974
Buddhadatta, A P. : Aids to Pali Conversation and Translation, Colombo, 1974

Childers, R. C. A : Dictionary of the Pali Language, London 1875
Anderson, D. A : Pāli Reader with Notes and Glossary, 2 parts, London and Leipzig. Copenhagen, 1901–1907
Rhys Davids, T. W. and Stede, W. : Pali–English Dictionary, P.T.S London , 1921–1925
Buddhadatta, A. P. : Concise Pāli–English Dictionary, Colombo 1955.
Malalasekera, G. P. : Dictionary of Pāli Proper Names Vol. I. II, London P.T.S. 1974.
Fahs, A. : Grammatik des Pali, Verlag Enzyklopädie, Leipzig, 1989 1989
Allen, W. S. : Phonetic in Ancient India, Oxford University Press, London, 1965
Oskar von Hinüber : Das Buddhistische Recht und die Phonetik, Studien zur Indologie und Iranistik Heft 13–14. Reinbek, 1987
Allen, W. S. : The Theoretica Phonetic and Historical Bases of Wordjuntion in Sanskrit : The Hague, Paris, 1965
Whitney, W. D. : Indische Grammatik, übersetzt von Heinlich Zimmer : Leipzig, 1979
Weber, A. : Pāṇiniyaśikṣā, Indische Studien IV. pp. 345–371, 1858
Weber, A. : Vājasaneyiprātiśākhya, Indische Studien IV. pp. 65–171, pp. 177–331, 1858
Franke, A. D. : Sarvasammataśikṣā, Göttingen, 1866
Böthlingk, O. : Pāṇini's Grammatik. Georg Olms Verlagsbuchhanddun, Hildesheim, 1964
Warder, A.K. : Introduction to Pali, PTS. London. 1963
Geiger, W. : Pali Literatur und Sprache, Straßburg. 1916

빠알리어 한글표기법

빠알리어는 구전되어 오다가 각 나라 문자로 정착되었으므로 고유한 문자가 없다. 그러므로 일반적으로 빠알리성전협회(Pali Text Society)의 표기에 따라 영어 알파벳을 보완하여 사용한다. 빠알리어의 알파벳은 41개이며, 33개의 자음과 8개의 모음으로 되어 있다. 모음에는 단모음과 장모음이 있다. a, ā, i, ī, u, ū, e, o 모음의 발음은 영어와 같다. 단 단음은 영어나 우리말의 발음보다 짧고, 장음은 영어나 우리말보다 약간 길다. 단음에는 a, i, u가 있고, 장음에는 ā, ī, ū, e, o가 있다. 유의할 점은 e와 o는 장모음이지만 종종 복자음 앞에서 짧게 발음된다 : metta, okkamati.

ka는 '까'에 가깝게 발음되고, kha는 '카'에 가깝게 소리나므로 그대로 표기한다. ga, gha는 하나는 무기음이고 하나는 대기음이지만 우리말에는 구별이 없으므로 모두 '가'으로 표기한다. 발음에서 특히 유의해야 할 것은 aṅ은 '앙'으로, añ은 '얀'으로, aṇ은 '안, 언'으로, an은 '안'으로, aṁ은 그 다음에 오는 소리가 ① ② ③ ④ ⑤일 경우에는 각각 aṅ, añ, aṇ, an, am으로 소리나며, 모음일 경우에는 '암', 그 밖의 다른 소리일 경우에는 '앙'으로 소리난다.

그리고 y와 v일 경우에는 일반적으로 영어처럼 발음되지만 그 앞에 자음이 올 경우와 모음이 올 경우 각각 발음이 달라진다. 예를 들어 aya는 '아야'로 tya는 '띠야'로 ava는 정확히 발음하자면 '아봐'로 표기하고, 일반적으로는 '아바'로 표기하고

tva는 '뜨와'로 소리난다. 또한 añña는 '안냐' 또는 '앙냐'로, yya는 '이야'로 소리난다. 폐모음 ②, ③, ④가 묵음화되어 받침이 될 경우에는 ㅅ, ①은 ㄱ, ⑤는 ㅂ으로 표기한다.

글자의 사전적 순서는 위의 모음과 자음의 왼쪽부터 오른쪽으로의 순서와 일치한다. 단지 ṁ은 항상 모음과 결합하여 비모음에 소속되므로 해당 모음의 뒤에 배치된다.

이 책에서는 빠알리어나 범어를 자주 써왔던 관례에 따라 표기했으며 정확한 발음은 이 음성론을 참고하기 바란다.

자음(子音)	폐쇄음(閉鎖音)				비음(鼻音)
	무성음(無聲音)		유성음(有聲音)		
	무기음	대기음	무기음	대기음	무기음
① 후음(喉音)	ka 까	kha 카	ga 가	gha 가	ṅa 나
② 구개음(口蓋音)	ca 짜	cha 차	ja 자	jha 자	ña 냐
③ 권설음(捲舌音)	ṭa 따	ṭha 타	ḍa 다	ḍha 다	ṇa 나
④ 치음(齒音)	ta 따	tha 타	da 다	dha 다	na 나
⑤ 순음(脣音)	pa 빠	pha 파	ba 바	bha 바	ma 마
⑥ 반모음(半母音)	ya	야, 이야	va	봐, 바, 와	
⑦ 유활음(流滑音)	ra	라	la	ㄹ라 ḷa ㄹ라	
⑧ 마찰음(摩擦音)	sa	싸			
⑨ 기식음(氣息音)	ha	하			
⑩ 억제음(抑制音)	ṁ		-ㅇ, -ㅁ, -ㄴ		

불교의 세계관

불교의 세계관은 일반적으로 알려진 것처럼 단순히 신화적인 비합리성에 근거하는 것이 아니라 인간의 정신세계인 명상수행의 차제에 대응하는 방식으로 합리적으로 조직되었다. 물론 고대 인도의 세계관을 반영하는 것은 사실이지만 언어의 한계를 넘어선다면 보편적인 우주의 정신세계를 다루고 있다고 볼 수 있다.

여기서 세계의 존재(有 : bhavo)라고 하는 것은, 엄밀히 말하면 육도윤회하는 무상한 존재를 의미하며, 감각적 쾌락에 대한 욕망의 세계(欲界), 미세한 물질의 세계(色界), 비물질의 세계(無色界)라는 세 가지 세계의 존재가 언급되고 있다. 감각적 쾌락에 대한 욕망의 세계, 즉 감각적 욕망계의 존재(欲有 : kāmabhava)는 지옥, 아귀, 축생, 수라, 인간뿐만 아니라 욕계의 하늘에 사는 거친 신체를 지닌 존재를 의미한다.

미세한 물질의 세계, 즉 색계에 사는 존재(色有 : rūpabhava)는 하느님의 세계의 하느님의 권속인 신들의 하늘(梵衆天)에서 궁극적인 미세한 물질로 이루어진 신들의 하늘(色究竟天=有頂天)에 이르기까지 첫 번째 선정에서 네 번째 선정에 이르기까지 명상의 깊이를 조건으로 화생되는 세계를 말한다. 따라서 이들 세계는 첫 번째 선정의 하느님의 세계의 신들(初禪天)에서부터 청정한 삶을 사는 하늘나라의 신들(Suddhāvāsakāyikā devā : 淨居天은 無煩天, 無熱天, 善現天, 善見天, 色究竟天)까지의 이름으로도 불린다. 초선천부터는 하느님의 세계에 소속된다.

가장 높은 단계의 세계인 비물질의 세계, 즉 무색계에 사는 존재(無色有 : arūpabhava)에는 '무한공간의 하느님의 세계의 신들'(空無邊處天), '무한의식의 하느님의 세계의 신들'(識無邊處天), '아무 것도 없는 하느님의 세계의 신들'(無所有處天), '지각하는 것도 아니고 지각하지 않는 것도 아닌 하느님의 세계의 신들'(非想非非想處天)이 있다. '무한공간의 세계'에서 '지각하는 것도 아니고 지각하지 않는 것도 아닌 세계'에 이르기까지는 첫 번째 비물질계의 선정에서 네 번째의 비물질계의 선정에 이르기까지의 명상의 깊이를 조건으로 화현하는 비물질의 세계이다.

이들 하늘나라(天上界)나 하느님세계(梵天界)에 사는 존재들은 화생, 인간은 태생, 축생은 태생·난생·습생·화생의 발생방식을 택하고 있다. 그것들의 형성조건은 윤리적이고 명상적인 경지를 얼마만큼 성취했는지에 달려있다.

하늘나라의 감각적 쾌락에 대한 욕망의 세계에 태어나려면 믿음과 보시와 지계와 같은 윤리적인 덕목을 지켜야 한다. 인간으로 태어나기 위해서는 오계에 대한 인식이 있어야 한다. 그리고 아수라는 분노에 의해서, 축생은 어리석음과 탐욕에 의해서, 아귀는 인색함과 집착에 의해서, 지옥은 잔인함과 살생을 저지르는 것에 의해서 태어난다.

미세한 물질의 세계에 속해 있는 존재들은 첫 번째 선정[初禪]에서부터 네 번째 선정[四禪]에 이르기까지 명상의 깊이에 따라 차별적으로 하느님의 세계에 태어난다. 미세한 물질의 세계의 최상층에 태어나는 존재들은 돌아오지 않는 님[不還者]

의 경지를 조건으로 한다. 물질이 소멸한 비물질적 세계의 존재들은 '무한공간의 세계'에서 '지각하는 것도 아니고 지각하지 않는 것도 아닌 세계'에 이르기까지 비물질적 세계의 선정의 깊이에 따라 차별적으로 각각의 세계에 태어난다.

불교에서 여섯 갈래의 길(六道)은 천상계, 인간, 아수라, 축생, 아귀, 지옥을 말하는데, 이 때 하늘나라(天上界)는 감각적 쾌락의 욕망이 있는 하늘나라(欲界天)와 하느님의 세계(梵天界)로 나뉘며, 하느님의 세계는 다시 미세한 물질의 세계와 비물질의 세계로 나뉜다. 그리고 부처님께서는 이러한 육도윤회의 세계를 뛰어넘어 불생불멸하는 자이다. 여기 소개된 천상의 세계, 즉 하늘의 세계에 대하여 이 책에서는 다음과 같이 번역한다.

1) 감각적 쾌락에 대한 욕망의 세계의 여섯 하늘나라

① 네 위대한 왕들의 하늘나라(Cātummahārājikā devā : 四王天) ② 서른셋 신들의 하늘나라(Tāvatiṁsā devā : 三十三天=忉利天) ③ 축복 받는 신들의 하늘나라(Yāmā devā : 耶摩天) ④ 만족을 아는 신들의 하늘나라(Tusitā devā : 兜率天) ⑤ 창조하고 기뻐하는 신들의 하늘나라(Nimmānaratī devā : 化樂天) ⑥ 다른 신들이 창조한 것을 누리는 신들의 하늘나라(Paranimmitavasavattino devā : 他化自在天),

2) 첫 번째 선정의 세계의 세 하느님의 세계

⑦ 하느님의 권속인 신들의 하느님의 세계(Brahmakāyikā devā : 梵衆天) ⑧ 하느님을 보좌하는 신들의 하느님의 세계(Brahmapurohitā devā : 梵輔天) ⑨ 위대한 신들의 하느님의 세계(Mahābrahmā devā : 大梵天)

3) 두 번째 선정의 세계의 세 하느님의 세계

⑩ 작게 빛나는 신들의 하느님의 세계(Parittābhā devā : 小光天) ⑪ 한량없이 빛나는 신들의 하느님의 세계(Appamāṇābhā devā : 無量光天) ⑫ 빛이 흐르는 신들의 하느님의 세계(Ābhāssarā devā : 極光天, 光音天)

4) 세 번째 선정의 세계의 세 하느님의 세계

⑬ 작은 영광의 신들의 하느님의 세계(Parittasubhā devā : 小淨天) ⑭ 한량없는 영광의 신들의 하느님의 세계(Appamāṇasubhā devā : 無量淨天) ⑮ 영광으로 충만한 신들의 하느님의 세계(Subhakiṇṇā devā : 遍淨天)

5) 네 번째 선정의 세계의 아홉 하느님의 세계

⑯ 번뇌의 구름이 없는 신들의 하느님의 세계(Anabbhakā devā : 無雲天「大乘」) ⑰ 공덕이 생겨나는 신들의 하느님의 세계(Puññappasavā devā : 福生天「大乘」) ⑱ 광대한 경지를 갖춘 신들의 하느님의 세계(Vehapphalā devā : 廣果天) ⑲ 지각을 초월한 신들의 하느님의 세계(Asaññasattā devā : 無想有情天) = 승리하는 신들의 하느님의 세계(Abhibhū devā : 勝者天) ⑳ 성공으로 타락하지 않는 신들의 하느님의 세계(Avihā devā : 無煩天) ㉑ 괴로움이 없는 신들의 하느님의 세계(Atappā devā : 無熱天) ㉒ 선정이 잘 이루어지는 신들의 하느님의 세계(Sudassā devā : 善現天) ㉓ 관찰이 잘 이루어지는 신들의 하느님의 세계(Sudassī devā : 善見天) ㉔ 궁극적인 미세한 물질로 이루어진 신들의 하느님의 세계(Akaniṭṭhā devā : 色究竟天=有頂天) 그리고 이 가운데 ⑳-㉔의 다섯 하느님 세계는 청정한 삶을 사는 신들의 하느님 세계(Suddhāvāsa devā : 淨居

天)이라고도 한다.

6) 비물질적 세계에서의 네 하느님의 세계

㉕ 무한공간의 신들의 하느님의 세계(Ākāsānañcāyatanūpagā devā : 空無邊處天) ㉖ 무한의식의 신들의 하느님의 세계(Viññāṇañcāyatanūpagā devā : 識無邊處天) ㉗ 아무 것도 없는 신들의 하느님의 세계(Ākiñcaññāyatanūpagā devā : 無所有處天) ㉘ 지각하는 것도 아니고 지각하지 않는 것도 아닌 신들의 하느님의 세계(Nevasaññānāsaññāyatanūpagā devā : 非想非非想處天)

형성조건	발생방식	명　　칭(漢譯 : 수명)	분　류
無形象	化生	nevasaññanāsaññāyatana(非想非非想處天 : 84,000劫) akiñcaññāyatana (無所有處天 : 60,000劫) viññāṇañcāyatana(識無邊處天 : 40,000劫) ākāsānañcāyatana(空無邊處天 : 20,000劫)	無色界 / 梵天界 / 天上界 / 善業報界
형 상 또는 물질의 소 멸			
不還者의 淸淨 (四禪)	化生	akaniṭṭha(色究竟天=有頂天 : 16000劫) sudassin(善見天 : 8,000劫) sudassa(善現天 : 4,000劫) atappa(無熱天 : 2,000劫) aviha(無煩天 : 1,000劫)	suddhāvāsa (淨居天) / 色界 / 梵天界 / 天上界 / 善業報界
四禪	化生	asaññasatta(無想有情天)=abhibhū(勝者天 : 500劫) vehapphala(廣果天 : 500劫) puññappasava(福生天 : 大乘) anabhaka(無雲天 : 大乘)	色界 / 梵天界 / 天上界 / 善業報界
三禪	化生	subhakiṇṇa(遍淨天 : 64劫) appamāṇasubha(無量淨天 : 32劫) parittasubha(小淨天 : 16劫)	色界 / 梵天界 / 天上界 / 善業報界
二禪	化生	ābhassara(極光天 : 8劫) appamāṇābha(無量光天 : 4劫) parittābha(小光天 : 2劫)	色界 / 梵天界 / 天上界 / 善業報界
初禪	化生	mahābrahmā(大梵天 : 1劫) brahmapurohita(梵輔天 : 1/2劫) brahmapārisajja(梵衆天 : 1/3劫)	色界 / 梵天界 / 天上界 / 善業報界
다섯 가지 장애(五障)의 소멸			
信 布施 持戒	化生	paranimmitavasavattī (他化自在天 : 500天上年=9,216百萬年) nimmāṇarati(化樂天 : 8,000天上年=2,304百萬年) tusita(兜率天 : 4,000天上年=576百萬年) yāma(耶麻天 : 2,000天上年=144百萬年) tāvatiṁsa(三十三天 : 1,000天上年=36百萬年) cātumāharājikā(四天王 : 500天上年=9百萬年)	天上의 欲界 / 欲界 / 天上界 / 善業報界
五戒	胎生	manussa(人間 : 非決定)	欲界 / 人間 / 善業報界
瞋恚	化生	asura(阿修羅 : 非決定)	欲界 / 修羅 / 惡業報界
吝嗇 執著	化生	peta(餓鬼 : 非決定)	欲界 / 餓鬼 / 惡業報界
愚癡 貪欲	胎生 卵生 濕生 化生	tiracchāna(畜生 : 非決定)	欲界 / 畜生 / 惡業報界
殘忍 殺害	化生	niraya(地獄 : 非決定)	欲界 / 地獄 / 惡業報界

※ 天上의 欲界의 하루는 四天王부터 他化自在天까지 각각 인간의 50년, 100년, 200년, 400년, 800년, 1,600년에 해당하고 人間이하의 수명은 결정되어 있지 않다.

고유명사와 비유의 색인

한국빠알리성전협회

Korea Pali Text Society

Founded 1997 by Cheon, Jae Seong

한국빠알리성전협회는 빠알리성전협회의 한국대표인 전재성 박사가 빠알리성전, 즉 불교의 근본경전인 빠알리삼장의 대장경을 우리말로 옮겨 널리 알리기 위한 목적으로, 당시 빠알리성전협회 회장인 리챠드 곰브리지 박사의 승인을 맡아 1997년 설립하였습니다. 그 구체적 사업으로써 빠알리성전을 우리말로 옮기는 한편, 부처님께서 사용하신 빠알리어의 이해를 돕기 위하여, 사전, 문법서를 발간하였으며, 기타 연구서, 잡지, 팸플릿, 등을 출판하고 있습니다. 부처님의 가르침을 빠알리어에서 직접 우리말로 옮겨 보급함으로써 부처님의 가르침이 누구에게나 쉽게 다가가고, 명료하게 이해되도록 더욱 노력할 것입니다. 한국빠알리성전협회는 부처님의 가르침으로써, 이 세상이 지혜와 자비가 가득한 사회로 나아가게 되기를 바랍니다.

한국빠알리성전협회

120-090 서울 서대문구 모래내로 430 #102-102

TEL : 02-2631-1381, FAX : 02-2219-3748

홈페이지 www. kptsoc. org

빠알리성전협회

Pali Text Society

세계빠알리성전협회는 1881년 리스 데이비드 박사가 '빠알리성전의 연구를 촉진시키고 발전시키기 위해' 영국의 옥스퍼드에 만든 협회로 한 세기가 넘도록 동남아 각국에 보관되어 있는 빠알리 성전을 로마자로 표기하고, 교열 출판한 뒤에 영어로 옮기고 있습니다. 또한 사전, 색인, 문법서, 연구서, 잡지 등의 보조서적을 출판하여 부처님 말씀의 세계적인 전파에 불멸의 공헌을 하고 있습니다.

President : Dr. R. M. L. Gethinn, Pali Text Society

73 Lime Walk Headington Oxford Ox3 7AD, England

빠알리대장경구성	
빠알리삼장	주석서
Vinaya Piṭaka(律藏)	Samantapāsādikā(Smp.善見律毘婆沙疏) Kaṅkhāvitaraṇī(on Pātimokkha) (解疑疏：戒本에 대한 것)
Sutta Piṭaka(經藏);	
Dīgha Nikāya(DN.長部阿含)	Sumaṅgalavilāsinī(妙吉祥讚)
Majjhima Nikāya(MN.中部阿含)	Papañcasūdanī(Pps.滅戱論疏)
Saṁyutta Nikāya(SN.相應阿含)	Sāratthappakāsinī(要義解疏)
Aṅguttara Nikāya(AN.增部阿含)	Manorathapūraṇī(如意成就)
Khuddaka Nikāya(小部阿含);	
Khuddakapāṭha(小誦經)	Paramatthajotikā(I)(勝義明疏)
Dhammapada(法句經)	Dhamapadaṭṭhakathā(法句義釋)
Udāna(自說經)	Paramatthadīpanī(I)(勝義燈疏)
Itivuttaka(如是語經)	Paramatthadīpanī(II)(勝義燈疏)
Suttanipāta(經集)	Paramatthajotikā(II)(勝義明疏)
Vimānavatthu(天宮事)	Paramatthadīpanī(III)(勝義燈疏)
Petavatthu(餓鬼事)	Paramatthadīpanī(IV)(勝義燈疏)
Theragāthā(長老偈)	Paramatthadīpanī(V)(勝義燈疏)
Therīgāthā(長老尼偈)	
Jātaka(本生經)	Jātakaṭṭhavaṇṇanā(本生經讚)
Niddesa(義釋)	Saddhammapajotikā(妙法解疏)
Paṭisambhidāmagga(無碍解道)	Saddhammappakāsinī(妙法明釋)
Apadāna(譬喩經)	Visuddhajanavilāsinī(淨人贊疏)
Buddhavaṁsa(佛種姓經)	Madhuratthavilāsinī(如蜜義讚)
Cariyāpiṭaka(所行藏)	Paramatthadīpanī(VII)(勝義燈疏)
Abhidhamma Piṭaka(論藏);	
Dhammasaṅgaṇi(法集論)	Aṭṭhasālinī(勝義論疏)
Vibhaṅga(分別論)	Sammohavinodani(除迷妄疏)
Dhātukathā(界論)	Pañcappakarañatthakathā(五論義疏)
Puggalapaññatti(人施設論)	Pañcappakarañatthakathā(五論義疏)
Kathavatthu(論事)	Pañcappakaraṇatthakathā(五論義疏)
Yamaka(雙論)	Pañcappakaraṇatthakathā(五論義疏)
Tikapaṭṭhāna(發趣論)	Pañcappakaraṇatthakathā(五論義疏)
Dukapaṭṭhāna(發趣論)	Pañcappakaraṇatthakathā(五論義疏)

[하늘사람]

"스승이시여, 당신은
어떻게 거센 흐름을 건너셨습니까?"